广东省哲学社会科学规划重点委托项目（GD22WTD01-04）
广州市决策咨询研究基地、华南理工大学决策咨询研究基地专项研究课题
教育部高校思想政治工作创新发展中心（华南理工大学）专项研究课题

新时代粤港澳大湾区产业工人调查报告

2021

章熙春 等 / 著

中国社会科学出版社

图书在版编目(CIP)数据

新时代粤港澳大湾区产业工人调查报告 . 2021 / 章熙春等著 . —北京：中国社会科学出版社，2022.12
ISBN 978 - 7 - 5203 - 7680 - 8

Ⅰ.①新…　Ⅱ.①章…　Ⅲ.①产业工人—调查报告—广东、香港、澳门—2021　Ⅳ.①D412

中国版本图书馆 CIP 数据核字(2022)第 236203 号

出 版 人	赵剑英
责任编辑	田　文
责任校对	张爱华
责任印制	王　超

出　　版	中国社会科学出版社
社　　址	北京鼓楼西大街甲 158 号
邮　　编	100720
网　　址	http://www.csspw.cn
发 行 部	010 - 84083685
门 市 部	010 - 84029450
经　　销	新华书店及其他书店
印　　刷	北京君升印刷有限公司
装　　订	廊坊市广阳区广增装订厂
版　　次	2022 年 12 月第 1 版
印　　次	2022 年 12 月第 1 次印刷
开　　本	710×1000　1/16
印　　张	19.5
字　　数	320 千字
定　　价	109.00 元

凡购买中国社会科学出版社图书，如有质量问题请与本社营销中心联系调换
电话:010 - 84083683
版权所有　侵权必究

前　　言

　　工人阶级是我国的领导阶级，产业工人是工人阶级的重要组成部分。在党中央的坚强领导下，产业工人队伍始终围绕国家发展目标，为国家的建设和发展作出了突出贡献。要深刻认识到，我国是工人阶级领导的、以工农联盟为基础的人民民主专政的社会主义国家，国家性质决定了工人阶级在我国极其重要的政治地位。要深刻认识到，产业工人是在工人阶级中发挥支撑作用的主体力量，是创造社会财富的中坚力量，是创新驱动发展的骨干力量，是实施制造强国战略的有生力量，是城镇化建设的关键力量。要深刻认识到，改革开放四十多年来，党中央坚持推动产业工人队伍向前、向好发展，非常重视产业工人队伍建设，始终关注、努力改善产业工人综合状况。特别是党的十八大以来，以习近平同志为核心的党中央高度重视产业工人的发展现状与未来走向，制定了一系列方针政策，作出了一系列重要论述，为产业工人队伍建设提供了基本政策遵循和发力方向。还要深刻认识到，党中央始终坚持真心实意地增强产业工人的获得感，从长远视角、制度设计和整体层次上强化产业工人队伍建设，以更高标准、更大力度、更强决心加强产业工人队伍建设。在国际国内形势发生急剧变化，社会矛盾发生重要转变，以及推动形成以国内大循环为主体、国内国际双循环相互促进的新发展格局大背景下，紧紧依靠产业工人力量，最大程度地发挥产业工人作用，是推动我国经济高质量发展和实现国家现代化发展目标的必由之路。

　　进入新时代以来，产业工人的面貌发生了很大改变，其生活、工作、社会保障和思想价值观念也有所转变，如何掌握、了解和改善新时代产业工人的综合状况，成为不可忽视的重要议题。2017年2月6日，中共中央、国务院印发了《新时期产业工人队伍建设改革方案》（以下简称"《方案》"）。《方案》明确提出，"要把产业工人队伍建设作为实施科教兴国战略、人才强国战略、创新驱动发展战略的重要支撑和基础保障，纳入国家和地方经济社会发展规划，造就一支有理想守信念、懂技术会创新、敢担当讲奉献的宏大的产业工人队伍"，《方案》进一步规划了新时代产业工人队伍建设改革的指导思想、基本原则、目标任务以及具体举措，厘清了"为什么改、怎么改、通过什么途径、达到什么目标"等一系列重大问题。

对于粤港澳大湾区而言，作为我国经济发达程度最高、开放程度最强的城市群之一，其经济发展水平高、就业机会多、公共服务完善，自改革开放以来一直吸引着大批产业工人流入。据初步测算，仅广东一省的产业工人便达2500万人，约占全国产业工人总人数的八分之一，为推动粤港澳大湾区的产业发展注入了源源不断的新鲜力量。2019年，中共中央、国务院印发了《粤港澳大湾区发展规划纲要》，指明了粤港澳大湾区的新使命，提出要充分发挥粤港澳大湾区综合优势、全面贯彻"一国两制"，实现湾区经济新升级，更好地发挥粤港澳大湾区在国家经济发展和对外开放格局中的支撑引领作用。同时，"一带一路"建设为提升大湾区经济活力、增加合作与竞争机会提供了更为广阔的空间。在这样一个发展契机下，粤港澳大湾区如何更好地发挥国家与人民赋予它的使命？如何在促进自身发展的同时，带动全国产业升级，让中国经济乃至全球贸易焕发新的活力？打造一支能够适应粤港澳大湾区发展的产业工人队伍，可能是回答这一系列问题的关键密钥。

产业工人既是工业化的主力，也是规范产业化发展的基石，更是建设宜居宜业宜游、具有岭南特色大湾区的推进力量。传统工人如何逐步转化成符合新时代发展需求的产业工人，是当前拥有庞大农民工队伍的粤港澳大湾区不得不面对的严肃课题。当前的粤港澳大湾区处于发展机遇较大与发展难题较多并存的关键时期。但是，目前珠三角经济发展水平、公共服务能力并不均衡；澳门经济结构较为单一；香港经济发展相对趋于滞缓；肇庆、江门等非一线城市的城中村、小型村数量多，城乡关系错综复杂，难以发挥城市集群效应。同时，"一国、两制、三关税区"就像硬币的两面一样，利弊交织。利的方面在于可以结合自身优势，得到集聚式发展。弊的方面则在于人才、物资、技术、信息的快速流通受阻，影响发展效率，并有可能加剧人地矛盾，一定程度上影响了粤港澳大湾区城镇化的整体性建设。

具体来说,对于产业发展走在全国前列的粤港澳大湾区而言,其发展已经迎来了最艰难的时期:人口红利逐渐消失、经济转型遭遇瓶颈、发展资源频发警告、生态环境压力逐日增加……在新的历史条件下,产业工人的微观个体因素与新时代的宏观环境因素导致其发展面临诸多问题,特别是思想价值观念上的偏离,例如身份定位不清、角色落差拉大、自我认同偏低等,亟须政府与社会加强重视,在行动上加以引导。从更深层面上理解,重视解决产业工人问题既是实施乡村振兴战略的题中之义,也是解决发展不平衡不充分矛盾的内在要求。要走出现在的困境,最重要的要素就是人才。当前,粤港澳大湾区产业工人发展队伍不断壮大,为粤港澳大湾区的发展注入了新鲜活力和持续动力,对带动湾区产业经济发展发挥了关键性的引擎作用。但毋庸置疑的是,新时代粤港澳大湾区产业工人队伍建设也面临上述论及的一系列问题,如产业工人整体科学文化素质不高、社会保障不够完善、流动性强、组成结构不够合理、技能型人才缺乏等,难以为粤港澳大湾区的更高质量发展提供坚实支撑。

从现实中产业工人占比数量、发挥的作用以及面临的问题等方面来看,粤港澳大湾区产业工人在某种程度上可以看作是全国产业工人队伍的缩影。从粤港澳大湾区产业工人现状看全国产业工人队伍建设情况,有助于了解全国产业工人发展图谱,为产业工人队伍的更好建设提供视角和抓手。同时,新时代对产业工人队伍提出了新的要求,产业工人队伍建设的重要性日益凸显。如何建设好产业工人队伍,持续助力粤港澳大湾区发展的提质增速,并在全国层面促进产业工人队伍发挥最大社会作用,是各地各级政府不得不考虑的重要议题。要做好产业工人队伍建设,回答好产业工人队伍建设向何处去的问题,一个关键性的前提就是了解当前产业工人的综合现状。在这个层面上,进行以粤港澳大湾区为代表的产业工人队伍调查研究,具有极其重要的现实意义和迫切性。

从既有研究看,我国产业工人研究还比较少,概念的传播还不够广泛,且多被农民工等概念所覆盖,调查数据也比较匮乏。事实上,产业工人涵盖范围应当更为广阔,与一般意义上的农民工不能等同。按照普遍意义上的理解,产业工人主要是指在第一产业的农业、林业、牧业和渔业,第二产业的采矿业、制造业、建筑业和电力、热气、燃气及水生产和供应业,以及第三产业的交通运输、仓储及邮政业和信息传输、软件和信息技术服务业等行业中从事集体生产劳动，以工资收入为生活来源的工人。从这个概念的涵盖范围来看，产业工人具有明显的结构性、多样性和复杂性特征。换言之，无论技术水平高低，还是工作类型差异，只要在这些行业内的工作者，都可以纳入到产业工人的范畴当中。

有鉴于此，课题组依托教育部高校思想政治工作创新发展中心（华南理工大学），开展了"关于新时代粤港澳大湾区产业工人综合状况"的大规模、多领域、长时间调查，旨在了解粤港澳大湾区产业工人的综合状况，发现产业工人队伍建设面临的问题，并结合粤港澳大湾区发展实际，做好靶向调整、精准施策，提高产业工人获得感，建设好产业工人队伍，发挥产业工人优势，为粤港澳大湾区产业发展服务，为实现国家现代化发展目标服务。课题组在借鉴学术界关于产业工人已有研究的基础上，综合专家组论证意见，开发了一套全面、客观反映产业工人综合状况的指标体系，主要包括工作状况、生活状况、社会保障、社会交往和思想认知等5个一级指标，以及工作客观情况、工作主观感受、基本生活条件、生活满意度感知、定居城市可能性、工作保障、权利保障、家庭状况、城市融入、主观情绪、自我认知、社会认知、企业认知和政治认知等15个二级指标。在二级指标之下，还设置了包括工作来源、工作流动、职业满意度、工作无聊度、居住条件、阶层认知等在内的61个三级指标。

2019年6—9月和2020年8—11月，课题组组织了多个调查小组进行了十余次的现场调研，主要包括广州、佛山、肇庆、深圳、东莞、惠州、珠海、中山、江门等9个典型城市，共收集有效问卷1515份，并在此过程中形成了大量的访谈记录和调查笔记，获得了全面、客观、翔实的一手数据，为形成新时代粤港澳大湾区产业工人调查报告（2021）提供了扎实的资料基础，为粤港澳大湾区乃至全国产业工人发展的政策制定和学术研究提供了重要依据。

本调查报告共分为九大章节，主要包括以下内容：

第一章主要以时间线索强调变迁过程，该章节对我国产业工人的相关政策进行回顾，并说明了不同时间阶段不同政策的具体指向，尤其是改革开放以来，以农民工为主要群体的产业工人，越来越活跃在国家发展的舞台上。通过回顾历年来的政策文件，划分出产业工人发展的四个阶段，有利于更好地了解产业工人的发展历史，强化产业工人队伍建设。

第二章对新时代产业工人队伍建设的新要求和新任务进行了细致剖析。十八大以来,党中央越来越重视产业工人对国家和社会发展的重要性,不仅在顶层设计上强调产业工人的政治地位,还出台了许多扶持产业工人队伍建设的具体政策。从中央到地方、从宏观到微观、从单一指标到综合考量,新时代的党和政府以更大作为、更大信心、更强力量建设好产业工人队伍,对新形势下产业工人队伍提出了系列新要求,包括有理想守信念、讲政治能担当,懂技术会创新、重培育留得住,以及能流动有激励、强支持有高度等。这些要求和任务既是产业工人队伍建设的目标,也是产业工人队伍建设的具体框架。粤港澳大湾区各地各级政府需要以之为遵循,真正把产业工人队伍建设好,有效发挥产业工人作用,切实提升产业工人的获得感、幸福感和安全感。

第三章主要阐释了粤港澳大湾区产业发展的总体形态与布局。由于香港、澳门和珠三角九市在自然条件、区位条件、制度文化等方面存在很大的差异,其产业发展也出现了较大不同,这对产业工人队伍的发展具有直接影响。因此,该章节对香港、澳门和珠三角九个城市的不同产业进行了总体阐述,为后文产业工人的数据分析进行了很好的铺垫。

第四章主要论述本调查的目的与意义,并对调查设计和方法进行介绍。本调查兼具实践关怀和理论取向的双重特征。在实践关怀上,本次调查涵盖产业工人生活中的方方面面,力图较为全面地反映他们在实际工作中的客观情况和主观感受。在理论取向上,本研究尝试推进产业工人的研究进展,丰富产业工人研究的知识图谱,尤其是推动产业工人综合状况的量化研究。相应地,本调查报告的现实意义体现在工人层面、公众层面、政府层面和社会层面等多个层面。在调查设计和方法上,一方面,本调查根据专家意见,采取立意抽样方法,选取最适合研究的城市样本;另一方面,本调查采用配额抽样、分层抽样、简单随机抽样相结合的方法,确定所选城市的目标企业和产业工人。在样本选择上,本调查选定珠三角九市为调研城市,根据样本数量的充足性、产业业态的丰富性、部分产业的典型性等原则,最终收集到1515名产业工人的样本。调查过程严格遵循科学性、可行性、有效性、系统性、全面性、针对性的原则,并综合运用问卷调查法、访谈法、案例法、定量与定性相结合等方法。在指标设计上,课题组结合专家意见和调研发现,设定由5个一级指标、15个二级指标、61个三级指标组成的指标体系，能够比较全面地反映产业工人的综合状况。

第五章是数据的总体性描述。通过大规模的实地调研，课题组收集了大量的调查问卷和访谈记录。通过对调查问卷进行整理，从人口统计学变量、工作状况、生活状况、社会保障、社会交往和思想认知等六个方面汇报了产业工人的状况。其中，在人口统计学变量方面，主要从年龄、性别、受教育程度、婚姻状况、家庭孩子数量、户口性质和收入情况等进行分析；在工作状况方面，主要从产业工人的行业分布、工作来源、工作目的、工作强度、流动性、工作满意度等维度进行阐述；在生活状况方面，主要阐述产业工人的基本生活条件、生活满意度、定居城市可能性、家庭状况等；在社会保障方面，主要阐述产业工人的工作保障、权利保障、生活保障等；在社会交往方面，主要分产业工人的城市融入和主观情绪两大板块进行阐述；在思想认知方面，则主要关注产业工人的自我认知、社会认知、企业认知、政治认知等层面。这些结论呈现出产业工人的基本现状，是对产业工人总体状况的具体描述，能够反映当前产业工人队伍建设的现状和问题，对我们理解产业工人队伍建设该往哪儿去、怎么去等问题具有较好的指导意义。

第六章从代际差异、行业差异、性别差异、户口差异、收入差异等层面，对产业工人的工作状况、生活状况、社会保障、社会交往和思想认知等内容进行了差异性比较。由于年龄不同，新生代产业工人与老一代产业工人在生活、思想等方面表现出较大差异。同时，不同行业的产业工人在收入、职业习惯、认知、社会保障等内容也存在较大差别。此外，性别、户口和收入也在不同程度上影响着产业工人的综合状况。

第七章主要基于调查数据，结合粤港澳大湾区发展现状，从技术、观念、娱乐、工作、发展、认知、保障、社交等方面分析产业工人队伍建设面临的症结。报告认为，当前粤港澳大湾区产业工人中存在技能人才缺口，分布结构不均；思想素质有待提升，权利意识不足；自我支配时间零碎，休闲方式单一；工作需求产生变化，管理模式滞后；生活追求逐渐提高，现实障碍较多；城乡双重融入困难，自我认同模糊；社保供需存在差距，维权意识薄弱；社交方式较为单一，交往圈子狭小等问题。这些问题是粤港澳大湾区各地各级政府加强产业工人队伍建设必须要破解的关键性问题，关乎新时代产业工人队伍的建设成效。

第八章主要是在前文分析的基础上，结合实地调查数据、实践经验以及国内外相关理论研究，对粤港澳大湾区产业工人队伍建设中出现的问题进行原因分析。产业工人在工作状况、生活状况、社会保障、社会交往、思想认知等方面表现出的问题是多重因素耦合的结果。在宏观政策层面，有着培训政策工具倾向偏高，忽视整体成长；体制机制存在些许短板，阻碍技能提升；缺乏完整社会培训体系，教育投入不足；创新创业环境构建不强，地位有待提高的问题。在企业管理层面，有着企业培训行为标准不一，技能参差不齐；企业管理理念短视滞后，人才流失加剧；企业部门协同效能不足，难以形成合力；企业人才重视程度不够，联结积极性低的问题。在市场经济层面，有着劳资平衡关系未形成，竞争优势缺失；市场技能需求存在矛盾，薪酬待遇较低；社会权益保障制度缺位，劳动维权困难；市场职业发展通道阻滞，培育机会有限的问题。在城市融入层面，有着收入水平较低，经济融入困难；社交圈子偏窄，社会融入不足；政治参与不强，制度融入有限；人文关怀不够，文化融入受阻的问题。在工人自身层面，有着偏向注重获取短期利益，学习动力不足；缺乏稳定时间空间约束，流动频率较高；生活家庭负担过于沉重，缺乏职业规划；工作内容单一枯燥乏味，身心受到挑战；难以形成城市归属认同，情感孤独无助的问题。上述这些现象既是宏观背景下产业工人队伍建设遇到系列问题的原因，也是在调查基础上发现的微观因素所在。如何将宏观背景与微观因素相结合，精准定位产业工人队伍建设问题症结，是值得我们审慎考虑的重大问题。

第九章从个体、企业、社会和政府等四个层面进行对策性思考。推进产业工人队伍建设不仅是国家经济发展的需求，更是解决我国人民日益增长的美好生活需要与不平衡不充分的发展之间矛盾的必要路径。如何关切每位产业工人的成长与发展，让每位产业工人体会到切切实实的幸福感，是我们需要不断竭力达成的目标。具体而言，在个体层面，工人自身要补齐认知短板，培育主体意识，制定长远目标规划；在企业层面，要创新管理模式，构建和谐劳资关系，形成公平分配体系，提供优质技能培训，培育完善帮扶体系；在社会层面，要倡导包容友爱文化，保障产业工人合法权益，促进互联互通互助；在政府层面，要推进制度建设，提高社会保障力度，优化引才用才机制，在多方共赢格局打造中提升资源配置效能，不断优化产业工人队伍建设生态。

目 录

第一章 我国产业工人政策变迁及其内容指向 …………………… (1)
    一 1949—1978 年：传统产业工人发展阶段 ………………… (2)
    二 1979—2003 年：新型产业工人发展阶段 ………………… (3)
    三 2004—2011 年：产业工人群体融合阶段 ………………… (6)
    四 2012 年至今：产业工人全面提升阶段 …………………… (8)

第二章 新时代产业工人队伍建设的新要求新任务 …………… (11)
    一 思想政治上：有理想守信念、讲政治能担当 ……………… (12)
    二 技能体系上：懂技术会创新、重培育留得住 ……………… (13)
    三 工具载体上：运用好互联网、建设好新平台 ……………… (15)
    四 发展制度上：能流动有激励、强支持有高度 ……………… (17)
    五 支撑保障上：强化多元保障、营造社会氛围 ……………… (20)

第三章 粤港澳大湾区产业发展的总体形态与布局 …………… (23)
    一 香港 ……………………………………………………… (24)
    二 澳门 ……………………………………………………… (33)
    三 珠三角 …………………………………………………… (38)

第四章 粤港澳大湾区产业工人调研意义与研究设计 ………… (54)
    一 粤港澳大湾区产业工人调查目的与意义 ………………… (54)
    二 产业工人综合状况调查设计与方法运用 ………………… (57)

第五章 数据的总体性描述 ……………………………………… (64)
    一 人口统计学变量 ………………………………………… (66)

二　工作状况……………………………………………………（72）
　　三　生活状况……………………………………………………（84）
　　四　社会保障……………………………………………………（96）
　　五　社会交往……………………………………………………（107）
　　六　思想认知……………………………………………………（117）

第六章　粤港澳大湾区产业工人的特征差异…………………………（135）
　　一　代际差异……………………………………………………（139）
　　二　行业差异……………………………………………………（161）
　　三　性别差异……………………………………………………（173）
　　四　户口差异……………………………………………………（186）
　　五　收入差异……………………………………………………（217）

第七章　粤港澳大湾区产业工人队伍建设面临的难点………………（248）
　　一　技术：技能人才出现缺口，分布结构不均…………………（248）
　　二　观念：思想素质有待提升，权利意识不足…………………（251）
　　三　娱乐：自我支配时间零碎，休闲方式单一…………………（253）
　　四　工作：工作需求产生变化，管理模式滞后…………………（254）
　　五　发展：生活追求逐渐提高，现实障碍较多…………………（255）
　　六　认知：城乡双重融入困难，自我认同模糊…………………（257）
　　七　保障：社保供需存在差距，维权意识薄弱…………………（259）
　　八　社交：社交方式较为单一，交往圈子狭小…………………（260）

第八章　粤港澳大湾区产业工人队伍建设问题的症因………………（263）
　　一　宏观政策层面………………………………………………（264）
　　二　企业管理层面………………………………………………（268）
　　三　市场经济层面………………………………………………（272）
　　四　城市融入层面………………………………………………（275）
　　五　工人自身层面………………………………………………（278）

第九章　粤港澳大湾区产业工人队伍建设的优化路径………………（281）
　　一　个体层面……………………………………………………（281）

二　企业层面 …………………………………………（284）
　　三　社会层面 …………………………………………（288）
　　四　政府层面 …………………………………………（290）

主要参考文献 ……………………………………………（293）

后　记 ……………………………………………………（297）

第一章　我国产业工人政策变迁及其内容指向

从历史维度来看，产业工人在我国工业化进程中发挥了巨大的作用，留下了浓墨重彩的一笔。新中国成立以来，产业工人不仅在"一五""二五"期间有突出的贡献，在改革开放进程中对我国工业化、城镇化的发展也起到了不可或缺的作用。尤其是改革开放以来市场经济的建立，产业工人为推动我国成为世界第二大经济体贡献了重要力量。纵观改革开放以来产业工人的发展历程，从改革开放之初的"离土不离乡、就地进工厂"，到20世纪90年代的"离土又离乡，进城进工厂"，再到21世纪初以来朝着"技能提升、素质提升、跨省转移"方向不断过渡，产业工人在改革开放的浪潮中已经走过了四十多个年头，队伍规模不断壮大、职业技能快速提升、薪酬水平逐步提高、社会权益得到明显保障，产业工人进入了"发展的春天"。伴随着中国进入新的历史时期，产业工人正在实现新的代际转换，即新一代产业工人正在接替老一代产业工人逐渐走上历史舞台。

对产业工人有清晰的认识和理解，关乎中国当前产业工人队伍建设。通过对新中国成立以来与产业工人有关政策的梳理，可以详细地了解这一群体的发展演进史，明确产业工人如何从传统逐步走向现代化的进程。从历史演变来看，产业工人在经过工业化和城镇化的双重洗礼后，适应和克服了转型期所面临的各种问题。如今的粤港澳大湾区同样也到了机遇与困难并存的关键时期，如何更好地激发产业工人的能力，使其更好地为粤港澳大湾区的发展贡献自己的一份力量，是一个值得研究的重要议题。而要回答好这一问题，有必要对产业工人的政策变迁进行梳理，以对产业工人的历史发展脉络有一个更加清晰的认识。根据不同时期产业工人的不同特点，可以将产业工人的政策变迁划分为以下四个阶段：

第一阶段是指1949—1978年，这一时期我国刚步入现代化的建设进程，处于传统产业工人阶段。在这一阶段中，国家先后发布了"一五"计划（1953—1957）、"二五"计划（1958—1962）、"三五"计划（1966—1970）、"四五"计划（草案）（1971—1975），产业工人的构成主体是城镇居民，高度依附于工作单位，福利待遇也相对较高。第二阶段是指1979—2003年，这一期间属于新型产业工人发展阶段。在这一阶段中，产业工人的内涵发生了根本变化，其传统身份逐渐消解，并逐渐转化为劳动力市场的被雇佣者。同时，伴随着农业人口不断涌入城镇，产业工人队伍结构也发生了显著变化，城镇居民的比例进一步上升。第三阶段是指2004—2011年，这一期间是产业工人群体融合阶段。在这一时期内，国家出台的许多政策目的在于促进农民工向现代产业工人群体转型。转型的关键主要有两方面：一方面是身份认同；另一方面是权益维护。第四阶段是2012年至今，这一阶段是产业工人发展的提升阶段，主要表现为国家为培养素质更高、能力更全面的产业工人群体而持续投入，以使产业工人能够更好地适应当前发展迅速且竞争日益增强的社会环境。

一　1949—1978年：传统产业工人发展阶段

受到封建主义与帝国主义的双重束缚，我国的工业在近代发展速度较为缓慢。新中国成立之时，我国的工业在工农业的总产值占比仅为10%左右，仍然是一个以农业为主的国家。1953年，我国提出了第一个五年计划，开启了我国的工业化进程。到1978年改革开放前，我国的工业得到很大程度上的发展，同时也诞生了一批独具中国特色的计划经济体制时期的传统产业工人。

在1953年到1978年期间，我国先后发布了四个"五年计划"，在计划经济体制下建立了较为完整的工业体系，实现了对工业生产的管理与对工业发展的推动，催生了对产业工人的大量需求。从新中国成立后到改革开放前，我国工业发展主要是通过依靠国家政府的行政力量，将城镇劳动力统一分配到国有企业或集体所有制企业中，以满足工业用工的需求。国家通过"固定工"的形式保持着劳动者与企业固定的终身劳动关系，企业在招工和辞退员工方面几乎没有自主权。因而，1949年到1978年是我国的传统产业工人阶段。在这一阶段，我国的产业工人是指享有终身就业待遇以及一系列附属于此种身份权利的传统产业工人。这些传统产业工人主要由城镇居民构成，具有收入低、福利高的工作特征，并高度依附于工作单位，享受单位提供的各项劳动保障及高福利等待遇。传统产业工人的终身就业预期以及一系列附属于该身份的权利，使其明显区别于同时期的临时工、合同工、亦工亦农、转换工、发包工和合同制工，形成独具特色的传统产业工人阶级。

二 1979—2003年：新型产业工人发展阶段

（一）传统产业工人消解，产业工人内涵发生根本改变

1978年之后的经济体制改革，使计划经济体制时期所形成的身份制与单位制逐渐消解，打破了传统产业工人的终身就业预期，以及一系列附属于该身份的权利。这一背景下的中国传统产业工人，正经历着社会主义国家市场转型的"第二次大转变"。在这一过程中，传统产业工人朝着两个方向分化：一是成为下岗、失业者；二是成为劳动力市场中的被雇佣者。前者意味着传统产业工人的"消解"，后者则指向新的产业工人的"再形成"。

具体而言，1986年国务院发布的《国营企业实行劳动合同制度暂行规定》，成为传统产业工人阶层随市场经济体制改革而转变的开端，并改变了产业工人阶层的收入分配方式以及一系列福利待遇。1994年发布的《中华人民共和国劳动法》，以法律形式确定市场化的劳动制度，进一步改革了劳动关系，契约式的合同制产业工人逐渐取代了终身就业制的传统工人。到1996年底，施行企业员工劳动合同制度的工作任务总体上完成，绝大多数的城镇企业职工签订了规范的劳动合同，传统产业工人由"终身雇佣者"转变为劳动力市场中流动的被雇佣者，产业工人的传统身份体系走向瓦解。进入20世纪90年代中后期，由于社会成本较高、成员冗杂、员工积极性低下等原因，国有企业发展速度明显放缓甚至停滞不前，陷入发展困境。1997年，中共十五届一中全会决定对国企进一步深化改革，导致职工大规模下岗、失业，传统产业工人的数量再次大幅下降。一方面，传统产业工人的"固定工"身份

被瓦解，界定为传统产业工人的核心特征走向消亡；另一方面，随着20世纪90年代中后期的下岗潮和失业潮，传统产业工人的数量大幅下降，"传统产业工人"群体逐渐消失，并诞生了产业工人这一新的群体。

（二）农业人口不断向城镇转移，中国工人队伍结构发生显著变化

1979年12月18日到22日，党的十一届三中全会召开，会议决定进行经济体制改革。随后，国家开始重构传统产业工人群体的就业期望，并重新定义了一系列该群体所享有的权利，使计划经济体制时期形成的身份制与单位制逐渐消解。

1979年，国务院批转国家计委《关于清理压缩计划外用工的办法》，1981年，国务院发出《严格控制农村劳动力进城镇做工和农业人口转为非农业人口的通知》，要求城镇企业加强户口和粮食管理，并对从农村范围内招工的数量进行严格把控，仔细清理企业、事业单位在劳动计划外使用的农村劳动力，进一步规范计划外用工的规章，全方位约束事业单位的计划外用工。1982年，国家计划委员会、劳动人事部再次发布《关于继续清理压缩计划外用工的通知》，要求进一步规范来自农村的计划外的劳动力使用，抑制农村劳动力向城镇流动。当然，政府并非是完全单方面地限制农村劳动力的流动。中共中央、国务院在1980年和1981年相继出台了《关于进一步做好城镇劳动就业工作的意见》和《关于广开门路，搞活经济、解决城镇就业问题的若干决定》。这两份文件补充指出，在控制农村人口盲目大批涌向大中城市的同时，通过促进乡镇企业的发展，吸收小城镇农村剩余劳动力。整体来讲，改革开放初期虽然控制农村人口向城市转移，但较之计划经济时期，政府也已经大大放宽对农村人口流入城镇的限制。从结果来看，改革开放后非农就业的农业人口在不断增加，从1978年到1982年，农村内部的非农就业人数以平均每年170万的速度增长，到1982年共计增加了700万，总数达到3805万。

1984年，中央一号文件出台，允许农民进入城镇务工经商，农村劳动力开始以较大规模和较快速度向城镇流动。同年，中国社会科学院《社会学通讯》首次出现"农民工"一词，指代在城乡就业分割体制下，从事非农产业、具有农村户籍的农村劳动力。1984年到1988年5

年间，受中央政策的影响，共有大约 5566 万农村劳动力从农村流向了城镇，平均每年转移 1113 万人，是放开农村劳动力流动限制之前的 6 倍多，农民工转移方式以"离土不离乡"式的就地转移为主。从 1988 年下半年开始，国家为减弱通货膨胀的影响，实施了为期 3 年的整顿治理，对乡镇企业的发展产生了很大冲击。乡镇企业的生产规模缩小，导致大量已经进入城镇就业的农民工也被辞退。囿于农村内部的就业机会十分有限，数以百万计的农民工在 1989 年春节后集体南下，奔赴广东打工，形成"民工潮"，农民工跨省流动进入鼎盛时期。

1992 年邓小平南方谈话后，我国开始实行市场经济体制和农业经济调整。在此背景下，政府开始对农村劳动力流入城市持"鼓励有序流动"态度，采取各项政策来达到促进作用，使得流入城市的农村劳动力规模逐渐扩大。1993 年，劳动部发出《关于印发〈再就业工程〉和〈农村劳动力跨地区流动有序化——"城乡协调就业计划"第一期工程〉的通知》，对农村劳动力进城务工提出了"输出有组织，输入有管理，流动有服务，调控有手段，应急有措施"的目标，全方位管理农村流向城市的劳动人口。同时，系统化规范政府的管理职能，以满足宏观条件下劳动力市场对于农村劳动力的需求。同年，中共中央颁发《关于建立社会主义市场经济体制若干问题的决定》，鼓励和引导农村剩余劳动力逐步向非农产业和地区间有序流动，对于农民工流动进城的态度逐渐从限制趋向缓和。1994 年，劳动部颁发《关于农村劳动力跨省流动就业的暂行规定》，这是首次提出对流动就业进行规范化管理，从技术层面保障农村劳动力跨省流动的畅通，提高农村劳动力的流动效率。同年，全国人大常委会第八次会议通过了《中华人民共和国劳动法》，以法律的形式来保证企业自主用工、个人自主择业的权利，也在一定程度上保障了农民工权利，进一步激发农民进城的积极性。从整体上来看，随着改革开放的不断推进，由于政府在政策层面的不断放宽与制度上的激励，城市中的农民工队伍规模持续壮大、行为秩序愈加规范。农民工在中国也逐渐成为了一个举足轻重的新群体。

2000 年，人力资源和社会保障部、国家计委、农业部、科技部、建设部、水利部和国务院发展研究中心联合颁发的《关于进一步开展农村劳动力开发就业试点工作的通知》和 2001 年出台的《中华人民共和国国民经济和社会发展第十个五年计划纲要》，都明确提出要"正确地引导农村多余的劳动力在城镇与乡村以及跨地区间的有序、合理的流动，逐步撤除限制农村劳动力进入城镇就业的不合理因素"，通过进一步清除农村劳动力流动的障碍性因素，提升农村劳动力流动的通畅性和有序性。2002年中共中央、国务院发布《关于做好2002年农业和农村工作的意见》和中国共产党第十六次全国代表大会发布《全面建设小康社会，开创中国特色社会主义事业新局面》的报告，都再次明确要加快"农村富余劳动力向非农产业和城镇转移"，充分利用农村富余劳动力潜在的生产力和创造力。2003年，国务院办公厅颁发《关于做好农民进城务工就业管理和服务工作的通知》，这是中华人民共和国成立以来首次专门就促进农民进城务工下发的综合性文件，不仅将农民工事务纳入政策议程，同时也意味着农民工问题真正意义上进入了国家行政管理领域的议题之中。截至2003年，全国范围内已经有9900万农民半年以上离开户籍所在地进入城镇第二、三产业务工，中国工人群体的属性以及构成已发生了根本性转变。

自1978年改革开放到2003年，虽然存在一些限制农村劳动力流动的政策，但农民工数量仍在不断上升。与此同时，我国城镇国有和集体企业的职工经历了从"固定工"向"合同工"的历史性转变，传统产业工人的身份逐渐被消解，取而代之的是新产业工人这一新身份。这一数量庞大的群体从职业、收入形式、生活方式和价值观等方面，都与传统产业工人存在较高的相似性。根据商务印书馆2001年出版的新华词典修订版对工人的定义为"个人不占有生产资料，以工资收入为主，从事生产的劳动者"，农民工也已经属于工人阶级。从理论依据与实质特征分析，农民工已经在实质上与传统产业工人一样，成为新的产业工人。

三 2004—2011年：产业工人群体融合阶段

改革开放以来，特别是随着劳动关系改革和国企改制的进行，进城务工的农民与原有城镇户口的产业工人从事着性质相近的工作。事实上，进城务工的农民已经具备了产业工人的性质，但是其产业工人地位却始终未得到正式认可，外界始终称呼这个群体为"农民工"，将其视作城市的边缘人群。这一群体被排斥于产业工人阶级之外，身份未得到认可，权益未得到重视。

2004年，中央发布一号文件《关于促进农民增加收入若干政策的意见》，明确指出"进城就业的农民工已经成为产业工人的重要组成部分"，并且要"健全有关法律法规，依法保障进城就业农民的各项权益"。这是首次从国家层面上正式认可农民工的产业工人身份，并从国家层面来维护农民工的就业权益，改善农民工的就业环境。至此，我国产业工人正式涵盖了原有的城镇居民工人和农民工两大群体，并在此后逐渐融合成为一个整体。这两大群体广泛分布在国企、集体企业、私营企业和混合所有制企业等各类型企业中，在不同产业从事集体性生产劳动。他们的工作和身份性质是相同的，都是以工资收入为生活来源的工人。二者的主要差别就在于户籍类型的不同，来自农村的农民工群体是农村户籍，而原有的城镇居民身份的产业工人户籍是城镇户籍。

2006年，国务院颁发文件《关于解决农民工问题的若干意见》，文件指出："农民工是我国改革开放和工业化、城镇化进程中涌现的一支新型劳动大军。他们户籍仍在农村，主要从事非农产业，已成为产业工人的重要组成部分"，农民工群体作为产业工人重要组成部分的地位再次得到确认。同时，文件还明确了解决农民工问题、做好农民工工作的重要意义、指导思想和基本原则，并针对农民工面临的工资偏低和拖欠、就业服务培训不完善、公共服务保障不到位等10大问题，提出了40条具体的解决意见，以切实保障我国农民工产业工人在就业和社会服务保障等方面的权益，这使得农民工产业工人与城镇户口产业工人之间的差距进一步缩小。

2007年10月，中国共产党第十七次全国代表大会召开。会议提出要"建立以工促农、以城带乡长效机制，形成城乡经济社会发展一体化新格局"，同时"必须在经济发展的基础上，更加注重社会建设，着力保障和改善民生，推进社会体制改革，扩大公共服务，完善社会管理，促进社会公平正义"。随着党的十七大提出的政策目标持续推进，我国长期以来通过户籍捆绑社会公共服务的制度管理逐渐被打破，不同户籍产业工人要求同工同权的诉求也由此获得了实质性推进。在这一过程中，越来越多原本只有城镇户籍产业工人才能享受到的权利和待遇，农村户籍产业工人也得以享受。原有户籍制度所造成的产业工人群体内部的分裂也逐渐弥补并产生融合，成为一个整体。

四 2012 年至今：产业工人全面提升阶段

2012 年 11 月，在中国共产党第十八次全国代表大会上，习近平总书记对产业工人队伍建设工作作出了一系列重要论述和指示，这为新时代产业工人队伍的建设与改革提供了基本遵循和行动指南。2014 年，国务院发布文件《关于进一步做好农民工服务工作的意见》指出"农民工已成为我国产业工人的主体，是推动国家现代化建设的重要力量，为经济社会发展作出了巨大贡献"。这表明产业工人主体发生了重大转变，由以前的城镇户籍产业工人为主体转向以农村户籍产业工人为主体，也从国家层面进一步肯定了农民工在产业工人群体中的重要性。该意见还就提升产业工人技能，建设好产业工人队伍，以及农民工的技能培训、就业创业等提出了意见和要求，指出要"实施农民工职业技能提升计划"，"完善和落实促进农民工就业创业的政策"。这表明了党和政府对提升农民工产业工人技能，保障农民工产业工人就业，促进农民工产业工人创业工作的高度重视。

2017 年，中共中央国务院印发了《新时期产业工人队伍建设改革方案》（以下简称《方案》）。自《方案》发布以来，从中央到地方政府出台了一系列政策和文件，以推动方案的执行和落实，为产业工人队伍建设改革工作营造自上而下的良好政策制度环境。中央政府层面以顶层设计为重点，相继出台了 30 多个制度文件，内容涉及思想引领工作、技能培训工作、待遇提升工作、权利保障工作等多个方面。2018 年 3 月，中办、国办印发了《关于提高技术工人待遇的意见》要求"创新技能导向的激励机制，进一步鼓励辛勤劳动、诚实劳动、创造性劳动，增强生产服务一线岗位对劳动者的吸引力，建设知识型、技能型、创新型劳动者大军，营造劳动光荣的社会风尚和精益求精的敬业风气"。在地方政府层面则致力于《方案》的落实，全方位提升产业工人的技能素质。如上海市政府就将完善职业培训体系、提升产业工人技能素质为落实方案的核心目标，展开了职业教育和职业培训体制机制的改革，切实提升全市 540 多万产业工人的技能素质。

2018 年 10 月 29 日，习近平总书记在同中华全国总工会新一届领导班子成员集体谈话时指出，"要最大限度把农民工吸收到工会中来，使他们成为工人阶级坚定可靠的新生力量",对农民工产业工人的社会地位和政治地位都给予了前所未有的高度重视及肯定。此后,一系列新政策和文件相继出台,以加强新时代产业工人队伍的思想建设与技能建设工作,畅通产业工人的职业发展通道,从根本上提高产业工人的社会地位和工资福利待遇,推动产业工人队伍建设改革工作取得新成效。

表1-1　　　　　　　　　我国产业工人发展变迁

阶段划分	阶段	主要构成	特点	重要政策
第一阶段（1949—1978）	传统产业工人发展阶段	城镇居民	高度依附于工作单位；福利待遇相对较高	—
第二阶段（1979—2003）	新型产业工人发展阶段	以城镇户籍为主体,加上部分进城务工的农民	传统产业工人身份消解,产业工人转变为劳动力市场的被雇佣者；农业人口不断涌入城镇,产业工人队伍结构发生显著变化	《关于清理压缩计划外用工的办法》(1979)《关于进一步做好城镇劳动就业工作的意见》(1980)《关于广开门路,搞活经济、解决城镇就业问题的若干决定》(1981);《严格控制农村劳动力进城镇做工和农业人口转为非农业人口的通知》(1981);《国营企业实行劳动合同制度暂行规定》(1986);《关于印发〈再就业工程〉和〈农村劳动力跨地区流动有序化——"城乡协调就业计划"第一期工程〉的通知》(1993);《关于进一步开展农村劳动力开发就业试点工作的通知》(2000)《关于做好农民进城务工就业管理和服务工作的通知》(2003)

续表

阶段划分	阶段	主要构成	特点	重要政策
第三阶段（2004—2011）	产业工人群体融合阶段	以城镇户籍为主体，农民工成为重要组成部分	农民工逐步向现代产业工人群体的转型	《关于促进农民增加收入若干政策的意见》（2004）《关于解决农民工问题的若干意见》（2006）
第四阶段（2012年至今）	产业工人全面提升阶段	农民工成为产业工人的主体，加上城镇户籍工人	不断培养更高素质、更全面能力的产业工人群体	《关于进一步做好农民工服务工作的意见》（2014）《新时期产业工人队伍建设改革方案》（2017）《关于提高技术工人待遇的意见》（2018）

可以看到，从新中国成立至今，我国产业工人的发展经历了传统产业工人的形成，到传统产业工人的消解与农民工产业工人的兴起，再到两者之间的逐渐融合。我国农民工逐步实现了向产业工人的根本转型，产业工人内部构成也发生了根本改变，从以城镇户籍工人为主体转变为以农民工为主体。对产业工人进行技能培训与思想引领也更加重要，建设一支以农民工为主体的具有中国时代特色的产业工人队伍，成为新的时代命题，需要我们交出新的答卷。

第二章 新时代产业工人队伍建设的新要求新任务

产业工人孕育于中国特色社会主义建设过程中，是推动改革开放进程的重要力量，对我国推进工业现代化和城镇化进程起到了不可或缺的作用。2017年2月6日，中共中央、国务院印发了《新时期产业工人队伍建设改革方案》（以下简称《方案》）。与以往产业工人队伍建设制度不同的是，《方案》从思想政治、技能体系、工具载体、发展制度和支撑保障5个维度提出了具体标准和要求，梳理了产业工人队伍建设改革的重要原因和内在逻辑，指明了产业工人队伍建设改革的基本方式和明确途径。《方案》是党中央、国务院对产业工人队伍建设的一次制度性安排，通过强化顶层设计、高位部署，展现出以习近平同志为核心的党中央，对产业工人群体的重点关注和真切关怀，释放了党中央坚决加强产业工人队伍建设、提高产业工人政治地位、增强产业工人获得感和幸福感的强烈信号，是以人民为中心的核心价值思想在具体工作实践中的体现，是我们党对工人阶级的重视，对于增强产业工人队伍的稳定性，进一步巩固党的执政地位，全面稳步向社会主义现代化迈进具有重大意义。《方案》还明确了各级党组织、企业和社会的职责，呼吁多元力量共同打造一个有利于产业工人队伍发展壮大的外部环境，让产业工人在法治、政策、制度和社会等环境上有依托、有发展，使其政治参与度、获得感和社会地位不断提升，合法权益得到切实捍卫。在此基础上，产业工人才能够全心全意投入到产业转型升级的过程当中，真正成为产业发展的推动力量。

面对新时代新征程新起点，产业工人队伍建设关系到国家高质量发展和现代化目标的实现。我们要认识到《方案》提出的重大作用和深远意义，明确党中央、国务院在《方案》中提出的关于新时代产业工人队伍建设的深层逻辑与具体要求，坚定产业工人队伍建设的决心和方向，谋划好产业工人队伍建设的路径，以更大作为、更快速度造就一支有理想守信念、懂技术会创新、敢担当讲奉献的宏大的产业工人队伍，为粤港澳大湾区和深圳先行示范区建设提供动力支持和智慧支撑，充分发挥双区效应。新时代粤港澳大湾区产业工人队伍建设，要发挥产业工人最大的力量，并将其转化成最强的生产力，切实保证产业工人队伍能够更大程度、更大范围地为大湾区发展服务，为民族和国家发展服务。

一　思想政治上：有理想守信念、讲政治能担当

新时代产业工人队伍建设尤其强调思想政治建设，要坚定不移地强化产业工人思想政治教育，保证产业工人有理想守信念、讲政治能担当；要坚定不移地强化产业工人的思想政治正确性，保证产业工人能在国家政治、意识形态上保持方向不偏、强度不减；要坚定不移地强化党组织对产业工人的思想引领，保证产业工人时刻发挥作用，特别是在现代化建设时期，以智力和劳动托起中国现代化。新时代产业工人队伍建设必须牢牢把握住思想政治教育对产业工人的作用，深刻认识到产业工人的稳定性关键在于思想上稳定。我们必须坚决打击任何意图分化、西化产业工人思想的言行，保证产业工人意识形态不受敌对势力的冲击和影响。要把产业工人的思想政治正确性当作一项延续性、关键性和制度性的工作来抓，这是我们建设新时代产业工人队伍的重要抓手。

然而，面对新时代产业工人队伍建设在思想政治建设上的要求，现阶段产业工人队伍还存着以下问题。首先，党建工作不到位。尤其是制造业行业中，很多企业的党员数量不多，党员发展通道不畅。同时，基层党组织的功能没有得到很好的发挥，党员的先锋模范作用尚未完全体现。其次，思想引领作用发挥不突出。尽管大多数产业工人政治思想正确，能够坚定不移听党话、方向不变跟党走，但在具体而细微的道德文明上却依旧存在短板。产业工人尚未形成良好的素养，尚未严格遵守职业道德和社会公德，也尚未做到运用科学、依法、有理、有序的方式来维护合法权益。再次，工匠精神并未全面形成，工匠氛围不够浓厚。粤港澳大湾区不同地区的产业发展存在较大差距，内部发展失衡，一些高

精尖企业劳模精神、工匠精神弘扬和传承得较好，但部分中小企业并未形成良好的劳动精神培养机制，导致先进产业工人的引领作用、带头作用发挥不够。第四，产业工人的主人翁意识及相关保障程度不够。一些产业工人对职工代表大会制度认识不到位、积极性不强、参与度不高。同时，一些企业也没有认真履行企业责任，漠视工人的政治地位和政治权利，造成产业工人的利益受损，获得感降低。最后，工会作用不够明显。很多产业工人并未感受到工会的作用，工会在职责履行、组织体制、工作方式等方面仍需优化，需要把工会打造成为工人服务的组织，更好地维护产业工人的权益。

这些问题会直接影响到产业工人队伍是否能够全身心地投入到现代化建设当中，是我们建设思想正确的产业工人队伍必须要解决的关键性问题。因此，要深刻认识到，思想政治上的要求是解决这些问题的方向，我们要为打造一支政治正确、思想素质优良的产业工人队伍不懈努力。

二 技能体系上：懂技术会创新、重培育留得住

技能是产业工人发挥作用的基本支撑与核心要素，没有技能，产业工人的发展将受到极大的限制，企业的发展也将受到制约。因此，完善产业工人的技能培训、人才引进、评价认定和权益保障体系，是未来产业工人队伍建设不可或缺的一部分，亦是打造高水平产业工人队伍的关键所在。新时代产业工人队伍建设必须牢牢把握住这个核心要素，实现产业工人队伍的重构，技能体系上要求产业工人要懂技术会创新，重培育留得住。从根本上实现产业工人为现代化服务、为新时代服务的目标。

一是在现代职业教育制度上，必须动员各方力量广泛参与到职业教育格局的重构过程。不仅要强化职业教育、继续教育和普通教育的融合与衔接，而且还要塑造类型突出、特色鲜明的职业教育模式，推动产教融合、校企合作、工学结合。同时，还要进一步完善技工院校的发展体系，促进产业工人的技能提升。二是在终身职业技能培育制度上，调动产业工人的主人翁意识，让其积极主动地参与其中、投入其中。同时，需要强化企业在产业工人职业培训和技能培养上的主体责任，强化对企

业培训的监督，统筹发展各类职业教育和培训，疏通产业工人的上升渠道，规范产业工人的上升制度，让产业工人做得好现在、看得见未来。三是加强高技能人才的培育、引进和留住的全过程，建立健全相关制度。要把高技能人才的培养和引进作为国家或省级政策的重要内容，以政策补贴的形式吸引人才，以政策资助的形式培养人才。要注意在产业结构调整的大背景下，注重高技能产业工人的权益保障，让高技能人才愿意留、留得住。四是创新技能认定和职称认定机制。企业必须做好技能型人才的职业技能认定工作，健全多种形式的评价机制，引导企业自主开展技能评价。技工院校教师的职称认定也要强化制度约束，保证职称认定公平规范，维护技工院校教师权益，提升其工作的获得感和公平感。五是坚定不移地维护产业工人的经济权益，推动社会公共服务公平有效。对于拖欠产业工人工资的违法行为要依法查处，全面落实产业工人的权益保障制度。注重产业工人技能提升，强化培训教育，增强产业工人在城市工作的获得感，加快产业工人市民化进程。

  上述要求构成了未来产业工人队伍建设在技能体系上的努力方向和目标指引。在党的领导下，站在新时代的起点上，产业工人队伍建设成为政府常规工作的重要部分，这为现代化目标的实现提供动力支撑。同时，目标靶向的确定为我们提供了建设方向。此外，我们也应该认识到，当前粤港澳大湾区产业工人队伍的技能体系与新时代要求有所偏差，在具体实践上还存在着诸多不足：

  一是教育制度和模式与新时代要求存在差距。多方力量并未形成合力，参与性不强、发挥作用不突出。例如，在校企合作上仍不够紧密。一方面，学校专业设置与企业需求有所偏差；另一方面，学校尤其是综合类学校又不能绝对地以企业需求进行专业设置和课程授课。同时，技工类院校发展参差不齐，很多技工院校发展理念不正确，不以培养学生为己任，不以社会需要为方向标，使得学生培养水平跟不上社会发展要求。二是企业主体责任发挥不到位，政府监管力度不够，产业工人缺乏积极性。一些企业规范程度不够，并未形成培养产业工人的长效机制。同时，政府在责任监管上力度不够，一些产业工人对相关权益认识不清。三是很多企业面临着高技能人才培养不了、引不进来和留不下来的困境。部分企业的基础设施不完善，无法真正满足高技能人才在实现企业目标的基础上，又能完成个人目标的需要。即使是许多高科技企业，本身也缺乏帮助高技能人才长效发展的能力。四是当前产业工人的技能认定、技工院校的职称制度不够健全。一些技能型产业工人得不到官方的技能认定，导致部分补贴待遇享受不到。同时，也存在部分技能认定机构不够专业，技能认定过程不规范的问题。此外，技工院校教师的职称调整存在中梗阻现象，职称评审工作缺乏制度化约束，部分企业和院校的专业技术岗位结构存在失调状况。五是产业工人权益保障还存在诸多问题。尤其是在一些制造行业的中小企业中，拖欠、扣押产业工人工资的行为还未完全消除，还存在不同程度损害产业工人权益的问题。一些企业为了使产业工人留下来，以工资扣押或拖欠作为筹码，损害了产业工人的劳动权益。同时，部分企业尚未完全落实相关社会保险，产业工人的权益保障工作仍然有很长一段路要走。

如何解决上述问题，提升产业工人的技能，真正培养懂技术、会创新、留得住的人才，不仅考验着党和政府政策的制定和执行，更考验着每一个向往着美好生活的产业工人。如何消弭新时代要求与现阶段不足的张力，成为我们必须要思考的问题。根据新时代的新要求，以政策作为指挥棒，将产业工人引向技能提升的发展道路上，真正提升产业工人的获得感，切实履行为人民服务的职责，这将是未来产业工人队伍建设工作的一个重要方向。

三 工具载体上：运用好互联网、建设好新平台

新时代更加呼唤互联网技术的应用与创新。当前，信息革命如火如荼地开展，各种互联网技术与政务服务、社会服务紧密连接在一起，为公共服务模式变革提供了契机。互联网作为产业发展的重要载体，两者的深度融合能够推动产业高质量发展，能够涌现出更多的新技术、新业态和新模式，助推社会生产力大大提升。毋庸置疑的是，数字网络技术的发展将为产业与产业工人带来新的发展机会和前景，给产业迈向高质量发展注入强心剂，为产业工人队伍建设提供有效抓手。一方面，互联网和产业的深度融合要求产业发展向智能化、数字化转变，只有在这些方面有所作为，产业发展才能真正增量提质，真正适应新时代的新要求。另一方面，新时代出现的诸多变革也对产业

工人提出了更高要求。无论是新型产业，还是传统产业的转型升级，都要求产业工人应用好互联网，提升适应"互联网＋产业"发展的技能水平。特别是在当前产业结构发生深刻变化、产业布局发展出现重大调整的大背景下，如何借助互联网做好产业工人队伍建设，成为党和政府优先考虑的重要议题。

党和政府在对新时代产业工人队伍建设的蓝图中强调，要运用互联网建设好产业工人队伍。因此，未来产业工人队伍建设的一个重要方向是，运用好互联网、建设好新平台，将互联网作为产业工人队伍建设的工具载体，将产业工人打造成互联网时代应用的新主体。

一是创新产业工人队伍建设网络载体。运用互联网对产业工人进行全过程、全方位、全周期、动态化的管理，借助大数据技术，建立数据库，推动不同数据平台的数据融合与互联互通，全面覆盖产业工人的思想和行为动态，充分了解产业工人的思想状况、生活需要、工作状态和其他需求。以大数据管理的理念和方法做好产业工人的动态管理，强化产业工人的思想引领。同时，借助新技术为产业工人提供创业就业信息，举办多种形式的活动，帮助产业工人强化彼此之间的技术交流、情感互动，增强产业工人的感情融和。二是为产业工人提供网络学习平台。借助互联网资源丰富、时空便利的优势，打造产业工人的培训平台，为产业工人技能提升提供学习平台。通过整合职业技术院校优秀的师资、专业的学习平台基础和远程教学技术，建立校企合作的教育专业资源库，促进教育资源持续流向产业工人队伍，实现资源的跨行业共建共享，让产业工人享受到互联网带来的便利和成果，增强产业工人技术提升的意愿和信心。三是借助数字治理驱动公共服务模式变革，推进"互联网＋"普惠性服务。发挥工会应有的作用，增加工会的经费投入，充分利用互联网的新技术新应用，最大限度地将社会公共服务覆盖到网络上，让产业工人办事更便利，真正建立产业工人服务的快车道。同时，通过形式多样、及时便利的服务平台为产业工人多办事、办实事、办好事，真正将服务惠及产业工人群体。

然而，现阶段产业工人队伍建设的互联网应用技术还不够成熟，产业工人对互联网的应用也不够广泛深入，借助互联网建设好产业工人队伍还存在着很大的困难。如何运用好互联网，搭建好为产业工人服务的新平台，不断提升产业工人的技能水平，持续优化公共服务模式，真正引领产业工人走向互联网时代，成为粤港澳大湾区各地各级政府需要考虑的问题。具体而言，粤港澳大湾区产业工人在互联网建设上还存在着以下问题：

一是大数据平台尚未建立，各地各级政府数据割据思想严重。现阶段不同区域、层级、系统的政府部门数据难以实现整合，数据统筹和互联互通仍需大力推进。一些政府部门不愿意公开、共享数据，以各种借口阻碍数据库的建立，对从整体上把握粤港澳大湾区产业工人的行为、思想带来了障碍。在具体实践中，信息壁垒使政府部门难以有效把握产业工人队伍的总体情况，不利于针对性施策，也让产业工人难以在信息、创业、就业等方面享受到优质服务。二是学习平台未建立，产业工人学习积极性不高。一方面，政府层面的统筹作用发挥不够，校企合作缺乏有效引领，产业工人缺乏必要的学习平台；另一方面，很多新生代产业工人虽然在知识素养上较老一代产业工人有了很大提升，但仍然存在不想学习、不想提高，安于现状、不思进取的现象，其学习的积极性远远不够。如何解决好无平台和无兴趣的问题，成为未来建设互联网时代产业工人队伍的关键。三是"互联网＋政务服务"虽然取得了很大成效，但产业工人尚未全方位享受到这种服务。大量的产业工人对互联网技术应用不熟练，导致大量的"互联网＋政府服务"未能产生预期效果，有时对年龄较大、知识水平较低的产业工人还造成一定程度的不便。新型互联网所带来的便利便捷尚未在部分产业工人群体中真正发挥作用。究其根源，一方面与产业工人的知识水平、工作特征等有关；另一方面也与政府互联网服务的宣传密不可分。因此，在互联网服务上，要强化宣传，让更多的产业工人了解、应用好互联网技术。可以预见的是，依托互联网平台建设产业工人队伍是顺应新时代发展的潮流，亦是满足产业工人多元化需求的必然要求。未来，互联网在产业工人队伍建设上必将产生深远影响，并为产业工人队伍优化带来巨大的契机。

四 发展制度上：能流动有激励、强支持有高度

产业工人队伍建设，关键在于制度上实现变革创新。只有通过制度的深层次改革，才能改变制约产业工人现阶段发展的要素结构。制

度上不落实，就难以真正建设一支有理想守信念、懂技术会创新、敢担当讲奉献的宏大产业工人队伍。新时代粤港澳大湾区的产业工人队伍建设，需要建立健全能流动有激励、强支持有高度的发展制度。创新产业工人发展制度，是符合产业工人队伍建设目标的重要方向，更是优化产业工人队伍结构、增强产业工人积极性、充分发挥产业工人作用的关键方式。制度上的创新既要结合当前的产业工人队伍建设实践，也要注重未来的方向把握，从根本上改革制度，全心全意为产业工人服务。

一是畅通产业工人流动渠道、拓宽产业工人发展空间。通过改革现有企业的人事和劳动二元管理体制机制，使其朝着统一、整体的人力资源管理发展，逐步打破身份界限，突破身份限制，让产业工人能够流畅地进行岗位、职称调整，以减少制度、身份固化带来的思想对立。同时，还要打破身份、学历、地域等条件的限制，加速人才资源的流动，合理、精准、有效地配置人才资源，发挥人才的最大作用，防止人才资源的固化。通过完善人才信息供求发布机制，让产业工人了解到不同岗位、部门的供求变化，实现相对自由的流动，提高人才资源的配置效率。二是创新激励体制，坚持以技能为导向。引导企业引进高技能人才，提高产业工人待遇，实现多劳多得、技高多得。不断创新产业工人的收入分配机制，通过多种形式的激励措施，激发产业工人劳动兴趣，建立创新成果按要素参与分配的制度。同时，开展各种形式的人才奖励和技能竞赛活动，建立制度化、规范化的奖励机制。定期开展评比或竞赛活动，通过奖励优秀人才的形式，提高产业工人参与活动的积极性，以技能提升推动具体工作水平提升。三是出台扶持产业工人创新创业的政策，用政策优惠吸引产业工人创新创业。利用政策优势，强化对产业工人的支持。积极响应党中央、国务院"大众创业、万众创新"的号召，围绕产业发展战略，开展不同形式的支持活动。各级政府及有关部门要以技能、资金、政策等扶持产业工人创新创业，推广"工会＋院校＋市场经营公司＋金融机构"全链条的培训就业和创新创业一体化模式，打造扶持产业工人发展的全链条路径，为新创业的产业工人加大政策优惠力度，并培育好中小企业，为其成为大型企业提供前期支持。四是引导产业工人走出去，服务于国家大局，积极响应国家宏观建设的要求。对于高技能型人才，要开展更多形式的建设活动，通过不同的交流计划、项目工程引导产业工人参与到国际产业发展当中，培养具有顶尖技术、能为我国所用的领军人才。同时，做好维护涉外务工人员合法权益的工作，全力保驾护航。

与新时代要求相比，粤港澳大湾区产业工人队伍建设在相关扶持制度和走出去等方面还存在一些问题。深刻认识到粤港澳大湾区产业工人队伍建设与新时代要求的差距有助于深化下一步的制度创新改革工作，为新时代粤港澳大湾区产业工人队伍建设提供有效支撑。

一是产业工人的上升渠道和发展空间保障制度不完善。目前，粤港澳大湾区一些企业还存在不同程度的高技能人才上升速度缓慢问题，诸多条件的限制导致部分产业工人人才工作成就感低、获得感不高，对企业的归属感不强。产业工人与管理干部之间还存在较为严格的界限分别，很难通过技术提升打破这种分割，优秀产业工人难以上升到高层管理团队当中。地域、学历、身份对产业工人的固化效应过于明显，人才资源配置效率难以实现"帕累托最优"。要增强产业工人的相对自由流动能力、保证产业工人到最能发挥作用的部门和岗位上，优化人才资源配置，合理调整人才年龄、学历、性别、技术结构，形成有技术支撑、能开拓创新的产业工人队伍。二是企业内部激励机制不完善，工人待遇提高困难重重。尤其在中小企业，一些管理人员缺乏系统的管理理念和方法，激励机制设计不够科学完善，难以有效调动产业工人积极性和主动性。对于特殊技能人才，如果缺乏必要的内部激励，很难将人才真正留在企业。不仅如此，很多企业缺乏层次性、差别性的激励机制，导致好坏的激励差别不大，极大损害了产业工人工作的内生动力。除此之外，精神性的奖励也需纳入到激励体制当中。一些企业管理者认为精神奖励不够实在，从而忽视了精神奖励的作用。事实上，产业工人对精神奖励的需求越来越旺盛，精神奖励将在产业工人队伍中发挥出重大作用。三是一些高技能人才在服务国家大局上理念不强，需要持续加强思想政治教育。产业工人要服务于国家战略和宏观政策，然而一些产业工人将个人利益置于集体利益或国家利益之上，过分重视私人利益，视野不够开阔，思想政治意识不够强。面对一些高技能人才培训时，亦存在积极性不强，比较重视个人经济利益的问题。

产业工人的发展、激励和走出去等体制机制的不完善，是目前限制高水平产业工人队伍建设的硬性条件，如何突破这些条件的限制，从制度层面实现深层次的变革，真正建立能流动有激励、强支持有高度的产业工人队伍建设制度，是未来优化产业工人队伍结构必须要考虑和解决的问题。

五　支撑保障上：强化多元保障、营造社会氛围

新时代产业工人队伍建设离不开必要的支撑保障。只有强化产业工人队伍的建设保障，从体制机制、公共政策方面加强对产业工人的扶持，才能更好、更快地实现产业工人队伍建设的既有目标。从顶层设计到落地实践，不仅需要法治保障、财政保障、权益保障、多元投入等，也需要营造良好的社会氛围，通过软硬合理搭配的方式，形成保障合力，共同推动产业工人提升专业技能、增强发展信心、增加个人获得，真正强化产业工人队伍建设。

一是加强法治保障。法治保障要贯穿于产业工人队伍建设的全过程。习近平总书记在不同场合、不同时间以各种方式强调了任何重大改革都要以法治为保障。在产业工人队伍建设过程中，必须坚定不移地遵循法律法规，在法律范围内有序建设。要依法处理劳资矛盾，建设和谐的劳资关系。以法律建设督促企业履行社会责任，保证产业工人的合法权益不受侵害。新时代产业工人队伍建设要时刻重视法治思维和法治方式，将产业工人队伍建设成以法律为支撑的和谐、有序的队伍。二是完善财政支持。产业工人队伍建设最重要的条件之一就是财政支持，缺乏财政支持，产业工人队伍建设将困难重重，难以持续。新时代建设产业工人队伍，要建立健全财政投入机制，调整财政补贴结构和数量，逐步增加对产业工人队伍的扶持力度，尤其是增加对高技能人才扶持的经费。同时，要注重对职业教育院校的投入，优化办学模式，增强学生培养与产业发展的匹配性，提高产学研结合的紧密度。通过加大对技工院校的财政支持，扶持技工教育。此外，要建立多元的投入机制，不仅要强化政府财政的经费支持，还要吸引社会其他主体参与到产业工人队伍的建设当中。具体而言，要将政府、社会、企业、劳动者个人等多元主体纳入到支持体系内，整合多方资源、多种力量，强化对产业工人的支持。三是保障合法权益。产业工人的合法权益必须得到保障，这是新时

代建设产业工人队伍最重要的要求之一。通过创造平等公正的就业环境，帮助产业工人实现更高质量的就业，完善产业工人的就业、安全、劳动、社会保障等权益。要完善工资集体协商机制、正常增长机制和支付保障机制，推动企业分配制度改革向一线产业工人和技术工人倾斜，让产业工人在工作中有成就感和获得感。要健全社会保险制度，保证保险办理及时、合理。继续扩大工伤保险的参保范围，依法保障产业工人的福利待遇，将政府政策逐一落实。同时，要健全完善党委领导、政府主导、部门负责、工会推动、社会参与的困难职工解困脱困工作机制，做好困难职工的帮扶工作，切实保证民生服务，稳定社会秩序。四是深化政策研究。在实地调研的基础上，掌握产业工人的发展现状，制定产业工人满意的政策，真正将政策福利惠及产业工人。要针对具体的问题形成解决思路，以强有力的执行队伍落实政策，将产业工人的满意度看作政策效用评估的关键变量。党和政府要高度重视产业工人的生产生活、思想行为，一方面在保证产业工人生产生活有序的前提下，提高产业工人生活质量，增强产业工人在工作中、生活中的获得感；另一方面高度重视产业工人的思想动态变化，保证产业工人队伍的结构稳定性，做好社会稳定风险的防范化解工作。五是营造社会氛围。新时代产业工人队伍建设，要注重营造尊重劳动、崇尚技能、鼓励创造的氛围。良好的社会氛围能够让不同行业、不同层次、不同系统的产业工人在精神上形成凝聚效应，营造竞相提高、共同进步的氛围。政府部门要借助官方主流媒体，强化对产业工人政治地位、功能作用等方面的宣传，尤其是强化对优秀产业工人如劳动模范、竞赛获奖者的宣传，在宣传中增强影响力，提高产业工人学习的积极性和主动性，在全社会营造有助于产业工人队伍建设的氛围。

面对新时代产业工人队伍建设的新任务，党和政府要加强指导，企业、产业工人以及其他社会主体要主动调整，以满足新要求。为此，需要充分了解现阶段的产业工人队伍建设现状，明确当前产业工人队伍建设在支撑保障方面的不足：

一是部分地区在产业工人法治保障机制上不健全，还存在不同程度的侵损产业工人权益的案例，存在产业工人遇到不公平对待时求助无门的现象。部分企业在履行社会责任上存在理念偏差，缺乏必要保障行动，对产业工人的相关权益保障不够。二是财政补贴机制不健全。粤港澳大湾区尤其是粤东、西、北地区的政府，对产业工人的财政支持力度不够，财政覆盖面不够广，大量产业工人尚未享受到国家层面的福利设计。产学研结合紧密度不够，主要表现为职业技术院校的财政投入不够、人才培养与企业需求不匹配、实习实训基地不规范、科技成果转化率低，难以将科学成果转化为产业发展的新引擎新动力。三是产业工人的部分权益得不到保障。就业机会、发展机会不均衡，部分产业工人在工作上面临着不公平对待的问题。下岗失业产业工人的再就业服务机制不健全，就业信息资源共享和管理缺乏规范与整体统筹。劳务派遣监管制度不健全，企业用工行为不规范，产业工人容易在工作中处于弱势地位。四是针对一线产业工人的政策不够丰富，政策效应有限。现阶段产业工人福利政策往往聚焦于一些高技能人才，而很多收入水平低、技能有限的一线产业工人不符合政策服务条件，享受不到政策福利。因此，必须将注意力更多聚焦于一线产业工人，将政策覆盖到所有产业工人，这不仅考验着地方政府制定科学性政策的能力，也直接关系着产业工人队伍能否真正建设好的问题。五是现阶段尊重劳动、崇尚技能、鼓励创造的社会氛围不够浓厚，产业工人之间相互学习的机制还不完善。很多企业管理者缺乏对企业文化的塑造和培育，在劳模培养和宣传上做得还不够。部分地区政府没有充分发挥主流媒体对社会氛围的引领作用，没有建立起常态化的宣传工作机制。

站在新的历史起点上，一方面需要把握新时代对产业工人队伍建设的新要求和新任务，另一方面需要立足于现阶段产业工人队伍建设的不足之处，保证未来产业工人队伍建设方向的正确性。我们应该深刻认识到，新时代产业工人队伍建设是必要且重要的，产业工人队伍的优化不仅能够保证社会结构的稳定性，更有助于实现现代化目标，真正为中国人民谋幸福、为中华民族谋复兴，真正践行党和政府为人民服务的宗旨，真正将产业工人的工作生活与其政治地位匹配起来。毋庸置疑，产业工人队伍的建设是未来党和政府需要投入更多注意力的重要工作。

第三章 粤港澳大湾区产业发展的总体形态与布局

产业地区布局，指的是产业各部门、各环节在地域上的有机组合分布，是产业运行规律在空间上的具体表现。每个产业都需要依赖一定的条件才能成型，这些条件主要包括：地理位置、自然条件和自然资源、人口和劳动力、科学技术和社会经济条件、政府政策等。任何地区产业布局的特点实际上都是由该地区上述条件所决定的，由于不同产业部门对布局的条件要求不同，因而不同地区适宜发展不同的产业部门，同一产业部门布局在不同的地区也会产生不同的经济效果。不同地区条件的差异，导致适宜发展的产业部门也不尽相同。因此，在进行产业地区布局时，国家必须全面、深入地分析影响布局的各种条件，因地制宜地布局各产业部门，使布局合理化，才能充分利用现有资源，尽可能地减少成本投入，以取得最佳经济效益、社会效益和生态效益。理清粤港澳大湾区的产业区域分布类型，可以更好地了解粤港澳大湾区内产业工人群体的聚集情况和技术类型，明晰粤港澳大湾区内产业工人群体定位，有助于更加全面地了解粤港澳大湾区产业工人的基本情况。

粤港澳大湾区内各地区依据自身的地理位置优势，分别形成了适合本地区发展的产业分布特色。首先是香港，香港位于中国的东南海岸，属于亚洲的中心。基于优越的地理位置，加上世界级的设施和网络，香港成为了往返世界各地方便快捷的重要枢纽。世界级的香港国际机场与优良的海港为搭建繁荣的贸易路线提供了基础。因此，它的主要产业为金融服务、贸易物流、先进服务业和旅游业。香港是粤港澳大湾区中的金融中心，对带动湾区的经济发展具有重要意义。其次是澳门，澳门位于中国南部，是一个国际自由港和世界旅游休闲中心，它为国家的改革开放作出了突出贡献。一方面，澳门与葡语国家在历史、文化、语言等方面有着悠久的联系，承担着打造中国与葡语国家商贸合作服务平台的重任；另一方面，澳门有着归侨侨眷众多的优势，在内地与海外尤其是与东南亚国家交往方面发挥了独特作用。它依托自身的优势积极发展博彩旅游业和建筑行业，是中国和西方一个重要的文化交流窗口。最后是珠三角的城市群，如：广州、深圳等一线城市及一些周边城市（如佛山市、肇庆市、中山市、江门市、珠海市、惠州市、东莞市等），合理规划自身产业布局，在大力发展自身优势产业的基础上为粤港澳大湾区的发展贡献力量。产业地区分布不仅有空间特征，还具有时代变迁的规律，通过时空两个维度完整呈现了粤港澳大湾区产业发展的总体形态与布局，有助于我们深入了解粤港澳大湾区产业工人群体。

一　香港

（一）香港现有的四大支柱型产业及产业工人分布

自20世纪80年代中国改革开放以来，香港地区的传统制造业逐渐转移至珠三角地区，向服务业主导型经济发展。2018年香港劳动人口总数达397.9万人，其中就业人口为386.7万人，失业人口为11.2万人，失业率2.8%。从事制造业的就业人数为10.3万人，建筑业为35.2万人，金融、保险、地产、专业及商用服务为79.4万人，运输、仓库、邮政及速递服务、咨询及通信为45.1万人。目前，香港已经是全球服务业主导程度最高的经济体，其支柱型产业也均属服务业。香港的四大支柱型产业分别是贸易及物流业、金融服务业、专业及工商业支持服务业与旅游业。其概况如下：

第一是贸易及物流业。该产业位居香港四大支柱型产业之首，本地生产总值占比最高，就业人数最多，涵盖货运、货运代理、仓储、邮政及速递服务等。香港的贸易及物流产业有着如下的特点：一是地理位置优越，海运空运覆盖服务群体庞大。香港是一个靠近全球主要海运航道的天然深水港，同时也是5小时可以飞抵全球半数人口居住地的航空枢纽。优越的地理位置为香港的海运空运服务吸引了庞大的客户群；二是低税政策引流。优惠的进出口及关税政策使得香港的货运服务优势更为显著，尤其是在艺术品、名烟名酒等贵重物品的运输方面，香港的物流服务具有广阔的市场需求；三是先进的设施。香港是全球第七大国际货柜港（2018 年），拥有全球最繁忙的国际航空货运机场。此外，其客运量也长期居于世界前列，长期保持平稳、有序、高效运转，使香港在全球贸易及物流业具有良好的声望地位。

贸易及物流业作为香港的第一大支柱产业，吸纳了香港四分之一左右的人口就业，并且由于多数属于劳动密集型产业，产业工人占比也相对较高。该产业的平稳发展对满足产业工人群体就业需求，维护香港社会稳定至关重要。近年来随着内地贸易及物流业的发展，使得该产业在香港增速渐缓，加之科技发展带来的中低端用工需求减少，产业工人群体的就业空间受到一定程度的挤占。

第二是金融服务业。香港作为全球自由经济体，是离岸人民币业务的"先行者"。在国际金融中心与亚洲主要资本市场中占据重要地位，是排名第三的国际金融中心，也是亚洲排名第一的金融中心。金融服务业是香港的第二大支柱产业，其产业体系以银行业为主，另外涵盖保险、证券经纪、资产管理及其他金融服务，在香港的经济体系中有举足轻重的地位。香港的金融服务业发展与四个方面的要素密切相关：一是香港是重要的人民币离岸市场，地位特殊，在金融业独具优势；二是香港金融服务业实际利率较低，资金成本低廉，借贷投资的收益高；三是商业信用度高，为客户在香港借贷及投资提供了可信赖的环境；四是为客户提供种类繁多的产品及服务，投资渠道多元，投资方法多样，服务覆盖面广，服务触角长。在多方面要素的共同作用下，香港的金融服务业得以持续蓬勃发展。然而，金融服务业吸纳的就业人员却非常有限，仅占香港总就业人口的二十分之一左右，且聚集的多为高学历的知识型人才，其从业人员总体而言具有学历与薪酬双高的特征，因此产业工人在其中占比较低。

第三是专业及工商业支持服务业。它是香港第三大支柱型产业，也一直是香港最具竞争力的行业之一，其产业体系涵盖法律、会计及核算业务、建筑及工程活动、管理及管理顾问活动、资讯科技相关服务、广告、专门设计及相关服务等，为香港聚集了企业管理及各类服务行业的大量专业人才。该产业的发展与两个要素密切相关，一是凭借独立、可靠、透明度高的监管机制与低门槛的投资政策，聚集了大量拥有国际认可的专业资质机构及专业人才，具备了提供可信赖优质服务的机构与人才基础；二是作为内地与外界经贸往来的桥梁，为国内想要"走出去"

与外国想要"走进来"的企业提供服务，使其具有广阔的服务市场。在市场需求与服务基础的双重要素叠加之下，产业得到了良好发展，逐渐成为了香港最具竞争力的产业之一。然而，该产业聚集的主要是高端专业人才，虽与香港进一步迈向知识经济型社会的产业布局相契合，也贡献了较多的就业岗位及较高的产值，但是为产业工人提供的就业及发展空间较为有限。

第四是旅游业。产业体系涵盖入境旅游与外访旅游，其中入境旅游包括为到香港的游客提供购物、餐饮、住宿及过境客运服务，外访旅游包括为出境旅游的香港居民提供旅行代理代订服务等。素有"购物天堂"之称的香港凭借其低税率政策与发达的贸易及物流产业等优势，提供了种类丰富、价格低廉的商品，吸引了大批游客来港购物消费，使香港的零售业得到极大发展，同时也带动了其他旅行相关业务的发展。香港旅游业是政府的重要税收来源，长期占据香港四大经济支柱产业之一的地位。但与此同时，香港旅游业发展也存在一些弊端，一是依托零售业务的旅游业需要维持高位的游客数量，但由于香港土地面积有限，大量游客导致的道路拥堵、住宿紧张问题难以解决，使得香港居民受益于旅游业的同时，也有部分居民对拥挤问题提出意见；二是对内地购物游客的依赖程度较深，随着内地居民开始涌入全球化网购、代购的潮流中，香港的购物优势正逐渐被消解。

虽然旅游业是香港最小的支柱产业且发展面临一定挑战，但却是为产业工人提供重要就业平台的产业之一。旅游业所创造的职位中，低技术工种职位较多，为知识水平与技术水平较低、就业机会相对较少的群体提供了就业机会，对保障香港地区产业工人收入至关重要。

（二）香港在粤港澳大湾区的角色定位及具体行动

1. 香港在粤港澳大湾区的角色定位

2017年7月1日，在国家主席习近平见证下，国家发改委、广东省、香港和澳门在香港签署了《深化粤港澳大湾区合作推进大湾区建设框架协议》（以下简称《框架协议》）。《框架协议》确立了在大湾区建设中的合作重点领域，包括推进基础设施互联互通、进一步提升市场一体化水平、打造国际科技创新中心、构建协同发展现代产业体系、共建宜居宜业宜游的优质生活圈、培育国际合作新优势，以及支持重大合作平台建设等。对于香港而言，粤港澳大湾区的合作目标包括巩固和提升国际金融、航运、贸易三大中心地位，强化全球离岸人民币业务枢纽地位和国际资产管理中心功能，推动专业服务、创新及科技事业发展，建设亚太地区国际法律及解决争议服务中心。香港作为享誉世界的国际金融中心、国际航运中心、资讯服务中心，具有背靠祖国、面向世界的优越地理位置，在国家经济发展中占据独特的地位，在"一国两制"背景下，凭借其独特的优势，香港在粤港澳大湾区建设中发挥着重要作用。

目前，香港在国际竞争中有其独特的优势。一是在制度与政策上的竞争优势。香港直面国际竞争，完全融入了国际市场，行政管理和法律体制相对健全，投资服务及保障体系比较完善，具体体现为社会制度较完备、土地使用政策严格和产业发展政策合理。正是这种完备的制度使香港能够保持竞争优势。二是在经济要素上的竞争优势。香港借助其优越的地理位置，在长期对外交往及发展过程中，积累了丰富的信息、人才和技术资源，具体体现为经济要素流通顺畅、信息资源比较丰富和全球布局相对健全。因此，香港不仅带动了经济要素的流动，还成为了内地和世界沟通的关键性桥梁。三是在市场空间上的竞争优势。香港融合了中西方文化，与全球各地均有广泛的经济文化联系，拥有大批高素质的国际化专业人才。因此可为内地企业"走出去"提供指引，及时帮助内地企业解决"走出去"过程中遇到的问题。随着中国经济和世界经济的日益融合，要求内地企业开拓好国内外两个市场、利用好国内外两种资源，这就更加要求香港发挥其海外沟通优势，培育和发挥"走出去"的竞争优势，促进中国经济和世界经济在更广阔范围内的深度合作、融合发展，提升中国在全球范围内配置资源的能力和水平。

总的来说，香港在粤港澳大湾区建设中的角色定位分为两个方面。一方面，在粤港澳大湾区，港澳地区发挥着促进向外发展、加强对内融合的作用。其中，香港作为全球金融中心之一，是对外开放的主渠道，担任贸易中心、航运中心等角色。因此，要巩固和提升国际金融、航运、贸易中心和国际航空枢纽地位，强化全球离岸人民币业务枢纽地位、国际资产管理中心及风险管理中心功能，推动金融、商贸、物流、专业服务等向高端高增值方向发展，大力发展创新及科技事业，培育新兴产业，建设亚太地区国际法律及争议解决服务中心，打造更具竞争力的国际大都会。另一方面，粤港澳大湾区建设也是"一带一路"建设的重要支撑。要更好发挥港澳两地在国家对外开放中的功能和作用，促进国内国际两个市场、两种资源有效对接，在更高层次上参与国际经济合作和竞争，建设具有重要影响力的国际交通物流枢纽和国际文化交往中心。

改革开放以来，香港一直是粤港澳大湾区区域内的核心大都市，引领着整个区域经济社会的发展。分析香港在国际竞争优势上的现状与潜力，明确香港在粤港澳大湾区的定位与作用，才能使香港积极融入国家相关战略和规划，继续发挥在大湾区建设中的核心大都市引领作用，联合深莞穗促进资源整合，共同开拓市场发展空间，加快打造与完善粤港澳大湾区合作平台建设，打造高品质的大珠三角都市圈。

2. 香港在粤港澳大湾区的具体行动

香港在粤港澳大湾区的具体行动主要表现为以下四点：

第一，发挥现代化大湾区的核心带动作用。中央政府将"粤港澳大湾区城市群发展规划"定位为国家战略，既是要建设世界级的城市群，也是要建设现代化和高品质的城市群。粤港澳大湾区城市群的建设，将推动三地资源的有效整合。例如，一方面加快促进香港金融、服务业等领域人才的向外输出，为珠三角地区提供更多的相关人才；另一方面，借助珠三角地区劳动人口密集等特点，协助解决香港人口老龄化所带来的劳动力短缺问题。包括对在内地长期发展的港人实行申请积分制落户规则；放开香港青年赴内地服兵役的权限；增进与香港媒体、学校教师联动等方式，促进香港青年的国家认同感，强化中华民族共同体意识。赋予香港和内地居民同样的权利和义务，消除地域的限制，促进粤港两地的人才交流和居民的互相认同。

第二，发挥创新经济体系的辐射作用。港珠澳大桥通车后，香港可更好发挥对珠江西岸以及对整个粤西、西江流域经济带的辐射作用。加快实现粤港澳大湾区基础设施的高效衔接与合作，推动建设广州、深圳与香港互联互通的大型基础设施项目。突出发挥粤港澳大湾区各自特色，形成优势互补、利益同享、风险共担的发展局面。加强科技合作，加快建立科技创新体系和高新技术产业体系。提高对外投资质量，培育出口竞争新优势，拓展国内外市场空间。支持香港专业服务提供者到广东开办法律、管理咨询、会计等专业服务机构，充分发挥香港作为国际认证中心的作用。粤港澳大湾区三方合作办学，联合培养高层次的专业人才。产业转型升级需要依靠自主创新，也同样需要知识产权的有效保护与科技成果的市场转化。香港可借助此优势，引领大湾区及时实现科研成果的市场化应用。通过吸收全球各地（特别是祖国内地）的基础科研成果，根据市场需求进行快速迭代创新，使之成为适应消费者需求的产品。香港有能力成为海外创新产品进入内地的试验基地，也有能力成为内地创新产品外销的重要窗口。

第三，发挥占领市场空间的引领作用。香港的全球贸易网络、国际贸易展览会等能帮助内地企业接触世界各地的消费者，及时了解市场需求的变化。作为自由港及全球重要的流通枢纽，香港更易接触有市场开发潜力的新研发成果，收集科技发展信息。因此，香港可引领大湾区各城市占领更多更大的国际市场空间，尤其是"一带一路"国家的市场空间。"一带一路"涵盖60多个国家，所涉人口占全球总人口约三分之二，经济总量占全球GDP总量近三分之一。由此，香港有必要主动参与国家倡议，紧抓战略机遇，进而改善生产性服务业发展现状。

第四，发挥建设高品质大湾区的示范作用。香港可通过"一带一路"倡议、自由贸易试验区战略、粤港澳大湾区建设等主动融入国家发展大局中。粤港澳大湾区合作机制下的香港，仍需按照"积极参与、共同谋划、互惠互利"的原则，与广东省政府紧密合作，为港人港企抓住创业、就业及事业发展的新机遇。同时创新口岸通关模式、大幅度提高通关效率，为建设高品质大湾区提供良好、高效率的示范作用。

综上所述，在发展建设粤港澳大湾区的时代背景下，香港有其独特的角色定位和职责作用。在这一背景下，香港的产业结构也会发生相应的改变，分布在各行业的产业工人群体也会因为产业结构的变迁，发生相应的人员变动。

（三）香港产业发展面临的主要问题及未来发展方向

从产业转型的历程来看，香港经历了三次较大规模的产业升级转型。第一次是以工业化带动经济的飞速发展，使得香港跻身于"亚洲四小龙"之列。第二次是以制造业的转移与服务业的跨越式升级推动打造了以"服务经济"为特征的国际性大都市。而第三次则是自20世纪90年代亚洲金融危机以来，制造业的全盘转移和生活性服务业的迅速崛起。经历数次产业结构转型后，香港当前的产业结构已呈现出服务业独大、工业空心化、产业结构知识专业化等特征。衍生出了金融、物流、旅游和工商业的四大支柱型产业，对经济的贡献量占据了香港 GDP 的 55% 以上，就业人数超过总就业人数的 45%，并使得香港成为国际和亚太地区重要的航运枢纽和最具竞争力的城市之一，享受着"东方之珠""美食天堂"和"购物天堂"等诸多美誉。但是，在经历了数次高速发展的黄金时期之后，香港在产业转型与升级方面的动力和潜力稍显不足。尤其是近几年来，由于国际局势的错综复杂和竞争形势的日益激烈，以及内部经济结构与其他各种因素的影响，使得香港主导性产业增长动力日渐放缓，经济增速放缓。从香港产业结构的转型升级历程来看，香港产业结构面临的主要问题包括：

第一，产业结构单一。香港通过跨越式的产业转型升级走向了现代服务业，形成了国际贸易中心、国际金融中心、国际航运中心、国际旅游中心和国际信息中心等相一致的高级化生产和消费综合服务业，成为全球服务业占比最高的城市之一，并由此形成了围绕第三产业为主的服务业结构。制造业虽完成了产业转型但并未升级，导致工业结构转型缓慢，出现了产业空心化现象。第二，主导产业乏力。香港依靠特殊的地理位置、独特的政策待遇、优良的发展契机以及有效的市场环境等，形成了金融、物流、旅游和工商业的四大支柱型产业，对香港经济增长注入了关键性的力量，在香港经济增长中仍然扮演主力军作用。但是，近年来随着国际经济形势的不稳定，这些产业受到国际经济形势的影响，出现增长乏力现象。第三，新兴产业薄弱。香港在原有的四大支柱性产业基础上，加快速度培育新型产业作为新的经济增长点，确立了文化及创业产业、医疗产业、交易产业、创新科技产业、检测及认证产业和环保产业的六项优势产业作为香港经济发展的新兴产业。但是目前来看，与四大支柱性产业相比，这六个新兴行业发展势头虽然良好，但对于香港经济的整体影响还十分有限。第四，人才流失严重。香港的产业发展需要依靠人才的聚集，但在全球人才争夺战愈演愈烈的情境下，香港争夺人才的核心竞争力在逐渐减弱。对金融业和房地产的过度依赖，导致物价水平持续上涨，房价和工资水平严重不匹配，青年就业范围狭窄等，都引发人才的大量流失。第五，科技创新缺失。科技创新是产业转型和升级的重要引擎，香港对于科技创新的重视和投入程度不足。以研发强度为例，其研发强度只有新加坡的三分之一，深圳的五分之一。同时，研发主体只局限于教育机构，并未形成产学研协同的运转机制。

香港产业目前发展所面临的问题，既有外部环境因素的影响，同时也有香港自身内部的缘由。当前，党和国家审时度势提出了粤港澳大湾区的战略布局，确定由香港和澳门两个特别行政区以及广州、深圳等9个城市组成的城市群。作为国家重点建设的世界级城市群，将向美国纽约湾区和旧金山湾区、日本东京湾区看齐并与之竞争，这对于香港未来产业发展是一个千载难逢的机遇。基于此，香港可以在清楚认识自身产业结构不足的基础上，充分发挥其在粤港澳大湾区中的独特优势，搭上粤港澳大湾区这辆快速发展的"列车"，对产业结构的转型和升级不断地进行完善，主要包括：

第一，巩固发展国际贸易产业。在融入粤港澳大湾区的发展后，香港地区的贸易交通枢纽环境建设将进一步完善。目前港珠澳大桥、广深港高铁等交通网络布局不断优化，内地与香港之间的交通联系更加便利，高效便捷的现代化综合交通运输体系正在不断成型。在未来，香港完全可以借助粤港澳大湾区的平台，凭借自身作为国际航运中心的优势。在巩固欧美贸易市场的同时，大力拓展亚洲贸易市场，尤其是内地市场，巩固和提升香港作为亚太地区航运中心和航空货运中心的战略地位，全力提升香港在全球供应链管理中的战略核心地位，带动周围城市共同建设世界级港口群和大湾区。毋庸置疑，香港将继续巩固和发展其国际贸易中心、航运中心、航空中心和物流枢纽的战略定位，发展其在国际贸易以及物流枢纽产业方面的优势。

第二，提升打造全球金融产业。香港在金融产业方面具有资金流通自由、金融市场发达、金融服务业高度密集、法制健全和商业文明成熟等优势，成为了亚太地区国际性的金融中心。但是与纽约和伦敦相比，香港距离全球性金融中心还有一段距离。这是由于香港的经济体量较小，而纽约能够依托北美经济体，伦敦得以依托欧盟经济体。而在亚洲地区尤其是东亚经济体中，香港需要和上海、东京、新加坡等城市激烈角逐亚太地区的全球性金融中心的地位。粤港澳大湾区的构建，对于香港而言是提升打造全球性金融中心的良机。近年来，香港和内地的金融联系已经日益紧密，香港、深圳和广州合作共建了大珠三角金融中心圈，《粤港合作框架协议》提出要建设以香港为龙头，广州、深圳等珠江三角洲城市金融资源和服务为支撑的具有更大空间和更强竞争力的金融合作区域。粤港澳大湾区的提出更是促使粤港澳大湾区的金融合作进一步加强。未来香港将进一步凭借内地强大的经济依托，发挥出自身在金融产业上的独特优势，以粤港澳大湾区为载体，争取打造全球性金融中心。

第三，全面开辟科技创新产业。香港产业结构高度依赖于服务业尤其是金融、地产行业的支撑。在近些年经济变革的潮流中，抱守原来的产业优势，出现产业转型而并未出现产业升级，导致了产业的空心化。事实上，早在20世纪90年代香港社会便开始关注到科技创新的重要性，后续科学园、应用科技研究院、创新科技署等科研机构和主管机构纷纷成立，但是科技创新受到的重视程度远远不如周边城市，尤其是同深圳相比，深圳的腾讯、华为、中兴等一大批高新技术企业质量远远超过香港地区。因此，香港在融入粤港澳大湾区之后，未来可以在原有科技创新投入的基础之上，对内重点扶持六项优势产业，加强对文化及创业产业、医疗产业、交易产业、创新科技产业、检测及认证产业和环保产业等方面的科技创新研究和应用。对外以粤港澳大湾区为载体，强化粤港澳大湾区之间的科技合作，共同构建科技创新发展的统筹、沟通和协商平台，建立区域科技创新的发展计划，从而构建粤港澳大湾区科技创新湾区，打造世界级科技创新圈。

第四，夯实深化旅游服务产业。香港一直以来都是闻名遐迩的国际性旅游城市，享有"东方明珠"和"购物天堂"的美誉。旅游业的蓬勃发展，带动了餐饮、酒店、交通和零售业等行业的繁荣，由此所带来的直接和间接经济收益，占据了香港经济增长的重要部分，并解决了大部分人口的就业问题。但是近年来随着租金以及物价的上涨，导致香港旅游服务业的经营成本大幅提高，香港在旅游方面的竞争力受到了削弱。因此，未来香港必须要维护地区的团结和稳定，深入融合到粤港澳大湾区的战略平台中，协同周边城市规划好区域旅游业的基础设施，改善香港内部旅游业的基础设施和基本条件，发展商务旅游、会展旅游等高端旅游，大力拓展海外市场和内地市场，规范旅游业发展的市场秩序，按照国际旅游业发展的规范来整顿和监管旅游业市场，致力于构建全球首屈一指的旅游胜地，巩固和提升其作为世界旅游中心和购物天堂的地位。同时，强化中华文化的对外宣传和展示，与粤澳地区共同合作、优势互补,打造世界级的旅游休闲中心。

二 澳门

澳门简称"澳",全称中华人民共和国澳门特别行政区,位于中国大陆东南沿海,地处珠江三角洲西岸。北与广东省珠海市拱北相接,西与珠海市的湾仔和横琴相望,东与香港、深圳隔海相望。2016年,澳门特区政府颁布了《澳门特别行政区五年发展规划(2016—2020年)》,规划明确提出"研究和推动粤港澳大湾区建设,携手打造具备国际竞争力的经济区域"。2018年港珠澳大桥建成通车,澳门的中介枢纽作用更为凸显。对内而言,澳门是内陆城市协同发展的对象。对外而言,澳门是我国与葡语以及东南亚等国家交流合作的重要国际口岸。2019年,中共中央、国务院印发的《粤港澳大湾区发展规划纲要》(以下简称《纲要》)指出要将澳门定位为世界旅游休闲中心,各项利好的产业政策为澳门旅游业、博彩业、会展业、建筑业、交通运输与金融业带来了难得的发展机遇。由此可见,澳门在粤港澳大湾区中将扮演着不可或缺的重要角色,具有无限的发展潜能。

(一) 澳门现有的四大支柱型产业及产业工人分布

在地理与历史等多重因素的共同作用下,澳门形成了典型的以第三产业为主、第二产业为辅的外向型经济体。现有的四大支柱型产业分别为金融保险业、建筑地产业、出口加工业以及旅游博彩业。具体概况如下:

1. 金融保险业

澳门的金融机构众多,诸如银行、非银行信用机构、保险公司、金融公司等。除香港外,澳门也是粤港澳大湾区中重要的金融增长点,其金融体系主要由银行和非银行金融机构组成。澳门的银行体系有四大特点:一是银行资本与银行业务的国际化程度高,在澳银行多隶属于国际著名大银行,具有明显的国际性特征。二是商业银行的网点比较密集,商业银行的业务较为广泛,需投入大量的人力资本以维护正常运营。三是对香港金融业的依赖程度较高。澳门虽然也是重要的金融增长点,但受诸多客观条件限制,在经济等方面对香港有依附性。四是对外开放度较高，有较好的对外交流开放基础。澳门官方货币是澳门币，但由于缺乏相应的外汇管制，澳门货币的供应类别多，有港币、澳门币和一些其他国际性货币。因此，在澳商品交易与其他服务的费用收取虽以澳门币计算，但仍可使用港币等其他国际性流通货币，大大方便了澳门在国际上的资金往来和自由流动。

国家对粤港澳大湾区的保险业发展高度重视，《纲要》中多次提到保险，广东省发布的《广东省推进粤港澳大湾区建设三年行动计划》也提出要加快推进深圳保险创新发展试验区建设。在国际上，诸如东京湾区等相对成熟的湾区，金融保险业既是湾区内重要的支柱产业，也是其他产业发展的前提和保障。然而由于粤港澳大湾区存在两种制度、三种货币、四个中心城市的特殊情况，澳门保险业发展面临一定的阻碍。此外，金融保险业对员工的学历与综合素质方面的要求较高，但产业工人群体因为自身的技术水平单一，综合能力较低，在行业内并不具备竞争力，因此从事这一行业的产业工人相对较少。

2. 建筑地产业

建筑地产业包括建筑业和房地产两个行业，是澳门的主要支柱产业之一和经济的重要组成部分，也是澳门商品交易最活跃的市场之一。这一产业兴起于20世纪70年代后期，当时澳门的经济得到了迅速恢复和发展，工商业的繁荣刺激了人们对于住宅和楼宇的需求，加上移民数量骤增，人口增长刺激了房产需求。建筑地产业的岗位通常分为三种：一是管理人员，主要负责维护公司的正常运营和行政事务的审批工作，工作内容需要具备一定的知识基础和表达能力，因此从事这一岗位的产业工人群体人数较少；二是销售人员，主要负责房产资源的销售，这一部分员工需具备较好的语言表达和口语交际能力，因而该岗位上的产业工人群体也较少；三是在建筑工地从事建筑建造的工人群体，其主要任务是完成房屋建设与装修工程，这一岗位对从业人员要求较低，从事建筑地产业的产业工人群体主要集中于这一岗位，然而由于澳门本身土地面积有限，可开发的土地相对受限，不需要大量人员进行土地的建设和开发利用工作，因而建筑地产业的产业工人群体人数有限。

3. 出口加工业

澳门是典型的出口导向型经济，与国际经济有着广泛联系，外向性程度极高。澳门出口加工业以加工制造业为主，涵盖纺织、玩具等劳动密集型行业。澳门制造业呈现出两大特点：一是外向型工业，且是典型的原料和销售市场"两头在外，打进打出"的"加工贸易型"工业，生产产品大部分用于对外销售，是典型的对外销售型产业类型；二是澳门的制造业以劳动密集型的小企业为主，平均每家企业拥有的职工人数并不多。从澳门的制造业发展情况来看，廉价而充裕的劳动力供应和西方国家的税收优惠政策，吸引了很多企业来澳开办工厂，从事出口加工业，并依托澳门的自由贸易港和对外交流平台保持出口贸易行业的可持续发展。

澳门的出口加工业具有三个特点适宜产业工人就业：一是产品产量较大，所需的工人数量较多；二是出口产品在生产过程中具有流水线的程序长度，因此提供的岗位性质也较为多元化，可以满足具备不同技能产业工人的多样化需求；三是出口加工业在交通运输方面的需求量大，所需产业工人数量也较多。总体上，澳门在未来很长一段时间内，出口加工业尤其是制造业，将会成为澳门产业工人群体的主要选择行业。

4. 博彩旅游业

博彩旅游业是澳门最为独特也是最有代表性的产业，至今已有150年的历史，是当地产业的重中之重。随着国际化窗口的开放，发达的对外交通网络使澳门旅游业进入了新的发展阶段，也为澳门的博彩业带来了新的发展机遇。博彩业除了为澳门带来税收等直接收益外，还刺激了港澳水上交通行业发展，以及依附于旅游业、金融、建筑等各行业的发展，对产业工人就业产生较大的影响。

从当前趋势看，博彩业会成为澳门支柱型产业中最具有发展前景和发展潜力的产业，将吸引越来越多的产业工人群体加入。然而，博彩业因其服务性质较为特殊，对产业工人的综合素质和语言表达能力有较高要求，产业工人必须提升综合能力才能适应博彩业岗位的高要求。

（二）澳门在粤港澳大湾区的角色定位及具体行动

《纲要》作为中共中央、国务院颁布的纲领性文件，是指导粤港澳大湾区当前和今后一个时期合作发展的重要依据，为澳门的产业发展提供了政策红利。

第一，粤港澳大湾区旅游资源共享有利于澳门各产业的发展。《纲要》明确提出要推进粤澳新通道、横琴口岸等项目规划。此外，推进城市轨道等运输方式的有效对接，推动粤港澳口岸实施便捷的通关模式，大大提高粤港澳口岸通关能力和通关便利化程度，加强港澳两地与内地的交通联系。《纲要》表明要支持澳门举办一批具有国际影响力的会议展览，在会展业的带动下，拉动博彩业、旅游、交通等其他行业的增长，促进澳门经济的多元化健康发展。

第二，《纲要》将促进澳门交通行业的发展。澳门机场是内地游客以及国际游客进入澳门的重要渠道。根据《澳门国际机场整体发展规划》，澳门机场的二期和三期扩建工程完成后，设计游客接待能力将提升至1100万人次和1500万人次。此外，港珠澳大桥采取的"合作查验、一次放行"通关模式，有效缓解了短期内客流量过载的问题，使其能够更好地接纳游客。

第三，《纲要》将澳门特区融入了大湾区国际金融枢纽的建设中。首先，澳门特区初步计划围绕两大角色、三个定位、八项重点开展工作，并建立健全工作机制。《纲要》一方面明确了要全面准确理解、贯彻落实"一国两制"方针；另一方面，积极响应国家"一带一路"倡议，让澳门成为我国和葡语国家在"一带一路"领域交流合作的重要枢纽。《纲要》的提出，对澳门的角色定位有了更进一步的要求：一是打造世界旅游休闲中心，发展成为旅游教育培训基地。这意味着在原有的基础上，澳门政府还将大力加强对旅游业的投入，并通过培训使旅游资源得到可持续的输出和发展。二是将澳门打造成为中国与葡语国家商贸合作的服务平台，进一步建设好中葡经贸合作会展中心、中葡中小企业商贸服务中心、葡语国家商品集散中心等中葡文化友好交流和互联互通的平台，重点打造中国与葡语国家的金融服务平台，推进澳门与葡语国家的经济往来和贸易合作。

新时代澳门角色定位的转变，随之带来的是产业结构发生相应改变，分布在各行业的产业工人群体也随着产业结构的变迁发生相应的变动。商贸往来会带来大批的产业工人聚集，因此需要加大人才创新力度和优化专业人员引进机制，打造吸引人才、留住人才的环境。与此同时，给予对外交流与合作的产业更多支持，在发展经济的同时注重利用澳门历史和地理优势进行文化输出和传播。

（三）澳门产业发展新方向及产业工人流动趋势

澳门产业发展新方向影响着产业工人的流动趋势，具体体现在以下三个方面：

第一，澳门产业格局呈现出以博彩业和旅游业并重、多种产业并存的基本格局。一方面，博彩业和旅游业是澳门的重要支柱产业。现阶段澳门坚持推动经济多元发展，促进博彩业及其他产业协同发展。同时，澳门政府也致力于推进休闲、商贸、会展和多元文化体验等服务业发展，凭借支柱产业形成的辐射效应和牵引效应，协同其他产业共同发展，最终实现博彩业由"做大"向"做精做强"发展，增强澳门的国际竞争力。除博彩业外，旅游业也是澳门的支柱产业之一，独具特色的旅游环境是澳门最具魅力、最富有竞争力的优势和战略资源。澳门文化独特性体现出深厚的历史底蕴、丰富的文化内涵以及休闲包容的文化特质。综合化旅游项目的开发为产业工人群体就业提供了较为丰富的岗位资源，但智慧旅游和生态旅游的发展对旅游业服务品质和服务质量有更高的要求，亦需要从事旅游业的产业工人群体具备更高的综合素质和技能。另一方面，传统加工业作为澳门产业结构的重要组成部分，可以配合"一个中心""一个平台"的建设。未来澳门的产业结构会呈现出"一点带多面"的格局，形成整体化的发展倾向，重点围绕博彩业这一较为高端的服务型行业开展，其他产业辅助博彩业的再生产和再利用。对此，产业工人群体应提高自身技能，以适应行业发展的新要求。

第二，培育新兴产业的发展对澳门经济的持续发展至关重要。澳门特区政府应利用自身优势，培育会展、中医药和文化创意产业的成长。一是在会展方面，"一国两制"是办会展的最大制度优势，凭借其独特的地理位置和交通枢纽优势，促进客源互引、深化区域合作，引导产业发展。对于产业工人群体而言，由于会展对于参展工作人员的语言能力要求较高，短期内不会成为产业工人群体的主要就业领域。二是在中医药业方面，应依托国际窗口优势，大力倡导中医药行业的发展。依靠国家给予中医药产业的大力支持，澳门政府可将中医药与居民的生活密切联系起来，形成中国特色养生饮食文化，并依托国际化平台和"一带一路"建设，强化对外传播。随着中医药标准体系的进一步完善，在政策鼓励和影响下，会有越来越多的产业工人加入到中医药销售和中医药膳食行业中。最后，在文化创意产业方面，澳门有多项独特的优势，如政策倾斜、庞大的旅客资源市场等。同时，澳门还制定了《澳门文化产业发展政策框架》，以"尊重市场规律，扶持企业发展"为原则，用多元化的文化产业促进产业发展。文化产品行业需要创新力量的注入和新鲜血液的融入，才更容易激发文化产业的创新与活力，年轻一代的产业工人群体具备生产创新性的文化产品潜质，将会成为文化创意产品生产的主力军。

第三，在扶持中小企业方面，澳门的中小企业是产业工人群体就业的主要选择之一。在政策制度、经济成本、人力资源保障以及发展空间等各方面，中小企业都在获得越来越多的支持和帮助。对青年群体而言，有关文件明确提出营造青年创业氛围，打造优质创业环境，对青年产业工人群体是重要的发展机遇。中小企业的经营进入门槛相对较低，为创业者提供了丰富的创业机会，对缺乏资本积累的产业工人群体具有较大的吸引力。因此，从事相关行业的产业工人群体人数将会不断升高。

综上所述，现阶段澳门的产业以金融保险业、建筑地产业、出口加工业以及博彩旅游业为基础，日渐呈现出以博彩旅游业带动其他产业多元化发展的新格局。未来从事出口加工业尤其是制造业的产业工人群体会持续扩大，且从事博彩旅游业的高素质产业工人人数会出现一定程度的增长。受政策的影响，中医药行业会成为产业工人群体一个新的选择，文化创意产业则会成为青年产业工人群体的新聚集领域。从企业分布来看，分布在中小企业的产业工人群体仍在整个群体中占据较高的比例。

三　珠三角

（一）珠三角地区产业总体概况

"珠三角"是珠江三角洲的简称，位于广东省中南部地区，包括广州、佛山、肇庆、深圳、东莞、惠州、珠海、中山、江门等九个城市，常住人口6446.89万人（2019年，广东省统计局数据），总面积5.6万平方公里，是广东省内经济最发达的城市群。珠三角地区地理位置优越，地形主要为冲积平原，地势平坦，毗邻港澳，海陆空交通便利。产业发展方面，珠三角的先进制造业、现代服务业、战略性新兴产业与高技术产业发展迅速，在全球享有盛名。

中央政府规划部署了珠三角地区的产业发展方式、方向和重点。为适应世界经济发展形势，紧跟国内经济发展态势，作为我国参与经济全球化的重要区域，珠三角地区必须加快转变经济发展方式，由粗放型经济增长方式向集约型经济增长方式转变,发展高新技术,构建现代产业体系,率先建立资源节约型和环境友好型社会;珠三角地区必须在推动科技进步、提高自主创新能力上下功夫,率先建立创新型区域;推进"放管服"改革,发挥改革开放先行地的优势,更深入地开展体制机制改革与创新,率先建立完善的社会主义市场经济体制;更进一步地推行对外开放,强化粤港澳协同发展,主动参与全球市场竞争,率先建立更加开放的经济体系。为进一步贯彻落实中央政府文件精神,主动谋划和积极推动珠三角产业发展优化升级,2010年7月,广东省人民政府出台了《珠江三角洲产业布局一体化规划(2009—2020年)》,强调宏观视野的科学统筹与微观视野的落实方向,提出坚持发挥市场在资源配置中的决定性作用,以及政府的宏观调控作用,推动高质量发展,既要引导增量,培育新的发展优势,也要推动存量的优化升级,提高市场竞争力;发挥各级政府的宏观调控作用,促进产业发展资源的科学优化配置,盘活资源在优势地区和重点产业发展上的爆发力,推动现代服务业、战略性新兴产业和高技术产业、先进制造业、优势传统产业及现代农业的一体化空间布局,形成资源整合、协作高效、优势互补的产业发展态势。

珠三角九市的产业发展一直坚持高端战略取向,坚持优先发展以生产性服务业为主体的现代服务业,加快发展先进制造业,大力发展战略性新兴产业和高技术产业,改造提升优势传统产业,积极发展现代农业,产业发展取得了显著进步,为广东乃至全国的经济发展作出了突出贡献。

(二)珠三角重点发展产业

1. 现代服务业

随着信息技术的迅速发展,知识经济在全球经济结构中发挥着越来越重要的作用,日益改变着传统的商业模式、服务方式和管理手段。现代服务业正是依托现代科学技术特别是网络信息技术产生发展起来的。珠三角重视现代服务业发展的知识化和高端化,通过加强与港澳地区的交流合作,逐步提高在全球市场的竞争优势,充分发挥市场的决定性作用和政府的宏观调控作用,引导现代服务业向中心城市集聚,发挥资源的整合效益,大力发展金融服务、信息服务、专业服务、教育服务、会展服务、流通服务、外包服务、旅游服务及文化创意等产业，加快总部经济发展，不断推进商业模式、服务方式和管理手段创新。现代服务业的快速发展，为珠三角地区吸引了大量的国际知名企业和国际高端专业人才，为经济的科学可持续发展注入了源源不断的活力。珠三角正逐步建设成为国际航运、物流、信息、贸易、会展、旅游和创新中心，成为具有较强国际竞争力的世界高端服务业基地。

2. 先进制造业

我国经济正在从高速增长阶段转向高质量发展阶段，制造业发展也必须紧跟时代发展步伐，主动吸收电子信息技术、人工智能技术以及现代管理技术等，推动先进制造业发展，在市场竞争中获得更高的附加值收益。珠三角的先进制造业以装备制造业和大石化、精品钢铁为主，重点发展交通及海洋装备、通信设备、电力设备、通用和专用设备、石油化工、钢铁等产业。先进制造业的快速发展，为珠三角培育了大量的科研院所，吸引了一大批高端专业技术性人才，形成了一条健全的产学研链条，支撑着珠三角先进制造业的快速发展。珠三角正在逐步发展成为世界级重大成套和技术装备制造产业基地。

3. 战略性新兴产业与高技术产业

战略性新兴产业与高技术产业具有科技含量高、市场潜力大、带动能力强、综合效益好等特征，伴随着重大技术突破和重大发展需求而产生，对国民经济发展具有全局性和长远性的重大作用。珠三角地区科研院所丰富、高端人才聚集、配套政策完善，自主创新能力较强，聚焦了腾讯、华为等世界知名企业。各科研院所积极进取抢占国际产业发展制高点，不断提升我国在全球价值链和产业分工体系中的地位，以及在全球市场中的竞争力，珠三角日渐成为引领我国经济高质量发展的主要动力源。珠三角将重点发展电子信息、新能源、新材料、生物医药、海洋、航空等战略性新兴产业与高技术产业，重点打造若干个具有较强国际竞争力的大型跨国企业集团，培育形成一批先导性强的战略性新兴产业集群，逐步建设成为亚太地区和全球重要的高技术产业聚集区。

4. 优势传统产业

作为"中国制造"的重要力量，珠三角拥有一批传统优势产业，随着人口红利逐渐消退和经济发展方式的转变，珠三角主动谋划，坚持品牌带动、以质取胜，重点发展家用电器、纺织家居、食品饮料、建筑材料、金属制品、造纸等行业,加强技术改造,加快信息技术和先进适用技术的推广应用,打造了一批知名品牌和龙头企业,通过提高产品技术含量,提高产品附加值,进一步提升国际竞争力。

5. 现代农业

珠三角积极利用高新技术改造和提升传统农业发展模式,秉持着高产、优质、生态的理念,不断优化传统产业结构,将蔬菜和优质稻、畜禽和水产作为农业发展重点,不断开发提升花卉园艺产业和观光休闲农业,为农民创收增收,逐步建立起具有岭南特色的都市型、外向型现代农业产业体系。

(三) 珠三角产业空间布局

珠三角产业总体空间布局呈"A"字形,具体包括珠江口东岸的知识密集型产业带、珠江口西岸的技术密集型产业带、珠三角沿海的生态环保型重化产业带。

1. 东岸知识密集型产业带

以广州、东莞、深圳这三大城市为主的东岸地区,凭借产业结构面向未来的交叉错位发展以及各个城市的突出优势,协同互补,积极发展高科技产业、现代服务业与战略性新兴产业,形成了东岸知识密集型产业带,这一产业带的主要核心城市各具特色优势,例如凭借优越的交通优势,广州市积极发展制造业以及贸易服务;有着"正在崛起的中国硅谷"之称的深圳凭借政策优势,吸引众多的资金、人才资源聚集于此,高新技术产业与金融产业十分活跃;凭借雄厚的地方资本与民营经济基础,东莞逐渐成为当前我国电子信息制造、机械制造与轻工制造的重要基地。各城市产业发展具体情况如下:

广州作为广东省的省会城市,不仅是我国重要的三大中心,即综合交通枢纽中心、国际商贸中心与主要的中心城市,而且还是粤港澳大湾区的核心城市,是大湾区联系内地、辐射内地的桥梁与纽带。在粤港澳大湾区发展建设过程中,广州市在多个领域、多个方面都发挥了突出作用,特别是在对外贸易、开拓国际市场等方面发挥了重要的中介作用。广州市产业类型多样,主要是服务业、对外贸易经济、工业、交通运输业、商贸流通、金融业等。当前广州市制造业发展迅猛,服务业增长速度较快,社会消费水平显著提高。与此同时,信息产业、仓储业、交通运输业与金融行业等产业稳步发展。广州信息产业十分发达，在全国城市信息化水平和"互联网＋"城市排行中，处于全国领先位置。广州市不仅关注自身社会经济的发展情况，更积极将广州发展置身于粤港澳大湾区建设中，优化资源配置及利用效率，完善创新机制，促进与其他城市甚至海外城市的合作共赢，致力于为粤港澳大湾区的发展贡献活力与实力。

深圳是我国第一个经济特区和改革开放的窗口，依托经济特区的政策优势，成为当前我国最典型的创新型城市与经济中心城市，被誉为"中国硅谷"。2019年全年，深圳市第一产业、第二产业、第三产业增加值分别为25.20亿元、10495.84亿元、16406.06亿元，增长率分别为5.2%、4.9%、8.1%，其中高技术制造业、先进制造业分别增长了5.9%与5.5%，规模以上工业增加值增长4.7%。另外，深圳市主要行业也实现稳步增长，医药、电气机械和器材、通信及电子设备、专用设备等制造业分别增长了10.2%、7.1%、5.5%、7.2%。从总体上看，以现代服务业、先进制造业、新兴产业为主的深圳市产业结构经济增量凸显，现代物流业、金融业、文化创意产业、高新技术产业四大支柱产业强而有力的发展助力着深圳经济发展，深圳产业结构多样化、新兴化趋势逐渐增强。

东莞是广东省重要的交通枢纽和外贸口岸，是国务院批复确定的珠三角东岸中心城市。东莞市电子产品、服装等产量常年位居全球第一。东莞市凭借雄厚的地方资本与活跃的民营经济等资源，积极发展支柱产业，现代服务产业与高新技术产业迅速发展。为进一步优化产业结构，加快产业转型升级，促进地方经济高质量发展，东莞市积极整合可用资源，盘活存量资源，以供给侧改革为着眼点，挑选本市表现突出的企业，从创新驱动、产业、土地、资本、人才等方面进行供给侧改革，同时推出打造全球制造业中心倍增计划，致力于发挥优势企业的突出作用，打通渠道，增加规模与效益，全面加强与新兴科技企业的合作，努力建设良好营商环境。

（1）东岸知识密集型产业带四大支柱产业及产业工人分布

东岸知识密集型产业以广州、深圳、东莞这三大城市为核心，致力于形成兼具高端与服务的"两化"产业带，以现代服务、电子信息、文化创意与新能源产业为主的产业带逐步形成。具体支柱产业如下：

第一，电子信息产业。东岸知识密集型产业带自主创新能力较强，产业集聚、辐射功能强大，以汽车电子制造、娱乐玩具电子制造、电子元器件与计算机制造及家用视听设备制造为代表的制造业成为该地区经济发展的重要板块。东岸制造业分工较为明确，服务化与产业化特征突出，广州、深圳、东莞三市分别在自主创新研发与制造环节、批量生产与制造环节、重点开发环节等发挥既定作用，制造业发展效率较高。当前东岸产业带致力于加快形成平板显示产业链，将3C注入产品研发与生产阶段，努力在核心领域中取得突破；投入资源进行大尺寸OLED基地建设，依托广东产学研平台，提升自主研发能力，加快材料研究，发展OLED设备制造，力争成为全国前列、全球重要的OLED研发制造带。电子信息产业的流程化机械化生产过程，需要大量的产业工人参与，主要分布在该产业的生产环节。

第二，新能源产业。以新能源汽车、LED新光源、太阳能光伏为主的三大新能源产业，在东岸产业带得到迅速发展。以广州、深圳为中心，通过政策导向与政策支持，给予LED新光源产业的快速发展，建设产业基地，以形成上下游一体化的LED新光源产业带。同时，增加LED新光源本土化应用程度，创新LED新光源发展的运作模式，采用"用户+企业+银行"模式，保障LED新光源研发生产应用链条的完整性。在太阳能光伏方面，东岸产业带凭借丰富的太阳能资源，积极发展光伏发电、促进生态文明建设。东岸产业带秉持市场机制作用与政府政策引导相结合、应用与发展相结合的原则，积极发展太阳能光伏产业，在产业园区、大型公共设施等适宜地区建设光伏发电站，推进太阳能光伏发电规模化应用，鼓励太阳能光伏发电在社会各个领域的应用，推动新能源智能化应用，提升太阳能光伏集成服务能力。在新能源汽车方面，东岸产业带重视提升新能源汽车技术水平，促进产业质量的提升，提升新能源汽车产业规模，加强区域协调和整车生产与推广应用的协调，以整车企业为先导，增强新能源汽车的推广应用性，统筹协调各个部门，为新能源汽车应用营造良好环境，以政府为主导广泛吸纳社会资本参与技术设施建设与运营管理。在新能源产业的生产环节，需要大量产业工人参与生产，新能源产业领域的产业工人数量较多。

第三，现代服务业。以广州、深圳为中心，东莞为次中心，东岸知识密集型产业带致力于将产业的发展辐射范围延伸至市、县、乡，构建扩散式服务网络，逐渐形成专业分工与中心辐射相结合的发展格局。现代服务业的发展立足于既有优势及其所在环境，以补足短板为主要着力点，增强生活类服务的提供能力，将服务体系延伸至基层社区，增加现代服务业比例，稳步提升现代服务业的发展水平。东岸知识密集型产业带坚持现代服务业高端发展战略，加快出台建设现代服务业发展体系的相关配套政策，建设世界级现代服务基地，围绕国际航运中心、物流中心等大力发展服务于区域经济的机构和业态，促进产业集聚。文创、商务服务及外包服务、会展、旅游、物流、信息与科技、金融与总部经济等产业构成了东岸知识密集型产业带现代服务业的主要内容。现代服务业具有形式多样、内容广泛、种类众多等特征，因此服务于该产业的工人占比较高，产业工人类型具有多样化特征。

第四，高科技产业。东岸知识密集型产业凭借实力雄厚的优势产业，积极发展高新技术产业，以优化东岸产业带的产业结构模式。逐渐形成了资金、环境、人才、技术、管理兼具的强大优势，吸引众多大型跨国公司，同时东岸产业带积极建设双向开放格局，鼓励实力较强的本土高科技产业对外投资，进行国际化产业重组以提升竞争力。东岸知识密集型产业带积极建设自主创新示范区和国家级科研基地，增加科研机构数量，实行创新试点模式，致力于形成良好的高科技产业研发环境。东岸知识密集型产业带坚持创新引领的发展模式，充分发挥企业在创新中的主体作用，将高科技产业作为东岸产业带发展的重要抓手，提升高科技产业发展的速度、数量与质量。高科技产业对产业工人的知识文化水平要求更高，但就目前而言，我国产业工人的受教育水平还未达到高科技产业的既定条件，因而服务于这一产业的工人数量较少。

（2）东岸知识密集型产业及其未来发展趋势

在粤港澳大湾区快速发展的同时，为优化产业结构，集中优势产业，东岸知识密集型产业带积极加强产业带内部与外部的交流合作，明确分工合作与功能协调。广州、东莞、深圳积极发挥自身地缘优势与环境优势，以完善交通运输网络，加强经济贸易合作与社会文化交流为主导，以创新投资贸易为突破口，共建东岸知识密集型产业带发展新格局，实现更高水平的内外联动。东岸知识密集型产业带的发展趋势可归纳为以下三点：

第一，逐步建立和完善不同层次的金融服务体系。东岸产业带不仅拥有为知识密集型产业服务的中小板、创业板的证券市场,也形成了大批基金等,为处于不同发展阶段的知识密集型产业提供多层次、多元化的金融服务。

第二,逐步形成知识密集型产业的人才服务体系。相较于北京、上海等地区,东岸知识密集型产业带拥有的高校、国家级研究机构等人才培养机构较少,知识密集型产业的服务人才更多依靠政府建立多层次的人才市场来吸引。因此,需要持续建立和完善人才市场,积极推进"人才交流服务中心"建设,出台人才服务政策,以更好吸引优秀人才。

第三,逐步完善知识密集型产业的相关配套支持。以高科技产业为代表,知识密集型产业需要在研发与规模生产等重要环节进行重点攻关,也需要外部环境提供配套支持。因此,东岸知识密集型产业带高度重视发展知识密集型产业的配套服务体系,形成较为完善的产业链。

2. 西岸技术密集型产业带

珠江口西岸的技术密集型产业带,正在构建出专业化生产要素优化的集聚地,正在逐步成为竞争力研究中心的"特定区域"。该产业带地理位置上位于珠江口西岸,包括广州北部和南部、佛山、中山、珠海、肇庆、江门等地区。相互关联的产业、公司、供应商可以依托城市间合作在此区域集聚。该产业带重点布局发展汽车、通用专用机械等装备制造业,外包、物流等现代服务业,目前已经逐渐形成了集商贸会展、文化旅游、电子产品、汽车制造等为一体的产业集群。各城市均利用地区产业优势,不断发展外向型经济,聚焦在制造业产业、传统产业、现代服务业,正在向产业特色鲜明、配套体系完备的技术密集型产业带发展。

产业带之间有明确的中心城市,城市之间依托产业支撑形成多个经济圈。在珠三角九市中,广州、深圳处于总体布局和发展的核心地位,其他城市作为支撑,正在构筑一条创新密集带,共同辐射全省重点产业布局。此外,广州和珠海是西岸密集型产业带的重要组成城市,相互支撑形成共同的经济圈。

(1) 西岸技术密集型产业带支柱型产业工人分布

一是战略性新兴产业和高新技术产业,内容涵盖电子信息、新材料、新能源等。相关发展数据显示,城市之间的自主创新能力、产业辐射集聚功能已经逐渐显现。依托广州、深圳、珠海国家级信息产业基地的带动效应，西岸电子信息产业带在产业内容上，如高世代平板显示项目，正在进行相应的龙头布局，已经具备较强的辐射带动能力，能够提升珠江口东岸的发展水平，包括集成电路设计、软件产业园、平板显示产业链等。结合新一代通信技术的发展，西岸电子信息产业带将极大地提升通信设备在全球的竞争优势，建设现代信息产业基地。在新材料领域，涉及内容包括改性塑料、碳纤维、先进金属材料、特种功能材料。广州、佛山、肇庆均发挥出重要优势作用，如广州拥有国家火炬计划新材料特色产业基地、新材料国家技术产业基地，肇庆拥有特种功能材料基地，中山拥有新型电子材料、特种功能涂料基地，这些新兴材料支撑着新兴技术的发展。在新能源领域，涉及电动汽车、新能源汽车、太阳能光伏技术等，广州、深圳、珠海表现出强劲的发展势头，依托着广州广汽集团公司、珠海银通新能源有限公司、珠海广通能源汽车基地，加快建设国家太阳能光伏高技术产业基地、世界级新能源和环保节能产业基地，形成了具备研发与生产、产业集群和产业链式的系统性发展路径。此外，该技术产业带在生物医药、航空产业的技术领域也都取得了不错的成绩。

二是现代服务业。作为第三产业的现代服务业，该产业带重点产业包括金融服务、信息服务、会展服务、流通服务等，所期望的服务类型多样、规模效应已经逐渐呈现。首先是金融服务业，广州、珠海已经具备了一定的优势，集聚了广州金融总部经济，包括珠江新城金融商务区、广州金融创新服务区、珠海横琴金融创新先行区、肇庆现代金融产业拓展区、中山城乡金融服务一体化综合改革，以金融核心功能区为中心，建设跨境金融市场，构建金融合作智力平台。其他城市也积极与广深、广佛对接，目标是建成能够辐射亚太、港澳地区的现代金融产业。其次是信息服务业，主要分为信息传输服务业、信息技术服务业、信息资源产业。具体来看，广州的优势主要体现为在全国率先构建了全覆盖的"无线城市"，这既能够融于现有的信息服务体系、信息交换中枢和信息服务，同时也能与国际接轨，在亚太地区甚至全球网络经济集聚区具备一定的实力和地位。在会展服务上也取得了长足进步，广州有我们熟知的中国（广州）进出口商品交易会、中国（广州）中小企业博览会等，都具有很强的品牌效应，正努力打造世界一流的会展品牌。同时，琶洲会展区、白云国际会议中心，能够与佛山家电、家具、建材陶瓷、卫浴等特色产业形成配套、衔接性的合作发展。珠海和中山会展服务，主要还是依托产业结构形成特色的会展服务，珠海侧重在国际航空航天、打印耗材、游艇等产业的品牌和基地建设，中山侧重在休闲服装、红木和古旧家具等传统产业为主打的交易基地。在流通服务上，广州有白云空港、广州港等涵盖空运、航运、陆运的枢纽型现代化物流园区，佛山有依托特色产业和物流园区的区域性制造业物流中心，肇庆有辐射粤西北和我国西南地区的商贸物流中心，中山也具备了港口物流、城市配送等物流服务，每个城市都依托产业结构和地域优势，打造了国际物流示范城市和具有特色产业的生产资料批发市场。

三是先进装备制造业。珠三角地区在改革开放后，逐渐发展起了传统制造业，而先进装备制造业重点发展资金技术密集、关联度高、带动性强的现代装备，重点仍在交通及海洋装备制造、电力设备、通信设备等产业，并在各个环节实现现代化升级。在交通及海洋装备制造上，轿车生产及核心技术研发是重要组成部分。包括客车、载货车和专用车的生产，以及汽车零部件的供应，已经形成了以广州和深圳为核心，佛山、珠海、中山、肇庆、江门相互供应和配套发展的格局。在船舶制造和海洋工程铸锻件生产方面，广州具备足够的领先地位，并以中船南沙龙穴造船基地为龙头，打造了在主流船型、高技术船舶制造、维修、总装、配套发展的制造基地。中山和珠海分别侧重在成品油轮、化学品游轮的船舶科技制造，以及现代化海洋工程装备及游艇制造，形成了临港船舶制造基地以及海洋工程装备基地。在电力设备制造上，广州南沙和江门台山具备核电核岛设备制造能力，并已经处于业界领先地位，逐步成为珠三角地区的龙头产业。在风力发电设备制造中，中山作为龙头带动珠江西岸整体的风电产业带发展。在具备风电、核电的发电条件后，相配套的输电设备也能够在珠三角找到产业优势，具有代表性的是广州、佛山和肇庆三地，形成了高压、超高压输变电设备制造产业，成为发电设备的下游产业。珠海在该领域侧重在电力系统自动化设备制造。整体而言，能够很清楚地看到，产业集群能够进一步辐射，带动粤东西北的汕头、清远地区，形成特色鲜明、优势互补的制造业分工协作格局。

（2）西岸技术密集型产业带发展特点及趋势

一是以高科技产业为代表和发展导向。技术密集型产业能够发展壮大形成一定规模，必须要在研发与规模生产等环节进行重点攻关。同时，需要相配套的下游产业和生产环节，也即外部环境提供配套支持。目前广州、深圳已经体现出明显的技术优势，而佛山、中山等城市仍以传统制造行业为主。因此，西岸技术密集型产业带还要继续以高度产业集成和配套的体系构建为发展导向，逐步形成更加完善的高端产业链。

二是在现代农业、传统制造业上仍具备一定的优势。西岸技术密集型产业带以肇庆、江门、惠州为主要城市，发展了蔬菜、优质稻产业、肉类生鲜产业、花卉生产与旅游等产业。在总体上，呈现为聚集城市多、彼此错位发展的特征。广州、深圳、佛山、珠海、中山等城市也都建设了现代农业项目，主要集中发展蔬菜和优质稻产业，肇庆发展了供港蔬菜水果、佛山发展了生态园区型的蔬菜生产，相配套的产业基地特色也更加鲜明。未来需要积极采用高新技术、先进适用技术和现代管理技术改造升级传统产业，大力发展环保、节能、高附加值产品。

三是面临产业结构转型的重大压力。珠三角大多数地区还是以传统制造业为主，但随着劳动力价格上涨，技术研发和应用难度还未完全攻克，许多优势产业及龙头企业已经搬往东南亚国家。在如此多的制造业聚集的珠江西岸产业带，未来显然面临着技术转型升级，产业结构优化调整的重大压力。未来还要以提升产业链配套能力、增加产品附加值为重点，加大研发投入，推动优势传统产业向品牌效益型转变。

四是要加快发展自主品牌和自主技术为主的产业集群。在汽车制造、船舶关键配套装备、通用飞机制造、医药等产业的关键领域实现突破，打造世界级装备制造产业基地，形成新的经济增长点。着力发展高端产业和产业链高端环节，朝着提升高技术产业核心竞争力而奋勇向前。但未来要适度控制新增产能，大力培育精细化产业，加快结构调整，提升规模和水平。

3. 沿海生态环保型重化产业带

随着我国外向型经济不断发展，沿海地区的海运交通优势凸显，使得产业布局整体呈现由河港向海港转变的趋势。重化工业对原料资源依赖程度较高，珠三角沿海地区拥有港口众多的地理优势，临海油气资源以及海外进口资源等为工业生产提供便利。同时，珠三角沿海是我国对外经济的活跃区，人口众多、城市密集，生活基础设施、城市建设等对重化产业需求强烈。近年来，珠三角沿海地区以惠州—深圳—珠海—江门四市为中心，发展出了以石化、钢铁产业为基础，交通、电力重大装备制造为龙头，海洋新兴产业为新增长极的重化产业体系。同时，珠三角现代重化工业技术不断发展，资源利用效率和污染控制能力不断提升，与深圳—东莞—惠州和珠海—中山—江门两大经济圈的城市生态建设和绿色经济相结合，不断朝着生态环保型产业方向转型升级。

（1）沿海产业带的结构布局及产业工人分布

珠三角沿海产业带以重化工业为主要产业形态，一直以来为珠三角地区乃至广东提供基本生产设备和生活设施，为经济的高速发展提供工业支持。目前珠三角重化产业朝着高附加值、高精密度和低污染方向发展，促进相关产业升级调整与技术工人结构变动。

一是石化产业与钢铁产业。石化工业是珠三角沿海产业带的主要产业形态之一，以惠州大亚湾石化基地和深圳精细化工基地为主要组成的大亚湾石化基地，是广东建设世界级石化产业带的重要依托。惠州重点建设了炼化一体化基地，炼油生产能力和质量标准有所提升，并发展高端化工新材料和精细化工产品。深圳延伸发展精细化工的绿色工艺和产品开发，发展高纯度化工产品，建设国际标准的化工产业链。珠海强化高附加值、低污染的绿色加工技术应用，重点发展有机化工原料；江门着力打造纸品、塑料、印染等精品产业基地，推动珠海高栏港、江门银洲湖等精细化工基地发展。在钢铁产业发展方面，利用泛珠三角资源集聚优势，提升高端不锈钢等精品钢材的技术水平和市场竞争力，与湛江钢铁基地、阳江高新区高端不锈钢产业基地形成一体化发展局势。目前围绕石化产业和钢铁产业形成了较为完善的上下游产业链条，成为吸纳技术工人就业的主力产业，另外，由于城市产业错位发展，呈现产业工人分布地区的差异化特征。随着产业技术升级和机械化生产普及，处于产业链低端的企业对产业工人的用工需求将会持续减少，工科高学历人才的用工需求和相应薪酬待遇将会持续走高。

二是交通装备制造。近年来，珠三角陆运、航运和空运相关交通制造业呈现多元发展的态势。在陆运相关制造业方面，以机动车辆和轨道交通产业为主：深圳形成了相对成熟的整车生产技术，并辐射带动珠海、惠州等地汽车配件产业发展；江门利用摩托车产业传统优势，加速产业链整合优化，并为珠三角城际轨道交通发展车辆装配、维修等配套产业。同时，支持在深圳等地开展智能网联汽车示范，促进新能源汽车的推广与普及。在海运相关制造业发展领域，一方面促进船舶产品性能提升，创新综合型和专业型船舶装备技术，建设江门中小型船舶及配套设备基地、珠海游艇产业研发制造基地等；另一方面，与电子信息产业融合发展，形成珠海高栏港、深圳蛇口等海洋工程装备制造基地，为南海资源勘探提供船载导航、雷达监测等高端海洋电子设备及系统。在航空运输制造业方面，以深圳、珠海航空产业园带动产业链升级，完善通用飞机制造、装备设施统筹发展的格局。由于交通装备制造具有涉及领域广、体量大、工序复杂等特点，对产业工人的需求量较大，其中传统零件生产、装配、维修行业吸纳就业较多。此外，交通装备制造属于先进制造业范畴，与石化工业相比附加值较高，其薪资待遇对不同技术水平的产业工人均有一定吸引力。

三是电力设备制造产业。珠三角沿海地区是人口、城市的密集区，生活用电和工业用电的需求较大。但出于节能减排和产业升级的考虑，珠三角沿海地区目前不再新增煤电相关产业，并将已有煤电厂关停或迁移至阳江、汕尾等地集中规范经营。由于煤电的异地传输需求提升，珠三角沿海地区着力进行异地输变电设备制造和电力传送线路建设，如深圳、珠海的电力系统自动化设备和微、特电机制造行业发展迅速，江门的中低压输变电设备、电气控制和电线电缆相关制造业形成规模效应。与此同时，传统煤电的缩减促使核电、风电、气电等新兴电力能源的比重增加，珠三角沿海地区有着相对丰富的港湾资源、气电资源、风能资源，这使其成为安全高效发展新型电力产业的首选，并有效推动电力设备制造业的迅猛发展。以核电为例，珠三角沿海地区目前形成了以江门台山核电核岛设备制造、深汕合作区核电高端装备为龙头的整体发展态势，辐射带动了惠州等多地沿海核电装机规模的扩大。

四是海洋新兴产业。珠三角沿海地区靠近珠江口岛群、大亚湾岛群，海洋资源较为丰富。除依托海洋资源发展石油炼化、钢铁制造、造纸等高耗能产业外，珠三角沿海地区立足海洋特色资源和未来发展要求，培育了具有国际竞争力的海洋新兴产业集群。在海洋新能源产业方面，优化海水综合利用效率，建设大规模海水淡化示范工程，同时海上天然气勘测开采相关产业得到了有效发展，深圳还规划建设深海研究基地，以发展海洋遥感和导航、载人深潜相关技术和装备。此外，发展海洋生物医药产业，进行仿生医疗器械、海洋生物制品及创新药物的研发，建设深圳海洋生物产业基地、珠海生物医药科技产业园等。珠三角沿海地区拥有深圳、珠海、江门等优质港湾，丰富的水资源、生物资源为新兴产业的发展提供有利条件。但由于技术水平、人才政策等相关因素限制，目前新兴产业较多集中于深圳，其他城市产学研结合的力度尚待加强，不同地区高学历产业工人分布失衡较严重。

除生态型重化工业为主的先进制造业外，珠三角沿海地区还发展了与之配套的临港型现代服务业。首先，港口物流业不断发展，在深圳、珠海等地建立了港口、临港物流园区，借助已有制造业装备基础，完善港口基础设施建设，面向国际贸易活动提供保税、货物中转、国际采购和分销、配送等业务。其次，珠三角沿海地区现代金融业发达，与港澳金融市场需求对接，在深圳前海蛇口片区、珠海横琴片区重点布局金融业务。同时，借助粤港澳大湾区平台的建设优势，实现金融服务综合发展，建立金融仲裁中心、国际知识产权交易中心等。

（2）产业带战略定位及发展前景

广东自古因海而兴，珠三角沿海地区具备良好的交通区位优势、近海资源丰富、城市基础设施建设完备，形成了以环保型重化工业、先进制造业、现代服务业和农业为代表的产业发展体系，逐步成为华南沿海产业发展的重要依托。首先，珠三角沿海地区自古是我国对外开放的重要窗口，处于河海交汇口，水系发达、海域辽阔，具有发展交通运输的突出区位优势，如今已经成为"一带一路"建设的重要枢纽。其次，珠三角沿海地区拥有多元化的资源储量，大陆海岸线长度居全国首位，丰富的矿产、水能、风电储量为高耗能产业提供资源，也为精细化电子信息技术、生物工程技术等提供支持。再次，珠三角沿海城市化程度较高，由轨道、公路、水运、航空等多种运输方式组成的综合交通运输体系日益完善，完备的基础设施也使得防洪抗灾与污染控制能力较强。最后，沿海地区经济发达，国际贸易、金融功能日益完善，为珠三角沿海地区对外技术、人才、资金要素流动提供良好条件，使其成为亚太地区经济最具活力的地区之一。

目前，珠三角沿海产业带面临众多发展机遇：从国际大环境来看，新一轮科技革命和产业变革不断深化，高精尖技术不断发展并应用到传统重工业和化工行业领域，催生新的产业形态萌芽，为产业升级、创新发展提供技术驱动。同时，珠三角沿海地区日益成为联系东亚、东南亚、环太平洋等地区的重要经济文化枢纽，地区间、国家间深度合作频繁。从国内环境来看，珠三角沿海地区具备粤港澳大湾区平台建设和"一带一路"建设的双重政策红利，在我国外向型经济发展中占据重要地位。此外，在珠三角沿海地区打造海洋资源开发利用先行区，实施"科技兴海"战略，构成了"海洋强国"的重要方面。从广东地区发展来看，珠三角沿海地区中心城市对于辐射带动全省振兴发展有着重要意义。目前，深圳、珠海、惠州、江门4市与广州、佛山、湛江、茂名等市在高端技术发展、国际重大装备制造、特色产业集聚、生态环境优化方面开展广泛合作，对广东沿海经济带转型发展起到了引领和支撑作用。

但是，重化产业的临海型发展必然面临用地紧张、环境约束、产业升级等诸多挑战，如何利用好珠三角沿海地区优越的区位优势、庞大的市场需求和良好的政策环境，需要在提升可持续发展能力方面发力。首先，重化产业具有对原料的高依赖和高耗能特征，与节能减排要求存在天然矛盾。目前，沿海地区产业发展仍然较为粗放，资源环境承载压力不断加重，大气复合污染、土壤重金属污染、水环境污染等控制还需加强。其次，重化产业发展距离"制造强国"的要求仍有一定距离，低端产业链同质化竞争激烈而自主研发能力不足，高端产业集群和高竞争力创新平台偏少，产业总体层次不高。最后，海洋资源集约化利用程度较低，大量海洋空间资源、微生物资源闲置或浪费，海洋新兴产业发展远落后于陆上制造业发展，尚未形成陆海统筹开发和综合利用的管理体系。

除此之外，珠三角沿海地区与东岸、西岸产业带存在发展不协调的情况，在交通互联、环境共治等方面有待进一步合力协作。珠三角沿海地区现代物流服务不够完善，部分沿海港口和铁路、公路及场站之间未形成内外联通，这也进一步阻碍了沿海产业带对经济腹地的辐射带动作用。

推动珠三角沿海地区产业带创新发展，能够支撑和促进东岸、西岸产业带两翼均衡发展，对实现与粤东、粤西联动融合亦有重要作用。未来珠三角沿海地区将朝着提升国际竞争力和寻求更广阔的区域合作方向发展，并以生态环保型新兴产业作为经济增长点。一方面，珠三角地区着力人才引进与创新发展，改变传统产业依靠资源、资金要素驱动的发展模式，支持与企业、科研院所展开密切合作，建立高新技术研发平台和创新基地，完善人才培养和引进机制，推动产学研协同创新；另一方面，以绿色发展推动生态经济发展，基于可再生能源、清洁能源进行生产的企业将会持续增多，产业用地更加集约化，并更重视周边生态环境保护，建立宜居型城市集群，吸引国内外高端科研院所与人才进驻。

第四章　粤港澳大湾区产业工人调研意义与研究设计

一　粤港澳大湾区产业工人调查目的与意义

（一）调查目的

在实践层面，了解粤港澳大湾区产业工人的综合状况，可以更好地为给予产业工人群体人文关怀提供指导。新时代粤港澳大湾区产业工人综合状况调查聚焦在产业工人的客观状况和主观感受两大维度，包括工作状况、生活状况、社会保障、社会交往与思想认知等五个子部分。通过系统呈现产业工人的工作条件、经济状况、幸福感、社会需求和价值观等方面的现状及存在的问题，试图为公众和政府勾勒出一幅产业工人真实状况的全景描述图。一方面可以增强公众对产业工人真实状况的深入了解，有效缩短双方之间的心理距离感，同理心的加深亦能够使对产业工人存在心理排斥的城市居民逐渐淡化彼此之间的隔阂，主动理解接纳来自异乡、漂泊不易的产业工人；另一方面，可以为政府客观评价所治理地区产业工人的现状提供有效依据，推进有利于产业工人提升获得感、幸福感的政策实施落地，切实达到改善产业工人综合状况和产业经济壮大发展的目的。

在理论层面，本项调查研究通过优化和创新产业工人综合状况调查指标体系，推进了对产业工人综合状况的量化研究。在以往对产业工人状况的研究中，对产业工人自身的主观感知关注较少，而本研究通过深入分析产业工人客观状况的相关数据，实现了对产业工人主观感受的量化研究。此外，本项调查研究提高了测量产业工人状况的技术水平，增强了研究结果的科学性和说服力，推动了科研成果的创新性应用，为今后学界和业界更深入地研究产业工人状况提供了较为系统的参考。

（二）调查意义

1. 工人层面：有利于改善产业工人综合状况，提升产业工人自我获得感

随着我国经济社会的迅速发展，人民生活水平不断提高，产业工人的总体状况相较过去已经有了明显改善，但仍存在较大的提升空间。具体来看，在新时代，产业工人队伍建设问题可以归纳为以下几类：一是产业升级引发失业。经济、科技的快速发展，使得各产业板块比重逐步发生变化，传统的劳动密集型产业比重下降，新兴的知识技术型产业比重上升。而传统的劳动密集型产业在创新升级的过程中，必不可少的环节就是去产能。去产能意味着缩减体量、裁撤职工，部分产业工人因此被辞退，被重新推向社会。集体性失业可能引发产业工人不满，不利于社会稳定运行。二是产业工人文化程度相对较低。随着我国劳动力成本的增加，部分外资劳动密集型企业迁往劳动力成本更低廉的东南亚地区。与此同时，我国逐渐发展基于互联网技术的"数字经济""共享经济"和"AI"人工智能，这些发展变化对产业工人的文化程度提出了更高的要求，而产业工人文化教育水平普遍不高，且多缺乏相应的专业技能培训，在就业上面临更多困难。三是产业工人诉求转向多样化。随着经济生活水平的提高，人们基本生活需求得到满足，开始更多地关注自身的合法权利和福利保障。在这个背景下，产业工人的思想观念也发生了同样的变化，主要表现为从被动维权到主动诉求，从追求基本物质生存到追求精神生活充盈，从重视经济权益到重视精神、民主权益等倾向。上述现象涉及产业工人经济收入、社会保障、社会交往和思想认知等方面，如果得不到有效引导，将不利于我国经济与社会长期有序发展。因此，了解新时代产业工人的工作、生活、社会保障、社会交往与思想认知，不仅有利于改善产业工人综合状况，提升产业工人自我获得感，也有利于实现新时代国家与社会的有效治理。

2. 公众层面：有利于增进公众对产业工人的了解，营造良好社会交往氛围

产业工人大多来自小城市和农村，文化水平相对较低。进入大城市打工后，产业工人和本地市民一同在城市里生活，两个群体间由于经济文化、生活习惯等差异，不可避免地会产生误解、矛盾甚至冲突。在现

实生活中，许多产业工人反映他们常常感受到本地市民对他们的歧视。同时，还有一些产业工人对本地市民的傲慢感到厌恶。因此，通过对产业工人综合状况的调查，不仅可以帮助学术界增进对这一问题的认识，还可以提高社会公众对产业工人群体的关注，加深社会公众对这一群体的认识和理解，从而使产业工人获得社会公众更多的尊重和包容，尽早消除社会舆论对他们身份的偏见和歧视。在更加平等的人际交往基础上营造和谐、良好的互动氛围，增进两者在社会交往中的互信与融合。

3. 政府层面：有利于为制定和落实产业工人相关政策提供参考

工人阶级是我国的领导阶级，产业工人又是工人阶级的主体力量。然而，长期以来社会中存在产业工人生活水平改善缓慢，社会认可度不高等问题，使得该群体的社会参与受限。此外，不少产业工人面临工作强度高、时间长、条件差、工资低和社会福利待遇差等问题。其中，既存在企业的问题，也有政府未能给予该群体足够关注，对产业工人的合法权益保障重视程度不够的问题。其实，无论是相关政策，还是产业工人自身发展等客观因素，问题症结还是在于现行社会治理体制未能精准赋能，使得产业工人无法为自己发声，导致其切身利益和合法诉求无法得到社会足够的关注和理解。因此，本次调研的一个重要意义就在于摸清产业工人群体的状况，倾听他们的需要和诉求，为制定和落实改善产业工人状况的政策提供参考。

4. 社会稳定层面：有利于形成和维护和谐稳定的城市生活环境

产业工人在和企业家的博弈中处于弱势地位，很多情况下产业工人的合法权益并没有得到充分保障，部分负担着多重压力又求助无门的产业工人群体容易选择较为极端的方式解决问题，可能会引发社会中一系列以维权为目的的群体性事件，影响我国经济的正常运转和社会秩序的持久稳定。本研究通过对产业工人社会保障方面的调查，一方面，有助于政府更好理解该群体相关状况，更有效地解决产业工人的权益保障问题，理清产业工人的现实需要和政府尚需努力的层面，为政府切实保障工人的权益提供参考，从而减少因保障不充分而带来的社会群体性事件发生的可能性；另一方面，从社会交往和思想认知层面上调查产业工人状况，有利于理清产业工人对公共事务的认知与产业工人参与公共事务的途径，具体探究包括产业工人群体意识的形成，维护自身权益的方式等问题，更好地激发该群体政治参与的热情，增强他们的社会认同感和归属感。产业工人群体"被倾听""被保障"认知的形成有助于营造和维护和谐稳定的城市生活环境。

二 产业工人综合状况调查设计与方法运用

社会调查研究是对社会现象和人类行为进行科学研究和分析的手段，进而为后续展开研究、科学合理决策提供借鉴。调查研究设计是对研究项目和过程进行的整体性安排，是开展研究的战略蓝图和行动规划。其目的是为研究者提供明确方向，指引其前进的道路，尽可能实现精确资料流通量最大化与误差最小化，从而达到事半功倍的效果。因此，调查研究设计是否周密完善是研究工作进展得顺利与否、研究结论的可靠精确与否的关键变量。可以说，严格的研究设计为研究的质量、结论的信度效度提供了一定保证。本次调查进行了科学抽样，综合运用多种调查方法，在科学性、可行性、有效性等调查原则的指导下开展。

（一）方案设计

考虑到产业工人总体样本庞大、调查难度大与成本高等问题，本次调查主要采用立意抽样、配额抽样、分层抽样、简单随机抽样相结合的科学抽样方法，对粤港澳大湾区产业工人进行问卷调查与结构性访谈。

1. 抽样方法

在整体抽样方法的选择上，根据专家判断和多次沟通的情况，决定采取立意抽样方法，选取最适合研究的城市样本。这种抽样方法多应用于总体小而内部差异大的情况，或者在总体边界无法确定或研究者的时间与人力、物力有限时采用。同时，作为一种非概率抽样方法，立意抽样适用于总体样本庞大的产业工人调查中对目标城市的选取。具体操作层面，采用了配额抽样、分层抽样、简单随机抽样相结合的方法，确定所选城市的目标企业和产业工人。一方面，通过多种科学抽样方法的混合使用，确保所调查企业和产业工人的代表性；另一方面，在抽样过程中，征询和结合了广东省工业和信息化厅、广东省总工会、广东省工业园区协会、广州市工业和信息化局、江门市工业和信息化局等部门和组织的意见、帮助、数据以及专业指导，进一步确保了抽样的科学性和可行性。

2. 样本选取

一方面，在城市选择上，选定珠三角 9 市（广州、深圳、佛山、东莞、中山、惠州、珠海、江门、肇庆）为调研城市。之所以没有选择香港和澳门，主要有以下三个方面的考量：一是调研数据统计口径的统一性。珠三角、香港、澳门在不同行业的统计归属上存在差异，这会导致在客观数据的整理和分析当中存在数据的交叉或混乱问题，使得分析结果偏差较大。二是港澳产业类型的单一性。相对于珠三角而言，港澳的产业类型相对比较单一，诸如博彩业等产业类型并不在本次调研的产业工人范围之内，所以并无考虑的必要性。珠三角的产业类型比较丰富，能够涵盖本调研所需要的所有产业类型，这也是将调研的核心注意力放在珠三角地区的主要原因。三是获取数据的困难性。赴港澳调研需要办理相关证件，这导致调研团队难以全员深入调研，在调研广度和深度上都存在很大的有限性。因此，在对结果影响不大的基础上，本次调研城市选择主要限定为珠三角地区。其特点主要包括以下几个方面：

（1）产业工人聚集区，以保证调查样本数量的充足性。珠三角地区因产业发展水平较高、工资水平相对较高、工作环境相对较好，吸引了全国和周边省市大量产业工人集聚，为调查产业工人的综合状况提供了充足的样本数量。

（2）产业业态丰富区，以保证调查样本的多元性。一是在产业完整度上，珠三角的产业链条完整度高，汇聚了华为、腾讯等龙头企业，并聚拢了较为齐全的上下游链条产业；二是在新业态数量上，珠三角已形成以电子信息、家电等为主的企业群和产业群，是我国规模最大的高新技术产业带。在 2018 年度全国主要城市高新企业数量排行榜上，珠三角的 9 个城市中有 6 个（深圳、广州、东莞、中山、佛山、珠海）的高新技术企业数量突破 1000 家（全国共 24 个城市）；三是在产业类型上，身处全国外贸第一大省，珠三角汇聚了大批国资、台资、港资、美资等不同性质和不同管理模式的企业。

（3）产业实力领先区，以保证调查样本的典型性。广东省是我国经济第一大省，而珠三角 GDP 占据广东省 80% 左右，是世界知名的加工制造和出口基地，世界产业转移的首选地区之一，作为全国科技创新与技术研发基地，产业结构已实现从传统农业到工业化再到产业多元化发展的转变。产业发展的领头羊地位使珠三角产业工人的综合状况相对更具全国性影响力，对其进行调查亦更具重要意义。因此，选择珠三角9个城市进行样本调查具有科学性、典型性且意义重大，有助于实现研究目标。

另一方面，在工人群体选择上，选定珠三角9个城市的49家企业、1519名产业工人（平均每一企业选取31人）为调查对象（最终获得有效问卷1515份）。在选择过程中结合乱码抽样、便利抽样方法，保证所选企业、产业工人既具代表性又不失随机性。

（二）调查原则

为确保调查方案的整体质量，课题组根据调查研究的规范性要求和实际情况，确立了科学性、可行性、有效性、系统性、全面性等原则，并在调查方案的设计和操作过程等各个环节予以严格执行和自查。

1. 科学性与可行性相结合

科学性是调查方案设计所需要遵守的首要原则。要求方案设计必须实事求是，具体体现在对难以量化的因素采用定量和定性相结合的方法进行设计。同时，调查方案的各个维度之间必须既密切相关，又保持相对独立性。本次调查中，粤港澳大湾区产业工人综合状况的评价是否科学很大程度上依赖于调查设计的科学、合理。为能够全面、客观和准确地反映出粤港澳大湾区产业工人的综合状况，调查选择产业工人的工作状况、生活状况、社会保障、社会交往和思想认知的现实状况作为调研内容，科学地度量产业工人的获得感。

在保证科学性的同时，可行性是调查方案设计与方法应用的另一重要原则，它是调查能否顺利实施的前提。在本次调查中，可行性体现在两个方面：一方面是调查资料的可获取性，即有效资料收集、整理的难易程度。课题组组织了多个调查小组进行现场调研，获得全面、客观、翔实的一手数据，使得此次粤港澳大湾区产业工人调查的研究资料具备了较强的可获取性。另一方面是调查过程的可操作性，即各个阶段调查方法的可行程度。课题组提出了包含三级指标的指标体系，设计了科学的调查问卷，并在调研过程中进行大量访谈，后期对数据进行科学的定量分析与深入研究，在很大程度上增强了此次调查过程的可操作性。

2. 有效性与针对性相结合

为了使调研资源能够得到有效的匹配利用，本调查采用了有效性与针对性相结合的原则。其中，有效性是指在调查研究方案的设计中，有效成本与既定目标的匹配程度，而针对性则是指调查研究在预先设定的研究假想下进行，围绕一定的问题展开，坚持明确的问题导向。在本次新时代粤港澳大湾区产业工人的调查方案设计过程中，课题组一方面充分考虑了方案的有效性，采用预先合理设计、选取典型代表、引入科学方法等有助于提高有效性的措施。借鉴了以往调研的经验，对调查过程中相关人力、物力的投入进行了合理控制，选取粤港澳大湾区广州、佛山、肇庆、深圳、东莞、惠州、珠海、中山、江门等9个典型城市的工业产业园作为调研点。在充分利用现有资源的基础上实现有效成本投入下的效益最大化，有力地保障既定目标的高质量实现。另一方面，本次新时代粤港澳大湾区产业工人的调查方案设计过程中，针对性主要体现在课题组围绕明确的调研目标进行，针对产业工人这一特定群体查阅资料文献，调研走访，收集相关资料进行定性定量分析研究，从而得出结论。

3. 全面性与系统性相结合

由于新时代产业工人综合状况调查所涵盖的内容众多，且各种要素之间相互联系构成了一个有机整体，要求此次调查方案也应很好地体现出新时代产业工人的获得感是多因素综合影响和作用的结果。因此，本研究需要在保障全面性的基础上，做好系统性的设计。一方面，为保障所设计的调查方案的完备程度，在新时代粤港澳大湾区产业工人的综合状况调查中，课题组在借鉴学术界关于产业工人的相关研究成果基础上，指标体系设计涵盖工作情况、生活条件、主观认知等多个方面，能够比较全面地呈现新时代产业工人队伍建设状况。另一方面，课题组通过选择工作状况、生活状况、社会保障、社会交往和思想认知共5个一级指标，从整体层次上把握本次调查的研究目标。同时，在调查方案中，三级指标设计上遵循递进关系，通过一定的梯度尽可能地体现出层次。简言之，指标设计既保证了调查方案的整体逻辑，又体现了各个维度的内在关联。

（三）调查方法

基于上述原则，本次调查整体上体现了定量和定性方法相结合的方式，在资料收集前进行定量设计，设计完成后进行定性分析。同时，在资料收集方面，采用问卷调查法和访谈法相结合的方式，保证资料收集的全面和客观性。实地调研法则是对资料收集的方法支撑，能够保证资料的真实性。

1. 整体设计方法：定量与定性相结合

定性与定量相结合的方法是社会科学研究最常用的研究方法之一，其最大的优势是能够借助充分的数据支持，对既有内容进行透彻到位的分析。一方面，在进行资料收集前，本研究通过大范围、大样本的数据收集，在对产业工人综合状况进行描述性分析的基础上，借助EXCEL、SPSS等工具，对数据进行处理、分析、汇总，并使用因子分析等方法对各城市的产业工人综合状况指数进行测算，进行城市排名，定量直观地呈现粤港澳大湾区产业工人的综合现状。另一方面，在资料收集完成后的分析阶段，结合产业工人政策变迁、发展现状，用定性研究方法对数据进行深入分析，细致考察产业工人在工作、生活、社会保障、社会交往、思想认知等层面遇到的主要挑战和问题，针对性地提出提升产业工人地位、规范产业工人行为、增强产业工人获得感的具体路径，为产业工人政策制定、产业工人队伍建设提供参考方向。

2. 资料收集方法：问卷调查法

问卷又称调查表，是指用于统计和调查、采用设问方式，统一编排、表述问题的表格。本报告通过设计有针对性的调查问卷，以问卷调查的方式对粤港澳大湾区产业工人进行调研，并在问卷回收后进行可信度与有效度的检验评估，尽可能规避问卷调查带来的误差，提高调研结果的准确性，提高后续研究的科学性，从而广泛收集产业工人在生活、工作、社会保障、思想等方面的真实情况。

3. 资料补充方法：个别与集体访谈法

本次调查采用了个别访谈和集体座谈相结合的访谈方法，以补充问卷调查法中不能深入了解的部分。通过查阅文献所搜集到的资料大部分是二手资料，而通过到实地对有关对象的直接访谈则能获得更为直接的一手资料，可以有效弥补二手资料的不足。一方面，采用受访者与调查者双向传导互动式调查的个别访谈法。本报告通过与相关主体开展深入的交流，面对面访谈获取他们的切身感受和真实想法，以充分收集研究所需要的信息资料，为整个研究报告提供材料支撑。另一方面，采用集体座谈法，起到对面对面访谈法的进一步补充作用。调查者事先邀请若干相关主体，对社会现象及相关问题进行探讨，更加全面深入地了解社会现象。本报告根据不同群体的特点，采用结构式、非结构式相结合的座谈法，近距离访谈产业工人群体，使他们可以互相启发，互为补充，集思广益，既容易发现新问题，也拓展了访谈的深度和广度。同时，在访谈的过程中营造轻松的交流氛围，避免缺乏主见者出现人云亦云的情况，或因集体性思维、同伴压力而从众，影响调研报告结果的科学性。

4. 调研方法保障：实地调查法

实地调查法是调查者亲临现场耳闻目睹，参与观察了解情况的方法。为全面收集信度较高的数据，调查团队多次赴珠三角9市进行实地调查，采用非参与式观察的方法，走进了数十个工厂，对产业工人的生活环境、工作环境有了直观的认识。该方法不仅为深入访谈产业工人提供了可能和相关帮助，还能保证问卷调研在扩散时能够更为精确地定位在调研对象范围中，减少无效问卷数量。

（四）指标体系

在借鉴学术界关于产业工人的相关研究成果基础上，综合专家组论证意见，开发了一套全面、客观反映产业工人综合状况的指标体系，主要包括工作状况、生活状况、社会保障、社会交往和思想认知共5个一级指标。

根据一级指标的限定范围，结合产业工人群体的特点，设计出15个二级指标。一是归属于工作状况的工作客观情况、工作主观感受2个指标；二是归属于生活状况的基本生活条件、生活满意度、定居城市可能性、家庭状况4个指标；三是归属于社会保障的工作保障、权利保障、生活保障3个指标；四是归属于社会交往的城市融入、主观情绪2个指标；五是归属于思想认知的自我认知、社会感知、企业认知和政治认知4个指标。为更好地使指标体系贴近产业工人群体的现实状况，在二级指标之下，还设置了包括工作来源、工作流动、职业满意度、工作无聊度、居住条件等61个三级指标（参见表4-1）。

表 4-1　　新时代粤港澳大湾区产业工人综合状况指标体系

一级指标	二级指标	三级指标
工作状况	工作客观情况	工作来源；工作流动；工作类型；工作变化；合同签订；工作时间；工作兼容性
	工作主观情况	职业满意度；工作无聊度
生活状况	基本生活条件	居住条件；公共服务享有
	生活满意度	居住满意度；生活成本；生活乐趣；生活压力
	定居城市可能性	定居城市能力；定居城市意愿
	家庭状况	子女数量；收支数量；婚姻状况；父母养老
社会保障	工作保障	参与度；重视度；了解度
	权利保障	权利享有；权利表达；维权意愿；维权渠道
	生活保障	生活需求；保险信任度；单位投保率；保险偏好
社会交往	城市融入	社区参与度；交流频率；包容感知；社交方式
	主观情绪	乐观程度；情绪变化
思想认知	自我认知	身份定位；阶层定位；生存感知；职业态度；工人身份感知；政府期待；未来期待
	社会感知	就业感知；物价感知；医疗感知；养老感知；反腐感知；环境感知；教育感知；公平感知
	企业认知	企业关系；企业期待
	政治认知	政治参与；政治表达；参与兴趣；政治态度；政治关注度；政府满意度

依据所开发出的指标体系，调研团队进一步设计了《新时代粤港澳大湾区产业工人综合状况调查问卷》。在设计过程中，主要参鉴了中国社会科学院《中国社会状况综合调查》（Chinese Social Survey，简称 CSS）、中国人民大学中国调查与数据中心的《中国综合社会调查》（Chinese General Social Survey，简称 CGSS）中有关工作、家庭、社会生活、社会态度等方面的题项设置，增加问卷的科学性、可行性。同时，为更好地对粤港澳大湾区产业工人的工作、生活、思想等情况进行系统调研，将最终问卷设计划分为工作状况、生活状况、社会保障、社会交往、思想认知、人口统计学变量六个板块。

第五章　数据的总体性描述

在指标体系构建后，课题组采用科学的调查方式进行问卷收集，并利用EXCEL、SPSS等软件进行数据分析，得出人口统计学变量基础上关于1515名粤港澳大湾区产业工人在工作状况、生活状况、社会保障、社会交往和思想认知等方面的总体特点：

第一，为了解产业工人的工作状况，设计了4个维度进行测量，测量结果显示：在行业分布情况方面，一是产业工人土地依赖性下降，呈现全职化务工特征；二是产业工人分布以二、三产业为主，有逐渐向相对附加值较高的第三产业迁移的趋势。在工作获取途径方面，一是他们的工作机会获取受到亲缘、血缘、地缘关系影响，并且其工作种类伴随互联网发展而日趋灵活多样；二是产业工人受教育程度越高，依靠亲友老乡获取工作比例越低，通过网络择业的比例越高。在工作目的方面，一是许多产业工人表示赚钱是他们的第一要务；二是与年长的产业工人相比，年轻产业工人更多以寻求学习发展与丰富生活体验为目的。在工作强度、工资水平与流动性方面，一是产业工人群体的工作强度较高，休息的时间普遍符合法律规定；二是产业工人的平均工资水平较低且增幅在长期内较小；三是产业工人收入低等导致工作流动性较低。在工作满意度方面，一是产业工人的工作满意度整体较高，待遇低是工作不满的主要原因，寻求改变现状的想法较为普遍；二是产业工人普遍对自己当前从事的工作较感兴趣；三是产业工人工资水平与工作满意度比例呈U形结构；四是产业工人工资涨幅与工作满意度呈正相关关系。

第二，为了解产业工人的生活状况，设计了4个维度进行测量，测量结果显示：在基本生活条件方面，一是出现了住房需求、选择的多样化与租房负担过重的矛盾；二是社会公共服务的改善与理想预期之间存在差距。在生活满意度方面，一是产业工人对居住环境满意度高，有着较重的家庭责任;二是较高的生活成本与偏低的工资收入之间不协调;三是生活休闲方式呈现多样化、娱乐化的趋势;四是生活障碍复杂多样,生活压力较大。在未来定居城市的可能性上,出现两种态度:一种认为外部环境比较复杂,定居城市意愿较弱;另一种认为城市条件优越,定居城市意愿强烈。在家庭状况方面,一是已婚年长产业工人的子女普遍成年;二是可以维持收支平衡;三是年轻一代产业工人的结婚率偏低;四是不少产业工人的父母留守家乡。

第三,为了解产业工人的社会保障状况,设计了3个维度进行测量,测量结果显示:在工作保障方面,一是社会保障在产业工人当中惠及面较为广泛,但尚未实现全覆盖,仍有部分产业工人未参加社保;二是互联网成为产业工人了解社会保障政策的主要途径,但对政治参与不了解的现象在产业工人群体中依然存在;三是产业工人对社保政策了解程度偏低;四是产业工人已普遍意识到社会保障的重要性。在权利保障方面,一是受教育水平影响,产业工人政治权利行使情况不甚理想;二是网络成为产业工人表达诉求的主要途径,政治参与无渠道的现象在产业工人群体中依然存在;三是产业工人的维权意识强;四是维权无门仍是产业工人群体当中不可忽视的问题。在生活保障方面,一是对政府或单位的需求主要集中在社会保障上;二是半数以上产业工人对社会养老保险的保障功能持信任态度;三是住房保障与教育保障是产业工人关注的热点问题。

第四,为了解产业工人的社会交往状况,设计了2个维度进行测量,测量结果显示:在城市融入方面,产业工人社区参与度不高、交往频率偏低,对本地人的包容感知程度也不强,导致其城市融入感偏低。具体而言,一是社交方式单一,社交圈子狭小,与当地市民交流频率低,且呈现两极分化的情形;二是不同行业产业工人与当地居民的交流频率和相处融洽感知出现分裂;三是产业工人对于自己是"农村人"的自我认同较明显。在主观情绪上,产业工人对未来整体上保持着一个乐观积极的态度,不容易陷入悲观情绪。

第五,为了解产业工人的思想认知情况,设计了4个维度进行测量,测量结果显示:在自我认知方面,一是产业工人自我身份认知定位偏低,模糊化认知较多;二是阶层定位以社会底层为主;三是对未来期待偏高;四是对环境适应性较强;五是对工人地位提升诉求高,追求平等与尊重；六是对政府的期待复杂多样。在社会认知方面，一是产业工人非常重视子女教育；二是收入分配不公感非常强烈；三是对子女的期望较高，希望后代能够摆脱产业工人身份；四是生活问题较为突出，对基本生活保障的需求迫切；五是对于家乡生活习惯认知出现分化；六是生活满意度普遍较高。在企业认知方面，一方面认为工人和企业是一个利益共同体，但对于企业的人文情感归属感不强；另一方面对工资待遇提升的诉求显著，注重技能提升和环境改善。在政治认知方面，一是不关心国家宏观政治，其政治关注度比较低；二是政治参与兴趣不高，参与意愿不强；三是基本政治权利行使比例较低；四是总体上满意政府的公共服务；五是期待政府承担更多责任，优化公共服务供给。

一　人口统计学变量

在对产业工人"人口统计学变量"统计中，二级指标包括一些常见的人口统计学变量，其中包括产业工人的年龄、性别、受教育程度、婚姻状况、子女数量、户口性质及收入情况。下面从具体的指标和相应的问题进行相关数据的总体描述与分析。

（一）年龄

如图5-1所示，在此次调查的产业工人群体中，出生年份主要集中在1991—2000年，占比为39%；其次为1981—1990年，占比为33%；排第三的是1971—1980年，占比为17%；而在1961—1970年和2000年以后出生的比例分别为6%和5%。从年龄分布上来看，粤港澳大湾区的劳动力年龄结构较为合理。一方面，青壮年劳动力密集是粤港澳大湾区整体产业结构体系高活力的体现，湾区内的产业工人群体主要以"80后"和"90后"为主，二者占比超过70%，说明湾区内的产业发展具有较大潜力，能够吸引年轻的劳动者。另一方面，年龄较大的劳动者也能够在其工作岗位上发挥劳动技能熟练的优势，"60后"与"70后"的产业工人占总人数的23%，进一步体现了湾区内产业在劳动力吸纳方面的包容性较强，湾区产业的劳动力结构呈现多元化而非单一化特征。此外，产业工人群体中"00后"仅占总体人数的5%，这是由于"00后"群体正处于接受教育的年龄，劳动力占比自然较低。

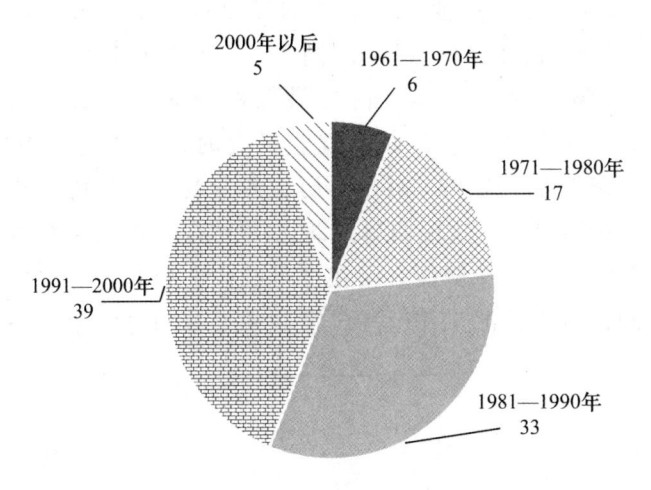

图 5-1　调查样本的年龄分布（%）

（二）性别

如图 5-2 所示，在此次调查中，男性产业工人占比 56%，女性产业工人占比 44%。总的来说，产业工人群体中的男女分布比较均衡，男性占比略高于女性。这体现了粤港澳大湾区在工作机会的提供上基本消弭了性别歧视，能够较好地保障就业机会的公平。

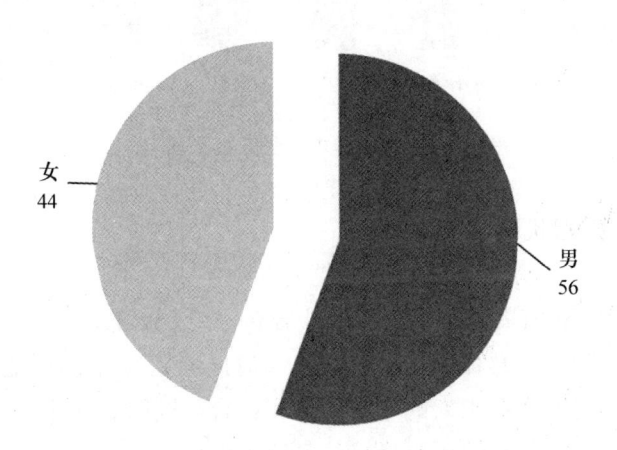

图 5-2　调查样本的性别分布（%）

(三) 受教育程度

如图 5-3 所示，产业工人群体的受教育程度为大专及以上占比 34.32%，初中占比 27.72%，高中占比 17.16%，中专占比 14.19%，小学占比 5.61%。占比最低的是未入学，仅为 0.99%。一般来说，学历越高的人在面临就业机会时，自主选择的范围就越大。大部分产业工人为初、高中学历，大专及以上学历的产业工人仅占总人数的 34.32%，这说明粤港澳大湾区的产业工人群体整体受教育程度偏低。同时也从侧面表明在进行就业选择时，由于受教育程度偏低的限制，可选择的工作范围较窄，务工劳动将成为大多数人的出路选择。

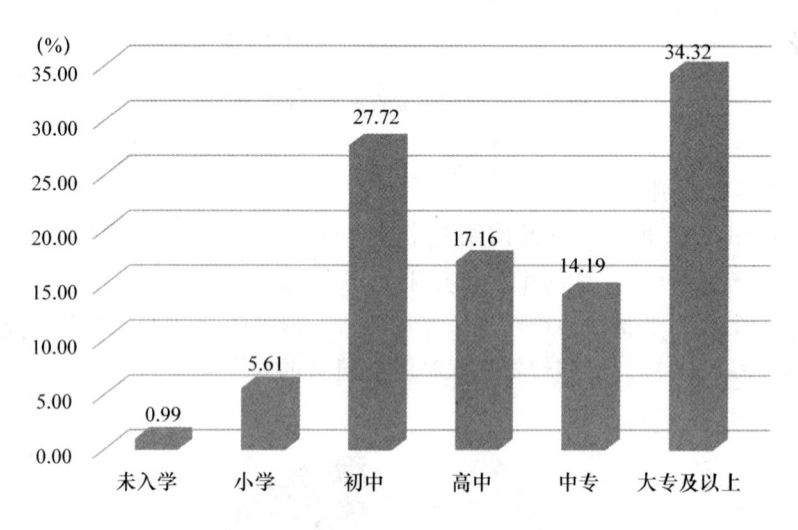

图 5-3 调查样本的受教育程度（%）

(四) 婚姻状况

如图 5-4 所示，产业工人初婚有配偶的占比 49.17%，未婚的占比 46.53%。再婚有配偶、离婚、同居的占比较低，分别为 1.32%、0.99%、1.98%。总体而言，粤港澳大湾区有近一半的产业工人未婚，与粤港澳大湾区产业工人的年龄结构相符合。同时，对于已婚的产业工人群体而言，他们有着更为稳定的家庭生活。

第五章 数据的总体性描述

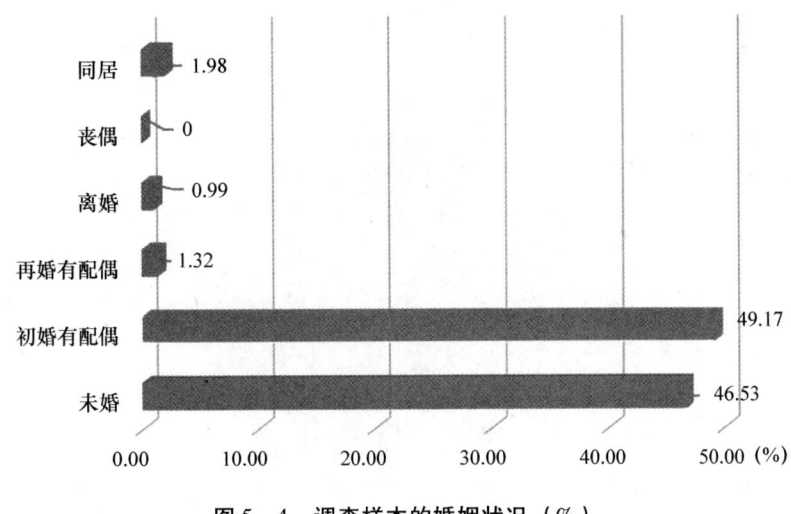

图 5-4 调查样本的婚姻状况（%）

（五）子女数量

如图 5-5 所示，产业工人群体中，没有养育未成年男孩的家庭占比为 63%；养育 1 个未成年男孩的家庭占比 28%，养育 2 个未成年男孩的家庭占比 7%，养育 3 个男孩的家庭占比为 1%，养育 4 个及以上男孩的家庭占比为 1%。

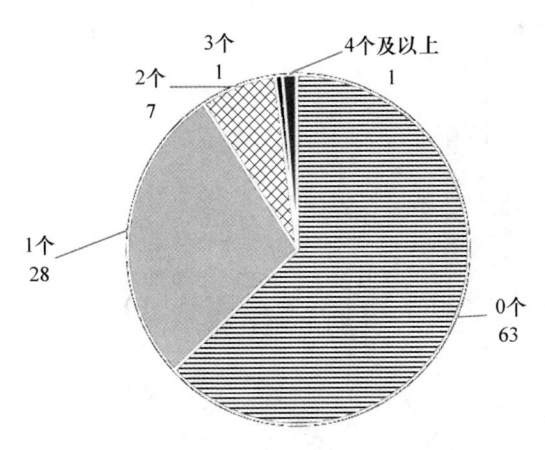

图 5-5 调查样本中产业工人家庭男孩（未满 18 周岁）个数（%）

如图 5-6 所示，产业工人群体中，总共有 62% 的家庭没有养育未成年女孩；养育 1 个未成年女孩的家庭占比 27%，养育 2 个未成年女孩的家庭占比 9%，养育 3 个女孩的家庭占比为 1%，养育 4 个及以上女孩的家庭占比为1%。

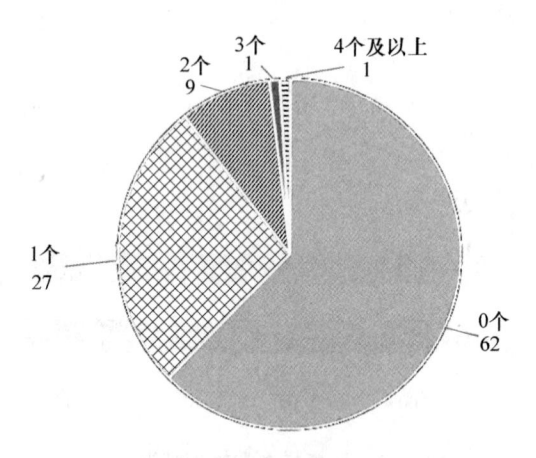

图 5-6 调查样本中产业工人家庭女孩（未满18周岁）个数（%）

总体来说，产业工人中未养育孩子的家庭占大多数。

（六）户口性质

如图5-7所示，户口属性是农业户口的产业工人占比70.96%；非

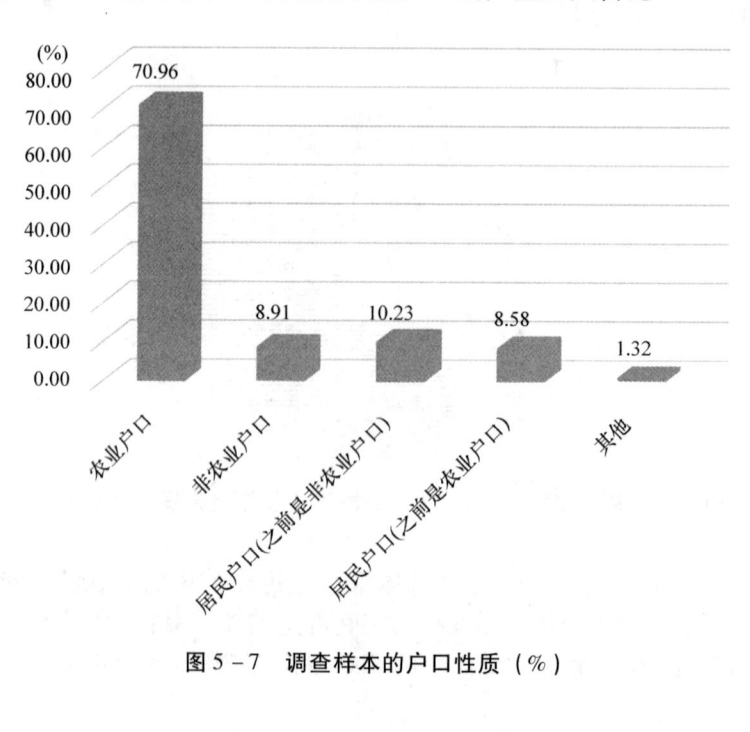

图 5-7 调查样本的户口性质（%）

农业户口的产业工人占比 8.91%；总共有 18.81% 的产业工人拥有粤港澳大湾区内的居民户口，其中，有 10.23% 的产业工人在拥有居民户口之前的户口属性为非农业户口，8.58% 的产业工人在拥有居民户口之前的户口属性为农业户口。总的来说，户口属性为农业户口的产业工人占比最多，表明大部分产业工人都是从外地进城务工的人员。而户口属性为居民户口的产业工人群体中，接近半数由原来的农业户口转换而来。因此，粤港澳大湾区内的产业工人群体以农村人口为主力军，虽然有一定的概率实现户口性质的转换，但总体来说转换比例不高。

（七）收入情况

如图 5-8 所示，产业工人收入分布区间最多的是每月 3001—4000 元，占比 31.68%；其次是收入在 4001—5000 元，占比 24.42%；收入在 1501—3000 元和 5001—6000 元的比例均为 12.21%；8000 元及以上的也比较高，为 9.57%；收入在 6001—7000 元、7001—8000 元的占比分别为 4.62% 和 3.96%；而收入在 1500 元及以下的占比最少，为 1.32%。总体来说，粤港澳大湾区内产业工人收入水平结构相对稳定，整体呈现倒 U 形结构。其中，中等收入群体占比较多，低收入群体和高收入群体占比相对较少。同时可以看出，湾区内涵盖了各种收入水平上

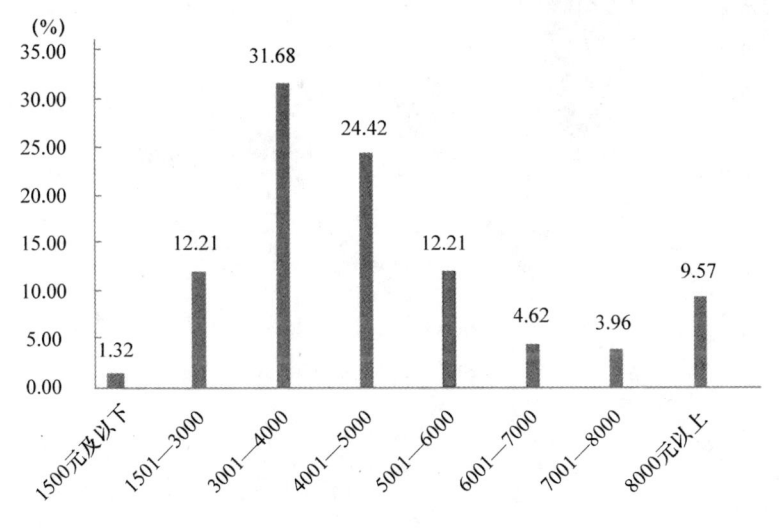

图 5-8 调查样本的收入情况（%）

的产业工人群体,这不仅能够证明粤港澳大湾区对劳动力的需求比较多元,也代表着产业工人这一职业拥有一套较为健全的上升渠道。

二 工作状况

(一) 行业分布

1. 产业工人土地依赖性下降,呈现全职化务工特征

如图5-9所示,产业工人整体的土地依赖性已经被弱化,到城里务工的情况居多。从调查的数据上来看,有81.52%的产业工人目前只从事非农工作;有13.20%的产业工人目前以从事非农工作为主,但同时也务农;有3.96%的产业工人目前以务农为主,但同时也从事非农工作;目前只务农的人群只占1.32%。

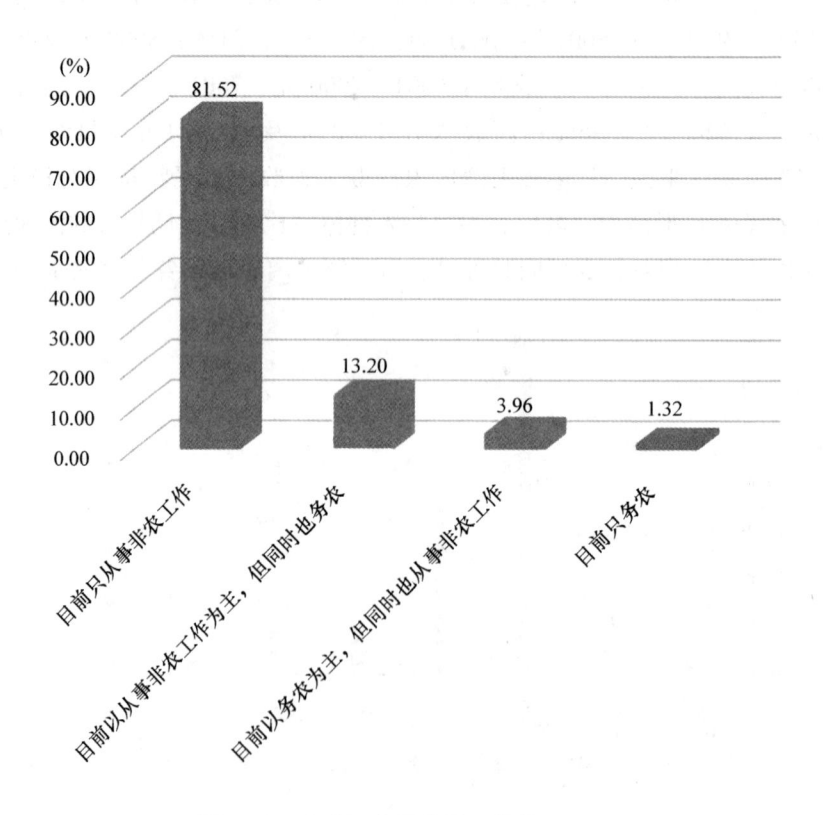

图5-9 产业工人目前的工作状况(%)

通过进一步的访谈发现,"目前只从事非农工作"的产业工人主要是基于以下两个方面的考虑:一是务工与务农的比较收益差距较大;二是产业工人尤其是新生代产业工人普遍表示自身缺乏务农经验与务农技术。选择"目前以从事非农工作为主,但同时也务农"的产业工人,在农闲时会外出打工,在农忙时就成为"农忙候鸟",返回家乡播种、收获农作物,呈现出较高的土地依赖性。同时,城市过客心态在这一群体中普遍存在,他们大多表示即使在外打工多年,也依旧追求落叶归根。

2. 产业工人分布以二、三产业为主,逐渐向附加值相对较高的第三产业迁移

工业化和城镇化的快速发展是产业工人产生的客观原因,从农村转移出来的剩余劳动力进城后多由第一产业向第二、第三产业聚集。从表5-1可以看出,在产业分布方面,已经形成以第二、第三产业为主的发展态势。在具体行业分布方面,批发和零售业的产业工人再就业的行业一致性较高。在目前工作类型方面,有半数样本选择制造业。在产业工人的行业迁移方面,原属第一产业的产业工人向附加值相对较高的制造业、交通运输业等第二、第三产业迁移。从行业分布看,超过半数(54.79%)的产业工人集聚在制造业领域,而从事建筑业的比例为1.98%。

表5-1 产业工人所处行业及其变化

行业类别	上一份工作的类型(%)	目前工作的类型(%)
农业	8.91	3.96
制造业	43.89	54.79
建筑业	2.97	1.98
批发和零售业	8.91	8.91
交通运输业	5.94	9.24
住宿和餐饮业	5.28	2.31
居民服务、修理和其他服务业	7.26	4.95
公共管理、社会保障和社会组织	1.65	0.99
其他	15.18	12.87
合计	100	100

（二）工作获取途径

1. 工作机会获取受到亲缘、血缘、地缘关系影响，但是随着互联网的发展而日趋灵活多样

如图 5-10 所示，超过半数（51.82%）的产业工人表示自己的工作是由亲友老乡介绍的。可见，先赋性社会关系是大部分产业工人获取工作机会的途径。不过，调查显示有 18.48% 的产业工人是通过网络信息获取的当前工作，通过"职业介绍所推荐""参加人才交流活动""自我推荐"以及其他途径获取工作的比例分别达到了 9.57%、7.92%、4.95%、5.61%。由此观之，随着产业工人信息收集与资源获取能力的提升，其就业途径显现出多元化趋势。

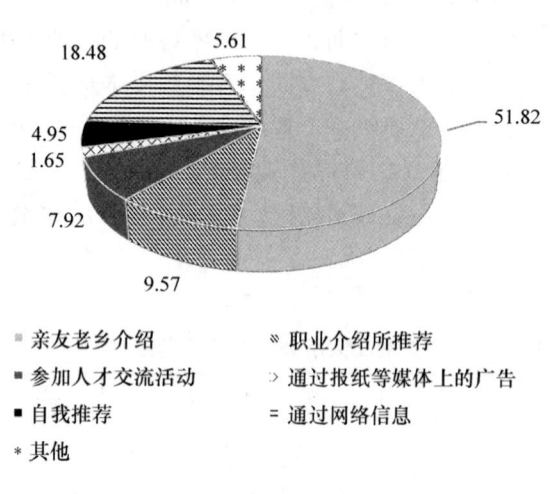

图 5-10　产业工人工作获取途径（%）

2. 受教育程度越高，依靠亲友老乡获取工作比例越低，通过网络择业的比例越高

如图 5-11 所示，随着受教育程度的提高，从"未入学"到"大学及以上学历"的产业工人群体通过"亲友老乡介绍"获取工作的比例分别为 66.67%、64.71%、64.29%、59.62%、53.49%、34.62%，呈不断下降趋势；而"通过网络信息"获得当前工作的比例则在不断增长，分别为 0、5.88%、5.95%、13.46%、13.95%、35.58%。"未入学"的产业工人群体，获取工作的途径是最少的，仅有"亲友老乡介绍"与"自我推荐"两种方式。通过访谈了解到，一方面，较高的学历往往意味着拥有更多技能加持和择业资本，对于人情关系的依赖性降低，甚至部分产业工人将通过亲友老乡找到工作视为一种人情负担；另一方面，通过网络信息、职业介绍所等方式能够获取数量更多、待遇更高、发展前景更好的工作机会。

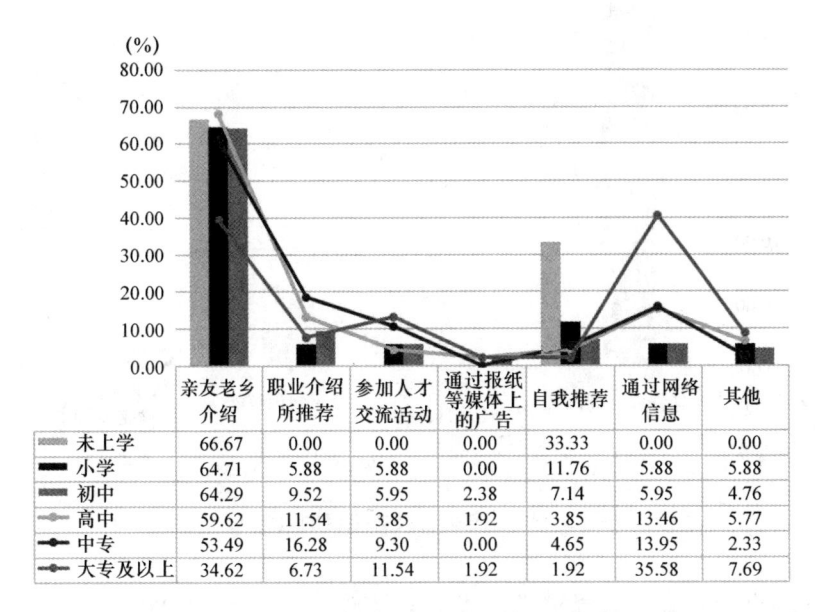

	亲友老乡介绍	职业介绍所推荐	参加人才交流活动	通过报纸等媒体上的广告	自我推荐	通过网络信息	其他
未上学	66.67	0.00	0.00	0.00	33.33	0.00	0.00
小学	64.71	5.88	5.88	0.00	11.76	5.88	5.88
初中	64.29	9.52	5.95	2.38	7.14	5.95	4.76
高中	59.62	11.54	3.85	1.92	3.85	13.46	5.77
中专	53.49	16.28	9.30	0.00	4.65	13.95	2.33
大专及以上	34.62	6.73	11.54	1.92	1.92	35.58	7.69

图 5-11　产业工人受教育程度与工作获取途径（%）

（三）工作目的

1. 满足基本生活需求是主要务工目的

如图 5-12 所示，有 72.94% 的产业工人表示务工的目的是挣钱养家糊口，这是由城市较高的生活成本和工人相对低廉的工资水平的现实情况决定的。而 20.79% 的产业工人表示在城市务工是为了"学习知识技能"或"为了体验城市生活，增长见识"，想要争取永久在城市的就业和居住的产业工人比例仅为 6.27%。总体来看，城市仍然是产业工人"赚够钱后自己回家开个店"或者"孩子长大了就回家种地带孙子"的暂居之所，期望在城市永久就业和居住，由谋生转向寻求归宿感的产业工人不多。

	挣钱养家糊口	为了体验城市生活，增长见识	学习知识技能	争取永久在城市的就业和居住
系列1	72.94	7.26	13.53	6.27

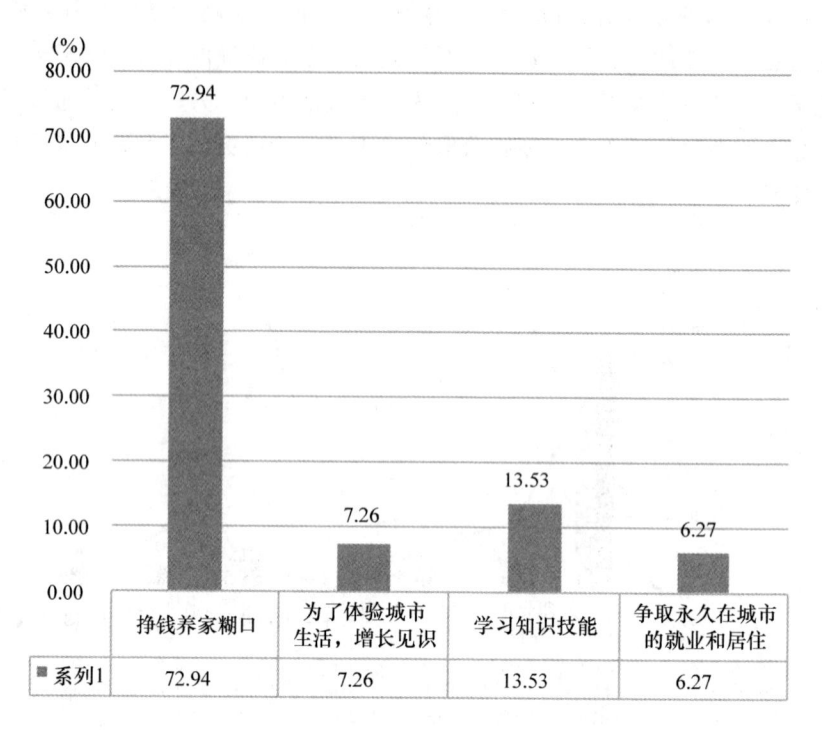

图 5-12　产业工人务工目的（%）

2. 年轻产业工人寻求学习发展与体验，"70后""80后"产业工人多为养家糊口

在基本生存需求和学习发展需求的重视程度方面，产业工人存在代际差异。如图 5-13 所示，"70后""80后"产业工人通常担负整个家庭压力，挣钱养家的需求较大；"60后"产业工人通过多年工作基本生活压力有所减轻，在城市定居的需求较为旺盛；"00后"产业工人相对没有家庭的负担，学习愿望最为强烈，主要是为"学习知识技能"在城市务工的比例为37.50%。"90后"产业工人学习提升空间受限而转变为追求生活体验，"为了体验城市生活，增长见识"的比例最高，达11.97%，在城市定居的意愿则进一步下降。与老一代产业工人相比，新生代产业工人的学习发展需求是不断提升的，也注重自身技能的提高和权利的实现。

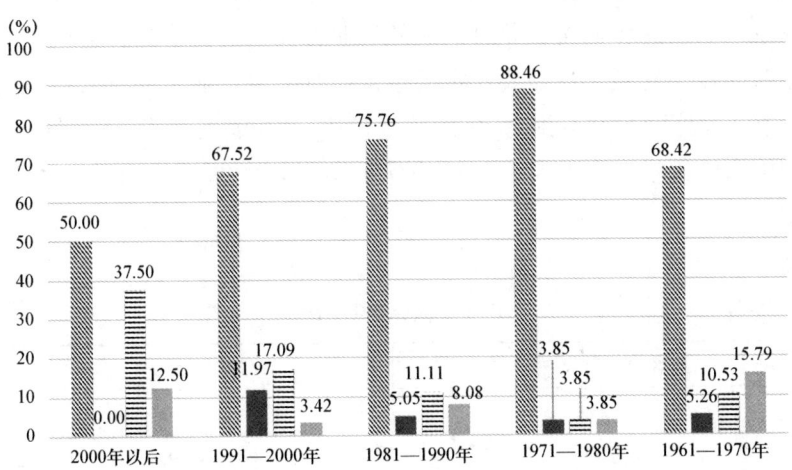

```
   (%)
   100
    90                                            88.46
    80                                    75.76
    70              67.52                                         68.42
    60
    50   50.00
    40        37.50
    30                                                                         
    20              17.09                         
                         11.97       11.11    5.05  8.08   3.85  3.85  3.85   10.53  15.79
    10        12.50                                                    5.26
     0   0.00          3.42
       2000年以后  1991—2000年  1981—1990年  1971—1980年  1961—1970年
```

挣钱养家糊口　■为了体验城市生活，增长见识　＝学习知识技能　争取永久在城市的就业和居住

图 5-13　产业工人出生时间及其务工目的（%）

（四）工作强度、工资与流动性

1. 工作强度较高，休息时间普遍符合法律保障

如表 5-2 所示，仍有超过 50% 的产业工人平均每天工作时长高于法定工作时长，更有 2.05% 的产业工人平均每天工作时长在 12 小时以上。产业工人群体的工作强度普遍较高，很大的一部分原因可能是产业工人大多从事劳动密集型产业，单位时间内获取的薪酬有限，加班加点能够提高获得的工资收益。

表 5-2　　　　　　　　产业工人平均工作时长

平均工时	百分比（%）
≤8	46.58
>8，≤10	32.19
>10，≤12	19.18
>12	2.05

如表 5-3 所示，四分之一左右的产业工人每周有 2 天休息时间；6.96% 的产业工人按大小周交替方式休息，大周即双休周，该周有 2 天

休息时间，小周即单休周，该周有 1 天休息时间；近一半的产业工人每周休息一天。总体而言，超过八成的产业工人每周都有休息时间，休闲娱乐时间较为充足。但需要注意的是，仍有不少产业工人没有休息时间或者休息时间尚达不到每周 1 天，有违《中华人民共和国劳动法》（2019 年最新版）"用人单位应当保证劳动者每周至少休息一日"的规定。

表 5-3　　　　　　　　产业工人休息日时长

休息日时长	百分比（%）
一周 2 天	25.64
大小周	6.96
一周 1 天	48.72
一月 2 天	5.49
无	13.19

2. 产业工人工资水平较低、增幅较小

如图 5-14 所示，超半数的产业工人工资水平在 3001—5000 元之

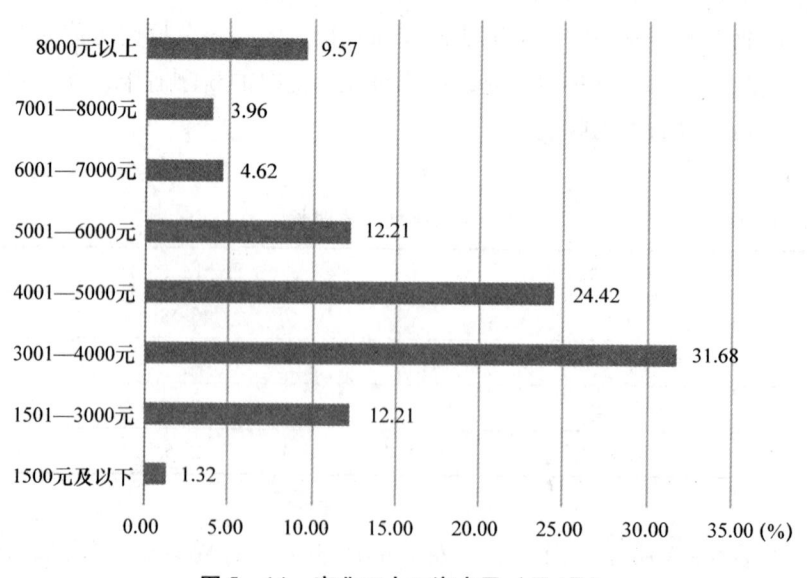

工资水平	百分比（%）
8000 元以上	9.57
7001—8000 元	3.96
6001—7000 元	4.62
5001—6000 元	12.21
4001—5000 元	24.42
3001—4000 元	31.68
1501—3000 元	12.21
1500 元及以下	1.32

图 5-14　产业工人工资水平（元/月）

间。总体而言，产业工人群体的工资收入处于较低水平，大部分仅能够满足个人日常生活开销。工资水平在6001—8000元之间的产业工人仅占8.58%，工资达8000元以上的产业工人群体只占9.57%，这说明产业工人群体中中等收入人群和高收入人群的比例相对较低。

此外，产业工人的工资增幅也较小（见图5-15），相比上一年工资水平，仅有48.18%的产业工人表示工资在今年出现了增长，尚不到一半。其中出现大幅增长的仅有4.62%。过半数的产业工人反映自己的工资没有增长甚至是负增长。

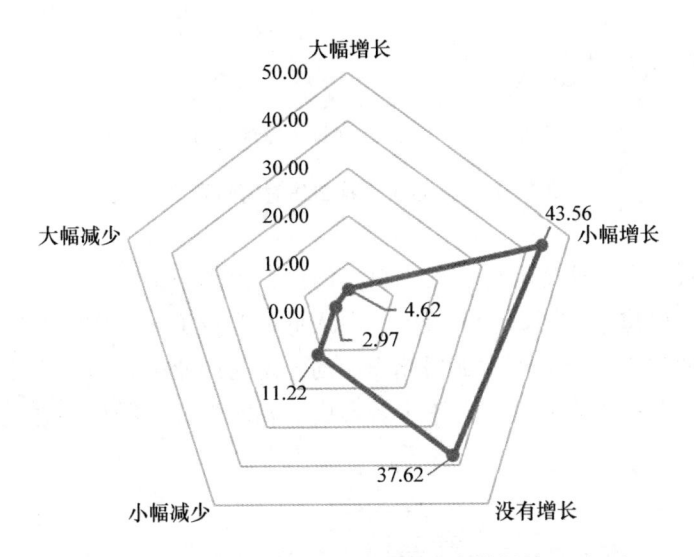

图5-15 相比上一年，产业工人工资增长情况（%）

一方面，粤港澳大湾区产业工人的工资水平相对偏低，中、高等收入群体占比很小；另一方面，产业工人群体工资增长速度较慢，甚至出现了负增长现象。总体而言，湾区内产业工人的收入情况并不乐观，存在较大的改善与提升的空间。

3. 产业工人工作流动性较低，收入低为流动首要原因

如图5-16所示，56.76%的产业工人换工作的时间间隔在3年以上，仅9.57%的产业工人换工作的时间间隔在1年及以下。总体而言，该产业工人群体的工作流动性较低，工作技能的高标准和有限的换岗渠道一定程度上限制了产业工人的流动。除此之外，跨行业求职也存在较

大的壁垒，进一步固化了产业工人的流动。

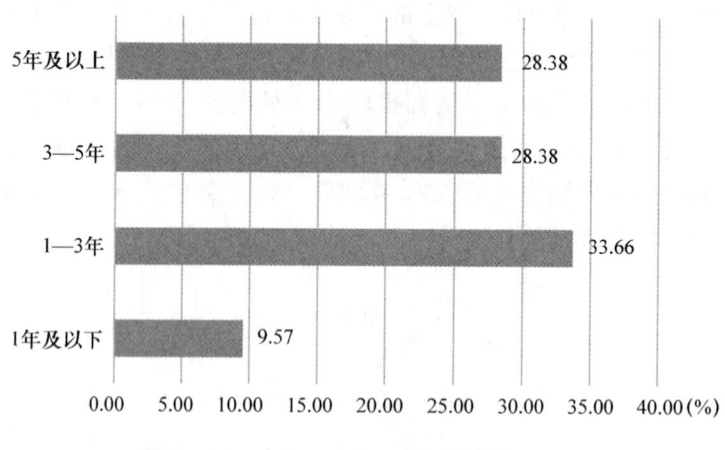

图 5-16 产业工人换工作时间间隔（%）

- 5年及以上：28.38
- 3—5年：28.38
- 1—3年：33.66
- 1年及以下：9.57

尽管多数产业工人能够安于自身岗位，但仍有部分产业工人会选择离开原有岗位。如图 5-17 所示，收入低是产业工人工作流动的首要原因，半数以上的产业工人都因此而流动。这与产业工人将基本生活需求作为最主要的工作目的，有一定契合度。相对而言，因难以忍受工作环

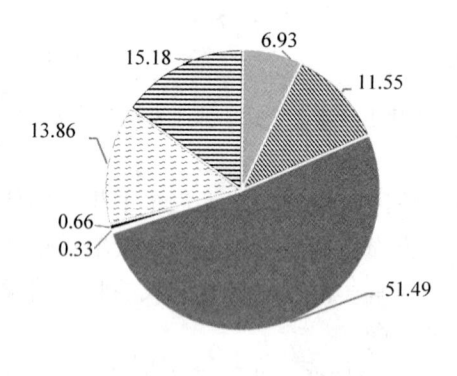

- 工作条件差：15.18
- 收入低：51.49
- 遭受各种歧视：0.33
- 其他：0.66
- 管理方式不适应：13.86
- 工资被拖欠：11.55
- 不喜欢在一个地方呆太久，换个环境：6.93

图 5-17 产业工人工作流动原因（%）

境，例如不适应管理方式、遭受歧视、工作条件差，或者因个人喜好而产生工作流动的情况较少。

（五）工作满意度

1. 整体工作满意度较高，但改变现状的期望较为普遍

如图 5-18 所示，在对职业现状的评价方面，选择"很满意，但想更进一步"和"很满意，但不想改变"的工人占 56.10%，过半数产业工人的工作满意度较高，但也有 35.31% 的产业工人表达了对工作现状的不满。一方面，追求改变现状的产业工人占比近 80%，表明产业工人对改善工作现状存有期望，但受到了个人能力、发展平台等主客观条件的制约而难以实现；另一方面，仍有 13.86% 的产业工人群体处于对工作漠然的消极心理中，对现状不满意或者无所谓，对改善工作现状的期望较低。

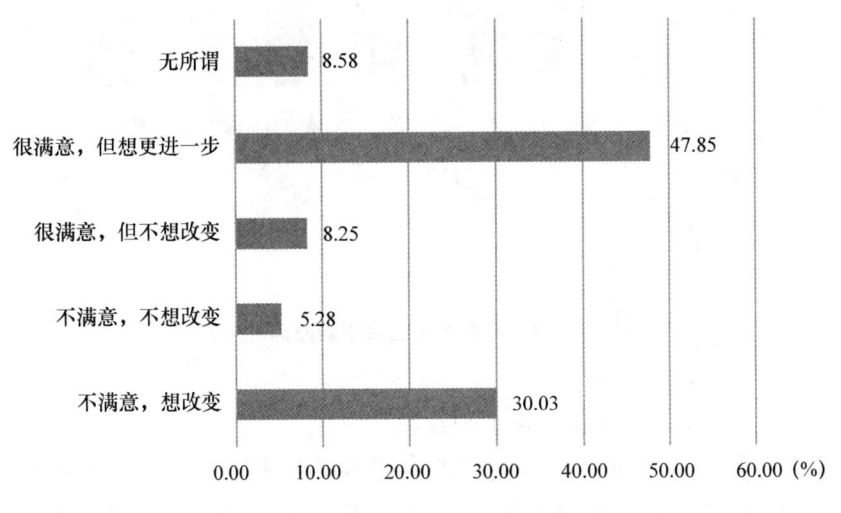

选项	百分比
无所谓	8.58
很满意，但想更进一步	47.85
很满意，但不想改变	8.25
不满意，不想改变	5.28
不满意，想改变	30.03

图 5-18 产业工人整体工作满意度（%）

如图 5-19 所示，产业工人对工作不满的原因中，薪酬水平过低占比高达 44.55%，由此推断，待遇低是产业工人对工作不满的主要原因。同时，因工作时间长而导致对现有工作感到不满的占比为总人数的 25.08%，大部分产业工人面临加班加点问题，工作时间常常超出法定劳动时间。此外，因伙食差、工作环境差而引致对工作

不满的比例分别为 21.12%、10.23%，由此推断，现有的工作环境和食宿保障尚不能满足部分产业工人的需求。总体而言，产业工人群体薪酬水平较低，且经常需要加班加点，加之相关保障未能满足其需求，因此容易滋生不满情绪。

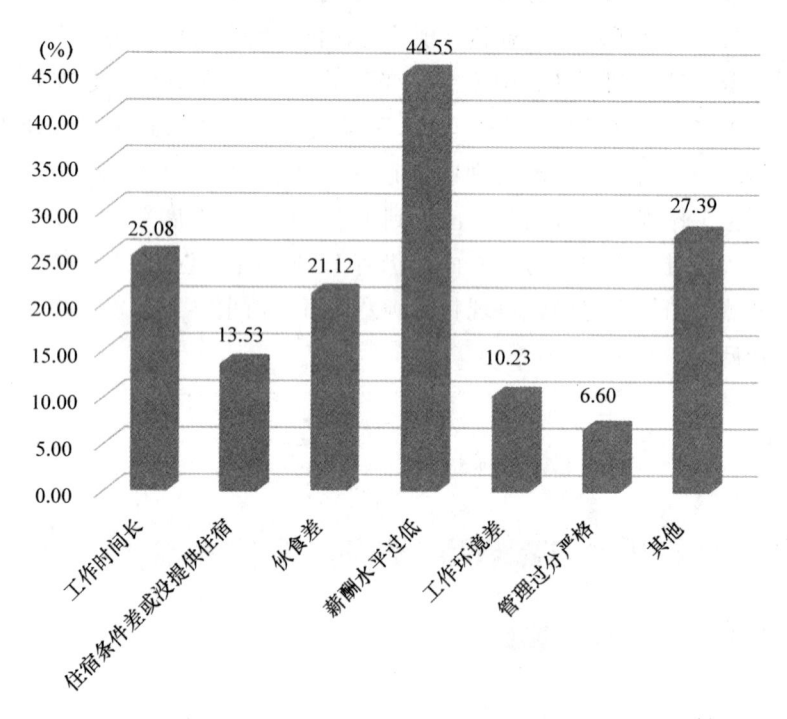

图 5-19 产业工人工作不满原因（%）

2. 产业工人的工作兴趣水平较高

如图 5-20 所示，认为当前工作"不算无聊"和"一点也不无聊"的产业工人占比高达 77.88%，只有 3.63% 的产业工人认为当前工作"非常无聊"。可以说，产业工人对自身所从事的工作内容有着较高认同感与积极性。此外，产业工人群体中，认为当前工作"不算无聊"的比例是最高的，占总人数的 46.53%。产业工人的日常生活大多是两点一线，社会交往、休闲娱乐等活动较少，因此才会出现尽管大多数产业工人从事的工作较为简单化和程序化，而他们对此的兴趣度却仍然较高的现象。

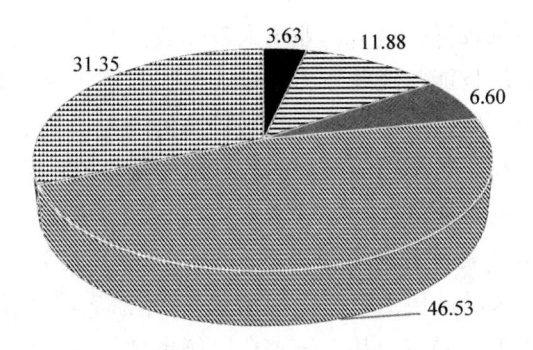

第五章 数据的总体性描述 83

图 5-20 产业工人工作兴趣（%）

3. 产业工人工资水平与工作满意比例呈 U 形关系

如图 5-21 所示，工资处于 1500 元及以下的产业工人中，对工作满意的比例为 75.00%；工资处于 8000 元以上的产业工人中，对工作满意的比例为 62.07%；而处于 3001—4000、4001—5000 元工资区间内的产业工人，其对工作满意的比例均在 46% 左右。总体而言，产业工人工资水平与工作满意比例呈 U 形关系。首先，工资水平较低的产业工人普遍对当前的工作感到满意，这一收入水平下的产业工人尽管薪酬较低，但其从事的大多数为简单的机械劳动，且工作强度较低，因此对自己的工作比较满意；其次，中等收入水平的产业工人群体对自身的工

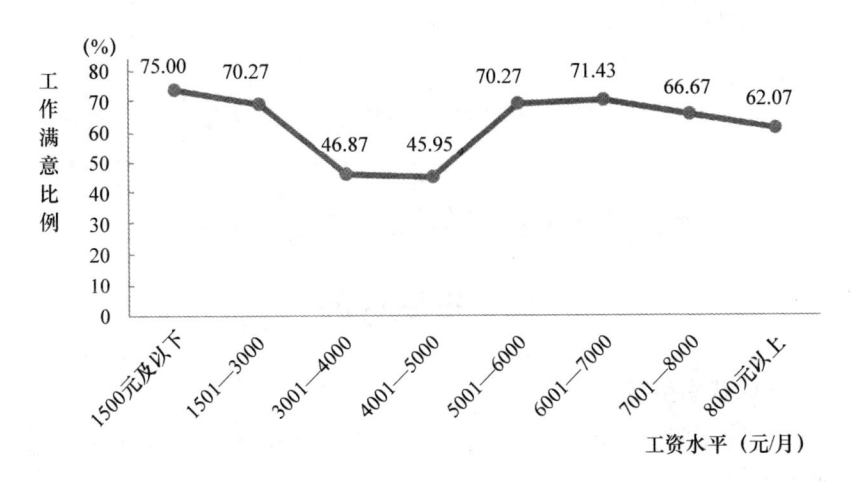

图 5-21 产业工人工资水平与工作满意比例（%）

作感到满意的比例较低,这类产业工人群体收入水平不高,但是其工作的内容需要特定的技能与经验作为支撑,且工作强度并不低,因此对工作的满意度会低一些;最后,收入水平较高的产业工人群体对当前工作的满意度也比较高,这是因为较高的收入水平能够在一定程度上抵消工作过程中所产生的负面情绪。

4. 产业工人工资涨幅与工作满意比例呈正相关关系

如图5-22所示,从工资"大幅增长"到工资"大幅减少",工资涨幅越低的产业工人群体,其工作满意比例也越低,工作满意比例分别为85.72%、63.64%、50.88%、38.23%、33.33%,产业工人的工资涨幅与工作满意比例之间呈现正相关关系。收入水平是产业工人首要关注的方面,大部分产业工人工作的目的是养家糊口,需要足够多的收入,以支撑家庭的各类开销。因此,收入水平的变化很大程度上会影响产业工人对自身所从事工作的满意度。

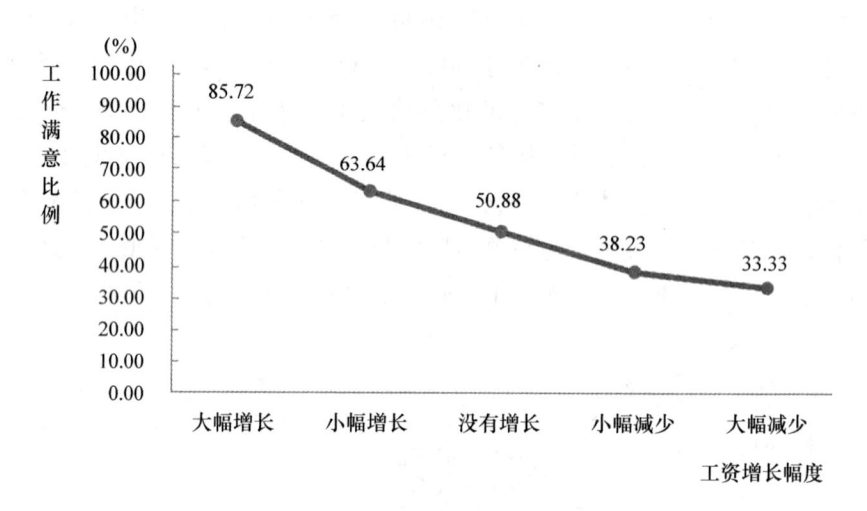

图5-22 产业工人工资涨幅与工作满意比例(%)

三 生活状况

(一)基本生活

1. "居住职工宿舍"和"自己租房住"是产业工人解决住房问题的两大途径

如图5-23所示,产业工人在解决住房问题时主要有两种方法,"自己租房住"和居住"职工宿舍"是大多数产业工人的选择,分别占 43.56% 和 34.98%。"自己买房住""借住亲友家""自有房产"所占比例均不超过 10%。在访谈过程中也了解到,产业工人对"自己租房住"的需求大,但由于房租费用近年来的总体趋势在上升,尽管对租房的要求和期望也有所提高,但还是优先考虑租房成本,租房选择余地有限。

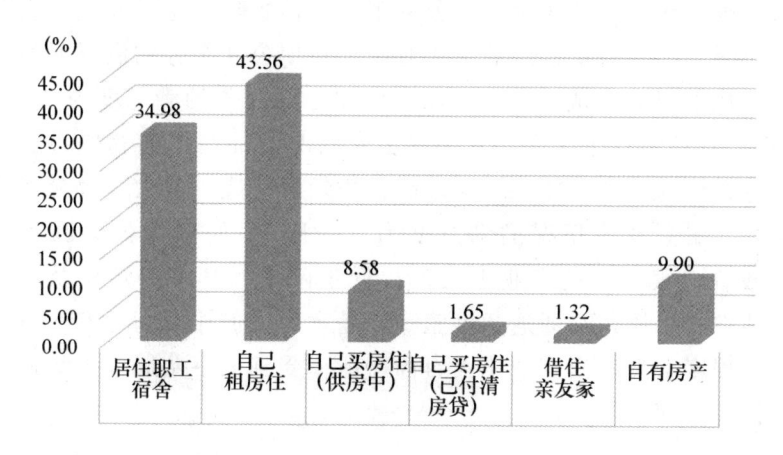

图 5-23 产业工人目前的居住条件(%)

如图 5-24 所示,在每月的住房费用上,只有三成左右的产业工人可以享受免费住宿,需要承担超过 1000 元住房费用的产业工人所占比

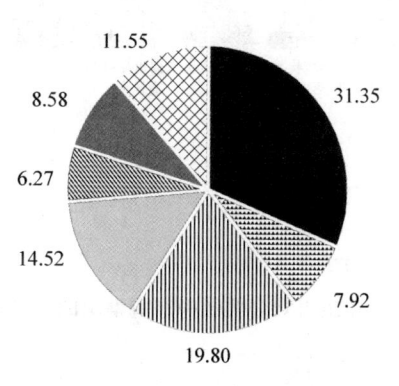

图 5-24 产业工人每月在住房上的花费(不包括水电费)(%)

例合计达到 20.13%。每月住房花费 800—1000 元的产业工人占比 6.27%，而每月住房花费低于 500 元的产业工人占比 59.07%。

2. 接近一半的产业工人对公共服务满意度为一般，入学入托和就医看病总体满意度偏低

产业工人生活空间的基础设施、治安状况、环境状况、交往活动空间、教育服务、就医服务等公共服务都是影响其生活质量的重要因素。如图 5-25 所示，产业工人对以上各项公共服务的满意度为"很好"的比例只有一成左右，对以上各项公共服务的满意度为"较好"在 20% 到 35% 这个区间，其中对治安状况内部与周边和周边交通通达度感到较为满意的比例相对较高，均超过三成。较大一部分产业工人对公共服务享有情况的满意度为"一般"。而认为公共服务"较差"或者"很差"的产业工人占比低于两成，其中对环境状况、交往活动空间、周边交通通达度感到不满意的比例相对高一些。以上数据一定程度上反映出产业工人目前所能享受到的公共服务质量还有较大的提升空间。

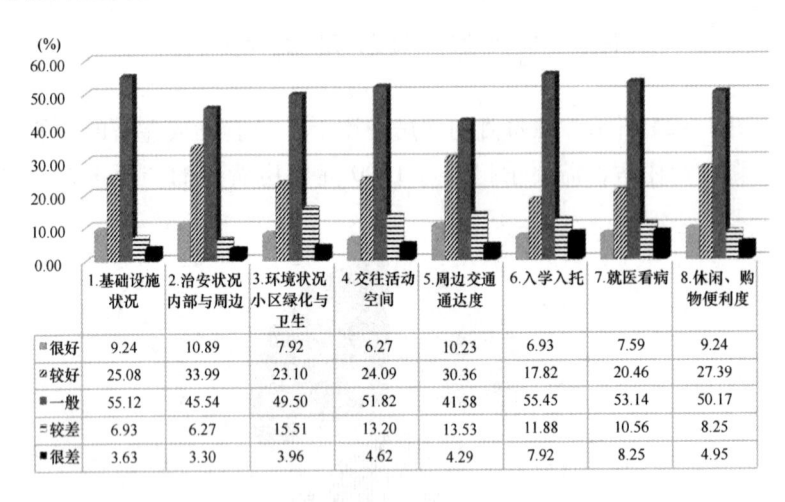

	1.基础设施状况	2.治安状况内部与周边	3.环境状况小区绿化与卫生	4.交往活动空间	5.周边交通通达度	6.入学入托	7.就医看病	8.休闲、购物便利度
很好	9.24	10.89	7.92	6.27	10.23	6.93	7.59	9.24
较好	25.08	33.99	23.10	24.09	30.36	17.82	20.46	27.39
一般	55.12	45.54	49.50	51.82	41.58	55.45	53.14	50.17
较差	6.93	6.27	15.51	13.20	13.53	11.88	10.56	8.25
很差	3.63	3.30	3.96	4.62	4.29	7.92	8.25	4.95

图 5-25　产业工人对公共服务享有情况的满意程度（%）

（二）生活满意度

1. 接近六成的产业工人对其总体生活感到比较满意，但对教育程度和家庭经济状况满意度偏低

如图 5-26 所示，对产业工人的总体生活满意度划分为六大方面：

教育程度、社交生活、休闲/娱乐/文化活动、家庭关系、家庭经济状况以及居住地环境。对以上六大方面感到满意的产业工人占比分别为45.21%、60.40%、60.40%、82.51%、50.49%、59.74%，可见社交生活、休闲/娱乐/文化活动以及家庭关系满意程度相对更高，这说明产业工人精神层面的满意度对生活总体满意度的影响更大。产业工人对教育程度和家庭经济状况感到不满意的占比是较高的，接近或超过五成，反映出相当一部分产业工人认为自身文化知识水平有待提高。家庭经济状况作为物质基础的重要衡量指标，也是影响多数产业工人生活总体满意度的一大因素。

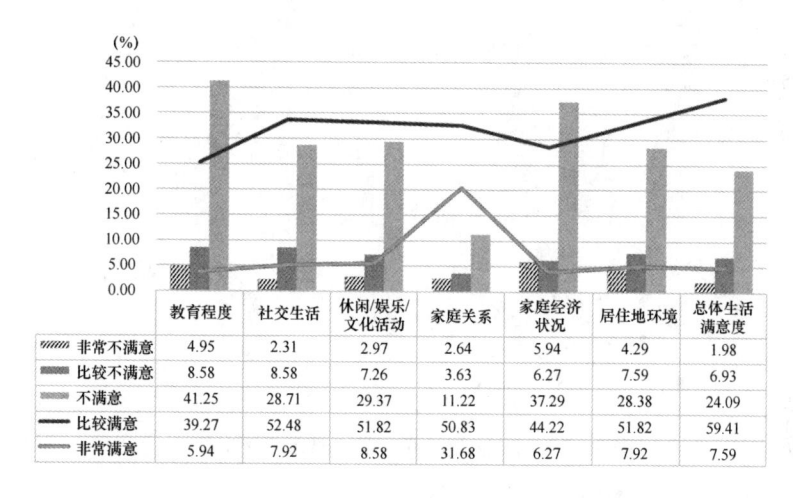

	教育程度	社交生活	休闲/娱乐/文化活动	家庭关系	家庭经济状况	居住地环境	总体生活满意度
非常不满意	4.95	2.31	2.97	2.64	5.94	4.29	1.98
比较不满意	8.58	8.58	7.26	3.63	6.27	7.59	6.93
不满意	41.25	28.71	29.37	11.22	37.29	28.38	24.09
比较满意	39.27	52.48	51.82	50.83	44.22	51.82	59.41
非常满意	5.94	7.92	8.58	31.68	6.27	7.92	7.59

图5-26 产业工人对上述项目的满意程度（%）

2. 较高生活成本与偏低的工资收入之间存在的矛盾是产业工人感到不满意的重要原因

如图5-27所示，在调查产业工人对生活感到不满意的原因时，生活成本高和收入太低是两大原因，分别占比43.56%和37.62%。除此之外，认为"社会不公平""生活没乐趣"以及"居住条件差"是导致不满意原因的产业工人分别有12.21%、11.88%和14.52%。还有一小部分产业工人由于"与同事/领导关系较差"或"家庭因素"而感到不满意。这些导致产业工人不满意的原因既有物质层面，也有精神层面的，虽然较少产业工人将"社会不公平""生活没乐趣"以及"家庭因素"作为不满意的原因，但是这些原因均容易诱发极端情绪,政府和社会各界要继续加强对产业工人心理素质和情绪调节能力的关注和重视。

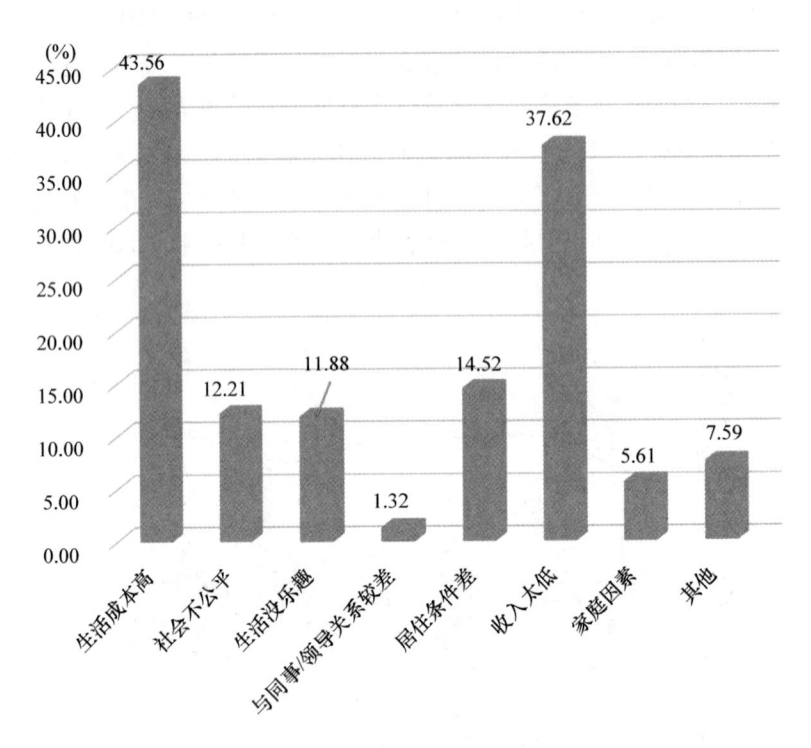

图中数据:
- 生活成本高: 43.56
- 社会不公平: 12.21
- 生活没乐趣: 11.88
- 与同事/领导关系较差: 1.32
- 居住条件差: 14.52
- 收入太低: 37.62
- 家庭因素: 5.61
- 其他: 7.59

图 5-27 产业工人不满意的原因(%)

3. 产业工人生活休闲方式集中在上网等活动上

如图 5-28 所示,对于下班闲暇的活动安排,51.82%的产业工人表示会看电视、报纸,46.86%的产业工人选择上网,27.72%的产业工人会和工友聊天聚会,30.36%的产业工人选择休息,27.72%的产业工人选择出游,16.83%的产业工人选择体育运动,仅有 5.61%的产业工人表示他们会把下班的闲暇时间投入到参加附近社区活动中去。这些数据反映了产业工人生活休闲方式的两个明显特征:一是休闲方式既有文化活动,又有体育活动,还有社交活动等,一定程度上具有多元的特点;二是大部分产业工人在下班后的闲暇时间都会用在娱乐方面,休闲方式具有典型的娱乐化倾向。另外,值得注意的现象是,只有少数受访者表示会在下班闲暇时间参加附近的社区活动,说明产业工人对其所住社区的活动参与积极性不高。这在一定程度上会影响产业工人与其所在社区的融合度。

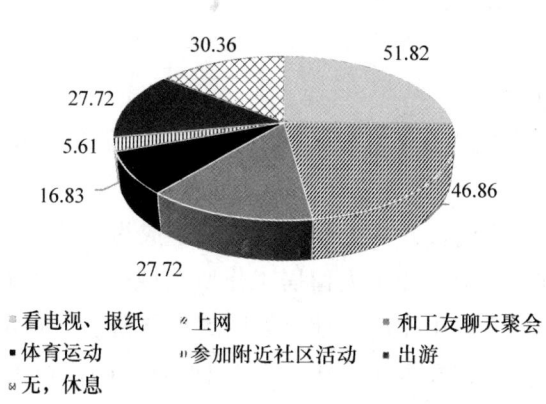

图5-28 产业工人下班闲暇的活动内容（%）

看电视、报纸 30.36
上网 46.86
和工友聊天聚会 51.82
体育运动 5.61
参加附近社区活动 16.83
出游 27.72
无，休息 27.72

4. 三大问题困扰产业工人，生活问题成最大难题

在对产业工人生活障碍的调查分析中发现，产业工人的生活障碍主要集中在工作问题、生活问题和权益问题三个方面。如图5-29所示，70.30%的产业工人认为生活问题是遇到的最大障碍，这些障碍主要包括子女上学、买房难、物价高、公共服务可达性低、情感孤独等。其次，45.87%的产业工人认为生活障碍来自工作问题，这些问题主要表

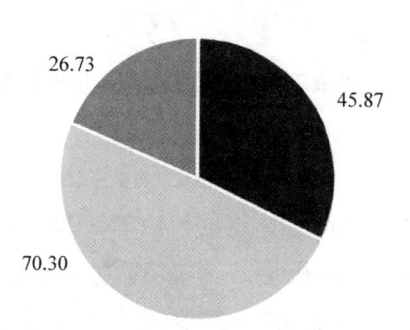

工作问题(同工不同酬、工资低、无劳动合同等) 45.87
生活问题(子女上学、买房难、物价高、公共服务可达性低、情感孤独等) 70.30
权益问题(社会保障不到位、受到歧视、权益经常受到侵害等) 26.73

图5-29 产业工人在当地工作生活遇到的最大障碍（%）

现为同工不同酬、工资低、无劳动合同等。最后，认为由于权益问题带来障碍的产业工人占比26.73%，权益问题包括社会保障不到位、受到歧视、权益经常受到侵害等。

（三）定居可能

1. 产业工人期望在工作所在地生活的意愿强烈，城市机遇和子女发展是两大原因

对于产业工人而言，其工作所在地几乎成为"第二个家乡"，在访谈中也了解到大多数产业工人留居工作所在城市的意愿相对较为强烈，希望能够永久留在其工作所在地。如图5-30所示，有81.85%的产业工人表示愿意继续留在本地生活，仅有18.15%的产业工人表示不愿意继续留在本地生活。

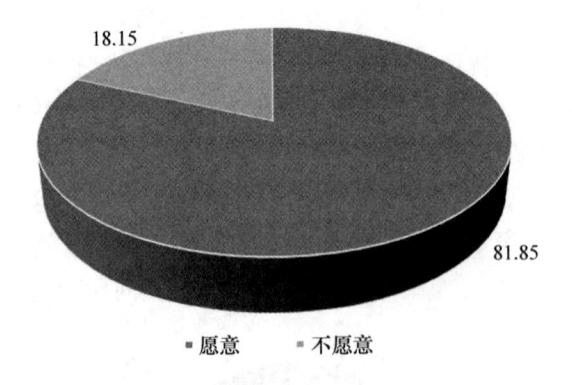

图5-30 产业工人是否愿意留在工作所在地（%）

对于选择留在工作所在城市继续工作生活的产业工人，如图5-31所示，被问及愿意留在工作地的原因时，33.00%的受访者表示是由于城市有更多的发展机会，考虑到为子女发展打基础的占比22.44%。除此之外，还有部分产业工人表示是因为城市工作收入高、提高自身社会地位以及对城市生活的向往，分别占17.49%、11.88%、11.22%。这些数据说明产业工人留在城市继续生活的主要原因在于城市相较于其家乡而言有更多的发展机会、教育资源、工资收入。

第五章 数据的总体性描述

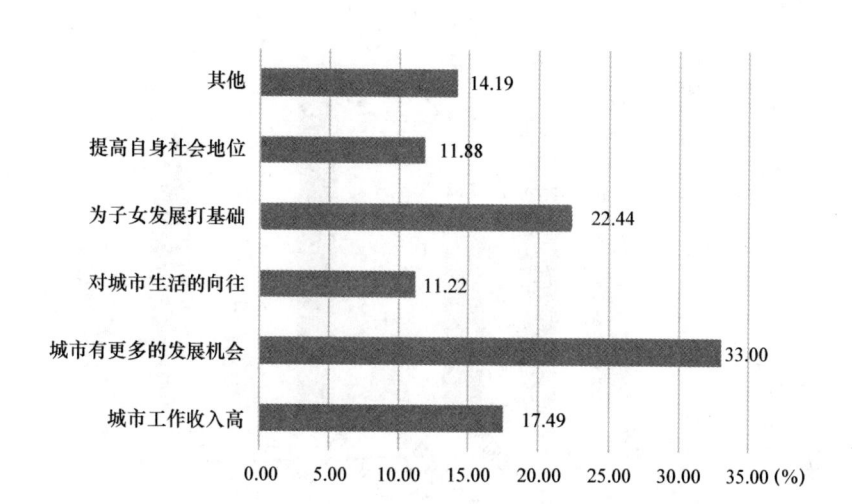

```
其他              14.19
提高自身社会地位    11.88
为子女发展打基础    22.44
对城市生活的向往    11.22
城市有更多的发展机会 33.00
城市工作收入高      17.49
```

图 5-31 产业工人愿意留在工作所在地的原因（%）

2. 外部环境复杂，定居愿望与实现能力之间存在较大差距

在访谈中了解到产业工人大多比较喜欢其工作所在的城市，并且大部分工人也希望能够继续留在工作所在地工作生活，也相对愿意定居在其工作所在地。在访谈过程中了解到，影响产业工人定居城市能力的因素具有复杂性和多样性的特点。虽然他们有意愿在工作所在地定居，但是实现愿望存在较大的难度和障碍。

如图 5-32 所示，家庭原因和生活成本太高是产业工人不愿意永久定居工作所在地的两大原因，占比分别为 27.39% 和 27.06%。家庭原因主要是老人的养老问题和孩子的上学问题。除此以外，城镇住房没有保障、难以找到合适工作/打工收入低/打工条件差和户口及其他市民待遇问题也是产业工人不愿意永久定居工作所在地的原因，分别占 17.49%、23.43%、17.82%。

（四）家庭收支状况

1. 大部分产业工人家庭孩子少于 3 个，但家庭抚养负担相对较重

如图 5-33 所示，家庭未满 18 岁孩子数量为 0 的受访产业工人超过六成；家庭有 1 个未满 18 岁男孩的受访产业工人占比 27.72%，家庭

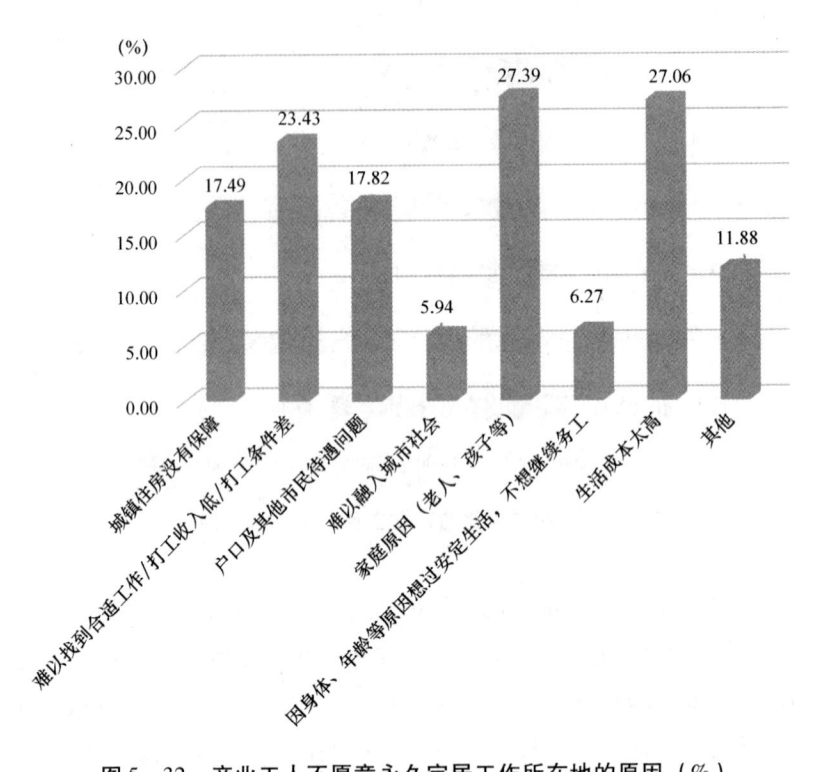

图 5-32 产业工人不愿意永久定居工作所在地的原因（%）

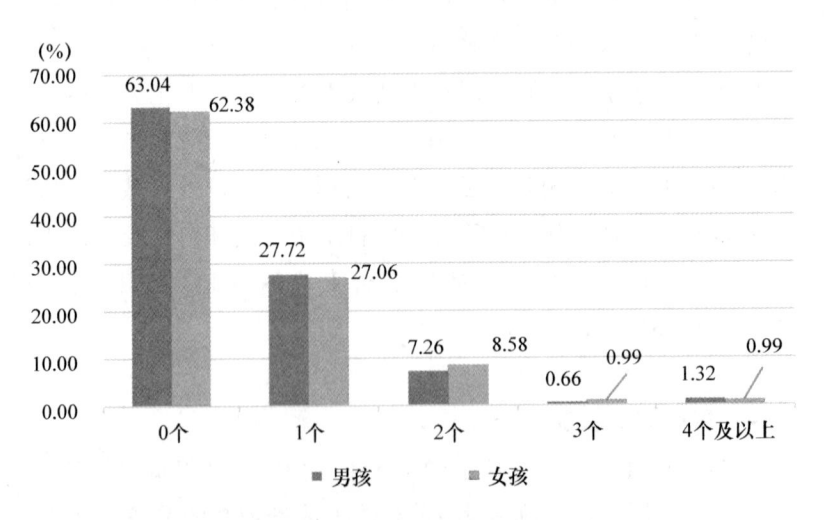

图 5-33 产业工人家中未满 18 岁孩子数量（%）

有 1 个未满 18 岁女孩的产业工人占比 27.06%；家庭有 2 个未成年男孩的产业工人占比 7.26%，家庭有 2 个未成年女孩的产业工人占比为 8.58%。在进一步的访谈中发现，产业工人的未成年子女在教育方面的花销是抚育成本中较高的部分，尤其是当子女跟随产业工人居住并在其工作所在地上学时。部分拥有 2 个及以上未成年子女的产业工人表示，考虑到工作时间、生活成本等因素会把未成年子女留在家乡由父母帮忙照顾。

2. 超过一半的产业工人实现收支基本平衡，但绝大多数产业工人难以实现每月进行一定量的储蓄

如图 5-34 所示，31.68% 的受访产业工人每月的工资收入在 3001—4000 元，这一部分所占比例是最高的；其次是收入在 4001—5000 元之间的受访产业工人，占比 24.42%；收入在 1501—3000 元与收入在 5001—6000 元之间的受访产业工人占比相同，均为 12.21%，月工资高于 6000 元的产业工人所占比例较低。

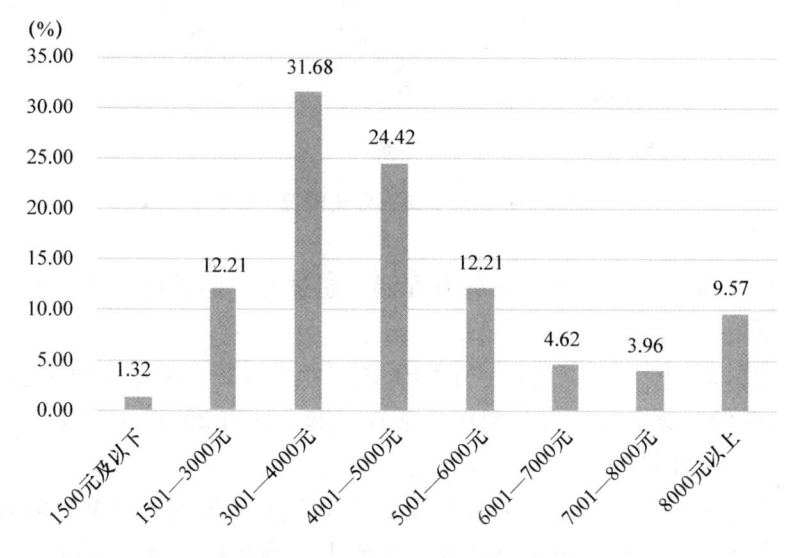

图 5-34 产业工人每月的收入情况

对产业工人收支情况的调查结果显示，仅有 25.08% 的受访产业工人收大于支，还可以存点钱；超过半数的人表示收支平衡，不至于有困难；17.82% 的受访产业工人收不抵支，有一些困难；5.28%

的受访产业工人表示收不抵支,有很大困难。在访谈过程中也了解到,相当一部分的受访产业工人在积蓄方面显得有心无力,现实中的开支和计划开销时有偏差,难以实现每月"收大于支,还可以存点钱"。

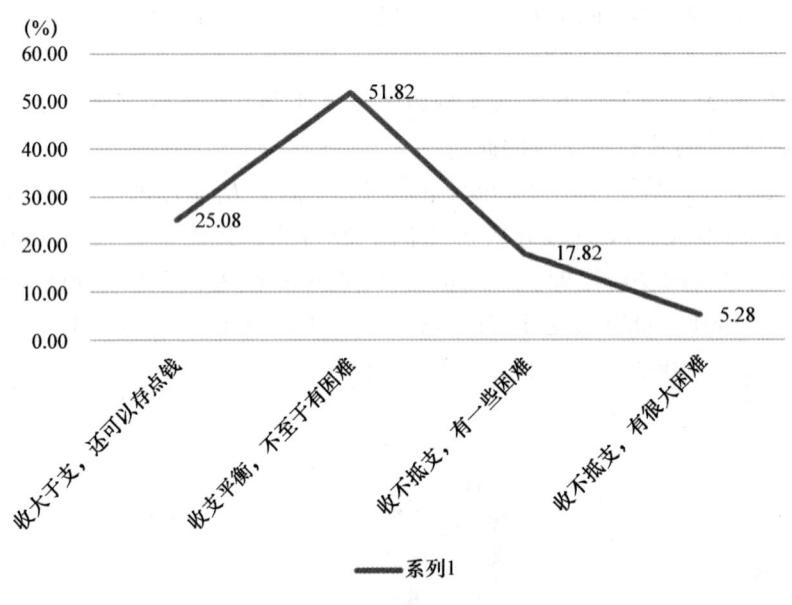

图 5-35 产业工人收支情况（%）

3. 大部分受访产业工人拥有配偶,超过五成的受访产业工人与配偶生活

如图 5-36 所示,超过一半的受访产业工人是与配偶一起生活的,25.41% 的产业工人没有与配偶生活在一起,还有 20.13% 的受访产业工人处于单身状态。

如图 5-37 所示,49.17% 的受访产业工人的婚姻状况是初婚有配偶,占比最高。未婚的受访产业工人所占比例与此接近,为 46.53%。可见,处于这两种婚姻状况的产业工人超过九成。而"再婚有配偶""离婚""同居""丧偶"状态的受访产业工人所占比例为 1.32%、0.99%、1.98%、0。

20.13
54.46
25.41

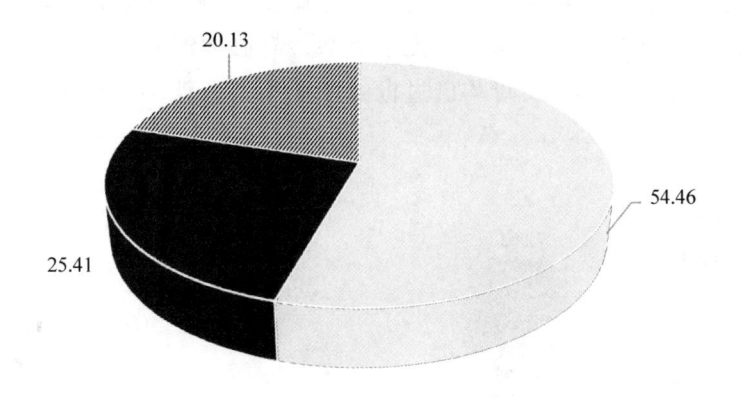

是　■不是，在乡下　⁒没有配偶

图5-36　产业工人与配偶生活情况（%）

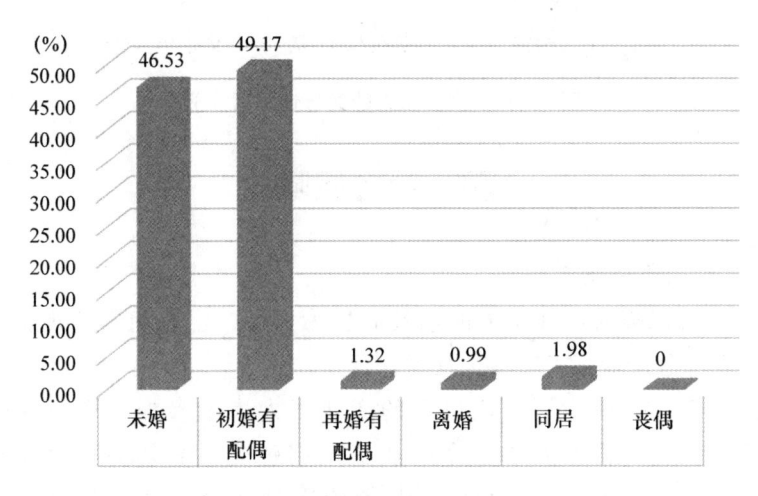

图5-37　产业工人的婚姻状况（%）

未婚 46.53；初婚有配偶 49.17；再婚有配偶 1.32；离婚 0.99；同居 1.98；丧偶 0

4. 超过七成的受访产业工人表示选择让其父母留守在老家

如图5-38所示，71.62%的受访产业工人表示其父母留守在老家，占比最高。另外有28.05%的受访产业工人表示其父母是跟随在打工地生活的，还有0.33%的产业工人表示父母均已过世。实地访谈过程中了解到，跟随子女离开老家的父母更愿意回家养老。大部分受访的产业工人也表示，他们尊重老人的意见，在退休之后会选择与父母回老家，在老家赡养父母。另一部分让父母留守老家的产业工人表示，让父母独自留守老家实属无奈之举，有必要时他们愿意回老家赡养父母。剩下一部分父母均已过世的产业工人，认为自己不存在这方面的顾虑。

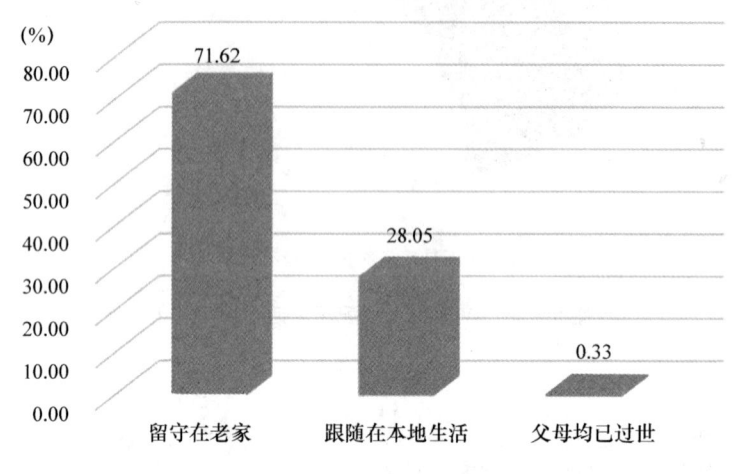

图 5-38　产业工人的父母情况（%）

四　社会保障

（一）工作保障

1. 社会保障对产业工人的惠及面较为广泛，但是尚未实现全面覆盖，仍有部分产业工人未参加社会保障

如图 5-39 所示，七成以上的产业工人表示参加或切身感受到了国家的社会保障。其中，令产业工人们感受最真切的社会保障是五险一金，比例高达 59.74%，其余依次是社会救济（如合作养老保险、合作医疗保险）（占比 21.45%）和社会福利（如职业福利、妇女福利等）（占比 11.88%）和社会互助（群众、民间团体组织的帮助）（占比 6.93%）。但是，目前仍有 25.08% 的产业工人未参加社会保障。由此可以看出，社会保障尚未全面覆盖，在今后的工作开展过程中应继续扩大社会保障的覆盖面，让这一群体真正得到他们应有的"安全感"。

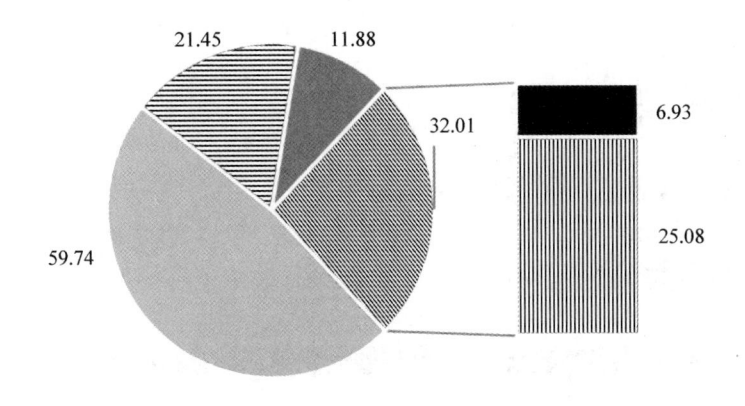

```
           21.45   11.88
                          6.93
                   32.01
   59.74
                          25.08
```

- 五险一金
- 社会救济（如合作养老保险、合作医疗保险）
- 社会福利（如职业福利、妇女福利等）
- 社会互助（群众、民间团体组织的帮助）
- 暂时未参加

图 5-39　产业工人参加或切身感受到的社会保障（%）

2. 产业工人获取社会保障信息的渠道多样，其主要途径是互联网

如图 5-40 所示，通过对产业工人获取相关信息的渠道进行调查了解到，互联网的发展、普及为社会保障相关信息进入产业工人视野提供了重要途径。其中，通过网络浏览的途径了解社会保障政策相关情况的产业工人达 67.99%，虽然政府文件、单位宣传栏等也是产业工人获取相关消息的渠道，但是较少产业工人通过类似的正式途径进行信息获取，占比均在二成左右。因此，互联网的普及为社会保障相关信息进入产业工人视野提供了重要途径。

3. 产业工人对社会保障有一定的了解，但是总体了解程度仍有待提高

如图 5-41 所示，有 59.74% 的粤港澳大湾区产业工人表示对社会保障政策处于一般了解的状态，有近三分之一的产业工人对社会保障政策不太了解或不了解，而对社会保障政策很了解的产业工人只占 7.26%，不到一成。从调查数据来看，尽管目前产业工人对社会保障有一定的了解，但是总体了解程度还存在较大的提升空间。

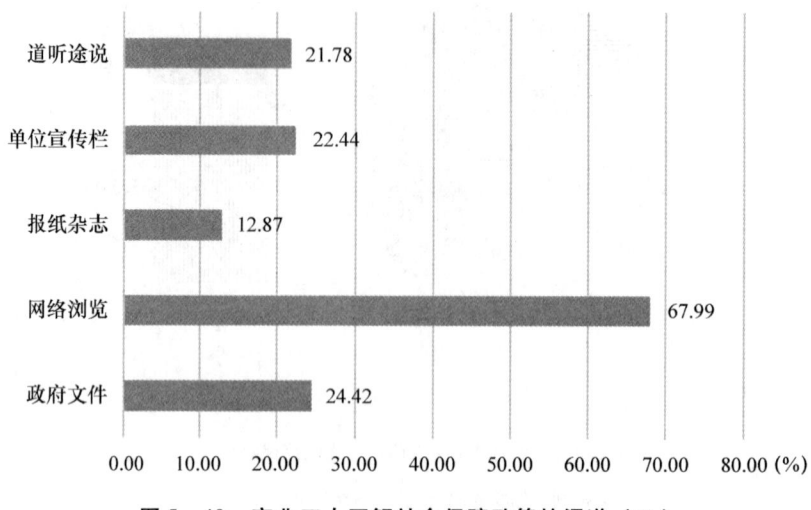

图 5-40　产业工人了解社会保障政策的渠道（%）

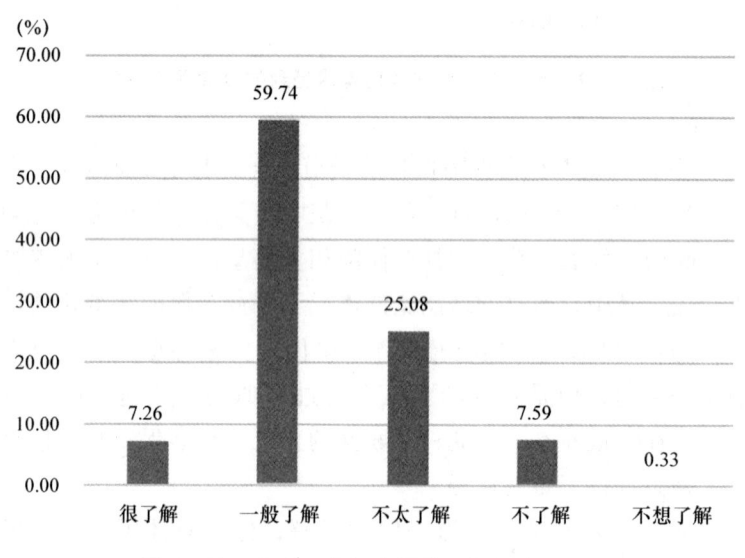

- 道听途说　21.78
- 单位宣传栏　22.44
- 报纸杂志　12.87
- 网络浏览　67.99
- 政府文件　24.42

图 5-41　产业工人社会保障了解程度（%）

- 很了解　7.26
- 一般了解　59.74
- 不太了解　25.08
- 不了解　7.59
- 不想了解　0.33

4. 大部分产业工人意识到社会保障对自己的重要性

如表 5-4 所示，约九成的产业工人认识到社会保障的重要性，但仍有极少部分产业工人对社会保障的重要性认识不足，8.91% 的产业工人认为社会保障对自己不太重要，1.98% 的产业工人认为社会保障对于自身而言不重要。结合问卷和访谈的情况来看,产业工人群体对社会保障的重要性认识相比过去有所提升。产业工人大多希望通过社会保障为自己和家人带来"安全感",并且表示在通过各种渠道不断获取社会保障相关信息后,他们对于社会保障的重要程度已经有了较为明确的认识。

表5-4　　　　　　　　社会保障对产业工人的重要程度

社会保障重视程度	比例(%)
很重要	61.72
一般重要	27.39
不太重要	8.91
不重要	1.98

(二) 权利保障

1. 产业工人对政治权利的认识不足

如图5-42所示,过半数的受访产业工人表示"未听说过有政治权利",而表示享受过选举权与被选举权、监督权、参加工会权、参与城市的管理权的受访产业工人分别占33.33%、21.78%、16.50%和5.28%。值得注意的是,"选举与被选举权"作为公民最基本的政治权利,在本次调查的受访产业工人中的知晓度只有33%左右。由此可见,产业工人对政治权利的认识和了解还不够充分。

2. 产业工人更倾向选择网络渠道表达意见建议

如图5-43所示,目前产业工人多通过网络(占比60.40%)、电话(占比24.09%)和意见箱(占比16.17%)来表达社会管理方面的建议和意见,较少产业工人选择收音电台、前往政府寻找机关工作人员等途径。同时,近三成的产业工人表示没有渠道表达自己的意见。说明网络的普及拓宽了产业工人群体表达意见的渠道,部分受访者通过政府网站和微博便捷地表达诉求;但也反映了还有小部分产业工人在如何找到合理正规的意见表达渠道方面缺少认识,需要一定的引导和帮助。

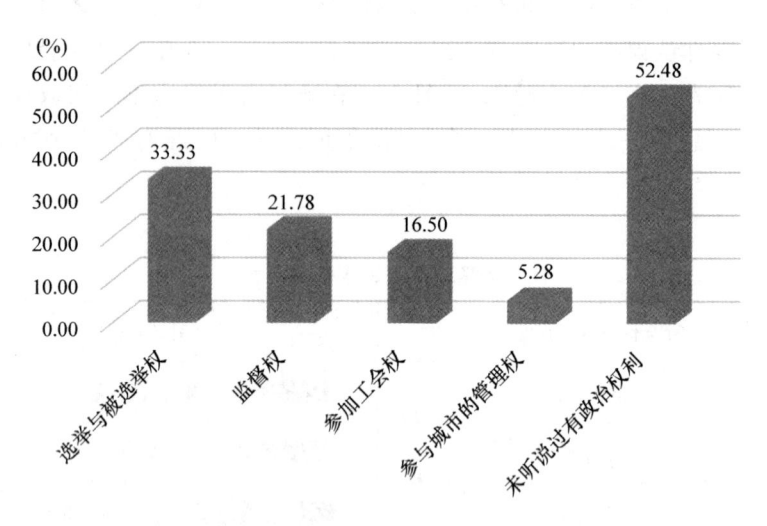

图 5-42　产业工人政治权利享受情况（%）

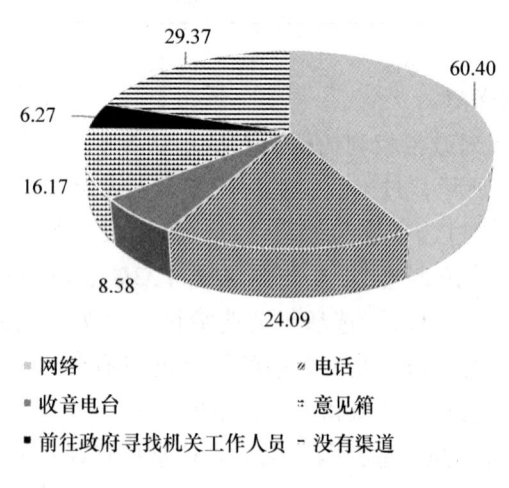

图 5-43　产业工人意见建议表达渠道（%）

3. 产业工人的维权意识逐渐增强

如图 5-44 所示，50.50% 的受访产业工人表示当合法权益受损时一定会主动维权，35.64% 的产业工人表示可能会主动维权，仅有不到 5% 的产业工人会选择默默忍受。随着社会的发展，个体的自我保护意识有了很大的提高，产业工人群体也不例外，他们对现阶段的需求有了较大的转变。虽然他们现在外出打工依然主要是经济需求驱动，但在追求物质生活稳定的同时，也逐渐关注个人权益的保护。因此，当个人权益受到侵犯时，他们更希望通过正当渠道去维护自身权益，维权意识总体而言有所增强。

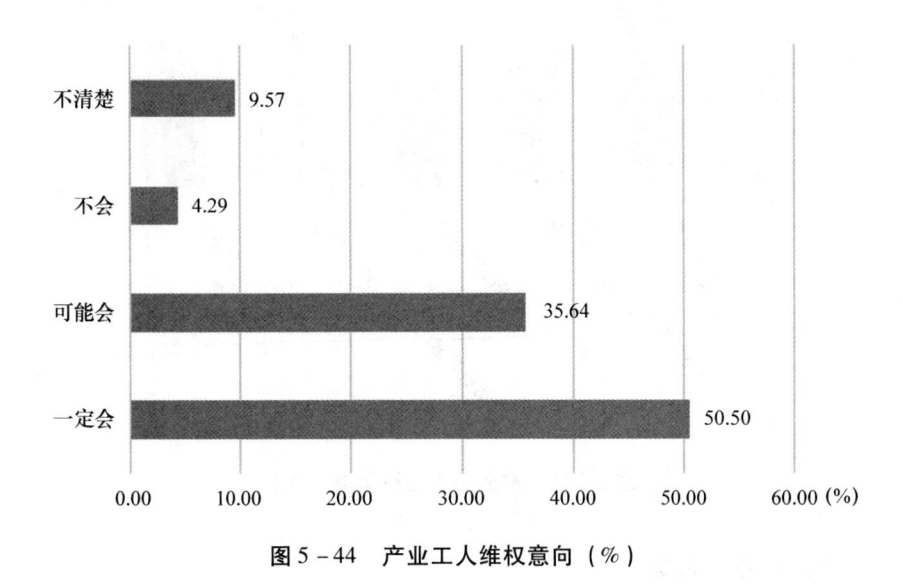

维权意向	百分比
不清楚	9.57
不会	4.29
可能会	35.64
一定会	50.50

图 5-44　产业工人维权意向（%）

4. 产业工人维权主要通过协商和法律途径，小部分产业工人对维权渠道缺乏基本认知

当产业工人的权益受到侵犯时，一般采取的权益维护的途径主要有与单位协商、申请仲裁、信访投诉等渠道。从整体上看，产业工人群体对于维权渠道的选取较为多元，大部分人选择和单位进行协商的方式。

如图5-45所示，49.17%的产业工人选择和单位协商，47.85%的产业工人选择向劳动监察部门投诉、申请仲裁，27.39%的产业工人选择前往当地信访部门投诉，14.52%的产业工人表示会选择向媒体曝光的形式维护个人的权益。除此之外，22.44%的产业工人表示没有渠道进行个人权益的维护。进一步访谈了解到，产业工人对于协商形式还是持较支持和信任的态度，如果这一途径依然无法解决问题，通过法律途径（如申请仲裁）会是较多受访者选择的手段。然而，他们对于这一途径的具体认识和了解程度并不高，部分受访者表示确实有必要进一步学习相关法律知识以便更好维权。

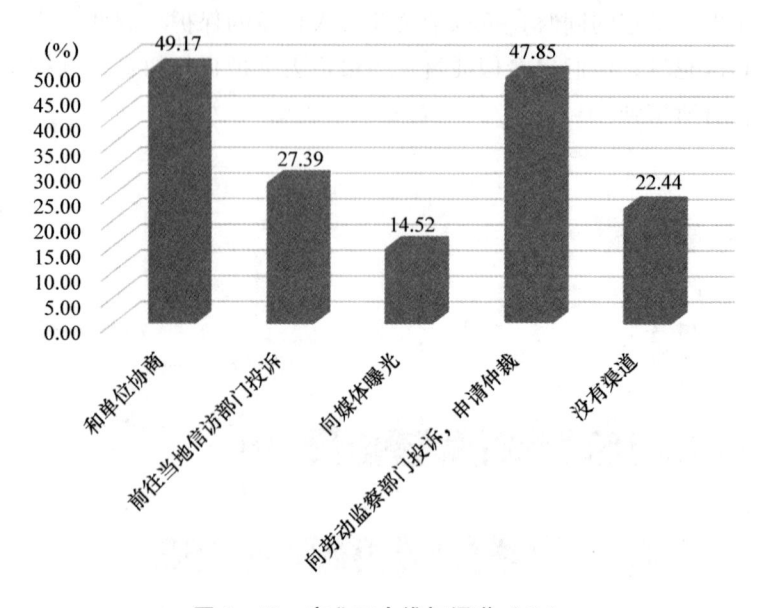

图 5-45 产业工人维权渠道（%）

（三）生活保障

1. 产业工人期望政府或单位提供更多社会保障，尤其是医保和社保

如图 5-46 所示，当产业工人被问及"您最希望政府或者单位在下

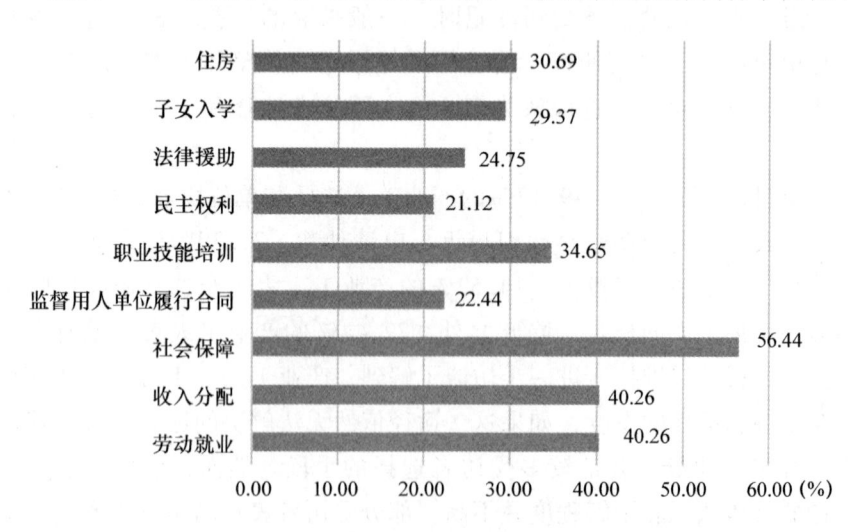

图 5-46 产业工人期望得到的帮助（%）

列哪些方面提供帮助"时，社会保障、收入分配、劳动就业、职业技能培训这四方面选择人数最多，依次占比56.44%、40.26%、40.26%和34.65%。进一步访谈了解到，产业工人在社会保障方面，希望政府能多加关注社会和商业医疗以及养老保险。除此之外，民主权利、法律援助、子女入学以及监督用人单位履行合同也在产业工人期望政府提供的帮助范围内。从统计结果可以看出，产业工人对职业技能培训、监督用人单位履行合同和法律援助上期望较高，目前，政府在这些板块上的重视程度有待加强。

如图5-47所示，在具体的社会保障领域，对于最基本的"五险一金"，医疗保险和养老保险是受访产业工人最关注的两种保障，分别占比80.53%和62.38%。失业保险、工伤保险、生育保险这三大险种，受访产业工人分别占36.63%、28.38%、16.50%。

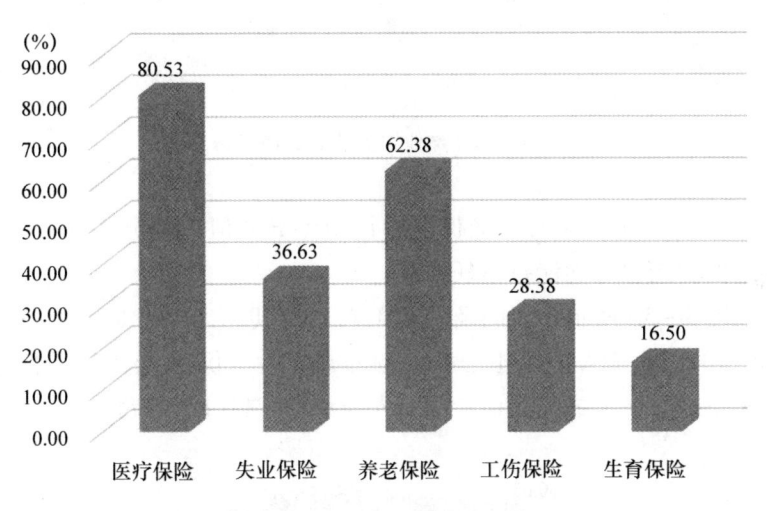

图5-47 产业工人关心的社会保障（%）

如图5-48所示，在养老选择方面，调查结果表明大多数产业工人趋向于选择社会养老、储蓄养老、商业养老等形式。通过让产业工人对养老方式选择进行打分排序，求均值之后社会养老得分为3.53分、储蓄养老得分为3.11分、商业养老得分为2.26分、土地养老得分为2.11分、靠子女、亲戚接济为1.70分。进一步访谈了解到，相较于以往较为单一传统的子女养老形式，部分受访产业工人也在考虑选择更多样化的方式为自己提供养老保障。

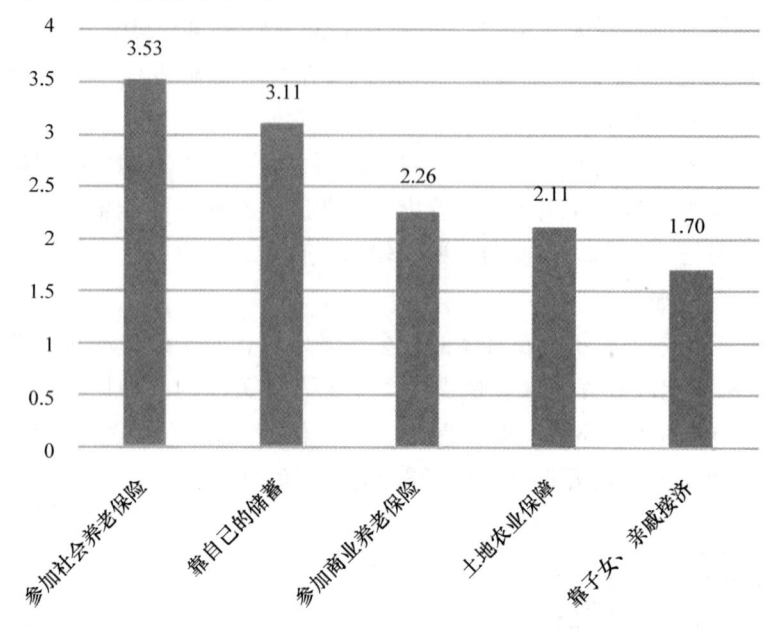

图 5-48 产业工人养老选择（分）

2. 受访产业工人对养老保险的认识差异，但大部分产业工人对养老保险的养老保障功能持信任态度

如图 5-50 所示，当问及产业工人"对其养老保险是否担心"时，43.89% 的产业工人表示担心自己的养老保险，仅有 26.07% 的产业工人表示不担心，三成的受访产业工人表示没有想过该问题。

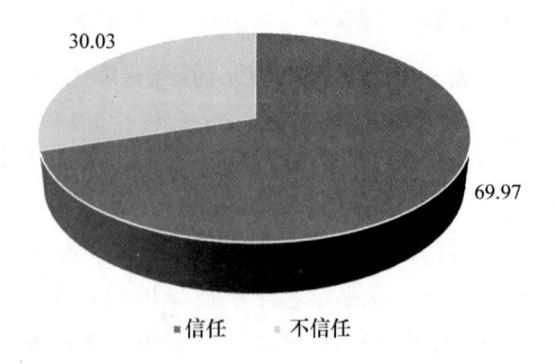

图 5-49 产业工人对养老保险养老功能的信任情况（%）

如图 5-49 所示，养老保险是产业工人普遍关注的问题，当问及产业工人对于养老保险的养老保障功能是否信任时，69.97%的受访产业工人表示信任，剩余 30.03%的受访产业工人表示不信任养老保险的养老保障功能。

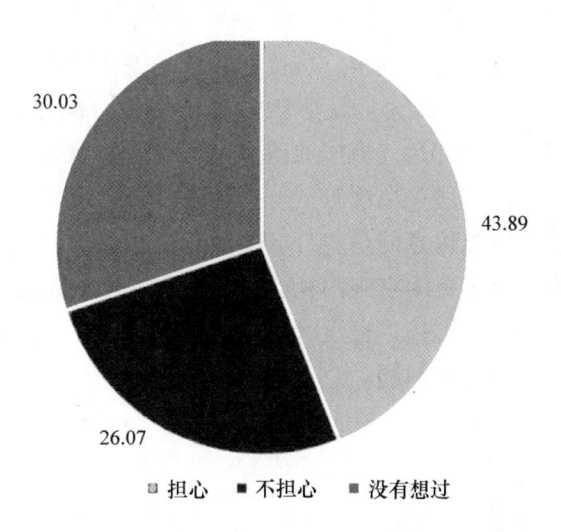

图 5-50　产业工人对养老保险的担心情况（%）

如图 5-51 所示，进一步调查发现，70.96%的受访产业工人表示所在单位已经为自己购买了相关保险，29.04%的受访产业工人表示所

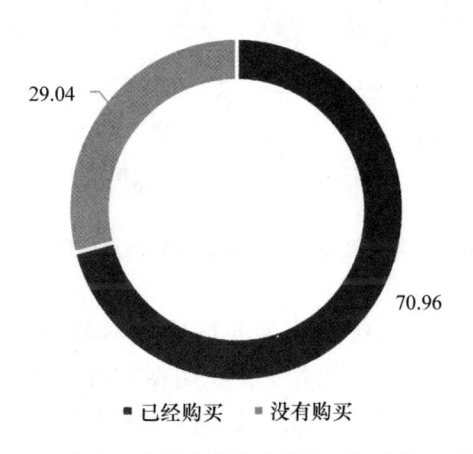

图 5-51　产业工人所在单位为其购买保险情况（%）

在单位没有为其购买保险。由此可见,产业工人保险普及面较广泛,但依然还有接近三成的产业工人处在没有保险的状态。

3. 房价、物价、子女教育等基本保障是产业工人关注的热点问题,"养家糊口"是产业工人普遍的现实需求

如图5-52,受访的产业工人对房价、物价、就业压力和子女教育等问题的关注程度较高。其中,房价和物价是关注的重中之重,占比分别超过60%和50%。其次是就业压力和子女教育问题,均接近四成。而对于影响到社会良好风气形成和国家健康发展的腐败问题、能源环保和社会公平方面的问题关注度较低。在访谈过程中也了解到,产业工人对于社会热点,首先留意的是与自己生活息息相关的领域,如衣食住行等方面的政策。至于更为宏观的社会议题,产业工人认为由于自己文化水平有限,只能表面解读,也没有过多时间持续关注。由此可知,生计问题是他们关注的首要问题。

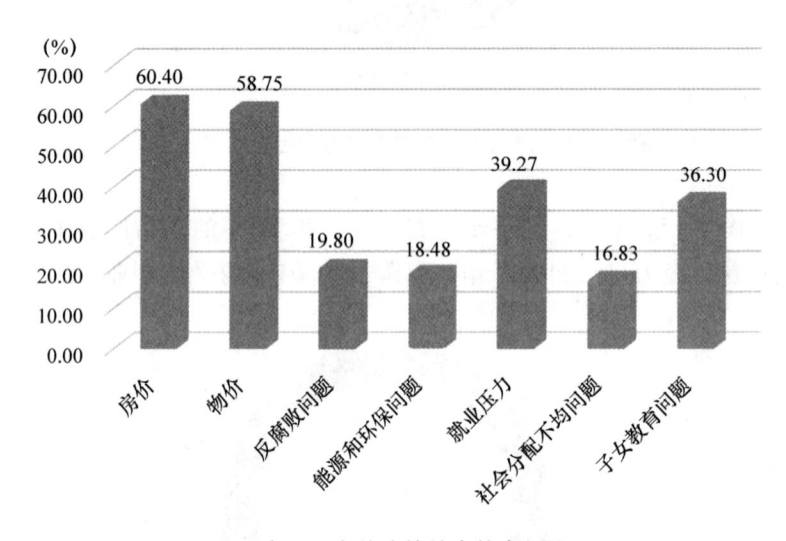

图5-52 产业工人关注的社会热点问题(%)

如图5-53所示,在产业工人群体面临的众多现实需求中,有52.48%的产业工人选择赚钱养家,说明在学习、收入住房及子女教育问题中,收入占据了产业工人心中最重要的地位。进一步可以看出,当前产业工人关注较多的是基本生活保障,是与其自身领域密切相关的保障情况。

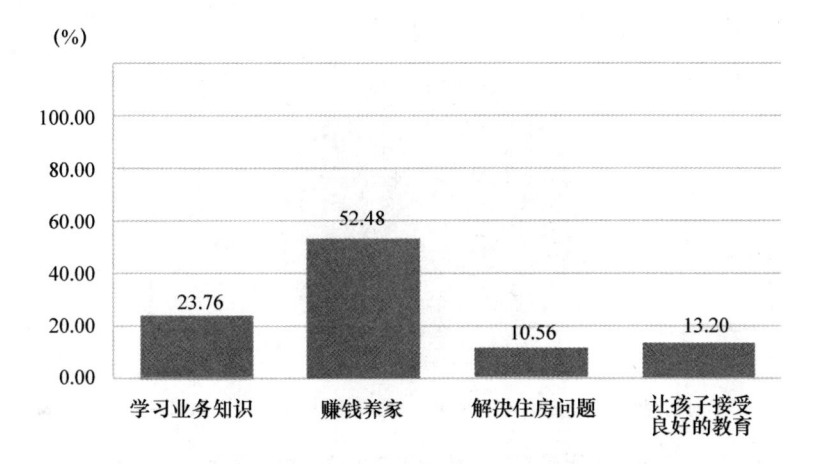

图 5-53　产业工人的现实需求（%）

五　社会交往

（一）城市融入

1. 产业工人社会参与渠道有限，社会参与动力不足

许多产业工人是外来人口，他们离开家乡和曾经赖以生存的土地，进入陌生的城市务工。随着社会流动性的不断提高，外来产业工人逐渐从以集体、家庭为单位的迁移转向个人迁移，原有的社会关系网络被打破。因此，产业工人需要通过社会交往、提升社会参与度等方式，重塑自己的地方认同感。

如图 5-54 所示，在所属街道、社区或者单位组织社区活动的频率方面，"从未组织过""每年组织几次""每月组织几次"以及"每周都组织"占比分别为 56.77%、31.02%、8.25% 和 3.96%。"每年组织几次"和"从未组织过"社区活动的比例接近九成（87.79%）。可以看出，由于产业工人聚集的社区很少举办社区活动，因此可能会削弱他们对居住社区的认同感。同时，这也反映出，社区具备的拓宽产业工人社会参与途径的功能，在现阶段并未得到有效发挥。

进一步对调研所反映的"在社会参与方面，社区举办活动的积极性较弱，社区并未成为产业工人社会参与的有效平台"这一问题进行深入挖掘，发现社区居民参与动力不足，参与积极性较低有可能是其中的主要原因。如图 5-55 所示，在参加所属街道、社区或者单位组织活动的频率

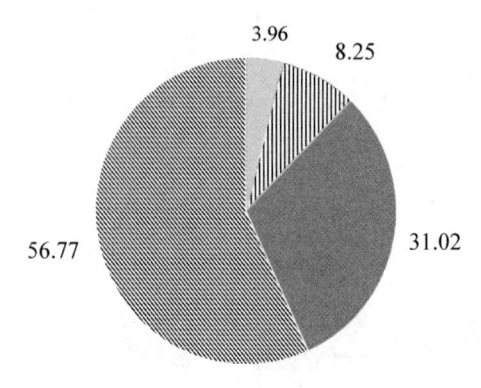

图 5-54　产业工人所属街道、社区或者单位组织社区活动的频率（%）

方面，"未听说过""听说过但从未参加""每年一两次""基本每个月都参加"及"经常参加"分别占比44.88%、24.75%、15.18%、8.58%和6.60%。将近半数的受访者表示"未听说过"街道、社区或者单位组织的活动，将近四分之一的受访者"听说过但从未参加"社区活动，说明产业工人较少关注社区事务，对社区的认同感和归属感较弱。参加过这些社区活动的产业工人仅占比约30%，说明想要提升产业工人的社区参与度，除了拓展参与途径外，还需要增强他们的社会参与意识。

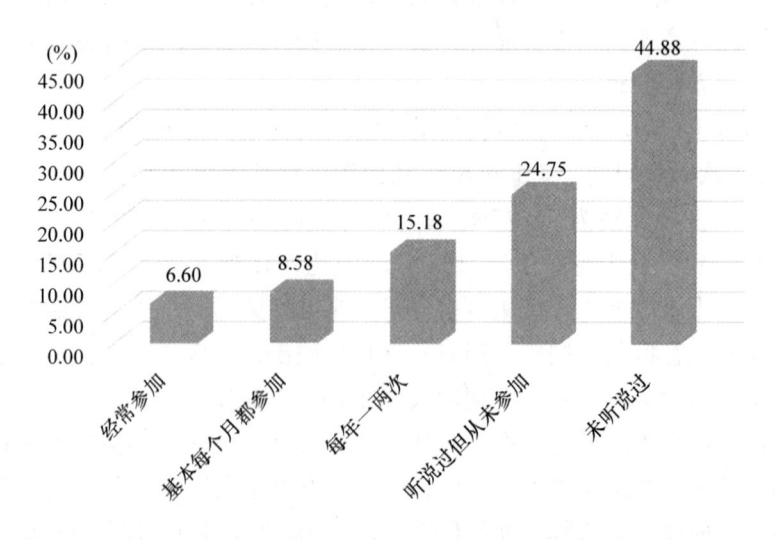

图 5-55　产业工人参加所属街道、社区或者单位组织活动的频率（%）

2. 产业工人与当地市民相处较为融洽，但双方互动有待进一步加强

如图5-56所示，有52.15%的产业工人表示很少与当地市民进行交流，6.60%的产业工人与当地市民的交流频率大概在一星期一次，14.52%的产业工人与当地市民两三天交流一次，仅有26.73%的产业工人与当地市民每天都有交流。以上数据反映出产业工人与当地居民交流较少，双方有待进一步增加交流与沟通，有利于构建"熟人社会"。

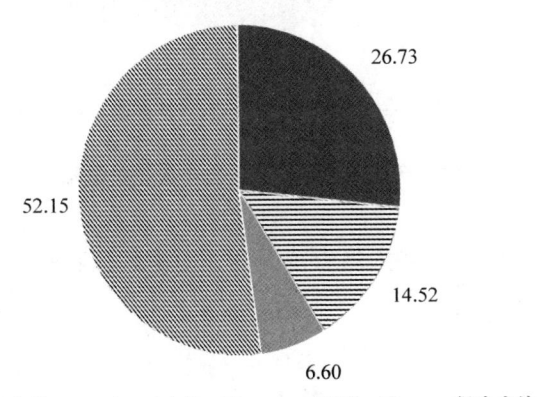

图5-56 产业工人平时和当地市民交流的频率（%）

如图5-57所示，在产业工人衡量与当地城市居民的相处状态中可以发现，"很融洽""比较融洽""一般""不融洽"和"很不融洽"的占比分别为18.15%、36.30%、39.27%、3.96%和2.31%，多数产业工人的态度集中在比较融洽或一般，仅有6.27%的受访者认为与当地居民的相处"不融洽"和"很不融洽"。上述数据表明，产业工人整体上与当地居民的相处是比较融洽的。

3. 产业工人社会融入程度较低，对本地人存在一定心理隔阂

如图5-58所示，在生活中是否感受到本地人的包容的问题测量中，答案分布比较分散，认为"包容""比较包容""不太包容"和"说不清"的人数占比分别为18.81%、33.00%、17.82%和30.36%。认为"包容"和"比较包容"的人群占比超过50%，由此表明过半的产业工人认为当地居民对自身的认同度和接受度较高。但不容忽视的是，将近一半的产业工人持"说不清"以及"不太包容"的态度，说

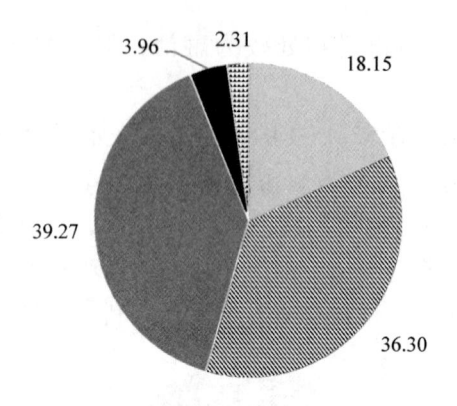

```
      3.96  2.31
            ┊    18.15
         
     39.27

                    36.30
```

■ 很融洽 ▨ 比较融洽 ■ 一般 ■ 不融洽 ┊ 很不融洽

图 5-57　产业工人平时和当地市民相处融洽程度（%）

明他们在当地的社会融入度有待提高，对本地人存在一定的心理隔阂。

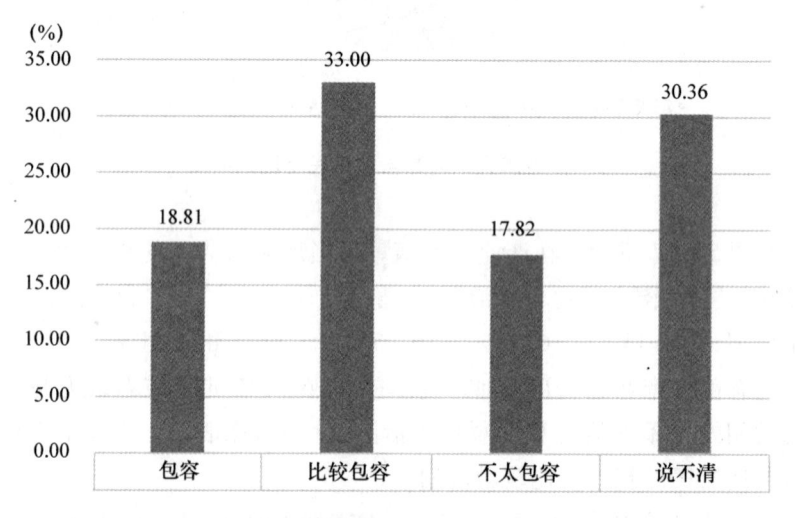

```
(%)
35.00
                33.00
30.00                              30.36
25.00
20.00  18.81           17.82
15.00
10.00
 5.00
 0.00
       包容    比较包容   不太包容   说不清
```

图 5-58　产业工人平时在生活中感受到的当地市民包容度（%）

4. 闲暇时间主要用于休闲娱乐活动，社交方式单一

如图 5-59 所示，有 50.50% 的产业工人将闲暇时间主要用于休闲娱乐活动，29.70% 的产业工人会用于提升自身素质，27.39% 的产业工人将闲暇时间主要用在家务劳动上，仅有 17.16% 的产业工人将闲暇时间用于教育子女。数据表明，在闲暇时间利用方面，产业工人的活动

"娱乐性"特征显著,利用闲暇时间进行自我提升与教育子女的产业工人占比较少。

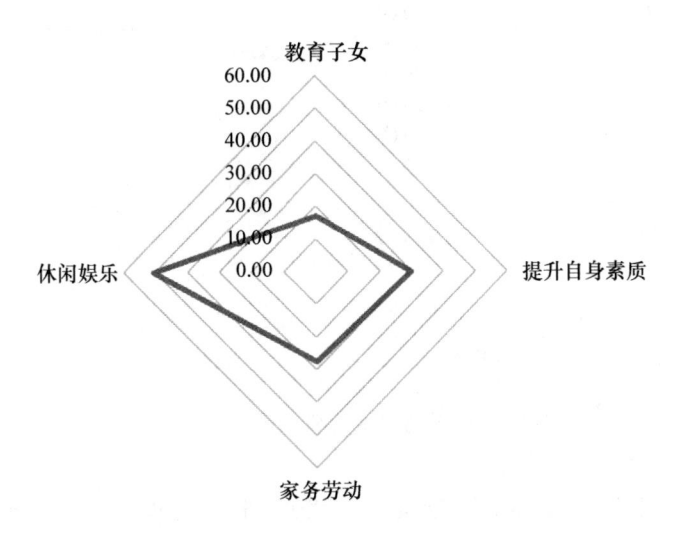

图 5-59 闲暇时间主要的活动(%)

如图 5-60 所示,有 65.35%的产业工人选择看电视剧或者电影,31.35%的产业工人选择玩游戏,30.36%的产业工人选择读书。除此之外,尚有 36.30%的产业工人表示会进行购物或逛街活动,38.94%的产业工人会听音乐或者 K 歌。通过进一步访谈得知,在闲暇时间,这些产业工人多与自己的家人或者同样来自外地的好友一起逛街、购物或唱歌,与当地居民的交往通常止步于日常寒暄或工作接触。值得注意的是,也有部分产业工人与当地居民都持开放融合的心态,彼此间建立了良好的朋友关系,共同参与休闲娱乐活动。

如图 5-61 所示,在产业工人日常社交方式的选择方面,选择"手机""上网""逛街""唱歌"和"打牌或麻将"的占比分别为 80.53%、73.60%、25.74%、12.54%和 7.59%。选择"手机"和"上网"这两种社交方式的人数占比,远远高于选择其他社交方式人数的比例,说明产业工人群体倾向于通过网络等虚拟化、低成本的方式进行社交。而在现实生活中与人打交道,以及有一定成本的社交方式则较少被选择。

如图 5-62 所示,在问及产业工人群体日常的交往对象时,"同事"

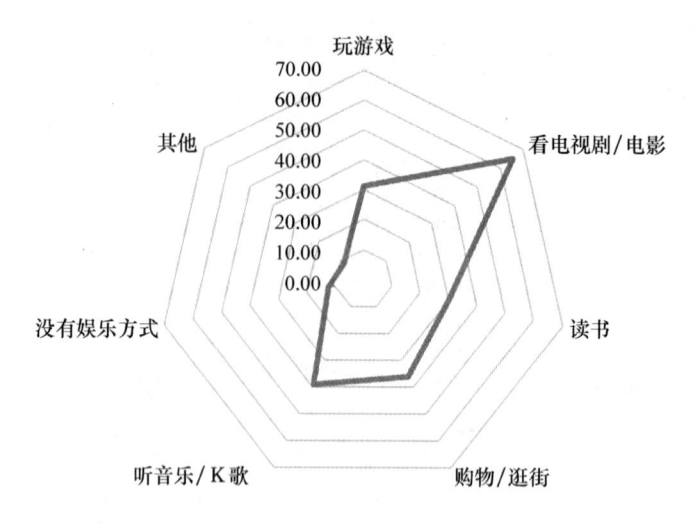

图 5-60　产业工人日常休闲方式（%）

"老乡""同学""其他途径交友（网络）"和"心里渴望跟其他有地位的人交往，但好难"的比例分别达到 45.21%、27.39%、11.88%、8.25% 和 7.26%。从中可以发现：产业工人的社交状态呈现出"工作型"指向，选择与同事之间交流的比例高达 45.21%，占比最高。同时，产业工人的朋友圈范围比较小，多是熟人社交。这也反映出产业工人主要活跃在自己熟悉的环境中，城市融入度有待提高。

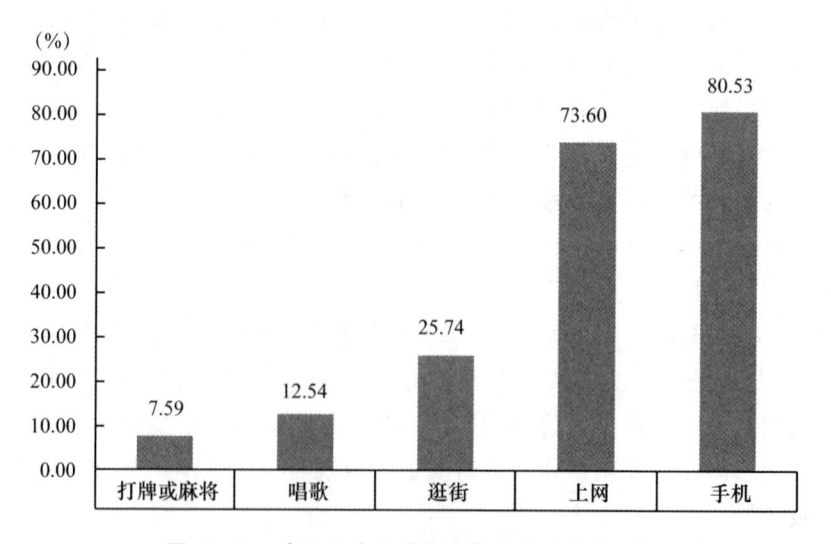

图 5-61　产业工人目前主要的社交方式（%）

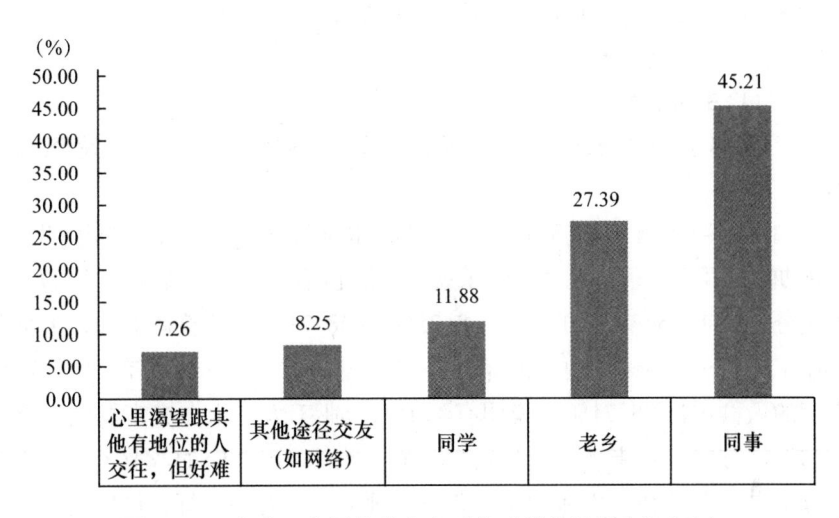

图 5-62　产业工人目前的交友对象（指普通朋友）（%）

　　总体而言，无论是从产业工人所属街道、社区或者单位组织社区活动的频率来看，还是就产业工人以手机、上网为主的社交方式而言，都反映出了产业工人城市融入途径有限、融入机制不完善、融入度较低等问题。从产业工人参加所属街道、社区或者单位组织活动的频率，以及产业工人平时和当地市民交流的频率可以发现：一方面，这体现了产业工人城市融入动力不足的现状；另一方面，这也反映出产业工人城市融入的途径有限，导致其参与社会活动频率较低，从而降低了其城市融入程度。结合产业工人融入城市的客观条件与主观意愿，不仅反映了该城市对产业工人的接纳程度以及包容程度，同时也体现出产业工人对该城市的依属感和认同感，二者共同影响着产业工人的城市融入程度。从产业工人的交友对象可以发现，产业工人的交友对象主要集中于自己的同事、老乡与同学，且产业工人交往的同事，往往也是其老乡或者有相似背景的人，整体上仍未摆脱内向性与乡土性的地缘交友与亲缘交友模式，较少与所流入城市的居民建立融洽友好、邻里和谐、互帮互助的关系。产业工人与城市居民的交往多数只停留在各行其道、互不相扰、相安无事的层面，彼此之间较为疏离，这种客观维度与主观维度共同造成了疏离态度，使得外来产业工人对其流入的城市缺乏一定的情感归属，或者想融入而不得其门，最终大大降低了产业工人在流入城市的适应程度，不利于产业工人与流入城市的长期协同稳定发展。

（二）主观情绪

1. 整体上对未来持乐观态度，少部分群体对未来表示迷茫和不确定

如图5-63所示，问到产业工人群体对将来个人生活（家庭生活）的预期时，"非常乐观""比较乐观""信心不足"和"不确定"的人数占比分别为12.54%、50.50%、8.25%和28.71%。从整体上看，大部分产业工人对未来持积极乐观的态度。从局部上看，对未来持有"不确定"态度的人群占比28.71%，说明有不少的产业工人还未在城市找到适合自己的发展方向，对未来的发展较为迷茫。此外，8.25%的产业工人对未来信心不足，在现在的生活状态下并不能预见未来有多美好，说明这部分产业工人对目前的生活现状不太满意，对未来的态度较为消极。

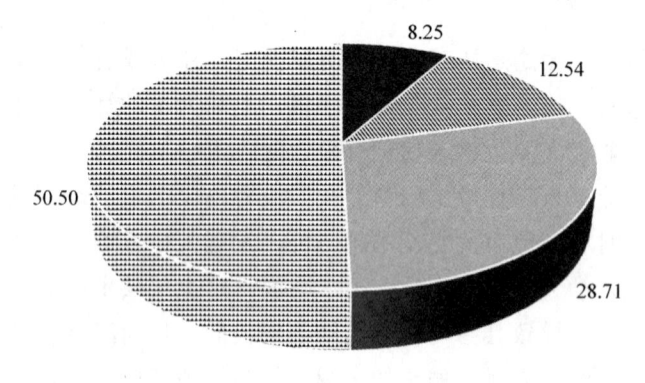

图5-63 产业工人对将来个人生活（家庭生活）的预期（%）

如图5-64所示，在产业工人对自己家庭经济情况五年后会有什么变化的预测中，认为会"好很多""好一些""跟以前一样""差一些"和"差很多"的比例分别为11.22%、55.78%、23.43%、6.27%和3.30%。大部分产业工人认为自己的家庭条件在五年后会或多或少地变好，近四分之一的人认为家庭条件和现在相比应该差不多，还有近10%的人持较为悲观的态度，认为五年之后自己家庭的经济情况会变差。这一部分的调查结果与"产业工人对将来个人生活（家庭

的预期"调查结果显示，经济情况是产业工人对未来态度的决定因素，产业工人的经济条件越好，对未来的态度越是积极。

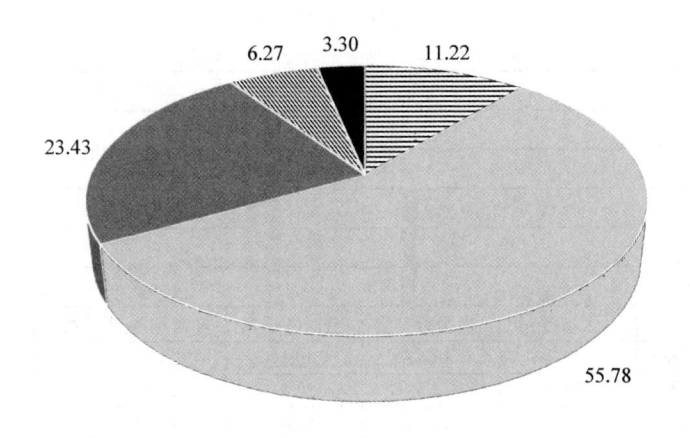

图5-64 产业工人对家庭经济情况五年后的预测（%）

2. 产业工人情绪较为稳定，不容易陷入悲观情绪

如图5-65所示，产业工人在过去一年的"喜、怒、哀、惧、平静"五种情绪的体验感知中，对于"愉悦/享受"方面的感知程度，"总是能感受到""经常感受到""有时感受到""很少感受到"和"从未感受过"的人数占比分别为9.90%、24.42%、49.17%、13.53%和2.97%；对"生气/愤怒"方面的感知程度，"总是能感受到""经常感受到""有时感受到""很少感受到"和"从未感受过"的人数占比分别为4.95%、14.19%、52.81%、25.08%和2.97%；对"担忧/害怕"方面的感知程度，"总是能感受到""经常感受到""有时感受到""很少感受到"和"从未感受过"的人数占比分别为4.29%、14.52%、53.47%、23.10%和4.62%；对"伤心/悲哀"方面的感知程度，"总是能感受到""经常感受到""有时感受到""很少感受到"和"从未感受过"的人数占比分别为4.95%、11.22%、48.84%、29.70%和5.28%；对"平静/轻松"方面的感知程度，"总是能感受到""经常感受到""有时感受到""很少感受到"和"从未感受过"的人数占比分别为9.90%、31.02%、45.87%、10.89%和2.31%。由此可见，产业

工人的情绪整体上处于良好的状态，愉悦和平静放松的心情在生活中出现的频率高于其他情绪。

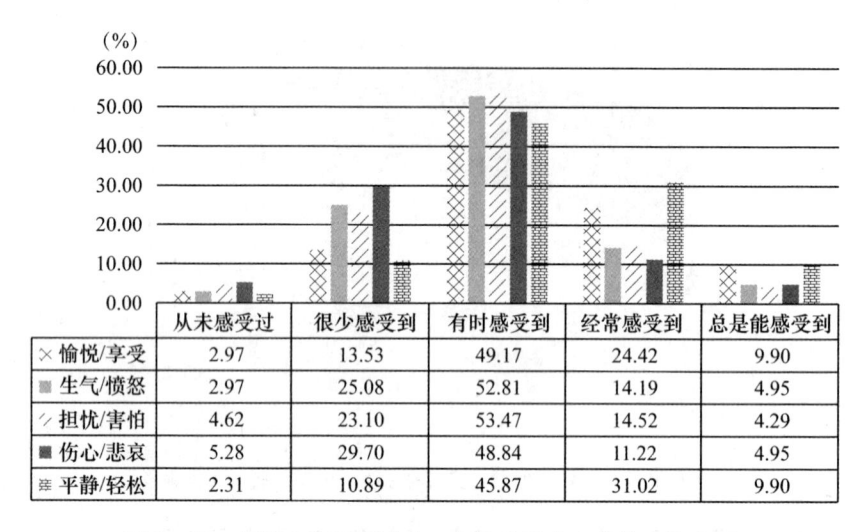

	从未感受过	很少感受到	有时感受到	经常感受到	总是能感受到
愉悦/享受	2.97	13.53	49.17	24.42	9.90
生气/愤怒	2.97	25.08	52.81	14.19	4.95
担忧/害怕	4.62	23.10	53.47	14.52	4.29
伤心/悲哀	5.28	29.70	48.84	11.22	4.95
平静/轻松	2.31	10.89	45.87	31.02	9.90

图5-65 产业工人回想过去一年的生活中，总体上体会到"喜、怒、哀、惧、平静"五种情绪的频率（%）

总体而言，尽管有接近三成的产业工人对未来的生活能否变得更好持不确定态度，但更多的产业工人对未来的个人生活或家庭生活，以及五年之后的家庭经济情况较为乐观，也时常能够感受到愉悦和放松的情绪。在社会交往方面，产业工人的社会交往呈现出收缩化的趋势。一方面，这与产业工人有限的社会交往渠道有关。首先，产业工人所在的工作及居住地点，一般都有亲友或者老乡，他们彼此之间已经建立起较为持久、密切的联系，这是一个较为稳定的情感出口，他们可以互相倾诉、发泄、疏解工作生活中的不满，分享生活中的喜悦，不至于陷入绝望与孤独的情感之中；其次，在信息化社会中，线上沟通已经成为一种全民现象，也成为产业工人主要的交往途径。通过虚拟网络社会，产业工人构建起新的情感网络，这种情感网络可能是基于现实人际关系的，也可能是完全虚拟的存在，但无论是何种形式，都为产业工人提供了一个更为自由、广阔的情感宣泄空间，让产业工人将空闲时间填满，得到工作之余的放松。同时，线上沟通给产业工人带来了更多的发言权、参与感与融入感，由此弱化了其在实际生活中社会参与不足带来的负面情绪，一定程度上带给了产业工人积极乐观的情绪。另一方面，这与产业工人对未来生活的定位有关。多数产业工人在主观上没有长久定居在流入城市地的意愿，也就使得产业工人在流入城市的社会交往过程中持更为轻松平和的心态。由此可见，产业工人即使与当地居民交往的程度有限，但只要收入水平尚且满意，并能达到其当前生活需求与未来返乡需求，其因与当地居民的社会交往不足而产生的负面情绪就会大大减少。

六　思想认知

（一）自我认知

1. 自我身份认知定位模糊，城市融入度较低

如图 5-66 所示，超过一半（50.17%）的产业工人认为自己是农村人，10.56% 的产业工人认为自己已经是城里人，17.49% 的产业工人认为自己既是城里人也是农村人，13.53% 的产业工人表示自己既不是城里人也不是农村人，还有 8.25% 的产业工人对自身的身份定位表示不清楚。值得特别关注的是，除了对自我身份认知较为清晰，明确自己

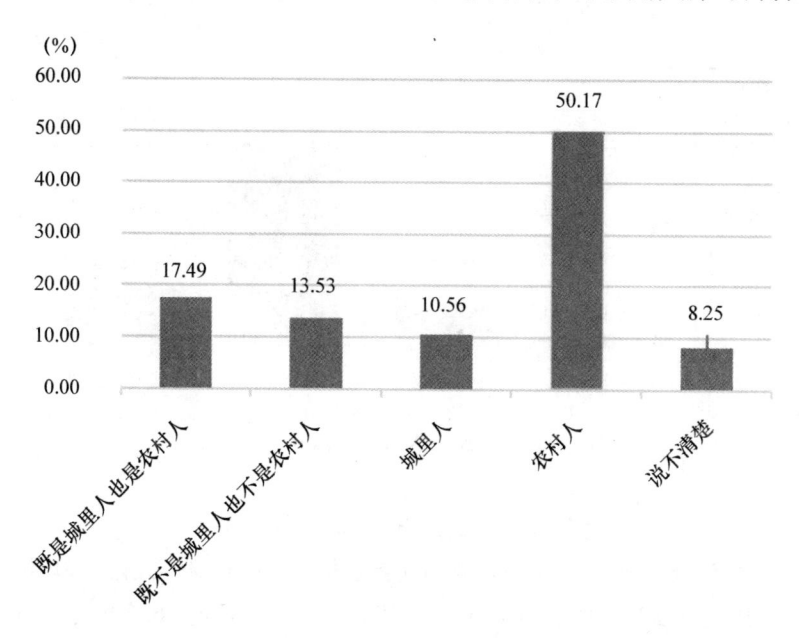

图 5-66　产业工人自我身份认知（%）

是"农村人"或者"城里人"的产业工人外,剩下的受访者对自身定位并不明确,他们要么觉得不清楚、要么认为自己拥有双重身份,对自身身份认知较为模糊。

2. 对自身阶层定位以社会底层为主,生活工作压力较大

如图5-67所示,在问及"您认为自己属于哪一个阶层?"时,61.06%的产业工人认为自己处于社会底层,3.96%的产业工人认为自己处于社会上层,16.50%的产业工人认为自己处于中产阶层。针对18.48%的产业工人回答"不知道,无所谓",我们结合访谈得知,他们一般多是一线产业工人,工作时间长、劳动强度大,大多认为:"这些不是我们该管的事儿,我们只要一天干够活,拿到钱就行了。"一方面,这反映出产业工人存在较大的工作压力与生活压力;另一方面,过度关注工作使得这部分产业工人对自身所在的阶层缺乏一定的认知,削弱了其在流入地的融入感。

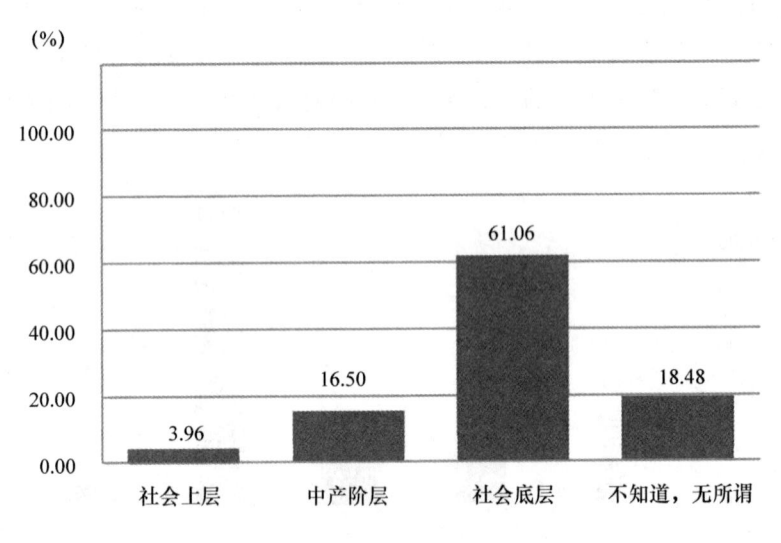

图5-67 产业工人自我阶层认知(%)

3. 自我认可度呈上升态势,对未来持乐观态度

如图5-68所示,在当前的阶层认知中,中产阶层占比20.46%,中下阶层占比27.06%,社会下层占比28.71%,还有16.50%的产业工人认知不清,总体上反映了当前产业工人的社会结构特征,也反映出大

量的产业工人社会地位不高。此外,通过对比产业工人五年后的社会阶层认知可以发现,产业工人对未来持乐观态度,上层占比增加 2.97%,中上层占比增加 3.96%,中产层占比增加 7.59%,而中下层和下层占比总体减少了 21.78%。

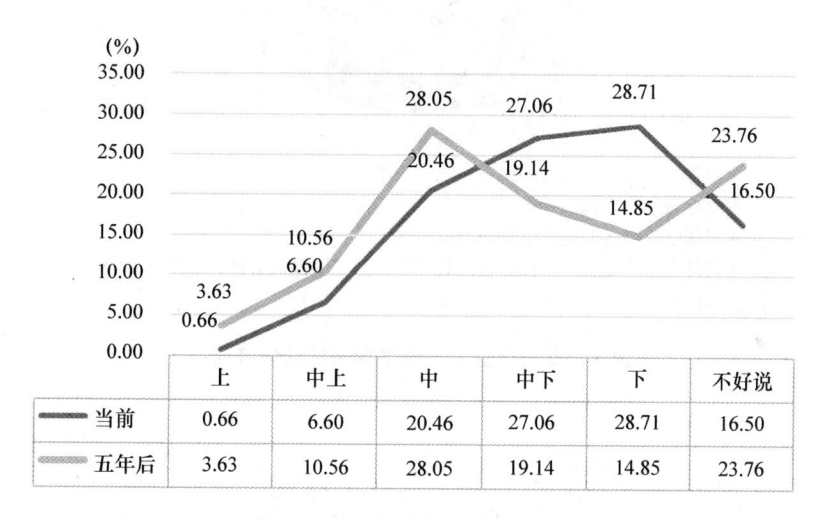

	上	中上	中	中下	下	不好说
当前	0.66	6.60	20.46	27.06	28.71	16.50
五年后	3.63	10.56	28.05	19.14	14.85	23.76

图 5-68　产业工人当前与五年后的阶层变化认知(%)

4. 产业工人生存技能丰富,环境适应性强

根据调查结果,我们将生存技能划分为专业技术、社交能力、社会经验、环境适应能力等。如图 5-69 所示,在问及"您认为自己生存主要靠什么?"时,三成左右(31.68%)的产业工人认为只有掌握了技能,才能实现自身的生存和发展,体现了产业工人对专业技能的重视。22.77% 的产业工人认为,环境适应性是必要素质。结合访谈资料,一些流水线制造业的产业工人认为:"干这个活不是要你多么聪明,就是要看你能不能熬得住,熬住了,你就能干,熬不住,肯定是要走的"。因此,对于部分从事技术含量较低工作的产业工人而言,具备较好的环境适应以及承压能力显得尤为重要。35.97% 的产业工人重视强化自己的技能,增强自身的价值;极少数产业工人(1.98%),认为自己生存主要依赖于外形和品德。

5. 职业价值观存在偏差,存在平等与尊重的诉求

如图 5-70 所示,超过六成(62.71%)的产业工人认为工人仅代

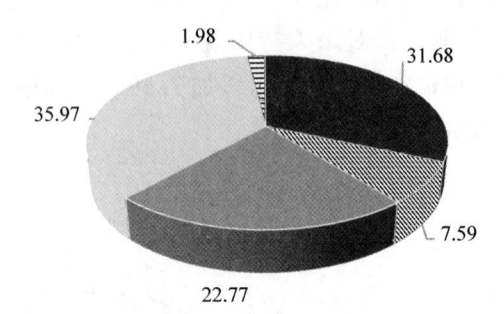

- 我拥有一技之长，掌握了某些专业的技术
- 我的社会经验丰富
- 我的环境适应能力强，承受压力能力强
- 我觉得自己技能有限，经验也尚且不足，还需要多加磨炼，增强自身的价值
- 我体格健壮，外形有优势，品德好

图 5-69　产业工人的生存关键认知（%）

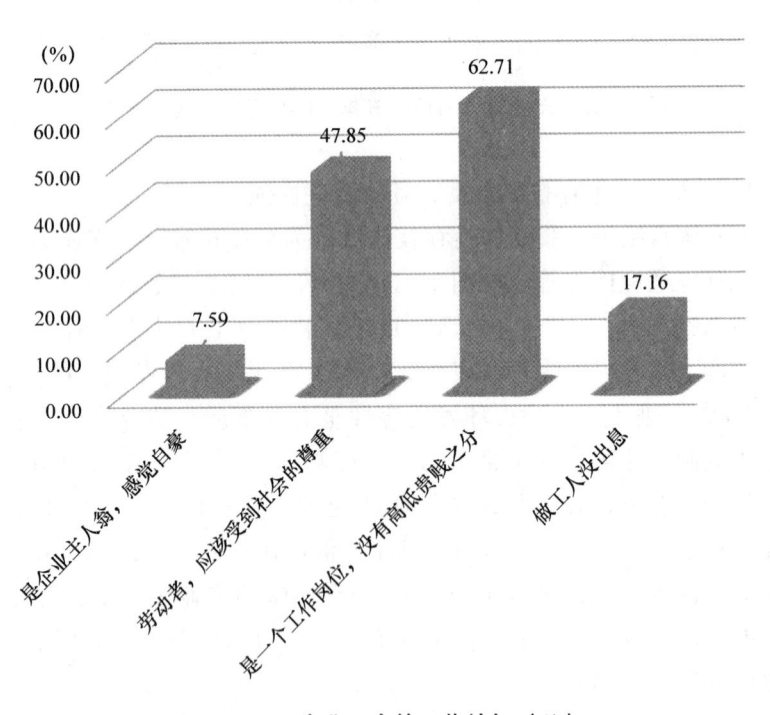

图 5-70　产业工人的工作认知（%）

表一个工作岗位，没有高低贵贱之分。超过四成（47.85%）的产业工人认为自己是劳动者，应该得到社会尊重。17.16%的产业工人认为"做工人没出息"，7.59%的产业工人认为自己"是企业主人翁，感觉自豪"。以上数据说明，绝大多数产业工人对自己的工作有着正向的认知，只有少部分产业工人对自己的工作持负向的态度。此外，数据也反映出当前产业工人对企业和社会的态度：一是大多数产业工人对企业的归属感不强；二是认为社会对自身工作的认同和尊重态度有待提高。

6. 对政府期待程度高，社会保障需求旺盛

根据访谈材料可知，产业工人对政府有着较高的期待，希望政府可以提供更加丰富和多样的公共服务，且他们对于公共服务的需求也日益变得复杂多样。比如在访谈过程中有位产业工人说道："政府肯定做得越多越好，我们也希望政府能够多照顾我一点，像找工作、看病、小孩儿上学等。"

如图5-71所示，在回答关于"政府期待"的题目时，超过七成（71.29%）的产业工人希望政府能够提供社会福利，包括医疗保险等，43.89%的产业工人希望政府能够在就业保障方面提供帮助。除此之外，大部分产业工人期待政府提供的公共服务可以覆盖子女教育、住房保障和职业技能培训等。这反映出大多数产业工人注重自身的基本生存需要，希望能够依靠政府解决生活方面的问题，以享受更多的社会福利，

- 就业保障 43.89
- 提供社会福利，包括医疗保险等 71.29
- 子女教育 30.03
- 监督用人单位履行劳动合同 31.35
- 职业技能培训 32.34
- 法律援助 23.10
- 住房保障 21.12

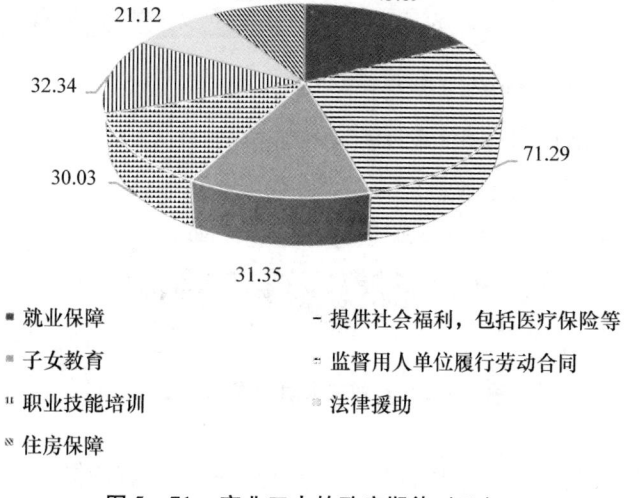

图 5-71　产业工人的政府期待（%）

这也对政府提供基本公共服务提出了更高的要求。值得一提的是，31.35%的产业工人期待政府可以提供法律援助，监督用人单位履行劳动合同，反映了产业工人法律意识和维权意识的加强，体现了新时代产业工人素质提升的趋势。

（二）社会认知

1. "读书无用论"没有市场，产业工人非常重视子女教育

传统观点认为许多产业工人很早就不读书了，会存在"读书无用论"的观念。然而调查结果显示（见图5-72），产业工人大多数是坚信"读书有用"的，明确认为读书有用的产业工人占比超过了70%，仅4%左右的产业工人认为读书无用。意识到并后悔没有靠读书改变命运而失之晚矣，是许多产业工人的朴素心态。因此，大多数产业工人将读书视为改变命运的出路，并舍得为孩子的教育花钱。在访谈中得知，一些产业工人认为"读书无用"是因为"家里小孩儿不好好上学，况且上完大学也不还是打工，听说好多大学生工作之后还向家里要钱，你说这种读书有什么用？"或者"现在好多大学生都被养坏了，干活干不动，不上进，还不如不上大学呢"。但大多数产业工人还是认为"上大学是走出农村的唯一出路"，希望自己的孩子"不管他毕业之后能干啥，找到一份工作就行，不像我这一辈子在工厂里这么辛苦"。

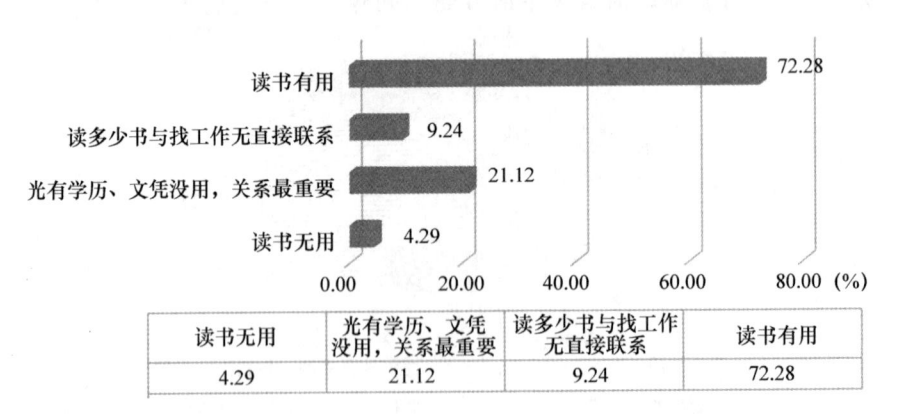

读书无用	光有学历、文凭没用，关系最重要	读多少书与找工作无直接联系	读书有用
4.29	21.12	9.24	72.28

图5-72 产业工人对读书的态度（%）

2. 收入分配不公感比较强烈，自身技能素质有待提高

如图5-73所示，产业工人在分配公平感知上，近七成的人认为总

体分配是不公平的,在家庭参与分配的公平感比总体分配公平感高。目前,产业工人的收入分配公平感较低,一些产业工人在访谈中说道:"收入分配明显不公平,像我工作十个小时,才拿100多块钱。那些大街上开豪车的,你说他们有我干得多吗?""像之前一天还能挣200块,现在干同样的活钱却少了,要不是现在工作难找,好多人都已经走了。""有跟我一个工厂的工人,他是车间主任的亲戚,每次发工资都比我多,这怎么可能公平?"由此可见,根据访谈资料,反映出现阶段社会呈现出的三个现象:一是产业工人的自有劳动力较为廉价,他们认为赚到的钱并不足以满足自身生活需要;二是产业工人的工作技术水平较低,他们只能从事较为简单的工作,因此在市场上工作选择的空间较小;三是总体来看产业工人仍属于社会的弱势群体,对于身边的一些不公平现象,他们也只能"敢怒不敢言"。

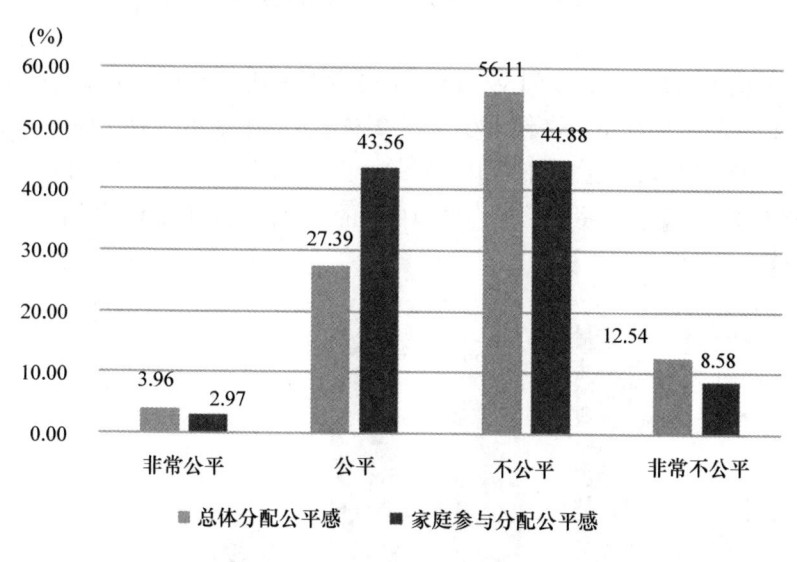

图 5-73 产业工人的分配公平感知(%)

3. 职业代际传承度低,希望下一代摆脱产业工人身份

如图 5-74 所示,70.96% 的产业工人不愿意下一代仍然从事同样工作,只有 12.87% 的产业工人愿意子女从事同样工作,15.18% 的产业工人认为"最好不要,但顺其自然",0.99% 的产业工人持"无所谓"的态度。从访谈中得知,部分愿意子女从事同样工作的产业工人,

他们大都是企业的中高层管理人员,他们的想法是"现在我这份工作还不错,也不是那么累,很有成就感","现在经济下行趋势明显,工作愈发难找,还是希望子女从事这种工作的"。总体来看,产业工人并不愿意自己的子女从事跟自己同样的工作。

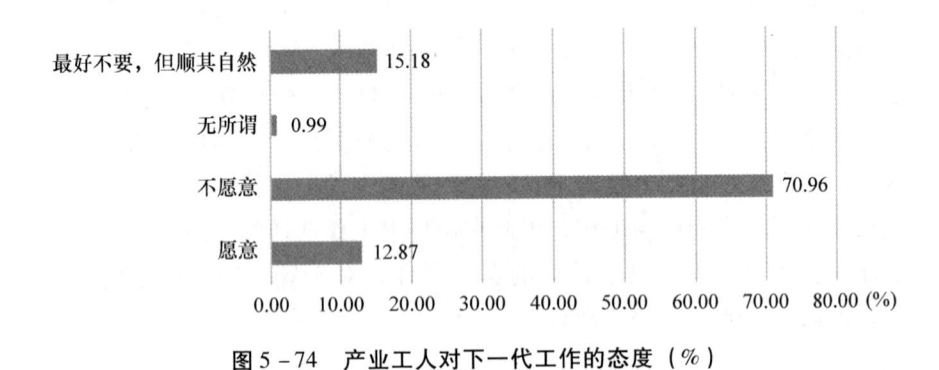

图 5-74 产业工人对下一代工作的态度(%)

如图 5-75 所示,在问及选择"不愿意下一代从事同样工作"的原因时,得到的结果如下:赚钱太少(43.23%)、工作太累(37.29%)、读书太少(42.57%)、地位低下(19.47%)。总体而言,产业工人觉得自己目前的工作是不尽如人意的,他们希望自己的下一代能拥有更好的生活。

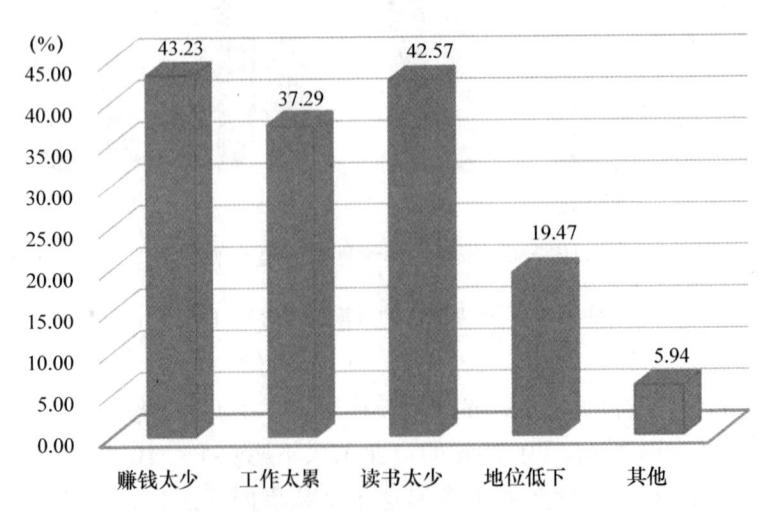

图 5-75 产业工人不愿意下一代从事同样工作的原因(%)

4. 基本生活面临诸多问题，社会福利保障有待加强

如图 5-76 所示，70.30% 的产业工人在日常生活工作中遇到的最大问题是生活问题，包括子女教育、住房、物价、公共服务以及个人情感等生活问题。在调研访谈中得知，很多产业工人在生活方面面临着诸多问题，如深圳一位货车司机说："现在小孩上学太难了，不仅学费贵，而且根本找不到学校上，我们这些外地来的人希望政府能够解决一下这个事情……"

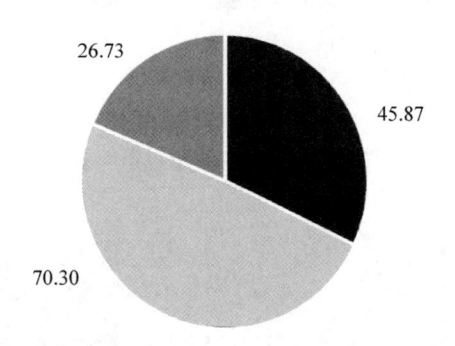

- 工作问题（同工不同酬、工资低、无劳动合同等）
- 生活问题（子女上学、买房难、物价高、公共服务可达性低、情感孤独等）
- 权益问题（社会保障不到位、受到歧视、权益经常受到侵害等）

图 5-76　产业工人遇到的最大的问题（%）

5. 对家乡社会风俗习惯认知出现分化，不同个体间存在一定差异

如图 5-77 所示，产业工人对家乡熟人社会的风俗习惯认知出现了较大程度的分化，16.50% 的产业工人认为家乡的习惯很好，28.71% 的产业工人认为家乡的风俗习惯是好的。此外，37.29% 的产业工人认为家乡的生活习惯或风俗大部分是落后的，只有小部分需要保留，还有 7.59%、9.90% 的产业工人分别认为家乡风俗习惯"很落后"和"落后"。总的来看，超过 5 成的产业工人认为家乡的风俗习惯还未达到"好"的标准，需要调整或放弃。如在访谈中有产业工人提到："老家的有些风俗习惯的确需要改变，比如一些迷信，现在大城市里哪有这些东西，好多都是骗人的，传出去也不好听。"

6. 产业工人的生活满意度有待进一步提高，队伍建设有待进一步加强

如图 5-78 所示，在回答"您对目前生活的评价"时，4.95% 的产

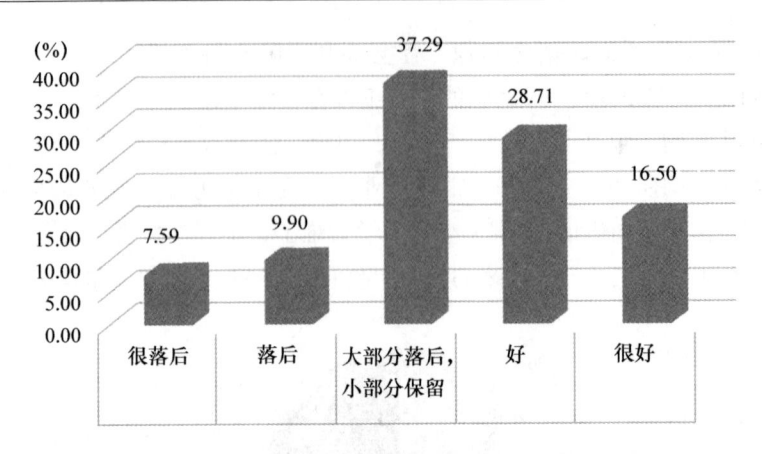

图 5-77 产业工人对家乡风俗习惯的态度（%）

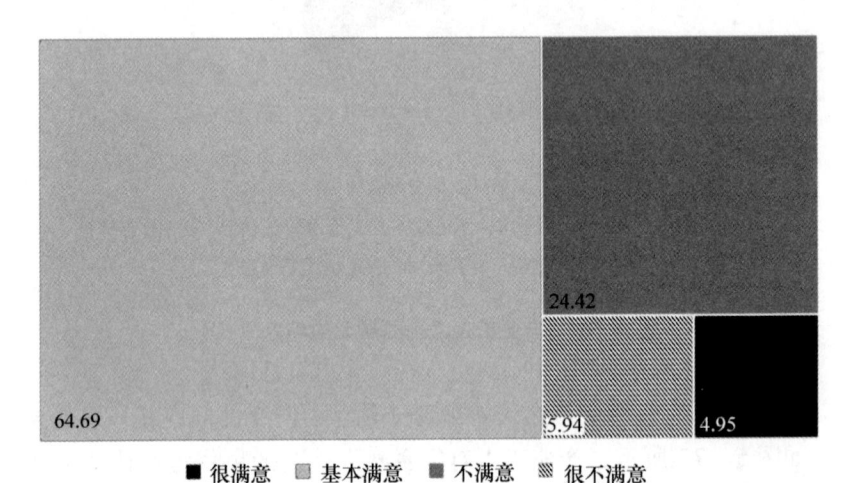

图 5-78 产业工人对目前生活的评价（%）

业工人对当前生活感到很满意，这部分产业工人的家庭收入足以支付家庭开销，在物质方面相对较为宽裕。对当前生活感到基本满意的产业工人接近三分之二，达到 64.69%。这部分产业工人对美好生活有更高的期许，希望能更多地跟当地居民交往、在流入地获得认同感，还希望工资能有所增长，进一步改善家里的生活条件，等等。同时，在当前工资已经能够满足家庭的温饱需求和孩子的上学发展需求的情况下，这部分产业工人不会对生活产生太大的不满，更多的评价是"还行吧""还算满意""如果能……当然更好了"。总体而言，接近七成的产业工人对当前生活表达了满意的态度。这说明了现阶段产业工人队伍建设工作取得了较大进展，大部分的产业工人获得感较强。

与此同时，还有三成的产业工人对当前生活表示不满意，其中有24.42%的产业工人对当前生活不满意，5.94%的产业工人对当前生活很不满意。在调研中，对这类产业工人中的部分群体进行了较为深入的观察后发现，这些工人结构性差异较大，一部分是身处一线的产业工人，他们的劳动强度大且工作趣味感知不强，收入水平又低，工作中的疲惫感与厌倦感容易带入生活中。由于生活收入低导致一些物质需求难以得到满足，身体与精神的双重疲倦与物质需求不满足的叠加，使得这部分产业工人对当前生活满意度偏低。另一部分产业工人则处于企业中间管理层，他们感受到职业晋升中的困难，由此产生满意度不高的评价。因此，如何厘清不同产业工人的期望，分层次有针对性地解决问题，是粤港澳大湾区产业工人队伍建设亟须考虑的问题。

（三）企业认知

1. 多数产业工人认为自己和企业是利益共同体，但并没有很强的情感归属

如图5-79所示，67.00%的产业工人认为自己与企业是一个利益共同体，两者密不可分，企业的兴衰关系到个人的成长。根据访谈得知，这部分产业工人缺乏对企业的文化认同与情感归属，但因为对自己的工作状况还算满意，所以对现有工作具有较高的依赖感，希望能与企业共同长远发展。29.37%的产业工人认为自己与企业只是纯粹的雇主与雇员的关系。在访谈中了解到，这部分产业工人有些认为企业和自己就是利益交换的关系，对企业完全没有情感，如有受访者提到"我在这里工作就是为了养家，而且企业对我们特别压榨，有时候就白白加班，天天累得要死，只要钱多，哪里有工作我就往哪儿去"，还有一些产业工人说道："其实说不上啥感情，有活干有钱拿不就好了吗"，这些产业工人多数认为自己生活在社会底层，普遍对企业的工作制度与管理制度存在不满但又无可奈何，留在当前企业工作只是因为没有更好的就业机会，认为"做一天和尚撞一天钟，并不是很关心企业能否持续发展，这家倒了换那家，只要有份工作，在哪儿都一样。"除此之外，也有3.63%的产业工人认为自己是企业的主人，以主人翁的姿态工作，将自已视作企业的一分子。总体而言,从问卷数据和访谈可以发现,在粤港澳大湾区的产业工人群体中,已经有一部分摆脱了无奈打工、被压榨的心态,以积极的工作态度与生活态度融入新时代的发展潮流中,但仍有部分产业工人对所在企业的情感归属并不强烈。

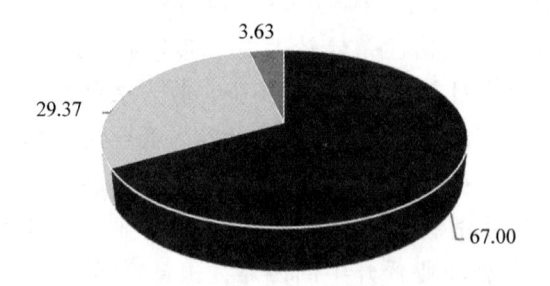

- 利益共同体,两者密不可分,企业的兴衰关系到个人的成长: 29.37
- 纯粹的雇主与雇员的关系: 67.00
- 我是企业的主人,我以主人翁姿态工作: 3.63

图 5 - 79　产业工人对企业的认知(%)

2. 对工资待遇提升诉求明显,同时注重技能提升和环境改善

如图 5 - 80 所示,通过考察产业工人"您认为企业应该为您做什么"的回答,发现超过八成(82.51%)的产业工人认为企业应该提升工资福利待遇,近五成(48.51%)的产业工人希望企业能提供职业技能培训机会,这背后共同反映了产业工人对提升工资的强烈需求。没有专业技能的产业工人工资低且涨幅低,面对基本生活消费水平上涨的情况,产业工人只能选择一再压缩自己的消费空间,降低本就不高的生活消费水平。许多产业工人也意识到问题症结所在,不再只是一味要求提升自己的工资福利待遇,而是谋求提升自身价值,从而达到工资福利待遇上涨之目的,即不再只要求被授之以鱼,而是希望通过被授之以渔的方式达到工资福利待遇的合理、稳定增长。同时,也有近五成(49.83%)的产业工人希望能有更好的工作环境。由此可以发现,我国的产业工人除了赚钱养家的需求之外,也逐渐注重自己的工作体验与情感体验,然而不可否认的是,在当前阶段,大多数产业工人关注的仍然是工资福利待遇问题。从实际经验来看,工资福利待遇既是产业工人选择现有工作的原因,也是产业工人留在企业的重要拉力。随着产业转型升级,产业工人年龄结构也发生了渐进改变,新生代产业工人实际上已经逐渐成为产业工人结构的核心力量。同时，在数据上也反映出很多产业工人希望企业能够提供职业技能培训和良好的工作环境。值得注意的是，虽然人文关怀的诉求不是很高，但也反映出产业工人对人文关怀的需求。随着社会宏观环境的变化，越来越多的产业工人更加重视企业文化，对企业的人文关怀诉求也随之逐渐提升。

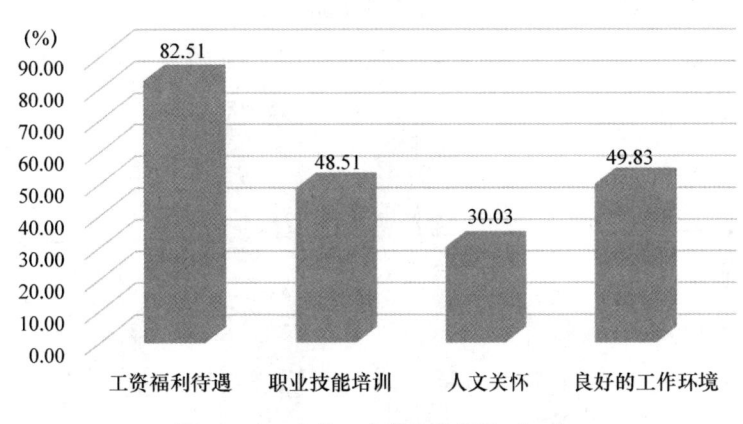

图 5-80　产业工人的企业期待（%）

（四）政治认知

1. 产业工人群体对国家宏观政治的敏感程度有限，政治关注度比较低

对产业工人关注国家大事的情况进行调研则发现，产业工人群体普遍对国家宏观政治的敏感程度有限，政治关注度比较低。调研期间，中美贸易战和 G20 峰会正是当时的时事热点，各类新闻铺天盖地，在各大主流媒体上均有报道，产业工人接触到此类事件信息的概率也较大，只要稍作留意，均可获取信息。然而产业工人对此类事件的关注度并不高。

如图 5-81 所示，只有 15.51% 的产业工人经常关注这些政治事件，对国家大事保持较高的敏感度。在对这些产业工人进行访谈的过程中，有人表示"有国才有家嘛，万一真的打起来了，哪儿还有安稳日子，现在起码有吃有穿还过得下去"。31.35% 的产业工人表示自己关注度一般，34.32% 的产业工人则很少关注国家宏观政治，18.81% 的产业工人则表示不关注这些国家大事。总体而言，超过八成的产业工人对国家宏观政治关注度不够。在调研中对一些选择"一般关注"的产业工人进行访谈，发现他们对这些事件的理解多停留在概念上，缺乏对整体事件的基本了解。如"现在说中美贸易战谁不知道啊,我们公司现在订单量减少,都是中美贸易战闹的……但是说实话,中美贸易战其实太复杂,我也不想理解,我也理解不了,都是国家领导人关注的大事"。另外,表示"很少关注"或者"不关注"身边时政的产业工人则认为"国家大事离自己太过遥远,关注这些也没什么用,政府都会处理好的,不如想想怎么能多赚点钱,过好自己的日子就够了"。

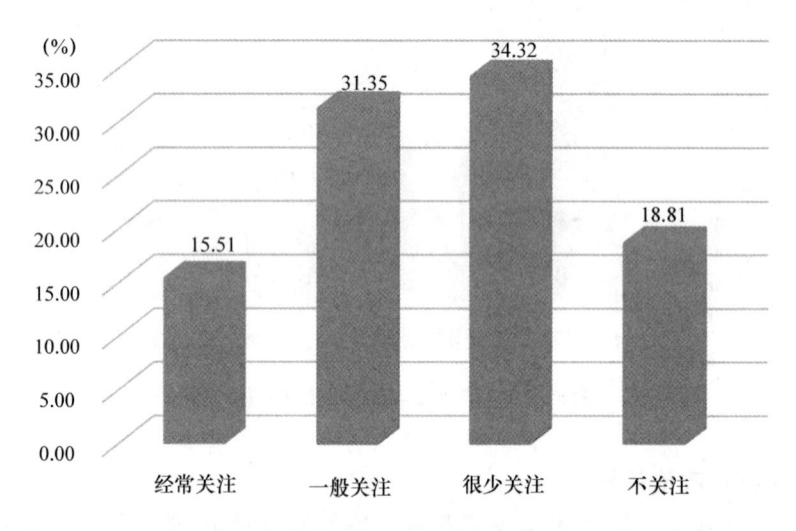

图 5-81 产业工人对中美贸易战、G20 峰会等国家大事的关注度(%)

2. 产业工人群体政治参与兴趣普遍不高、参与意愿较低

如图 5-82 所示,11.88% 的产业工人几乎每天表达政治看法,8.25% 的产业工人每周几次在网上表达对政治和政府的看法,8.58% 的产业工人每周一两次表达政治认知,9.57% 的产业工人每月仅表达几次政治看法,13.86% 的产业工人则每年偶尔几次表达政治意见,有 47.85% 的产业工人几乎不表达政治性意见。从上述数据可以发现,当前粤港澳大湾区产业工人政治参与兴趣还比较低,绝大多数产业工人对政治的参与意愿不强,较少行使自身的政治参与权利。在访谈中有工人提到:"表达啥看法啊,说了也没用……还是少说话,干好自己的事,一天挣的钱都不够过日子的,就啥都别乱想了",或者"政治参与都是那些有知识、有能力、能说会道的人弄的,我们看不懂国家发生的这些大事,也不知道能说啥,只要国家稳定就可以了"。

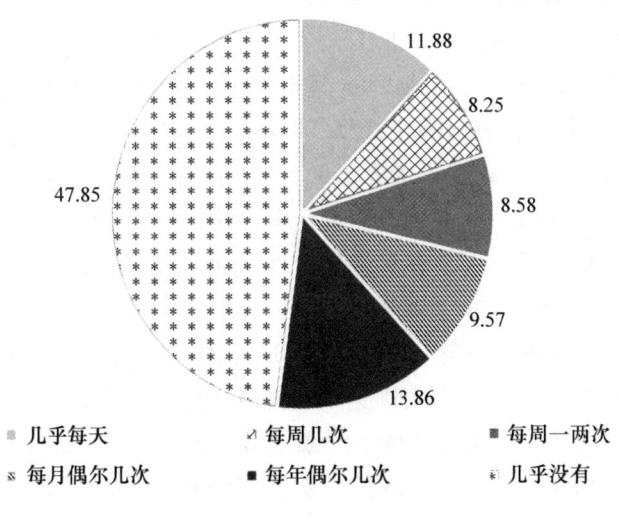

图 5-82 产业工人的网络表达次数（%）

3. 基本政治权利行使比例较低，政治活动参与意愿较弱

如图 5-83 所示，19.47% 的产业工人参加过老家的村委会选举，10.89% 的产业工人参加过社区居委会的选举，10.56% 的产业工人参加过所在企业职代会、团代会选举，然而还有接近七成（68.98%）的产业工人没有参加过任何选举活动。选举权作为我国公民最基本的政治权利，一直受到法律有效保护，但从实际情况来看，大多数的产业工人选举活动参与次数不多、意愿不强，基本政治权利行使比例较低。

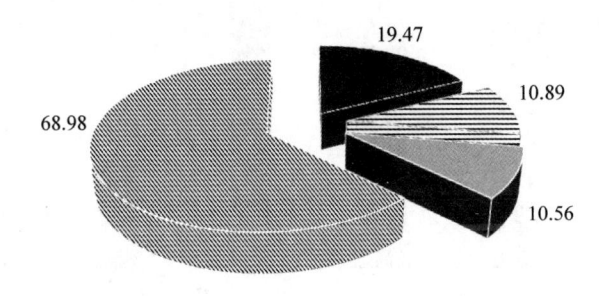

图 5-83 产业工人曾经参加的选举活动（%）

4. 总体上满意政府的公共服务，部分公共服务有待进一步完善

如图 5-84 所示，对产业工人"您对本市及相关部门提供的帮助是否满意"进行调查的结果显示，只有 4.62% 的产业工人表示很满意，22.77% 的产业工人表示满意，55.78% 的产业工人表示一般满意，还有 11.55% 的产业工人表示不满意，5.28% 的产业工人表示很不满意。对表达不满意态度的产业工人群体进行深入访谈发现，产业工人的不满主要集中于医疗、子女入学和对未来养老方面。许多产业工人苦于公共医疗服务覆盖不到位、就医排队时间长、异地就医报销比例小等问题，持"生病了能拖则拖，不能拖就去工作地点附近的民营小诊所看病吃点药"的看病态度，长期下去难免小病拖成大病。此外，对子女入学的不满则表现在随迁子女无法入学、学费过高等问题上，一边是对留守在老家的子女的担忧，另一边是随迁子女在工作地入学成本过高的压力，情感需求与物质保障难以两全，导致产业工人对工作所在地公共服务不满意。除上述两方面内容外，产业工人对自己的未来养老问题也深感担忧。

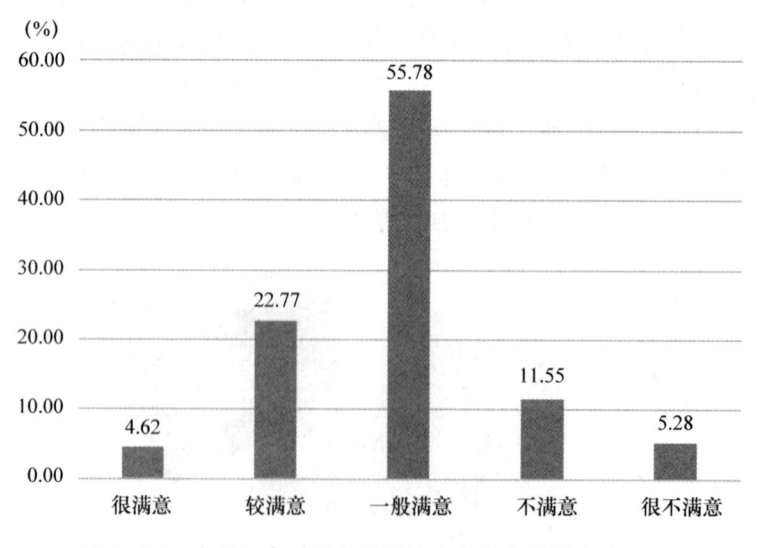

图 5-84 产业工人对所在地区的公共服务的满意度（%）

5. 期待政府承担更多责任，优化公共服务供给

如图 5-85 所示，在中小学教育上，33.66% 的产业工人认为应该完

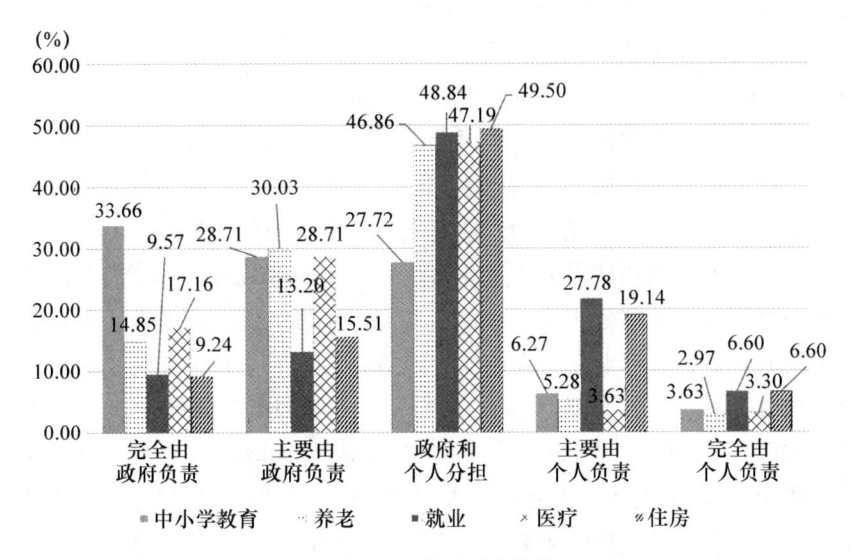

图 5-85 产业工人的政府期待（%）

全由政府负责，28.71%的产业工人认为应该主要由政府负责，27.72%的产业工人认为应该由政府和个人负担，6.27%的产业工人认为应该主要由个人负责，3.63%的产业工人认为应该完全由个人负责。这反映出产业工人对政府承担更多教育责任的期待和呼唤。一些产业工人表示："上学就是要花钱，不花钱上什么学啊，但是也不能上学动辄两三万元甚至四五万元，这个对于我们就难以承担了。"在养老服务上，14.85%的产业工人认为应该完全由政府负责，30.03%的产业工人认为主要由政府负责，46.86%的产业工人认为应该由政府和个人负责，5.28%的产业工人认为应该主要由个人负责，2.97%的产业工人则认为应该完全由个人负责。这一数据反映出，在养老方面粤港澳大湾区产业工人倾向于政府与个人分担，希望政府在养老保障服务上扮演更重要的角色，发挥更重要的作用。在就业上，9.57%的产业工人认为应该完全由政府负责，13.20%的产业工人认为应该主要由政府负责，48.84%的产业工人认为应该由政府和个人共同分担，27.78%的产业工人认为主要由个人负责，6.60%的产业工人认为完全由个人负责。由此可见，在就业方面，超过七成的产业工人认为政府应该扮演主要角色。从产业工人对就业责任的认知可以发现，产业工人对政府在就业上提供更多的优质服务有着更强的期待和需求。在医疗保障服务上，17.16%的产业工人认为应该完全由政府负责，28.71%的产业工人认为主要由政府负责，47.19%的产业工人认为应该由政府和个人分担，3.63%的产业工人认为主要由个人负责，3.30%的产业工人认为完全由个人负责。从数据上看，在医疗保障方面，超过四成的产业工人认为政府应该发挥主要作用，超过九成的产业工人认为政府必须发挥作用。由此可见，在医疗服务保障方面产业工人有着更为强烈的需求，因此，未来加强产业工人的队伍建设需要从改善产业工人的客观外部环境出发，加大力度做好医疗保障服务工作。在住房方面，9.24%的产业工人认为应该完全由政府负责，有产业工人在调研中说道："现在房子这么贵，就应该让政府提供福利房，甚至是不要钱免费住。"还有15.51%的产业工人认为应该由政府来负责，49.50%的产业工人认为应该由政府和个人分担，19.14%的产业工人认为主要由个人负责，6.60%的产业工人认为可以完全由个人负责。从数据结果来看，超过七成的产业工人认为政府在住房方面需要发挥重要作用。

第六章　粤港澳大湾区产业工人的特征差异

产业工人作为由特征不同的个体所组成的多元群体，在不同方面体现出较大的差异。本部分从代际、行业、性别、户口以及收入等特征着手，聚焦于产业工人的工作状况、生活状况、社会保障、社会交往、思想认知五大方面，对粤港澳大湾区产业工人进行差异性特征分析。

第一，产业工人的代际差异。从工作状况上看，与老一辈产业工人相比，年轻产业工人群体表现出六大特征：一是仍以亲友带入城市为主，但具体工作受网络招聘信息综合影响；二是按自身需求选择工作，对工作条件和生活环境有更高要求；三是更加看重经济收入的涨幅；四是对工作回报的诉求更加多元化，注重知识技能和经验阅历的增长；五是更关注成长机会；六是对职业的认同感普遍积极。从生活状况上看，与老一辈产业工人相比，年轻产业工人群体表现出三大特征：一是对居住生活条件的满意度相对较高；二是认为城市有更多更好的发展机会，对永久定居的需求有增强趋势；三是娱乐方式更加多元化。在社会保障方面，与老一辈产业工人相比，年轻产业工人群体对政治权利的认知度相对较高，倾向于使用网络和电话表达建议，且对劳动就业和住房有明显需求。在社会交往及思想认知方面，"90后"产业工人对城市生活方式的融入感最强，普遍更关注工作问题且经济获得感提升较为明显，他们对"工人"身份的认同感、自豪感有所减弱，但更加积极地看待其所属阶层。相比老一辈产业工人，他们普遍对家乡有着较高评价，满足于自己的生活却不希望子女和自己一样，普遍持"读书有用"的观点，但在选举权的行使上有明显弱化。

第二，产业工人的行业差异。在工作状况方面，一是农业、制造业、建筑业等行业的产业工人，更为依赖地缘与亲缘关系获取工作，批发和零售业、居民服务业的产业工人则已经将网络作为获取工作的主要渠道；二是收入低是各行业产业工人工作流动的主要原因，尤以交通运输业、居民服务业与制造业表现最为明显；三是不同行业的产业工人更换工作单位的频率有较大差异，建筑业产业工人更换工作单位最为频繁。在生活状况方面，一是住宿和餐饮业、居民服务业的产业工人生活状况满意度较高；二是看电视剧/电影仍是各行业产业工人中最为主流的娱乐方式。在社会保障方面，一是建筑业和交通运输业的产业工人参加或切身感受到社会保障的比例最高，其他行业普遍存在不参加社会保障的情况；二是交通运输业产业工人对社会保障重要性的认可度最高；三是医疗保险与养老保险是各行业产业工人普遍关注的社会保障类别，但产业工人们对生育保险的重视度普遍偏低。在社会交往方面，一是各行业产业工人普遍与当地市民相处融洽；二是从事公共管理、住宿和餐饮业的产业工人与当地市民交流频率较高；三是各行业产业工人的社交方式以线上虚拟社交方式为主。在思想认知方面，一是建筑业的产业工人具有较高的收入分配公平感；二是大多数行业的产业工人普遍认为自己的经济社会地位较低；三是不同行业产业工人的法治信心差异较大。

第三，产业工人的性别差异。在工作状况方面，一是在职业选择中，男性产业工人倾向于体力工作，而女性产业工人更加侧重于公共服务等行业；二是男性产业工人工作流动性比女性产业工人高；三是男性产业工人的劳动权益保障意识比女性产业工人强；四是男性产业工人的工资水平较女性产业工人更高。在生活状况方面，他们在生活满意度中的主要影响因素、在居住条件上的满意度以及在同样强度的压力下的幸福感均存在差异。在社会保障方面，男性产业工人比女性产业工人更关注社会保障且视角更为全面。在社会交往及思想认知情况上，女性产业工人的城市融入比男性产业工人好，她们在社会阶层认知上也比男性产业工人更为乐观，但在政治关注度上低于男性产业工人。企业的关系认知上男性产业工人更为理性而女性产业工人相对感性。

第四，产业工人的户口差异。在工作状况方面，一是农业户口产业工人更倾向于通过亲友老乡介绍，熟人关系特征明显，而非农业户口产业工人获取工作的渠道则相对分散多样；二是农业户口产业工人打工的主要目的是学习技能，而非农业户口产业工人则更多表现为争取永久留在城市的机会；三是在所需的就业机会上，产业工人们都注重学习和发展机会,其中非农业户口产业工人的重视程度更高,相较而言农业户口产业工人更看重薪酬而不论工作的强度;四是在对待工作态度上,非农业户口产业工人总体上更为乐观,认为当前所从事的工作比较有价值,排斥程度较低;五是在工作满意度的影响因素上,农业户口产业工人普遍对工作时长、住宿条件、伙食、工作环境、企业管理较为不满,在薪酬水平上,非农业户口产业工人的不满意度则远高于农业户口产业工人。在生活状况方面,一是非农业户口产业工人的居住生活满意度低于农业户口产业工人;二是非农业户口产业工人对生活很满意和很不满意的状态均高于农业户口产业工人;三是大多数农业户口产业工人的未来规划不够清晰,非农业户口产业工人则更多地希望留在大城市打工;四是相比较非农业户口产业工人而言,生活成本太高是农业户口产业工人选择不永久定居在大城市的主要原因。在社会保障方面,一是非农业户口产业工人在"五险一金"与社会福利的切身感受程度上明显高于农业户口产业工人;二是农业户口产业工人对社会保障的了解程度显著低于非农业户口,非农业户口产业工人更关注自身的保障问题;三是非农业户口产业工人能够更好地利用网络了解社会保障;四是在表达社会管理建议和意见的渠道上,非农业户口产业工人的参与渠道多于农业户口产业工人,侧面表明了非农业户口产业工人参与社会管理的意愿更强烈;五是农业户口产业工人的维权意识明显弱于非农业户口产业工人,其知识水平较低、法律意识更淡薄;六是农业户口产业工人和非农业户口产业工人对医疗保险的关注度均较高,且非农业户口产业工人的关注度高于农业户口产业工人。在社会交往上,一是非农业户口产业工人的相处融洽度明显高于农业户口产业工人,农业户口产业工人融入感不强;二是农业户口产业工人的生活方式与城里人相比差别很大的比例更高;三是多数的农业户口产业工人由于自身身份认同问题与当地市民很少交流;四是非农业户口产业工人更倾向于认为本地人的包容程度较低,而有不少农业户口产业工人则认为本地人的包容程度比较高。在思想认知方面,一是农业户口产业工人不愿意下一代像自己一样生活的意愿远远高于非农业户口产业工人;二是农业户口产业工人拥有一技之长并掌握某些专业技能的比例高于非农业户口产业工人;三是非农业户口产业工人政治与法律意识较农业户口产业工人更强;四是农业户口产业工人认为自己处于社会底层的比例,远远高于非农业户口产业工人;五是非农业户口产业工人由于认知水平的提升，认为收入分配不公平的程度更高；六是非农业户口产业工人同时还更注重职业技能培训、人文关怀和良好的工作环境；七是农业户口产业工人在家乡风俗习惯认同度上要明显高于非农业户口产业工人。

第五，产业工人的收入差异。在工作状况上，一是工资水平是决定产业工人工作流动频率最为关键的因素；二是月收入在1500元以下的产业工人，就业比较关注生计期望，月收入在1500—7000元的产业工人，就业期望更为多元，月收入在7001—8000元的产业工人，对工作各方面的期望都普遍较高；三是月收入在1500元以上的各收入阶层产业工人，对工作岗位的适应性较好。月收入低于1500元的产业工人，则更易产生对工作的厌倦情绪；四是产业工人普遍对自己的再就业能力抱有信心；五是各收入阶层的产业工人，均有80%以上的比例可保证每周至少1天的休息频率，月收入1500元以下的产业工人休息时间最为充足。在生活状况方面，一是各收入阶层的产业工人，对当前居住生活条件感到满意或较满意的均占比58%以上；二是各收入阶层的产业工人，对当前生活状况感到基本满意或很满意的均占比50%以上，而对生活状况感到很不满意的占比在10%以下；三是收入较低与较高的产业工人，更容易感到生活负担重、压力大，收入中等的产业工人则感到相对轻松；四是产业工人除了有较高的工作收入期待与对城市生活的向往外，还十分关注自身与子女后代在城市的发展机遇；五是户口待遇问题、家庭原因以及生活成本是产业工人不愿意永久定居在城市的三大主要原因。在社会保障方面，一是分布在各收入阶层的产业工人对养老保险的关心程度大致相同，月收入在1500元以下的产业工人最为关心；二是对于养老保障功能，各收入阶层的产业工人的信任程度大致相同，但月收入在1500元以下的产业工人的信任程度最低；三是当自己的合法权益遭受工厂损害时，收入较低和收入较高的产业工人的维权意识较强，主动维权意识与收入的关系近似呈现"U"形分布；四是随着收入提高，产业工人从官方渠道获取信息的可能性相应提高，而通过非官方渠道获取信息的可能性有所下降。在社会交往方面，一是从社区活动组织频率上看，不同收入阶层的产业工人对社区活动组织信息的接收率呈"U"形分布；二是在与当地市民的接触中，自我感觉相处不融洽的产业工人在收入分布上呈现倒"U"形分布；三是收入越高的产业工人，与当地市民的交流频率越低,处于中等偏上收入的产业工人,与较低收入群体一样乐于与当地市民进行交流;四是收入越高的产业工人,感受到当地市民的排斥感多于低收入群体。在思想认知方面,一是收入越高的产业工人,对自己"城里人"的角色认同感越低;二是产业工人对政治新闻的关注度随着收入的增长而相应提高;三是政治表达意愿随着产业工人收入的提高而下降;四是国家大事的关注度在产业工人收入阶层中呈现"U"形分布;五是收入较高的产业工人,对社会公平的认同度较其他收入群体更高一些。

一 代际差异[①]

(一) 工作状况

1. 新生代产业工人的工作来源仍以亲友带入城市为主,但具体工作受网络招聘信息综合影响,有更强的选择权和议价权

新生代产业工人进城务工并非完全依赖于亲友老乡介绍,而是逐渐倾向于采用依托职业介绍所推荐、参加人才交流活动、借助网络信息等方式。对题项"您是怎样获得这份工作的?"进行分析可知,不同年代产业工人的差异体现在以下几点:

第一,传统熟人网络仍是主流,总体随产业工人出生年代前移逐渐递增。图表6-1显示,"60后"产业工人通过亲友老乡介绍的比例是57.89%,"70后"产业工人的比例是53.85%,"80后"产业工人的比例是53.54%,"90后"产业工人的比例是45.30%,"00后"产业工人的比例是75.00%。除"00后"的产业工人,总体上随着年龄增长呈现出递增趋势,说明在产业工人的职业选择倾向中,熟人社会网络在陌生的城市中仍然发挥着重要的作用,在一个充满着不确定性的社会中,他们更愿意信任熟人群体。第二,现代网络媒体逐渐成为产业工人获取职业的重要工具,且新生代产业工人较老一辈产业工人的比例大。数据显示,"90后"产业工人通过网络信息获得工作的占比为23.93%,"80后"产业工人为20.20%,"70后"产业工人为11.54%,随着出生年代后移产业工

[①] 为统一口径,本书所指"60年代"主要代表的是"1961—1970年"出生的人。其他年代亦是如此。这与传统认知有所差异,但却更符合产业工人特征和调查问卷设计的需要。因此,本书特意如此设置。

人通过网络信息获得工作的比例呈现出明显的递增趋势。随着时代的发展、社会的变迁，纸质媒体不断减少，网络信息越来越丰富和多元化，新时代的产业工人更倾向于通过网络获取他们想要的信息。第三，"00后"产业工人比较特殊，他们非常依赖于通过人际网络获取相关的就业信息。调查数据显示，"00后"产业工人通过亲友老乡获取就业信息的占比为75.00%，远高于"90后""80后"产业工人。可能的原因是，这部分青年产业工人刚成年步入社会，对社会环境的认知程度较弱，加上综合能力不足，对能帮助到自己的人有着一定程度的依赖性，需要已经在社会中打拼过一段时间、有更为丰富经验和阅历的人群加以引导，才能更加平稳地融入社会中。第四，"60后"产业工人是具有较高选择权的就业群体，他们有着更为独立自主的能力。调查数据显示，"60后"产业工人通过自我推荐途径获得工作的占比为21.05%，在所有产业工人中占比最高，这与自身能力密切相关。第五，纸质媒介的使用率随着时代发展而逐渐降低，以前繁多的报纸杂志等纸质媒介，也在社会的变迁中逐渐消失，取而代之的是微信、微博等现代传媒平台。

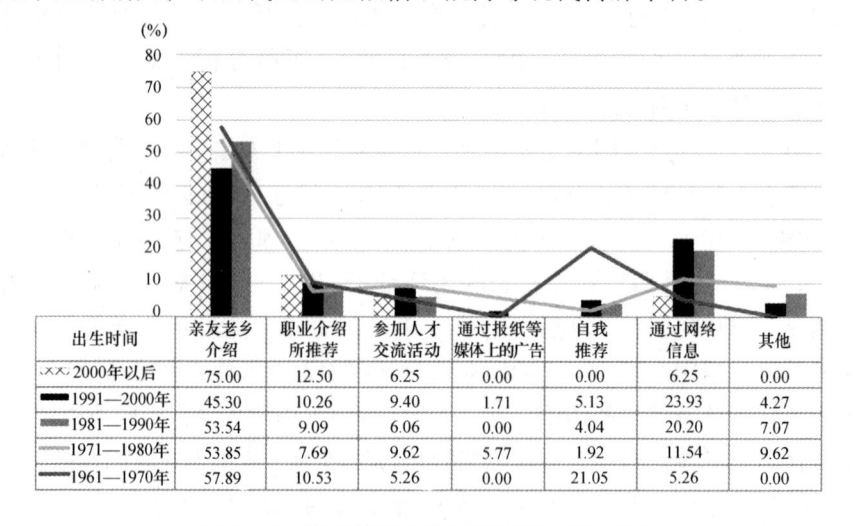

出生时间	亲友老乡介绍	职业介绍所推荐	参加人才交流活动	通过报纸等媒体上的广告	自我推荐	通过网络信息	其他
2000年以后	75.00	12.50	6.25	0.00	0.00	6.25	0.00
1991—2000年	45.30	10.26	9.40	1.71	5.13	23.93	4.27
1981—1990年	53.54	9.09	6.06	0.00	4.04	20.20	7.07
1971—1980年	53.85	7.69	9.62	5.77	1.92	11.54	9.62
1961—1970年	57.89	10.53	5.26	0.00	21.05	5.26	0.00

图6-1 代际基础上的工作来源差异（%）

2. 新生代产业工人较老一辈产业工人，只从事非农工作的比例较高，且绝大多数产业工人不再以务农为主

总体来说，所有年龄段中只从事非农工作的产业工人比例均达到了该年龄段总人数的60%以上。一方面在于粤港澳大湾区本来就是非农

产业聚集的区域，区域内的工业和服务业发展水平较高，产业工人大概率会从事非农工作，偶尔会有一定比例的产业工人迫于生活压力或者其他原因选择二者兼顾；另一方面相较于务农，非农工作的收入更高，且收入来源也相对稳定。此外，70年代之前出生的产业工人中，只务农或者以务农为主的占比最高。相比较而言，这一部分产业工人年龄较大，无论是工作效率还是身体素质都不如新生代产业工人，且该年龄段产业工人的消费需求随着年龄的增长也有所下降，因此会倾向于参加农业劳动。

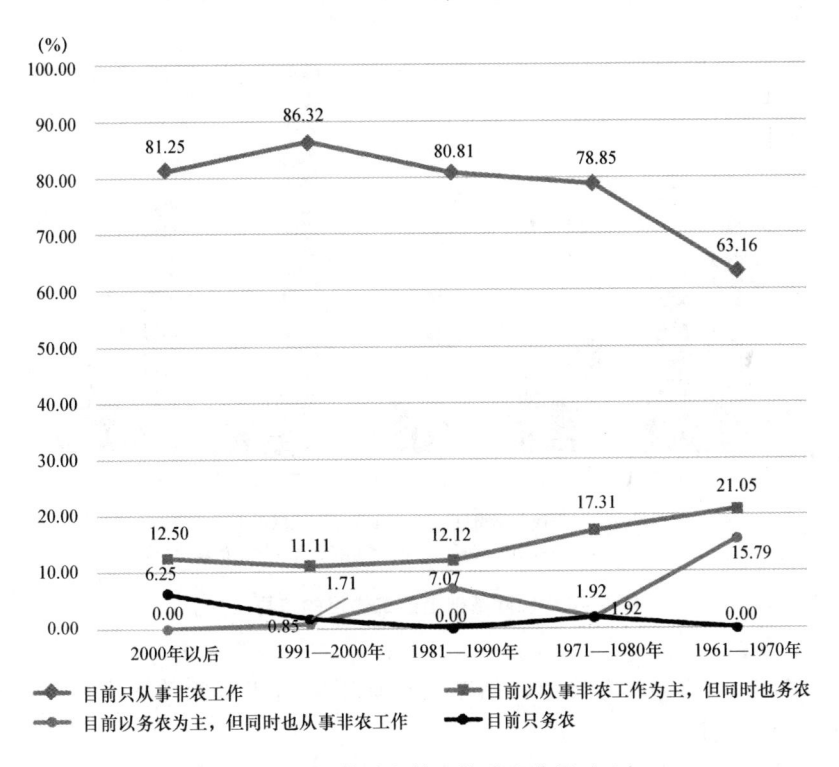

图 6-2 代际基础上的工作重心差异（%）

3. 从工作目的来看，新生代产业工人通常根据自身需求选择工作，对工作条件和生活环境有更高的要求，同时对工作回报的诉求更加多元化，看重知识技能和经验阅历的增长

调研数据显示，在所有年龄层次的产业工人中，"挣钱养家糊口"是他们工作的主要目的，占比均在50%以上。另外，在"体验城市生活，增长见识""学习知识技能"和"争取永久在城市的就业和居住"等工作目的上，呈现出明显的代际差异。首先是相对于其他年龄段的产业工人，"00后"产业工人对于工作所提供的学习技能增长的要求更加强烈，他们通常缺乏工作经验和工作能力，且对未来抱有较高的期待。其次是"00后"产业工人、"60后"产业工人和"80后"产业工人，对永久定居城市保持相对较高的期望。"00后"产业工人相对比较年轻，发展潜力较大，存在永久定居的可能性；"60后"产业工人的长期打拼，让他们对城市产生了较为强烈的感情，且通常有较多积蓄，有能力为自己的住房需求买单；而"80后"产业工人大多有住房需求和规划，且更多是出于对下一代的考虑。

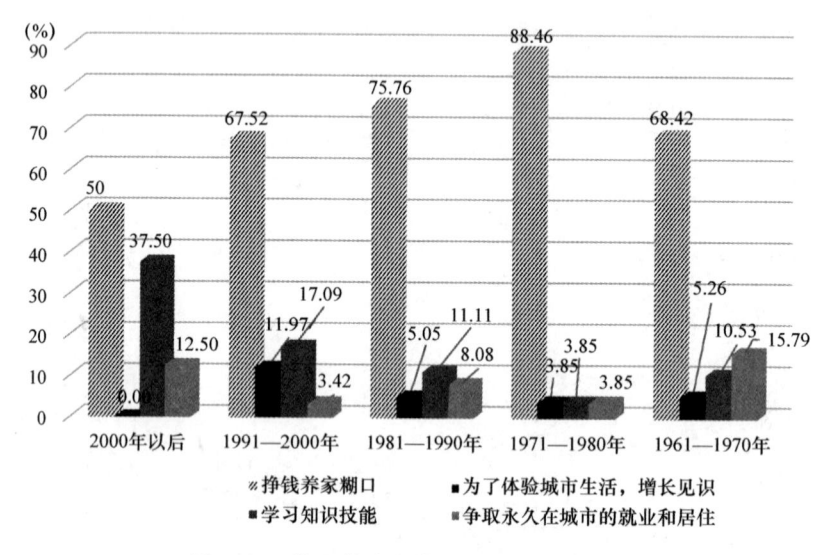

图6-3 代际基础上的工作目的差异（%）

4. 在就业选择态度上，新生代产业工人对工资的关注度更高，但也注重成长机会

总体来说，新生代产业工人对工作的关注度更多地聚焦于工资方面，每一个年龄段对于工资要求的选项，即"工作苦、累都不怕，只要能挣钱就行"，"钱要基本够用，必须有学习和发展的机会"的选择都占据了相当大的比例。新生代产业工人除了关注工资之外，也十分重视学习和发展的机会。值得注意的是，"00后"产业工人这一年龄群体，几乎没有人在意工作环境与人际关系的好坏，"不挑不拣"的比例是最高的，这可能是由于年轻的产业工人相对斗志满满，朝气蓬勃；而年纪相对较大的传统产业工人,更倾向于将目光聚焦于有更高收入的工作,对他们而言,学习和发展机会的重要性相对降低。

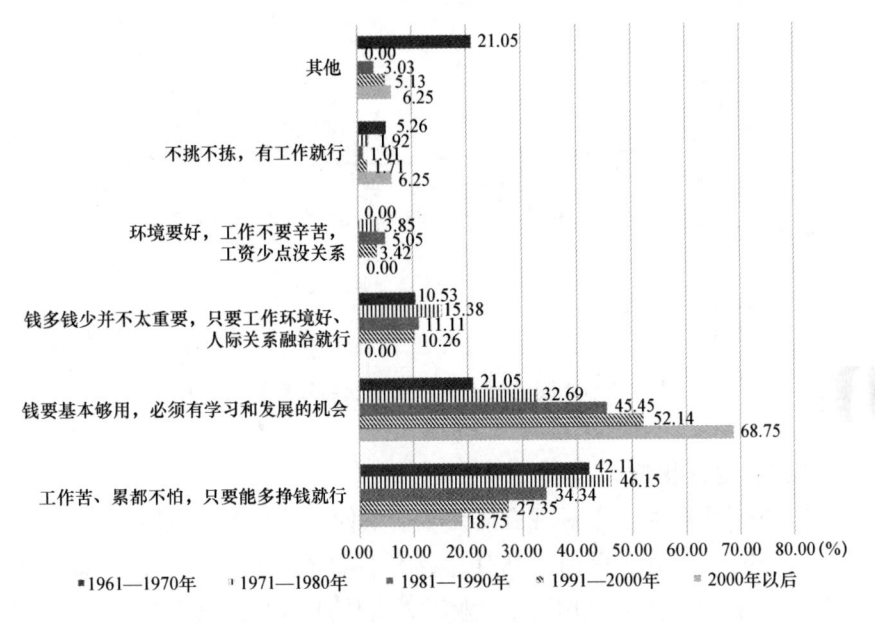

图 6-4 代际基础上的就业选择态度差异(%)

5. 新生代产业工人对职业的认同感总体较为积极,但仍然有待进一步提高

绝大多数新生代产业工人都有着积极的工作态度,但随着工作年限的增长,现状开始转为消极甚至不关心的态度。调研数据显示,"00后"产业工人、"90后"产业工人选择"很满意,但想更进一步"的占比分别为81.25%、48.72%,"80后"产业工人、"70后"产业工人选择"很满意,并进一步发展"的比例仅有四成左右,而选择"不满意,也不想改变"的比例近三成,出现明显的消极心态。这反映出以下两个方面的内容:一方面是因为这些产业工人心里的落差感逐渐增大。工作时间越久,其受到的制约越多,心中预期收入与实际收入的不对等,导致他们心理落差感越来越大;另一方面是自身技能的限制。在访谈的过程中也发现,电子行业中,产业工人普遍没有过硬的技能,他们往往希望通过更换岗位来尝试不同的工作,但却由于自身技能比较单一,难以作出相应改变。

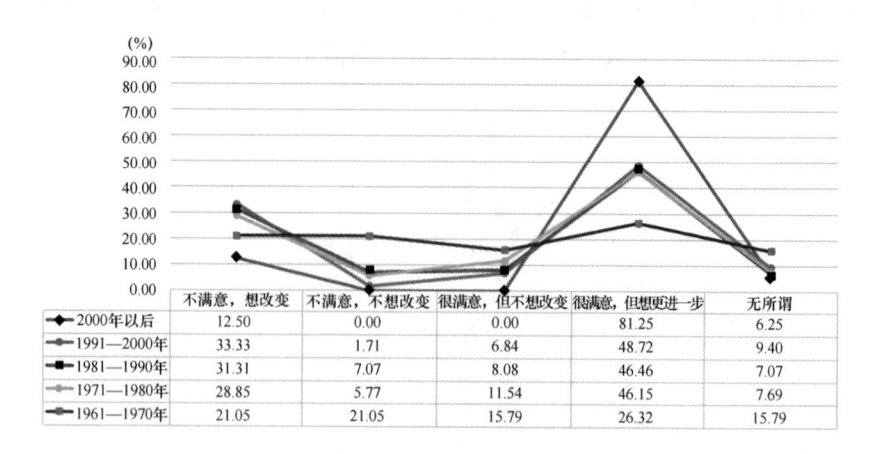

	不满意，想改变	不满意，不想改变	很满意，但不想改变	很满意，但想更进一步	无所谓
2000年以后	12.50	0.00	0.00	81.25	6.25
1991—2000年	33.33	1.71	6.84	48.72	9.40
1981—1990年	31.31	7.07	8.08	46.46	7.07
1971—1980年	28.85	5.77	11.54	46.15	7.69
1961—1970年	21.05	21.05	15.79	26.32	15.79

图 6-5　代际基础上的职业现状感知差异（%）

（二）生活状况

1. 新生代产业工人对现有居住生活条件，满意程度更高

对题项"您对您目前的居住生活条件满意吗？"的分析结果可知：新生代产业工人中，"00 后"产业工人群体选择"满意""较满意"的占比合计为 81.25%，"90 后"产业工人选择"满意""较为满意"的

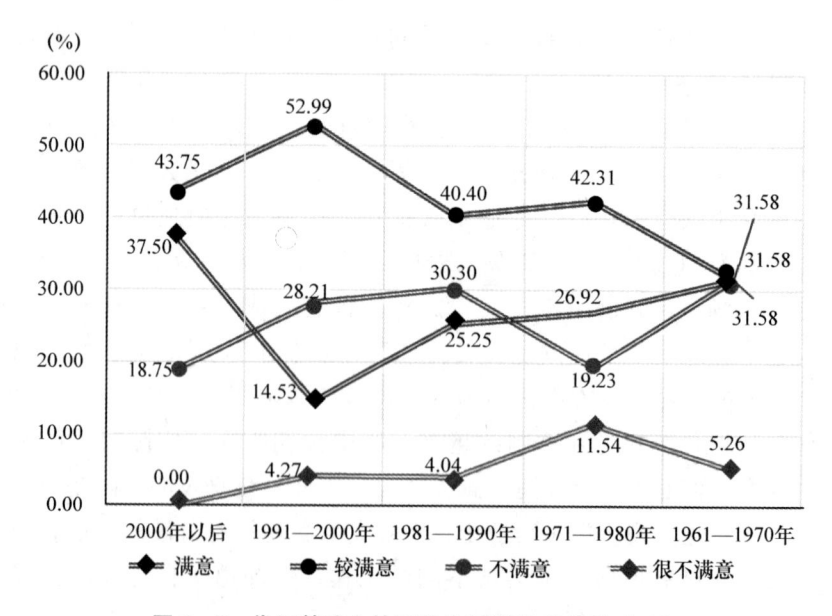

图 6-6　代际基础上的居住生活满意度差异（%）

占比合计为 67.52%；相较而言，高于同类型"80后"产业工人的 65.65% 和"70后"产业工人的 69.23%。

2. 不同年龄阶段的产业工人在住房消费方面存在差异，相比之下 "70后"产业工人和"80后"产业工人在住房方面花费相对多一些， "00后"产业工人在住房消费方面呈现出两个极端

由数据可知，"70后"产业工人、"80后"产业工人更愿意在住房方面投入更多的注意力和金钱，他们选择免费住宿的比例相对来说较低。此外，我们可以看到，"00后"产业工人选择免费住宿的比例最多，而住房消费大于 1500 元的比例较高，呈现出两极分化的特征。选择免费住宿的原因可能在于，"00后"产业工人的积蓄较少，工资较低，免费住宿对其来说是一个减轻生活负担的方式。而选择投入较高的住房消费的原因则是在于，部分新生代产业工人对于个人隐私以及居住地的舒适度等有着较高的要求，因此他们会倾向于选择一个比较优质的居住环境。从具体的居住花费来看，绝大多数产业工人属于"免费住宿""小于 200 元""200—500 元""500—800 元"的消费人群，他们在住房方面有着较少的投入。现阶段青年产业工人对自己的居住需求并不高，他们倾向于在有限收入的前提下选择合适的住房条件，而"包吃包住"的企业招聘条件对于刚步入社会的群体来说，具有非常强的吸引力。

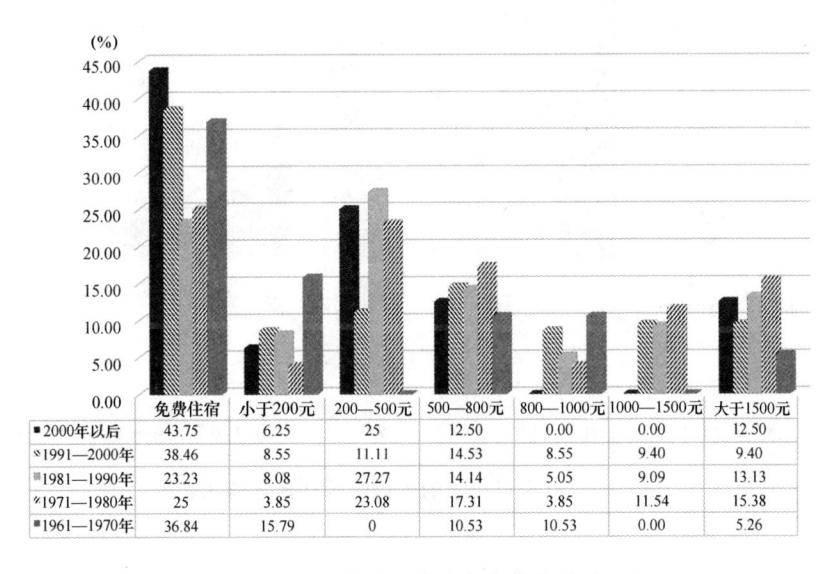

	免费住宿	小于200元	200—500元	500—800元	800—1000元	1000—1500元	大于1500元
2000年以后	43.75	6.25	25	12.50	0.00	0.00	12.50
1991—2000年	38.46	8.55	11.11	14.53	8.55	9.40	9.40
1981—1990年	23.23	8.08	27.27	14.14	5.05	9.09	13.13
1971—1980年	25	3.85	23.08	17.31	3.85	11.54	15.38
1961—1970年	36.84	15.79	0	10.53	10.53	0.00	5.26

图 6-7 代际基础上的住房消费差异（%）

3. 与老一辈产业工人相比,新生代产业工人认为城市有更多的发展机会,对永久定居的需求有增强趋势

数据分析显示,新生代产业工人选择在大城市打工,并争取永久居留城市的比例较高,尤其是对于"00 后"产业工人而言,选择永久居留城市的比例高达 68.75%。在选择永久定居的动因上,新生代产业工人更关注发展机会和提高自身社会地位。"00 后"产业工人选择"城市有更多的发展机会"的占比 56.25%、"提高自身社会地位"占比 25.00%,"90 后"产业工人选择这两项的占比分别为 29.91% 和 13.68%。对于新生代产业工人来说,他们离开自己的家乡,选择进入粤港澳大湾区中的大城市,有很大一部分原因是看中了其发展前景,希望能够通过自己的努力打拼出一番事业。而很多老一辈产业工人的目的则是为子女发展打基础,他们希望先通过自己的努力积攒一定积蓄,争取让自己的子女到城市接受更好的教育。

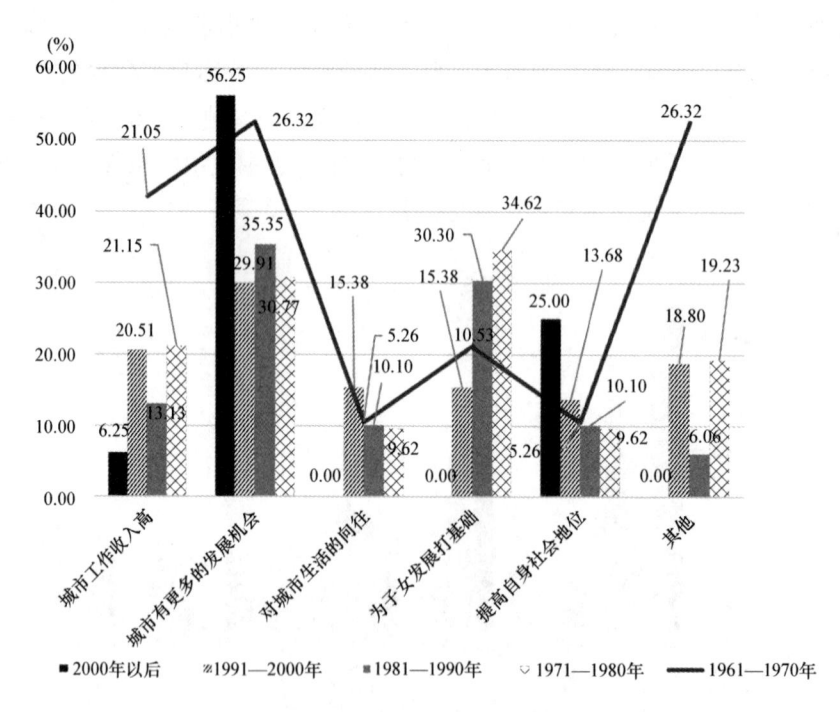

图 6-8 代际基础上的长远生活打算差异(%)

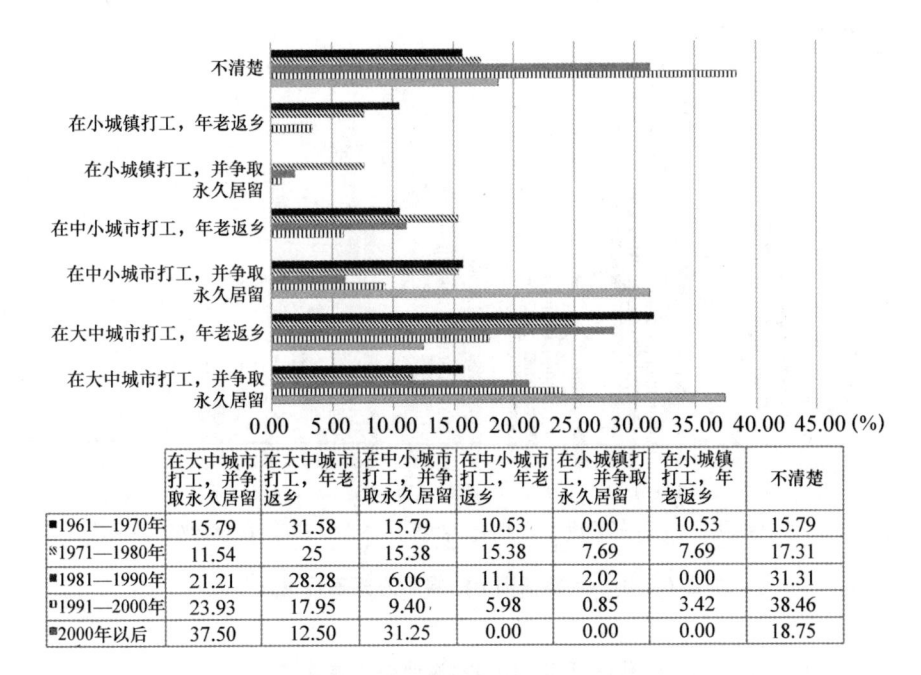

第六章 粤港澳大湾区产业工人的特征差异

	在大中城市打工，并争取永久居留	在大中城市打工，年老返乡	在中小城市打工，并争取永久居留	在中小城市打工，年老返乡	在小城镇打工，并争取永久居留	在小城镇打工，年老返乡	不清楚
1961—1970年	15.79	31.58	15.79	10.53	0.00	10.53	15.79
1971—1980年	11.54	25	15.38	15.38	7.69	7.69	17.31
1981—1990年	21.21	28.28	6.06	11.11	2.02	0.00	31.31
1991—2000年	23.93	17.95	9.40	5.98	0.85	3.42	38.46
2000年以后	37.50	12.50	31.25	0.00	0.00	0.00	18.75

图6-9 代际基础上"你愿意永久居住在这里的原因"（%）

4. 新生代产业工人的娱乐方式更加多元化，但消费主义、享乐主义现象较少

对题项"您日常的娱乐方式"分析可知，"00后"产业工人、"90后"产业工人参与各种娱乐方式的比例均接近半数，"00后"产业工人中基本不存在没有娱乐方式的群体，玩游戏比例较高，达37.50%，但基本维持在一小时以内；其中"90后"产业工人选择"看电视剧/电影"的比例最高为70.09%，其次是听音乐/K歌比例为55.56%、读书比例为30.77%；"70后"产业工人选择"没有娱乐方式"的比例最高为17.31%。随着人们生活水平的提高和消费观念的改善，产业工人自身的娱乐观念也发生了变化，他们有了更多样化娱乐方式的需求，不同的个体倾向于选择的娱乐方式也不同。值得注意的是，由于产业工人从事的大部分工作都有着工作时间长、工作强度高的工作属性，使得他们在工作之余并没有充足的时间进行娱乐活动，因此耗时少、社会交流程度高的网络游戏或者聊天的方式，成为他们舒缓工作压力的首选。

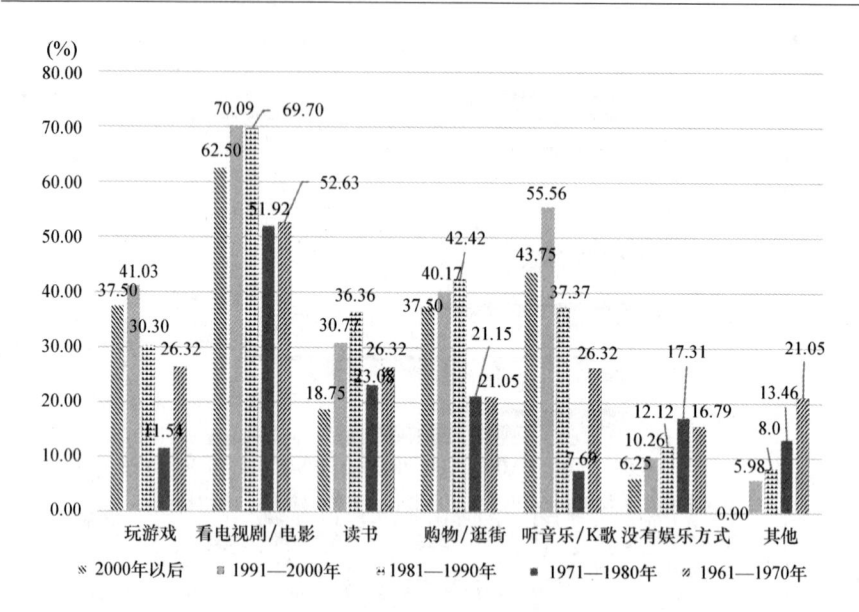

图 6-10 代际基础上的娱乐方式差异（%）

表 6-1　　　　　　　代际基础上的日打游戏时长差异

年龄段/ 打游戏时长	1 小时 以内	2 小时 左右	3 小时 左右	4 小时 左右	5 小时 左右	6 小时 及以上	不打 游戏
2000 年以后	43.75%	6.25%	6.25%	0.00%	0.00%	0.00%	43.75%
1991—2000 年	27.35%	18.80%	5.98%	0.00%	0.00%	0.85%	47.01%
1981—1990 年	26.26%	15.15%	0.00%	2.02%	1.01%	0.00%	55.56%
1971—1980 年	11.54%	3.85%	0.00%	0.00%	1.92%	3.85%	78.85%
1961—1970 年	5.26%	21.05%	0.00%	0.00%	5.26%	0.00%	68.42%

（三）社会保障

1. 新生代产业工人在政治权利行使上的比例较低，有着更低的政治参与度，很多新生代产业工人未听说过政治权利

对题项"您目前为止享受到的政治权利有哪些（多选题）"的分析结果可知，"00 后"产业工人选择"未听说过有政治权利"的人数占 43.75%，与"70 后"产业工人、"60 后"产业工人类似。政治权利的认知与产业工人的阅历和获取信息渠道的广阔度有关，对于新生代产业工人，他们通过网络有更加广阔的信息获取渠道，经常通过网络上的时

事新闻和公众号的科普知识了解政治权利,接触的次数较多认知程度也会有相应的提高;对于"70后"产业工人、"60后"产业工人这些工作时间较长的产业工人而言,丰富的生活阅历,也让他们了解到了政治权利的基本内容。

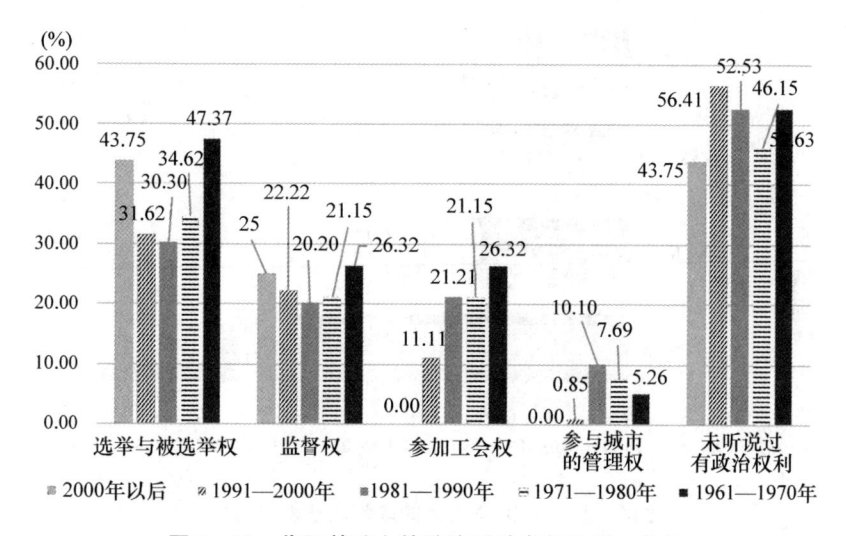

图6-11 代际基础上的政治活动参与差异(%)

2. 与老一辈产业工人相比,新生代产业工人倾向于选择网络和电话渠道来表达社会管理方面的建议和意见

对题项"您通过哪些渠道来表达社会管理方面的建议和意见(多选题)"的分析结果可知,"00后"产业工人选择通过网络和电话渠道来表达意见的比例分别为75.00%和12.50%,"90后"产业工人选择这两项的占比为63.25%和26.50%。但在每个年龄段的产业工人中,都有接近三成的产业工人认为没有渠道表达意见。因此,在社会管理过程中,仍不可忽视对公众政治参与的持续关注和实践引导。

3. 新生代产业工人对公共服务的期待集中在劳动就业、收入分配、社会保障和住房等事项,其中劳动就业机会和住房保障需求明显高于传统产业工人。此外,"00后"产业工人学习业务知识的迫切程度最高,"70后"和"80后"产业工人则非常关注子女入学

对题项"您最希望政府或者单位在下列哪些方面提供帮助(不定项)"的分析可知,"00后"产业工人认为劳动就业和住房是最需要政

图 6-12 中各渠道数据：

没有渠道
- 1961—1970年：26.32
- 1971—1980年：30.77
- 1981—1990年：29.29
- 1991—2000年：29.91
- 2000年以后：25.00

前往政府寻找机关工作人员
- 1961—1970年：5.26
- 1971—1980年：7.69
- 1981—1990年：5.05
- 1991—2000年：0.00
- 2000年以后：7.69

意见箱
- 1961—1970年：15.79
- 1971—1980年：17.31
- 1981—1990年：16.16
- 1991—2000年：16.24
- 2000年以后：12.50

收音电台
- 1961—1970年：21.05
- 1971—1980年：5.77
- 1981—1990年：11.11
- 1991—2000年：6.84
- 2000年以后：0.00

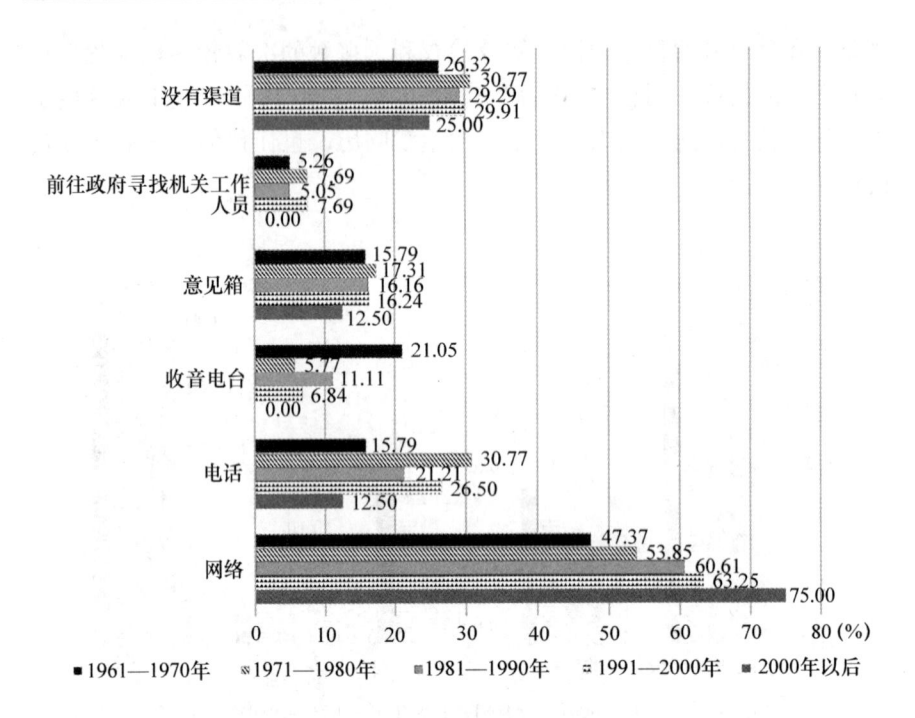

电话
- 1961—1970年：15.79
- 1971—1980年：30.77
- 1981—1990年：21.21
- 1991—2000年：26.50
- 2000年以后：12.50

网络
- 1961—1970年：47.37
- 1971—1980年：53.85
- 1981—1990年：60.61
- 1991—2000年：63.25
- 2000年以后：75.00

图 6-12　代际基础上的政治表达差异（%）

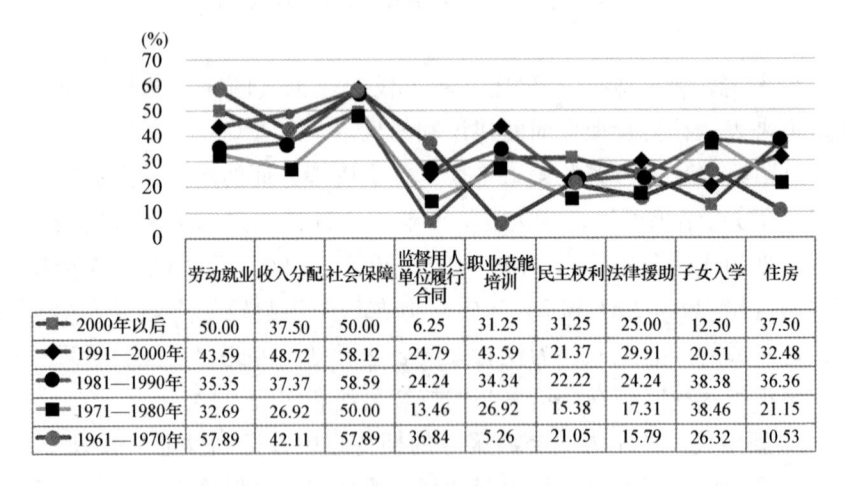

	劳动就业	收入分配	社会保障	监督用人单位履行合同	职业技能培训	民主权利	法律援助	子女入学	住房
2000年以后	50.00	37.50	50.00	6.25	31.25	31.25	25.00	12.50	37.50
1991—2000年	43.59	48.72	58.12	24.79	43.59	21.37	29.91	20.51	32.48
1981—1990年	35.35	37.37	58.59	24.24	34.34	22.22	24.24	38.38	36.36
1971—1980年	32.69	26.92	50.00	13.46	26.92	15.38	17.31	38.46	21.15
1961—1970年	57.89	42.11	57.89	36.84	5.26	21.05	15.79	26.32	10.53

图 6-13　代际基础上的政府期待差异（%）

府提供帮助的事项，占比分别为 50.00% 和 37.50%；与其他年龄层次的产业工人相比，"80 后"产业工人和"70 后"产业工人关注子女入学的比例有明显的上升趋势，分别占 38.38% 和 38.46%；"80 后"产业工人对社会保障的需求最为强烈,接近六成。

通过对题项"目前最迫切需求"分析可知,新生代产业工人关注劳动就业的原因是希望能够有学习业务知识(继续学历教育)的机会,此类需求在新生代产业工人中有明显的增长趋势。

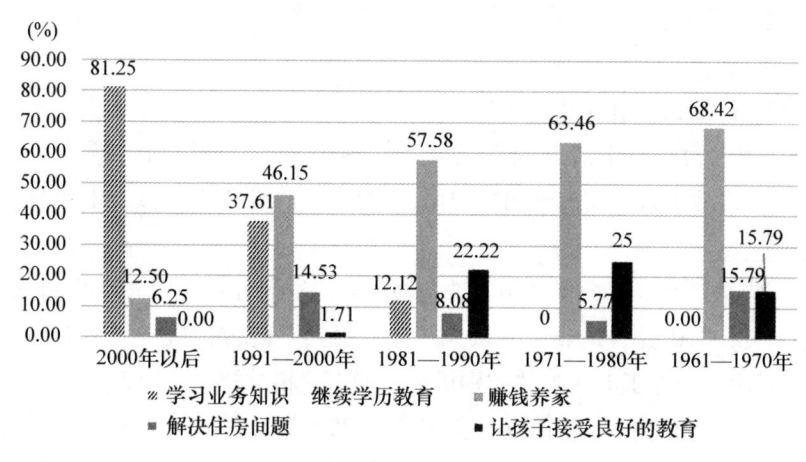

图 6 - 14 代际基础上的迫切需求差异(%)

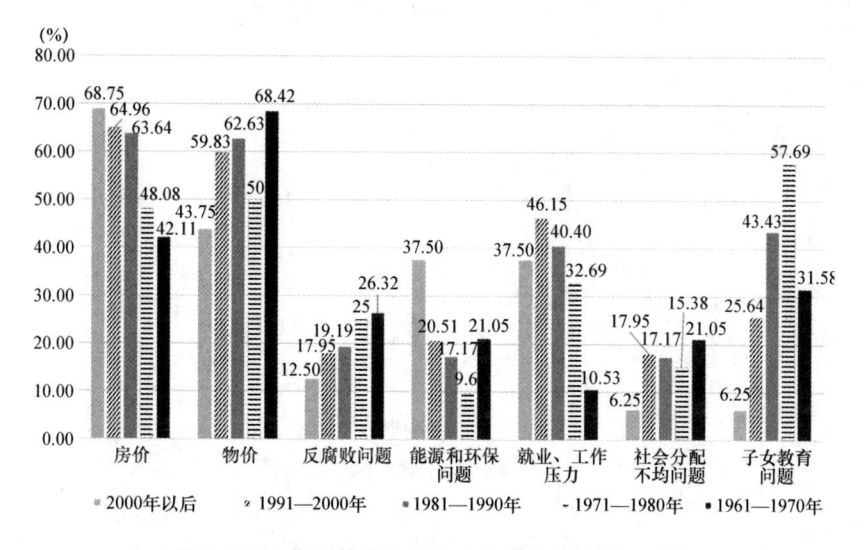

图 6 - 15 代际基础上的社会热点关切差异(%)

对题项"您当前非常关注的社会热点问题(选最主要的 3 项)"的分析可知,新生代产业工人普遍更关注房价,年龄更大的产业工人则更关注物价和子女教育问题。主要原因有两点：一是在客观形势的影响下，目前新生代产业工人面临的就业和购房压力，比以往各年代产业工人面临的压力都要更为沉重，在这方面的需求自然会更加迫切；二是在主观心理方面，新生代产业工人对未来生活的期望值，相较于老一代群体更高，因此追求更高质量生活的需求也更多。

（四）社会交往

1. 在看待自身生活方式与城市人生活方式上，"00后"产业工人与"90后"产业工人之间出现明显分化，"90后"产业工人对城市生活的融入感最强

对题项"您认为您的生活方式与城里人的生活方式差别大吗？"的数据分析可知，"90后"产业工人认为"差别很大"的占比最少，为15.38%，而"00后"产业工人认为"差别很大"的占比相对较高，为25.25%，"80后"产业工人认为"差别很大"的比例为25.00%，"70后"产业工人认为"差别很大"的比例为23.08%，"60后"产业工人认为"差别很大"的比例为42.11%，认为自身生活方式与城里人有明显差别。

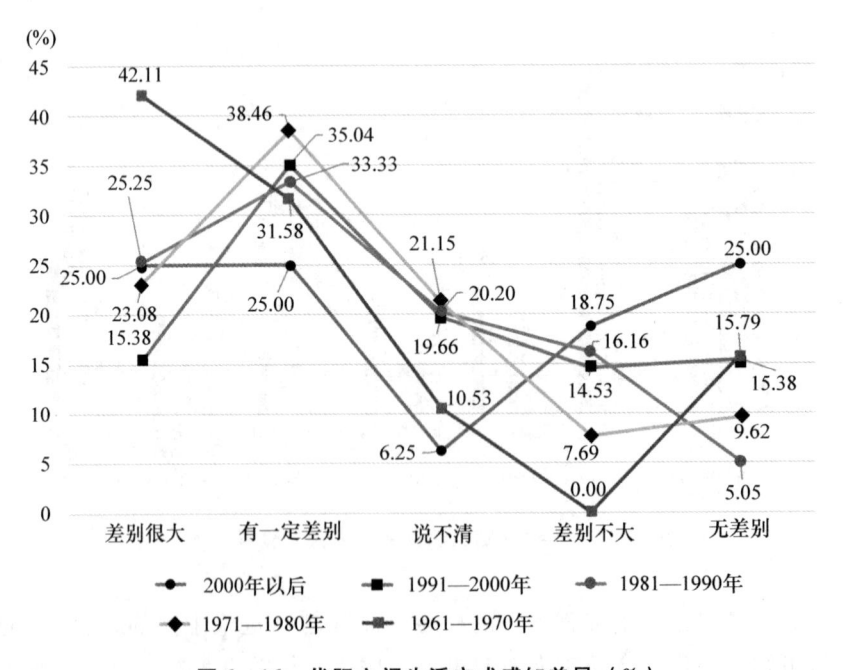

图6-16 代际之间生活方式感知差异（%）

题项"您在生活中是否感受到本地人的包容（单选题）"中，"00后"产业工人选择"包容"和"比较包容"的占比合计为56.25%，"90后"产业工人选择这两项的比例为49.57%，相对高于其他年龄段的产业工人。这一定程度上意味着新生代产业工人更愿意与人交流，寻找共同话题的可能性更高，因而感受到的包容和理解程度更高。

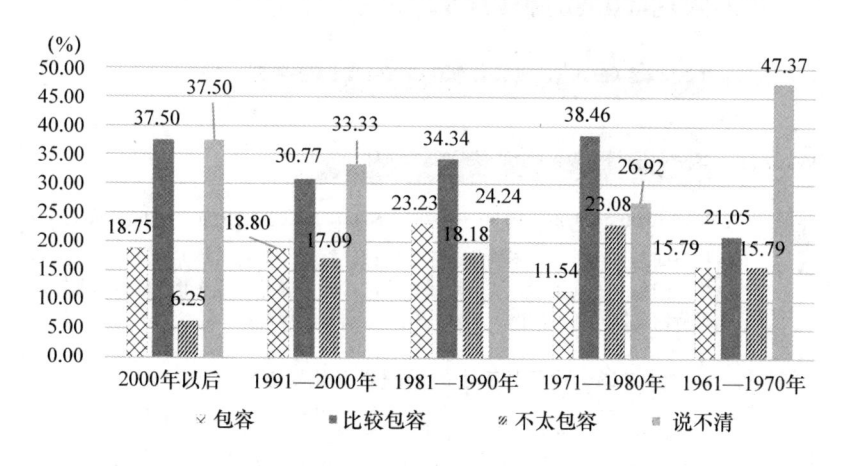

图6-17 代际基础上的城市包容度认知差异（%）

2. 新生代产业工人更加关注工作问题，比较在意同工不同酬、工资低、无劳动合同等工作问题

对题项"您在当地工作生活遇到的最大障碍是什么（多选题）"的数据分析可知，在新生代产业工人当中，认为遇到工作问题（同工不同酬、工资低、无劳动合同等）的比例相对更高。其中，"00后"产业工人为56.25%，"90后"产业工人为52.99%。相较于老一辈产业工人，新生代产业工人在该问题的关注度上有明显的增长趋势。而超过七成的"60后"和"80后"产业工人群体普遍更加关心生活方面的问题，诸如子女上学、买房难、物价高、公共服务可达性低、情感孤独等。

3. 与老一辈产业工人相比，新生代产业工人对"工人"身份的认同感明显弱化，甚至出现抵触情绪

对"工人身份的认知"的题项进行分析可知，从"60后"产业工人到"00后"产业工人，选择"是企业主人翁，感觉自豪"选项的比

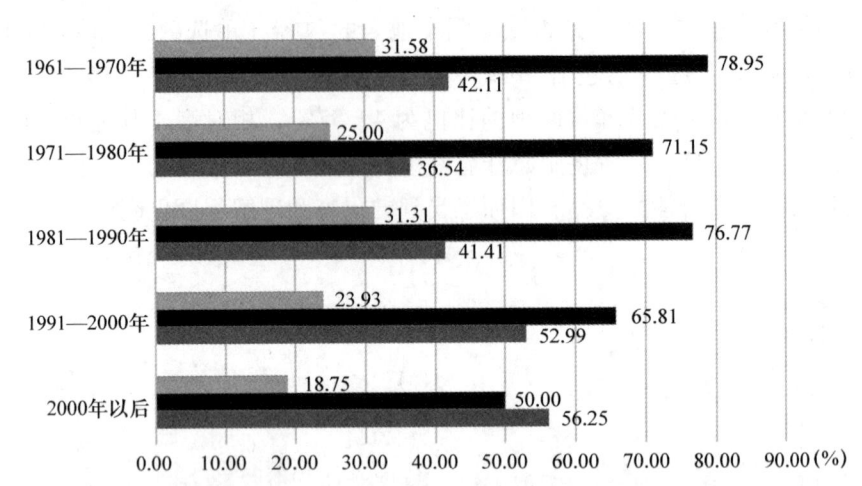

1961—1970年: 31.58 / 78.95 / 42.11
1971—1980年: 25.00 / 71.15 / 36.54
1981—1990年: 31.31 / 76.77 / 41.41
1991—2000年: 23.93 / 65.81 / 52.99
2000年以后: 18.75 / 50.00 / 56.25

■ 权益问题（社会保障不到位、受到歧视、权益经常受到侵害等）
■ 生活问题（子女上学、买房难、物价高、公共服务可达性低、情感孤独等）
■ 工作问题（同工不同酬、工资低、无劳动合同等）

图 6-18　代际基础上的问题难度认知差异（%）

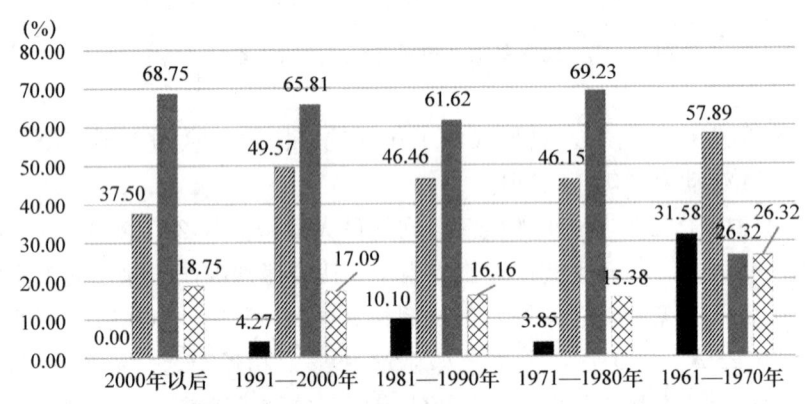

2000年以后: 0.00 / 37.50 / 68.75 / 18.75
1991—2000年: 4.27 / 49.57 / 65.81 / 17.09
1981—1990年: 10.10 / 46.46 / 61.62 / 16.16
1971—1980年: 3.85 / 46.15 / 69.23 / 15.38
1961—1970年: 31.58 / 57.89 / 26.32 / 26.32

■ 是企业主人翁，感觉自豪
▨ 劳动者，应该受到社会的尊重
■ 为社会创造财富，是一个工作岗位，没有高低贵贱之分
▧ 在现实中，存在一种社会现象——认为做工人没出息

图 6-19　代际基础上的"工人"身份认知差异（%）

例从31.58%直降到0。而选择"在现实中，存在一种社会现象——认为做工人没出息"的比例相对较高。其中，"00后"产业工人占比18.75%，"90后"产业工人占比17.09%，"80后"产业工人占比

16.16%,"70后"产业工人占比15.38%,"60后"产业工人占比26.32%。这在一定程度上反映出产业工人对自身定位的偏差,体现出新时代产业工人对工人身份的认同度和自豪感降低,这一问题需要高度警惕。

4. 新生代产业工人对家乡有着较为正面的认知评价,但与老一辈产业工人相比,认可度仍然比较低

对题项"您怎样看待家乡的生活习惯、习俗?"的数据分析可知,"00后"产业工人当中,选择"很落后""落后""有很大一部分落后,有小部分美好的需要保留"的比例合计为62.50%,选择"好""很好"的比例为37.50%,在"90后"产业工人群体中,相应选项比例分别为54.70%和45.30%,而"60后"产业工人群体中超过五成认为家乡生活方式更好。由此可见,与老一辈产业工人相比,新生代产业工人对家乡的认同感较低,但新生代产业工人对家乡状况持更理性、更积极的态度,说明青年产业工人群体已经开始打破"家乡落后才进城务工"的旧观念,在接触城市的同时也没有急于否定自己的家乡。

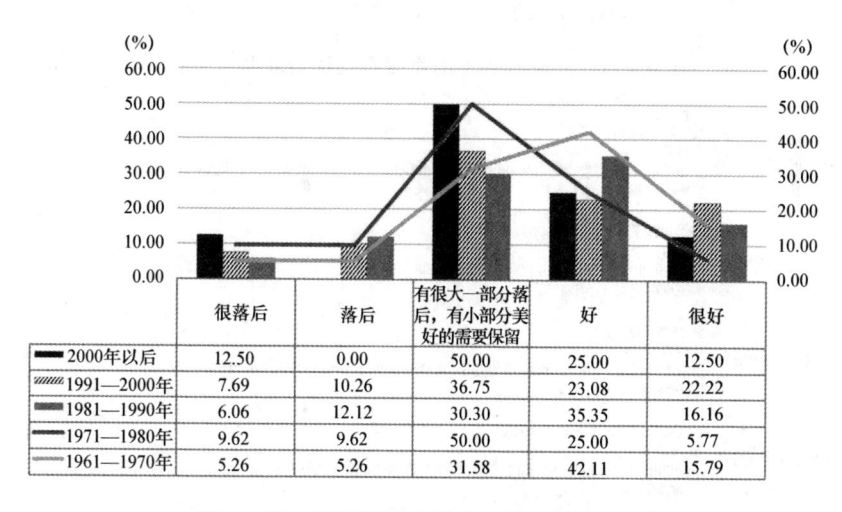

	很落后	落后	有很大一部分落后,有小部分美好的需要保留	好	很好
2000年以后	12.50	0.00	50.00	25.00	12.50
1991—2000年	7.69	10.26	36.75	23.08	22.22
1981—1990年	6.06	12.12	30.30	35.35	16.16
1971—1980年	9.62	9.62	50.00	25.00	5.77
1961—1970年	5.26	5.26	31.58	42.11	15.79

图6-20 代际基础上的家乡认知差异(%)

5. 新生代产业工人差异性地看待自身和子女的生活方式

新生代产业工人群体普遍积极地看待自己的生活方式,但却反对子女像自己一样生活。对题项"您怎样看待自己的生活方式?"的数据分析可知,"00后"产业工人选择"非常好""很好""一般"选项的总比例为

100%，"90后"产业工人也有86.03%，占比非常高。但在与题项"您是否愿意您的下一代像您一样生活？"的数据对比发现，对子女生活方式的评价上，"90后"产业工人群体中有高达60.68%的人认为子女最好不要像自己一样生活，他们普遍认为自己的生活赚钱太少、工作太累、读书太少且社会地位不高，在一定程度上反映出产业工人对子女的期待值较高。

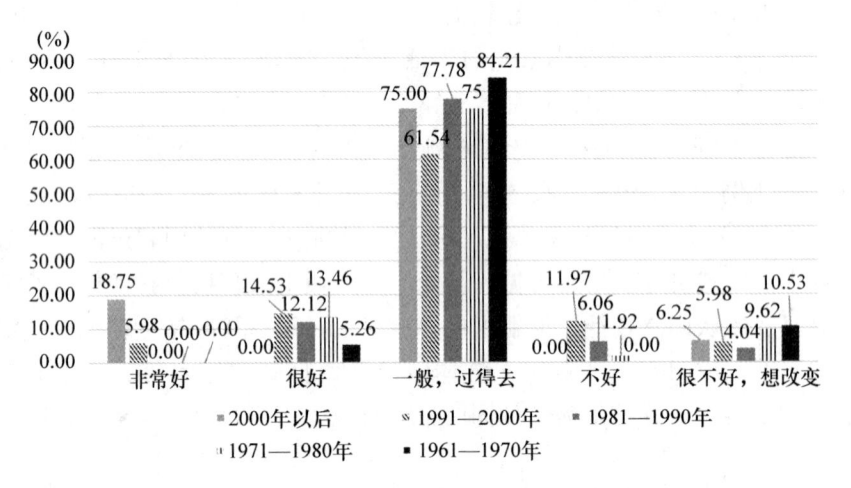

图6-21 代际基础上的生活方式认知差异（%）

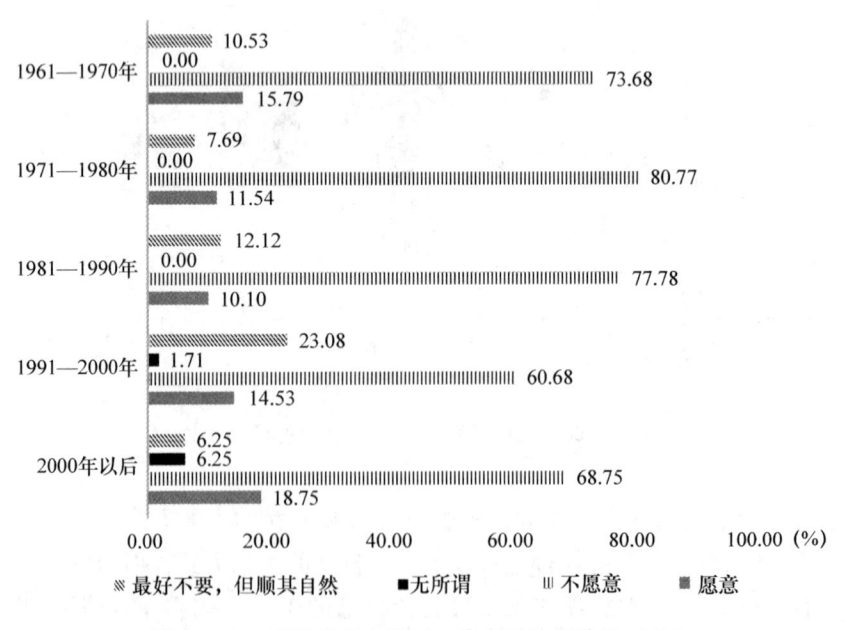

图6-22 代际基础上的下一代生活认知差异（%）

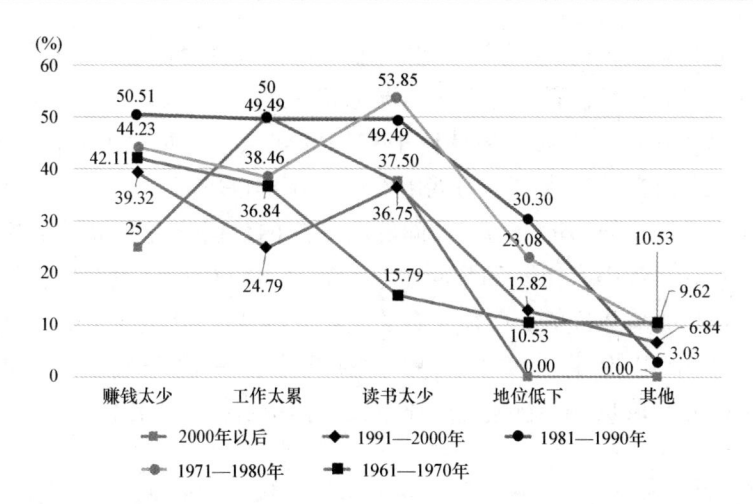

图6-23 代际基础上的不愿意下一代从事相同工作的原因差异（%）

（五）思想认知

1. 与老一辈产业工人相比，新生代产业工人更加积极地看待自身所属阶层，并有逐渐提升的趋势

对题项"您怎样看待自己属于哪一个阶层？"的数据分析可知，从"70后"产业工人至"00后"产业工人，选择"社会底层"选项的比例从76.92%逐渐下降至50.00%，甚至"00后"产业工人群体中出现了近25.00%比例的人认为自己属于"上层"。这足以说明新生代产业工人对自己所属阶层有更加积极的认知，更加认可工人身份，也在侧面说明了社会上对工人身份的"歧视"程度在下降，"接纳"程度在上

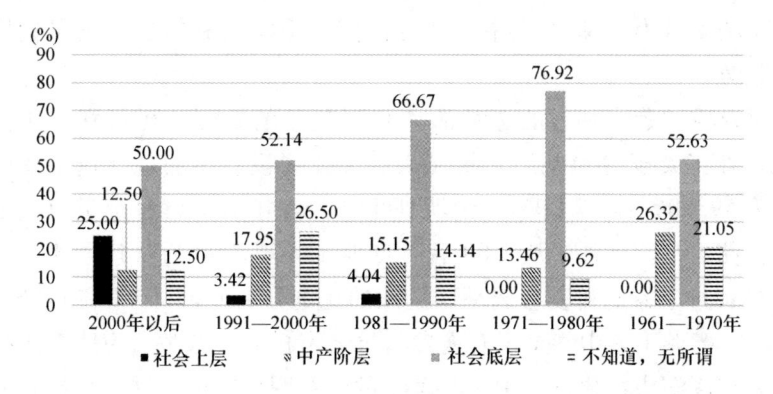

图6-24 代际基础上的阶层认知差异（%）

升。但也要深刻认识到,"00后"产业工人将自身定位于"上层"的现象存在一定的盲目色彩,与现实情况不相一致。

2. 新生代产业工人普遍持读书有用的观点,但相对于其他年龄段的产业工人而言,其持"读书无用论"的比例也较高

对题项"您认为读书与工作间的联系"的数据分析可知,各年龄段产业工人对"读书有用"的赞同比率均超过60.00%,说明普遍认识到读书有较高的潜在价值。但须注意的是在"00后"产业工人、"90后"产业工人中出现了"读书无用"的观点,占比分别为12.50%、5.13%,说明该观点在新生代产业工人群体中占据不小比例。

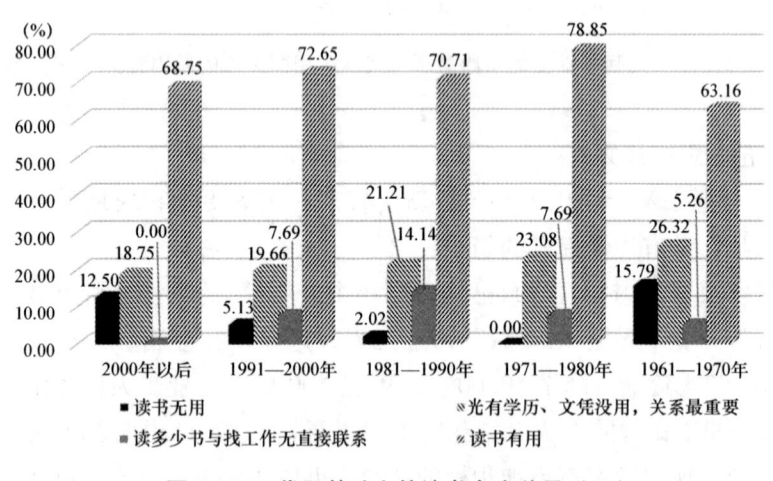

图6-25 代际基础上的读书态度差异(%)

3. 在新生代产业工人中,没有行使过选举权利的群体数量有明显扩大趋势

对题项"您参加过的选举活动有哪些"的数据分析可知,从"80后"产业工人至"00后"产业工人,选择"没有参加过"选项的比例分别为59.60%和75.00%,说明新生代产业工人对自身选举权利的认知和行使不足。另外,从"80后"产业工人至"90后"产业工人,选择"参加过老家的村委会选举"选项的比例分别为25.25%和14.53%,"00后"产业工人中甚至没有人参与过老家村委会选举,说明新生代产业工人在逐渐市民化过程中,与家乡的联系明显减弱,这一现象在政治权利行使方面体现得尤为明显。

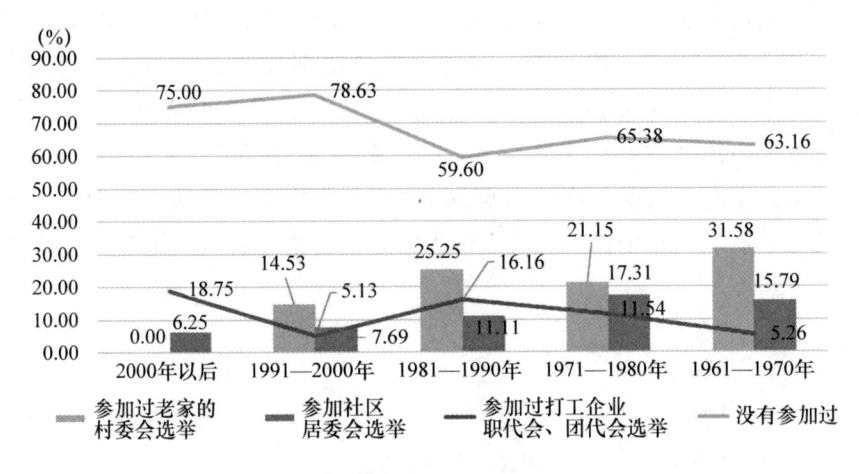

图 6-26 代际基础上的政治活动参与经历差异（%）

4. 新生代产业工人对目前家庭经济情况普遍持乐观态度，认为相比过去有所改善，经济获得感提升较为明显，并且对未来充满期待

对问题"您家目前的经济情况怎么样？"的数据分析可知，在"90后"产业工人群体中，选择"非常好""比较好"选项的比例合计31.62%，远高于"80后"产业工人群体中的17.17%。说明新生代产业工人群体对现阶段家庭经济情况较为满意，因为没有家庭方面的压力，他们所得的收入大部分用于满足自身的需求，且根据部分访谈数据，发现他们大多没有储蓄的打算，因此对于自身经济收入的要求没么高，较容易得到满足。

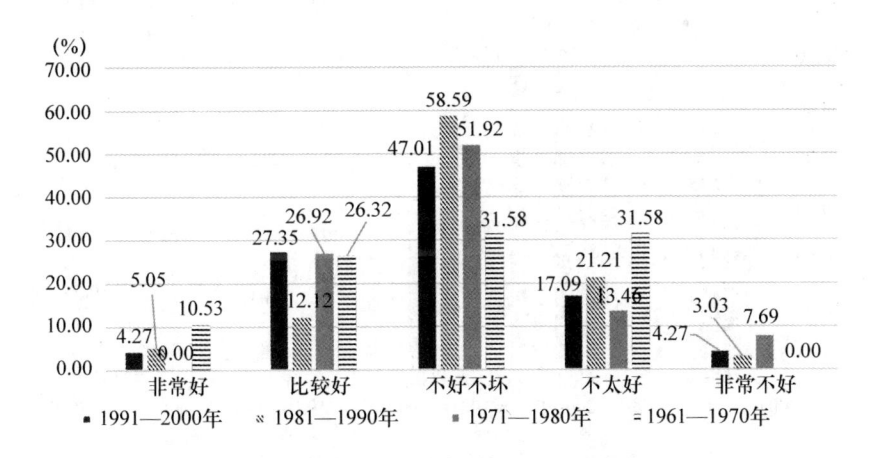

图 6-27 代际基础上的家庭经济状况差异（%）

新生代产业工人中,家庭情况相比五年前有所变化的基本是"90后"产业工人,该群体认为有较大改善的比例较大。结合题项"您家的经济情况与五年前相比有什么变化吗?"的数据分析情况,"90后"产业工人中选择"好很多""好一些"的比例合计69.24%,"80后"产业工人中此类情况的比例为64.65%,占比均超过半数,体现出相比于以往产业工人新生代产业工人认为家庭经济情况有明显提升。

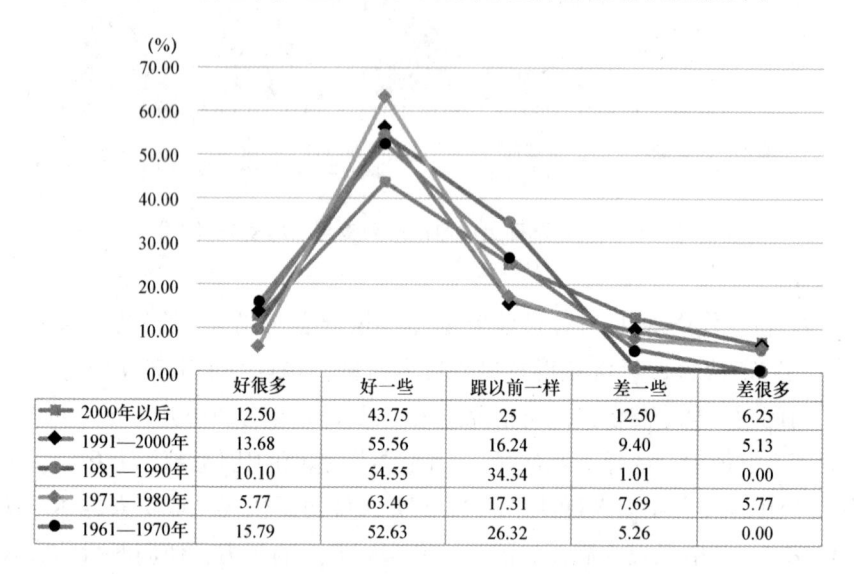

	好很多	好一些	跟以前一样	差一些	差很多
2000年以后	12.50	43.75	25	12.50	6.25
1991—2000年	13.68	55.56	16.24	9.40	5.13
1981—1990年	10.10	54.55	34.34	1.01	0.00
1971—1980年	5.77	63.46	17.31	7.69	5.77
1961—1970年	15.79	52.63	26.32	5.26	0.00

图 6-28 代际基础上的 5 年前家庭经济状况的变化认知差异(%)

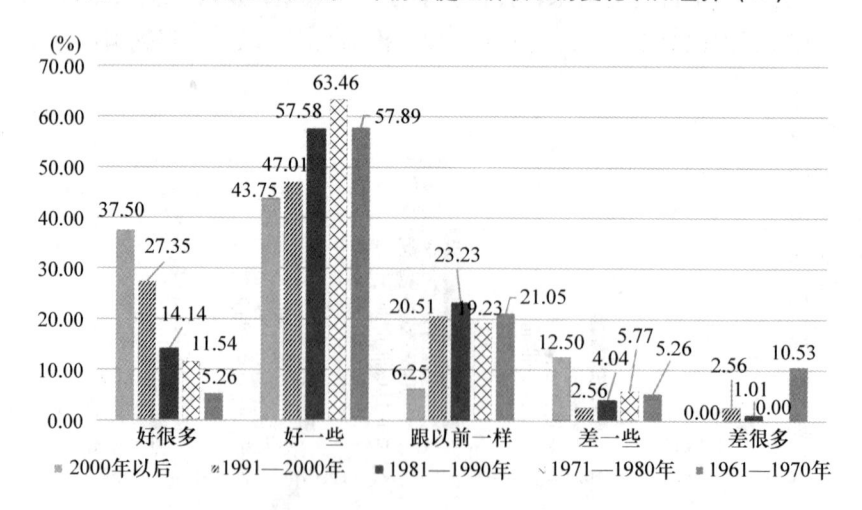

图 6-29 代际基础上的 5 年后家庭经济状况的变化认知差异(%)

再结合题项"您家的经济情况五年后会有什么变化?"的数据分析情况,在新生代产业工人群体中,对未来家庭经济情况的变化,普遍持乐观态度。由图中数据可知,"00后"产业工人选择"好很多""好一些"选项的比例为81.25%,"90后"产业工人选择该选项的比例为74.36%,远超半数。总体说明,新生代产业工人在经济获得感上有显著提升,包括相比过去目前经济情况以及对未来的预期都有强烈且积极的感受。

二 行业差异

(一) 工作状况

1. 各行业产业工人获得工作来源之间存在较大差异。农业、制造业、建筑业等大部分行业的产业工人,仍然更依赖地缘与亲缘关系,批发和零售业、居民服务业等少部分产业工人已经将网络作为获取工作的主要渠道

通过对比不同产业工人工作机会来源调查数据(见图6-30)发现,大部分产业工人仍然通过线下方式获取工作机会,其中"亲友老乡介绍"是大部分产业工人获取工作机会的最主要途径,这种现象在住宿和餐饮业中体现得最为显著(占比100%),其次是建筑业(占比66.67%)、农业(占比58.33%)、制造业(占比54.82%)等传统行业。随着互联网的普及,部分产业工人获取工作机会的途径也逐渐向线上转移,通过"网络"已经成为继"亲友老乡介绍"之后第二大获取就业机会的途径。据统计,在批发和零售业(占比48.15%)、居民服务等(占比33.33%)与互联网相接轨的行业中,较多产业工人通过网络获取工作机会,其他大部分行业的产业工人则仍然通过传统的线下途径获取工作机会。结合现有经验和调查数据也可以发现,新时代产业工人获取工作机会的方式发生了一系列的转变。一方面,产业工人获取工作机会的途径从传统的线下转为线上线下交互的方式。随着互联网的发展,线上涌现出了纷繁多样的求职类网站和求职类移动端产品,为产业工人提供精细化的服务,满足不同行业产业工人的个性化求职需求。另一方面,产业工人获取工作机会的媒介从单一的熟人引荐模式转为熟人引荐、个体自荐、平台推荐的多渠道求职网,大大拓宽了产业工人的择业渠道。

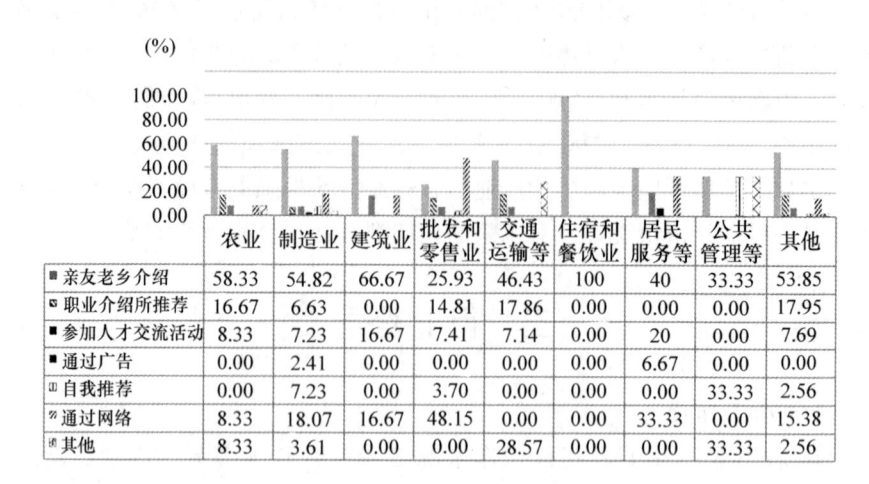

	农业	制造业	建筑业	批发和零售业	交通运输等	住宿和餐饮业	居民服务等	公共管理等	其他
■ 亲友老乡介绍	58.33	54.82	66.67	25.93	46.43	100	40	33.33	53.85
职业介绍所推荐	16.67	6.63	0.00	14.81	17.86	0.00	0.00	0.00	17.95
参加人才交流活动	8.33	7.23	16.67	7.41	7.14	0.00	20	0.00	7.69
■ 通过广告	0.00	2.41	0.00	0.00	0.00	0.00	6.67	0.00	0.00
自我推荐	0.00	7.23	0.00	3.70	0.00	0.00	0.00	33.33	2.56
▨ 通过网络	8.33	18.07	16.67	48.15	0.00	0.00	33.33	0.00	15.38
其他	8.33	3.61	0.00	0.00	28.57	0.00	0.00	33.33	2.56

图6-30 行业基础上的工作来源差异（%）

2. 各行业产业工人在工作流动原因上存在较大的同质性。收入低是各行业产业工人工作流动的主要原因，尤以交通运输业、居民服务业与制造业表现最为明显

通过对比不同行业产业工人工作流动差异调查数据（见图6-31）发现，"收入低"是产业工人工作流动的主要原因，其中以交通运输等

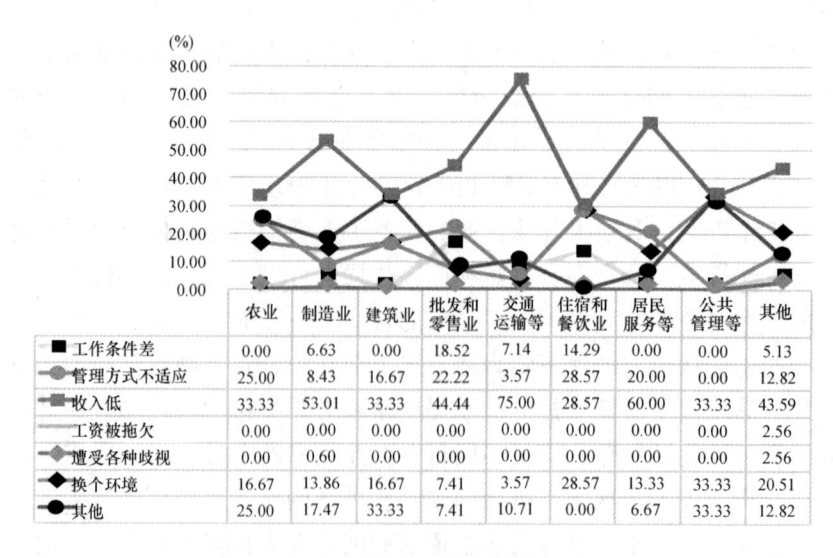

	农业	制造业	建筑业	批发和零售业	交通运输等	住宿和餐饮业	居民服务等	公共管理等	其他
■ 工作条件差	0.00	6.63	0.00	18.52	7.14	14.29	0.00	0.00	5.13
管理方式不适应	25.00	8.43	16.67	22.22	3.57	28.57	20.00	0.00	12.82
收入低	33.33	53.01	33.33	44.44	75.00	28.57	60.00	33.33	43.59
工资被拖欠	0.00	0.00	0.00	0.00	0.00	0.00	0.00	0.00	2.56
遭受各种歧视	0.00	0.60	0.00	0.00	0.00	0.00	0.00	0.00	2.56
◆ 换个环境	16.67	13.86	16.67	7.41	3.57	28.57	13.33	33.33	20.51
● 其他	25.00	17.47	33.33	7.41	10.71	0.00	6.67	33.33	12.82

图6-31 行业基础上的工作流动差异（%）

(75.00%)、居民服务等（60.00%）行业体现得最为明显，以农业（33.33%）、建筑业（33.33%）等行业体现得较为不明显，行业间的差距较为显著。此外，工作条件、管理方式、环境等也是导致产业工人出现工作流动的因素。通过数据可以发现，不同行业产业工人对工资水平的满意度有较大的差距，这可能与不同行业的工作环境、工作强度以及待遇水平等差异有关。与此同时，新时代产业工人对工作的诉求也日趋多元化，除了工资水平以外，他们同时也更加关注工作条件、管理方式等方面的情况，对物质层面和精神层面有更高的追求。

3. 各行业间产业工人在更换工作单位频率上存在较大差异，建筑业产业工人更换工作单位最为频繁

通过不同行业产业工人更换工作单位频率的调查数据（见图6-32）发现，不同行业之间产业工人更换工作单位的频率呈现出较大的差异，其差异大概可以分为四类：第一类是以建筑业为代表的频繁更换行业，其"1年及以下"和"1—3年"更换工作的频率均为33.33%；第二类是以农业、制造业、公共管理等为代表的均匀更换行业，其1—5年更换工作的频率均不存在较大差异；第三类是以交通运输等为代表的稳定行业，其产业工人大都在"3—5年"（占比64.29%），甚至"5年及以上"（32.14%）才更换工作单位；第四类是以住宿和餐饮业、居民服务等为代表的间歇性稳定行业，其产业工人在"1—3年"和"5年及以上"呈现出较高的更换工作单位频率。结合数据结果发现，不同行业间产业工人的工作稳定性差异较大，这可能与行业本身的性质有关。建筑业产业工人大多数以工程队的形式参与项目现场工作，工程周期一般不超过三年，工程验收之后，产业工人因工程队就地解散，或因不愿跟随工程队迁移到下一工程所在地而失业，不得不更换新的工作单位。而以农业为代表的行业大都不需要掌握特殊的产业技能，因此产业工人能够随时根据自己的需求更换企业。相反，以交通运输为代表的稳定性行业大都需要产业工人掌握一定的专业技能、具备一定的从业资格，该行业的产业工人在进入企业之后，需要一定时间的学习和练习，才能真正胜任自己的岗位工作，因此该类型行业产业工人的就业稳定性相对较高。而以住宿和餐饮业为代表的行业，则具有较为特殊的工作环境或工作时间，如果产业工人无法适应该类型工作的特殊性，则容易在工作的1—3年内另谋出路，而一旦产业工人适应了其特殊的工作需求，

则能够长期坚守在这类岗位上工作。

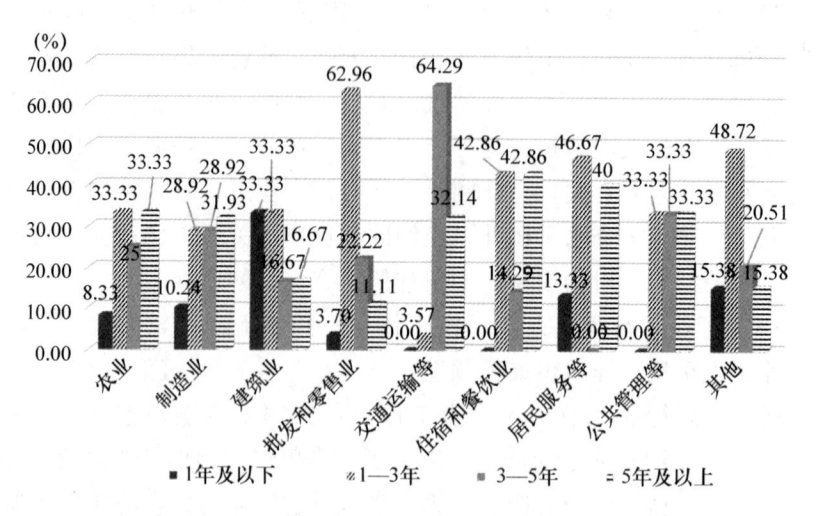

图6-32 行业基础上的更换工作单位频率差异（%）

（二）生活状况

1. 各行业产业工人在居住生活条件上体现出行业差异，住宿和餐饮业、居民服务业的产业工人表示满意的比例最高，从事农业、建筑业等行业的产业工人对居住生活条件也普遍较为满意

通过不同行业产业工人居住生活条件满意度的调查数据（见图6-33）发现，超过半数的产业工人对自己的居住生活条件较为满意，但各行业间仍存在一定的差异。其中，住宿和餐饮业（"满意"占比42.86%）、居民服务等（"满意"占比40.00%）的产业工人对居住生活条件的满意度较高，建筑业（"较满意"占比66.67%）、农业（"较满意"占比50.00%）的产业工人对居住和生活条件较为满意，交通运输业（"很不满意"占比28.57%）、批发和零售业（"不满意"占比37.04%）的产业工人对居住和生活条件的满意度较低。

2. 各行业产业工人在日常娱乐方式上差别不大，看电视剧/电影是各行业产业工人中最为主流的娱乐方式

通过不同行业产业工人日常娱乐方式的调查数据（见图6-34）发现，产业工人在日常娱乐方式选择上具有较高的同质性。"看电视剧/电影"是各行业产业工人主要的娱乐方式，各行业中均有超过半数的产业

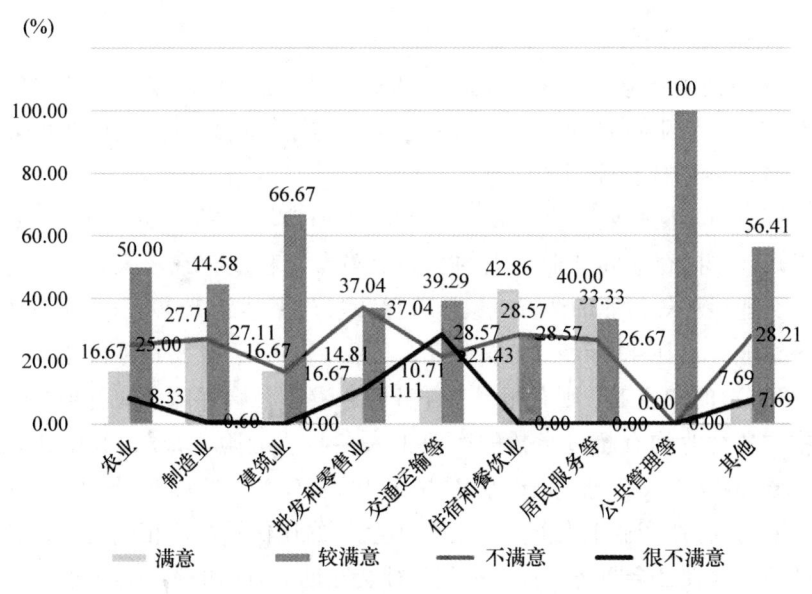

图 6-33 行业基础上的居住生活条件满意度差异（%）

工人通过看电视剧/电影进行日常娱乐，"听音乐/K歌""读书"等也是产业工人选择较多的娱乐方式。

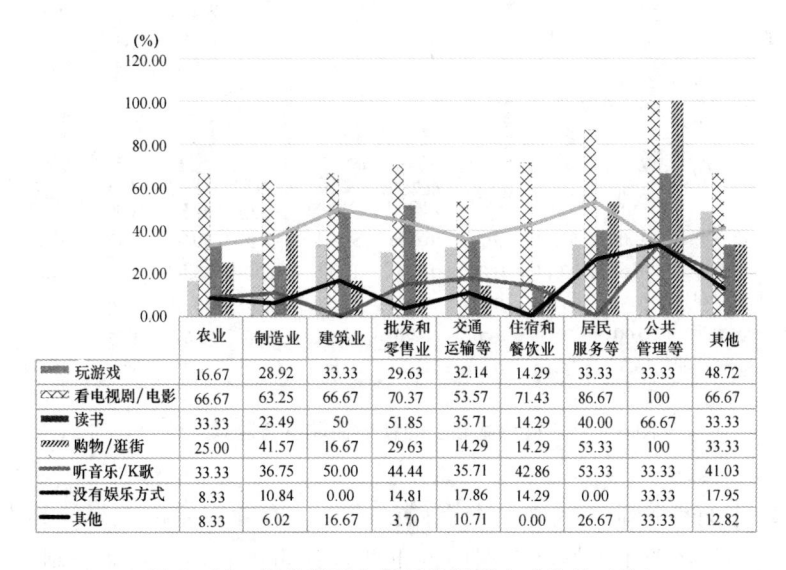

	农业	制造业	建筑业	批发和零售业	交通运输等	住宿和餐饮业	居民服务等	公共管理等	其他
玩游戏	16.67	28.92	33.33	29.63	32.14	14.29	33.33	33.33	48.72
看电视剧/电影	66.67	63.25	66.67	70.37	53.57	71.43	86.67	100	66.67
读书	33.33	23.49	50	51.85	35.71	14.29	40.00	66.67	33.33
购物/逛街	25.00	41.57	16.67	29.63	14.29	14.29	53.33	100	33.33
听音乐/K歌	33.33	36.75	50.00	44.44	35.71	42.86	53.33	33.33	41.03
没有娱乐方式	8.33	10.84	0.00	14.81	17.86	14.29	0.00	33.33	17.95
其他	8.33	6.02	16.67	3.70	10.71	0.00	26.67	33.33	12.82

图 6-34 行业基础上的日常娱乐方式差异（%）

(三) 社会保障

1. 各行业产业工人在参与社会保障上体现出较大差异。其中建筑业和交通运输业的产业工人参与社会保障的比例较高，其他行业均存在部分暂未参加社会保障的情况

通过对不同行业产业工人社会保障参与的调查数据（见图6-35）比较发现，不同行业间产业工人的社会保障参与程度存在较大差异。建筑业、交通运输等行业的调查对象社会保障参与率达到100%，而从事住宿和餐饮业（占比42.86%）、农业（占比33.33%）、批发和零售业（占比33.33%）的产业工人则有相当一部分暂未参加社会保障。在各项社会保障中，各行业均有超过半数的产业工人参与"五险一金"，其中建筑业（占比100%）、交通运输等（占比96.43%）、居民服务等（占比80.00%）行业产业工人参加"五险一金"的比例较高。相比之下，各行业产业工人在社会救济、社会福利、社会互助等方面的参与则普遍较少。

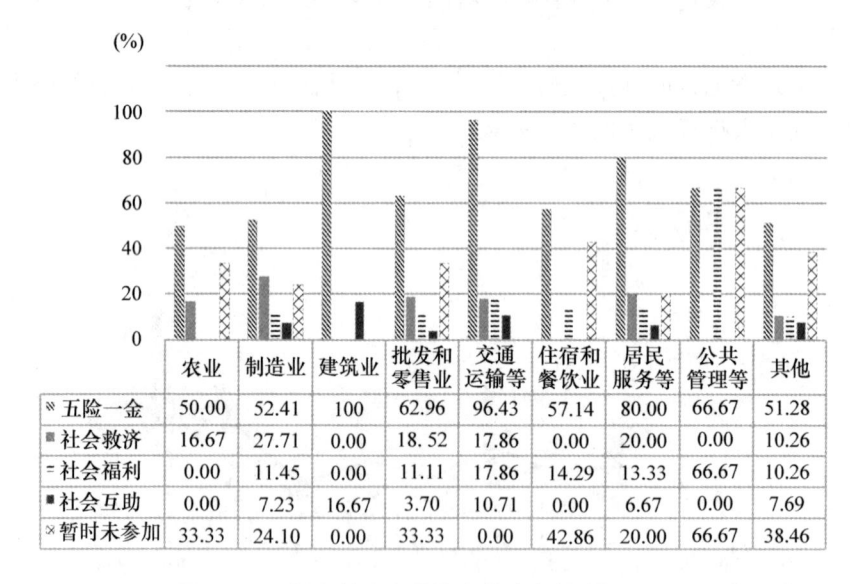

(%)	农业	制造业	建筑业	批发和零售业	交通运输等	住宿和餐饮业	居民服务等	公共管理等	其他
五险一金	50.00	52.41	100	62.96	96.43	57.14	80.00	66.67	51.28
社会救济	16.67	27.71	0.00	18.52	17.86	0.00	20.00	0.00	10.26
社会福利	0.00	11.45	0.00	11.11	17.86	14.29	13.33	66.67	10.26
社会互助	0.00	7.23	16.67	3.70	10.71	0.00	6.67	0.00	7.69
暂时未参加	33.33	24.10	0.00	33.33	0.00	42.86	20.00	66.67	38.46

图6-35 行业基础上的社会保障参与差异（%）

2. 各行业产业工人在社会保障认可度上存在一定的差异。其中交通运输等的产业工人对社会保障的重要性认可度较高，农业、制造业、批发和零售业等行业的产业工人也较为认可社会保障的重要性，而建筑

业、住宿和餐饮业等行业的产业工人对社会保障重要性的认知仍需进一步加强

通过对不同行业产业工人对社会保障认可度的调查数据（见图6-36）观察发现，大部分产业工人对社会保障认可度较高。其中，交通运输等行业产业工人认为社会保障很重要的比例高达78.57%，批发和零售业（"很重要"占比70.37%）、农业（"很重要"占比66.67%）、制造业（"很重要"占比62.05%）的产业工人对社会保障认可度也比较高，而建筑业（"一般重要"占比66.67%）、居民服务等（"一般重要"占比46.67%）行业的产业工人对社会保障的认可度则相对较低。

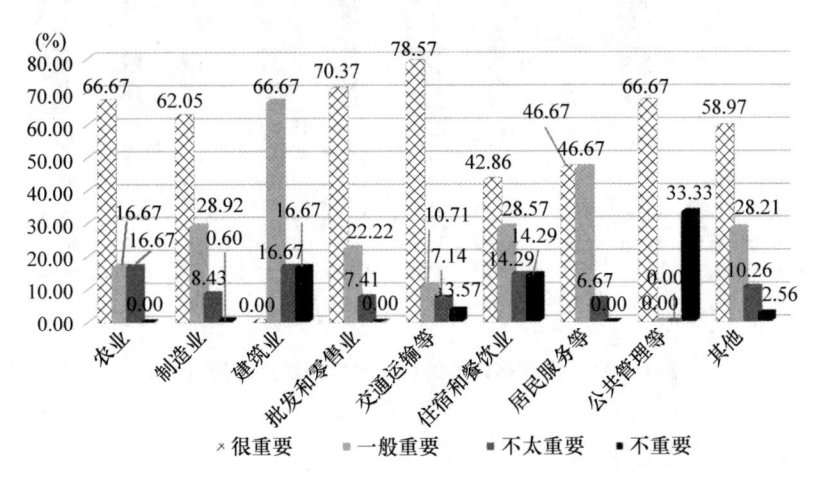

图6-36 行业基础上的社会保障认可度差异（%）

3. 各行业产业工人对社会保障的关注点较为集中，医疗保险与养老保险是各行业普遍关注的社会保障类别，而生育保险的重视程度普遍偏低

通过对不同行业产业工人对社会保障关注点差异的调查数据（见图6-37）发现，产业工人对社会保障的关注点主要集中在"医疗保险"和"养老保险"两个领域。其中，批发和零售业的产业工人对医疗保险的关注度最高（占比92.59%），农业的产业工人对养老保险的关注度最高（占比75.00%），失业保险和工伤保险在各行业产业工人中的关注度都相对较低。其中，农业（占比50.00%）的产业工人对失业保险的关注度较高，而住宿和餐饮业（占比71.43%）及交通运输等（占

比50.00%）行业的产业工人较为关注工伤保险。从数据中可以发现，各行业产业工人普遍关注那些与当下健康息息相关以及与未来生活不可脱钩的社会保障，而对工伤、失业、生育等不确定是否会发生的社保类型的关注度较低。

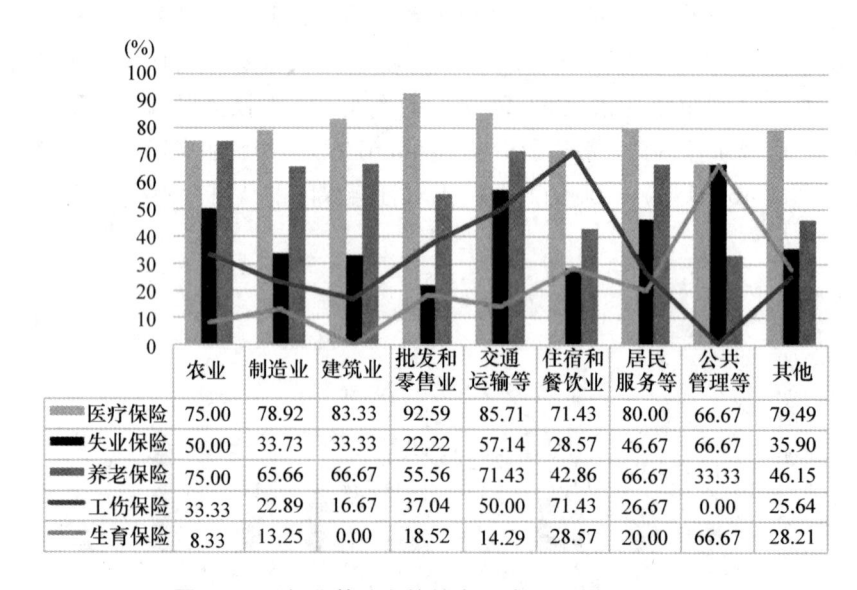

	农业	制造业	建筑业	批发和零售业	交通运输等	住宿和餐饮业	居民服务等	公共管理等	其他
医疗保险	75.00	78.92	83.33	92.59	85.71	71.43	80.00	66.67	79.49
失业保险	50.00	33.73	33.33	22.22	57.14	28.57	46.67	66.67	35.90
养老保险	75.00	65.66	66.67	55.56	71.43	42.86	66.67	33.33	46.15
工伤保险	33.33	22.89	16.67	37.04	50.00	71.43	26.67	0.00	25.64
生育保险	8.33	13.25	0.00	18.52	14.29	28.57	20.00	66.67	28.21

图6-37 行业基础上的社会保障关注点差异（%）

（四）社会交往

1. 各行业产业工人普遍与当地居民相处融洽，制造业、建筑业、批发和零售业、居民服务等行业产业工人与当地居民相处融洽度较高

通过对不同行业产业工人与当地居民相处融洽度的调查数据（见图6-38）比较发现，大部分行业的产业工人能够与当地居民融洽相处。其中，建筑业（占比66.67%）、制造业（占比57.83%）、批发和零售业（占比55.56%）等行业有超过半数的产业工人能够与当地居民很融洽或者比较融洽地相处。农业、建筑业、批发和零售业、住宿和餐饮业、居民服务等行业的产业工人均没有出现与当地居民相处不融洽或很不融洽的情况。

2. 各行业产业工人与当地居民交流频率存在较大差异，从事住宿和餐饮业的产业工人与当地居民交流频率较高，农业、制造业、建筑业、批发和零售业等行业的产业工人则普遍与当地居民缺乏交流

通过对不同行业产业工人与当地居民交流频率的调查数据（见图6-39）

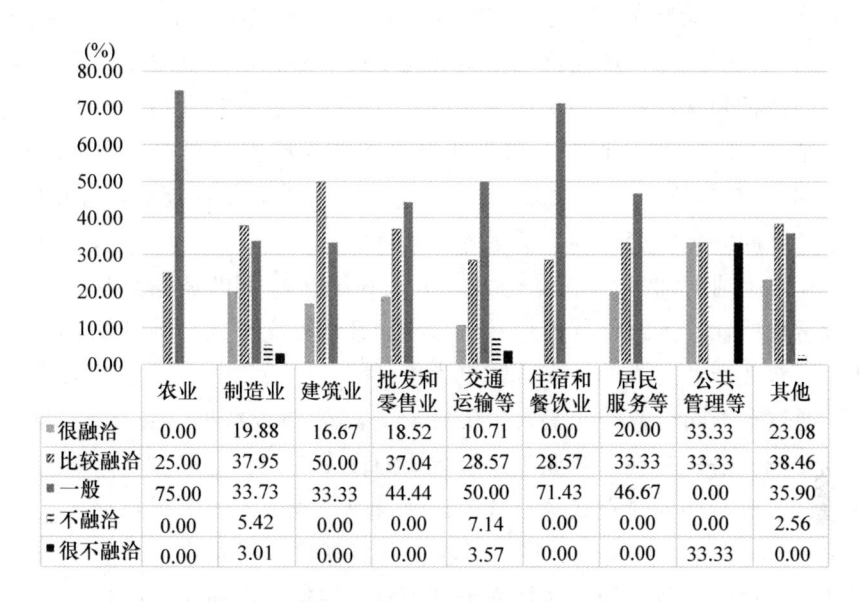

第六章 粤港澳大湾区产业工人的特征差异 169

	农业	制造业	建筑业	批发和零售业	交通运输等	住宿和餐饮业	居民服务等	公共管理等	其他
很融洽	0.00	19.88	16.67	18.52	10.71	0.00	20.00	33.33	23.08
比较融洽	25.00	37.95	50.00	37.04	28.57	28.57	33.33	33.33	38.46
一般	75.00	33.73	33.33	44.44	50.00	71.43	46.67	0.00	35.90
不融洽	0.00	5.42	0.00	0.00	7.14	0.00	0.00	0.00	2.56
很不融洽	0.00	3.01	0.00	0.00	3.57	0.00	0.00	33.33	0.00

图 6-38 行业基础上的与当地居民相处融洽度差异（%）

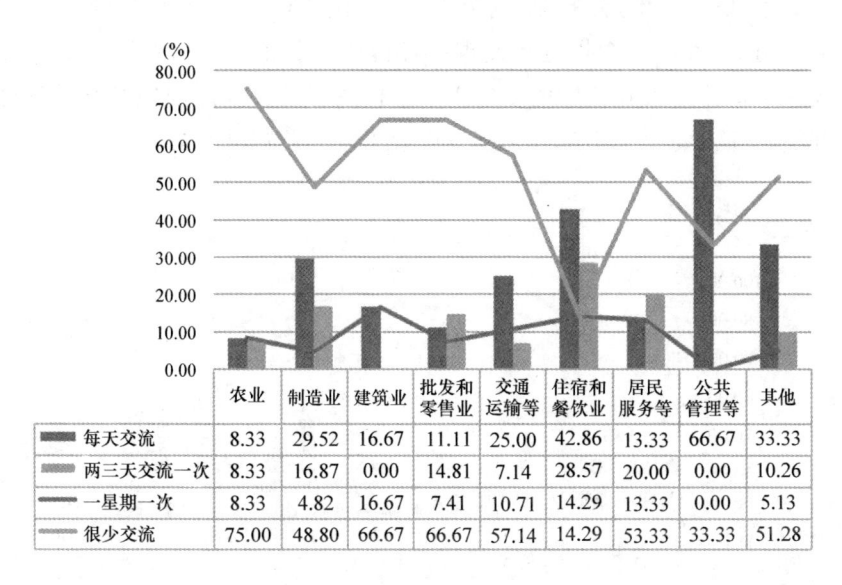

	农业	制造业	建筑业	批发和零售业	交通运输等	住宿和餐饮业	居民服务等	公共管理等	其他
每天交流	8.33	29.52	16.67	11.11	25.00	42.86	13.33	66.67	33.33
两三天交流一次	8.33	16.87	0.00	14.81	7.14	28.57	20.00	0.00	10.26
一星期一次	8.33	4.82	16.67	7.41	10.71	14.29	13.33	0.00	5.13
很少交流	75.00	48.80	66.67	66.67	57.14	14.29	53.33	33.33	51.28

图 6-39 行业基础上的与当地居民交流频率差异（%）

比较发现，大部分行业产业工人与当地居民很少交流。只有从事住宿和餐饮业（占比 42.86%）的产业工人与当地居民交流的频率较高，农业（占比 75.00%）、建筑业（占比 66.67%）、批发和零售业（占比

66.67%)、交通运输等（占比57.14%）、居民服务等（占比53.33%）行业的产业工人与当地居民均很少交流。这一差异可能主要由行业特性导致，住宿和餐饮业均要求从业人员与服务对象进行沟通以达到服务目的。结合不同行业产业工人与当地居民相处融洽程度调查数据（见图6-38）分析发现，虽然大部分行业产业工人与当地居民能够较好相处，但彼此之间的生活交流和生活融入非常有限。

3. 各行业产业工人在社交方式上较为统一。手机是各行业产业工人最常用的社交方式，其使用频率远高于其他社交方式。与其他行业相比，建筑业产业工人的社交方式更为单一

通过对不同行业产业工人主要社交方式的调查数据（见图6-40）比较发现，手机是现代产业工人最主要的社交方式，七成以上产业工人均通过手机与外界建立联系。其中，建筑业产业工人的手机社交比例高达100%。此外，打牌或麻将、唱歌、逛街等日常娱乐也是产业工人开展社交活动的有效途径。从社交类型来看，建筑业产业工人的日常社交方式较为单一，仅有打牌或麻将（占比16.67%）和手机（占比100%）两种途径。数据分析发现，各行业产业工人日常社交方式整体上较为丰富，随着互联网的发展以及手机的普及，加之虚拟社交的便捷性和实惠性，使得手机成为大部分产业工人的首选社交方式。

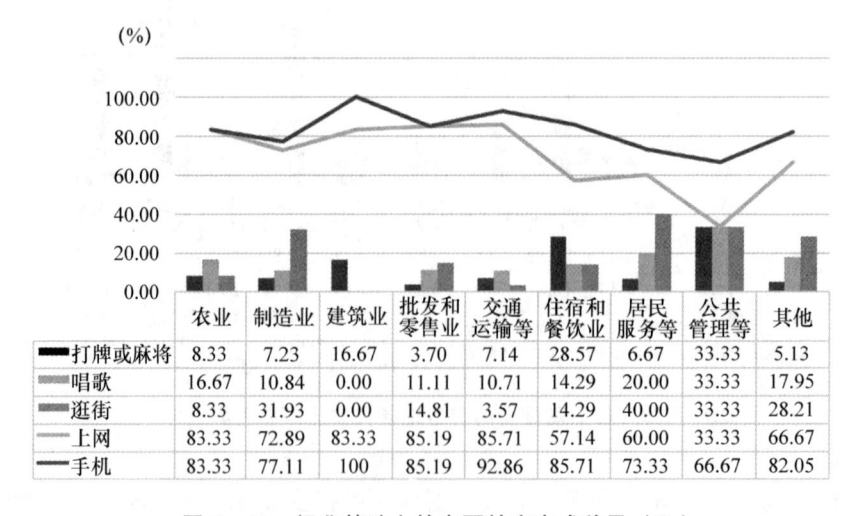

	农业	制造业	建筑业	批发和零售业	交通运输等	住宿和餐饮业	居民服务等	公共管理等	其他
打牌或麻将	8.33	7.23	16.67	3.70	7.14	28.57	6.67	33.33	5.13
唱歌	16.67	10.84	0.00	11.11	10.71	14.29	20.00	33.33	17.95
逛街	8.33	31.93	0.00	14.81	3.57	14.29	40.00	33.33	28.21
上网	83.33	72.89	83.33	85.19	85.71	57.14	60.00	33.33	66.67
手机	83.33	77.11	100	85.19	92.86	85.71	73.33	66.67	82.05

图6-40 行业基础上的主要社交方式差异（%）

(五) 思想认知

1. 各行业产业工人对收入分配公平感知差异较大。建筑业的产业工人具有较高的收入分配公平感，农业、制造业、批发和零售业、交通运输等诸多行业的产业工人均有强烈的收入分配不公平感

通过对不同行业产业工人收入分配公平感知的调查数据（见图6-41）比较发现，大部分行业产业工人对收入分配的公平感知普遍较低。除了从事建筑业（"非常公平"和"公平"总占比100%）的产业工人对收入分配感知较高以外，其他行业均有超过半数的产业工人认为现有收入分配不公平，其中农业（占比91.67%）和交通运输（占比78.57%）行业的产业工人对收入分配的不公平感知尤为显著。

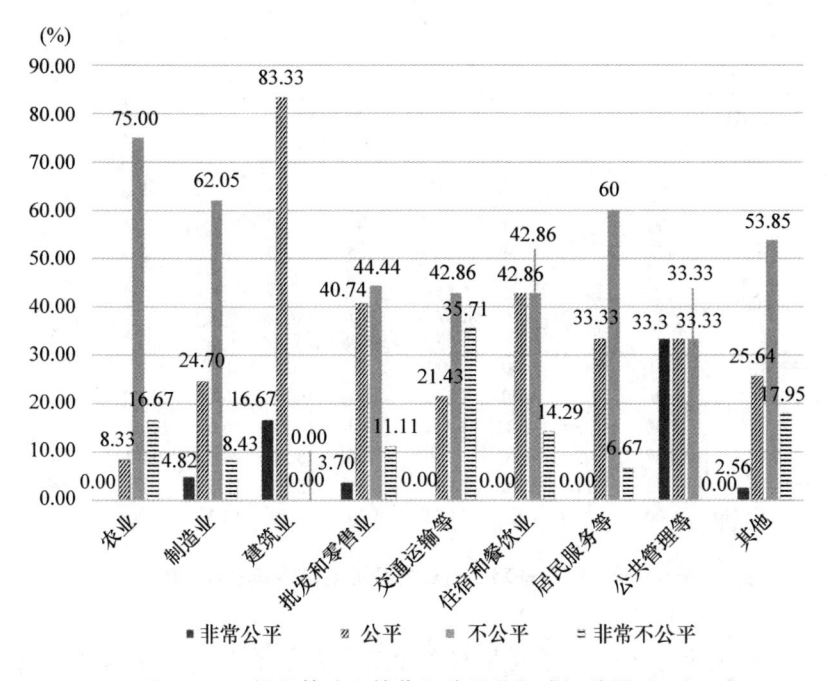

图6-41 行业基础上的收入分配公平感知差异（%）

2. 各行业产业工人在社会经济地位感知上差异较大。除制造业和交通运输等行业的少部分产业工人认为自己的社会经济地位在上层外，其他行业的产业工人普遍认为自己的社会经济地位处于中下层或下层

通过对不同行业产业工人社会经济地位感知的调查数据（见图6-

42）比较发现，各行业产业工人大多对其社会经济地位定位较低。仅有少部分从事居民服务等（占比 20.00%）、批发和零售业（占比 18.52%）、制造业（占比 4.82%）、交通运输等（占比 3.57%）行业的产业工人认为其社会经济地位在中上及以上。其他行业均有超过半数的产业工人社会经济地位感知在"中下"及以下或不确定。其中，从事建筑业（"下"占比 50.00%）、批发和零售业（"下"占比 44.44%）、交通运输等（"下"占比 42.86%）行业的产业工人社会经济地位感知普遍偏低。

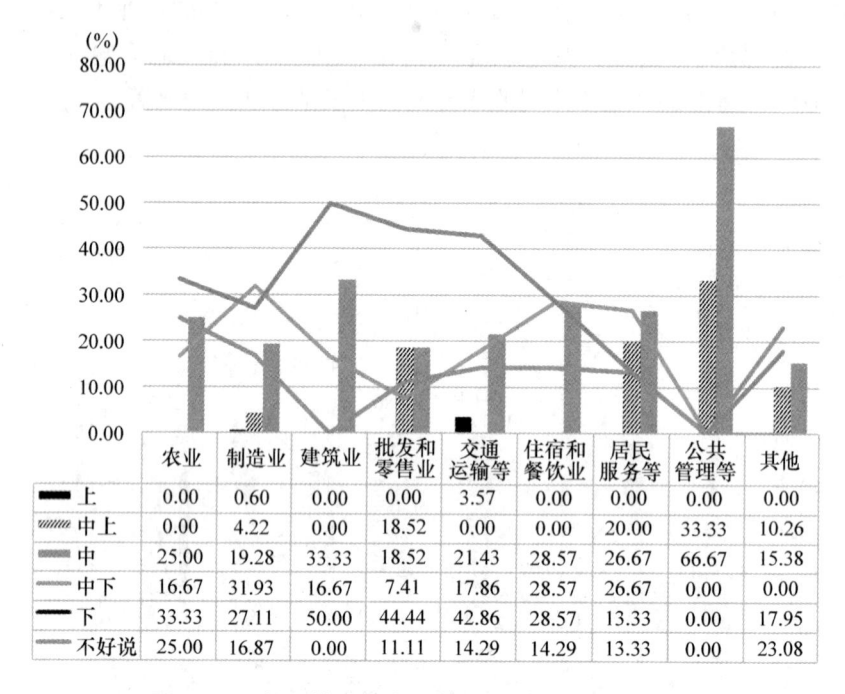

	农业	制造业	建筑业	批发和零售业	交通运输等	住宿和餐饮业	居民服务等	公共管理等	其他
上	0.00	0.60	0.00	0.00	3.57	0.00	0.00	0.00	0.00
中上	0.00	4.22	0.00	18.52	0.00	0.00	20.00	33.33	10.26
中	25.00	19.28	33.33	18.52	21.43	28.57	26.67	66.67	15.38
中下	16.67	31.93	16.67	7.41	17.86	28.57	26.67	0.00	0.00
下	33.33	27.11	50.00	44.44	42.86	28.57	13.33	0.00	17.95
不好说	25.00	16.87	0.00	11.11	14.29	14.29	13.33	0.00	23.08

图 6-42 行业基础上的社会经济地位感知差异（%）

3. 建筑业与住宿和餐饮业的产业工人对法治普遍缺乏信心，秉持"碰到问题，大闹大解决，小闹小解决，不闹不解决"的理念，而农业等行业的产业工人对法治抱有更强的信心，交通运输业、批发和零售业等行业的产业工人态度则较为分散

通过对不同行业产业工人的法治信心进行考察，数据显示（见图 6-43），建筑业与住宿和餐饮业中 70% 以上的产业工人对法治缺失信心，认

为政府只有在事情闹大后才会给予解决,这与这些行业过去纠纷多发、工人维权困难有关。即使在法治体系已经日渐完善的今天,仍有不少产业工人持有根深蒂固的成见,需要政府通过以更正面的态度与形象逐渐予以消除。交通运输等、批发和零售业的产业工人态度则较为分散,这些群体从网络错综复杂的信息中建立自己的认知,形成对法治抱有信心与缺乏信心的比例几乎各占一半的态势。总体而言,我国还需进一步弘扬法治精神,推进法治社会建设,增强产业工人的法治信心。

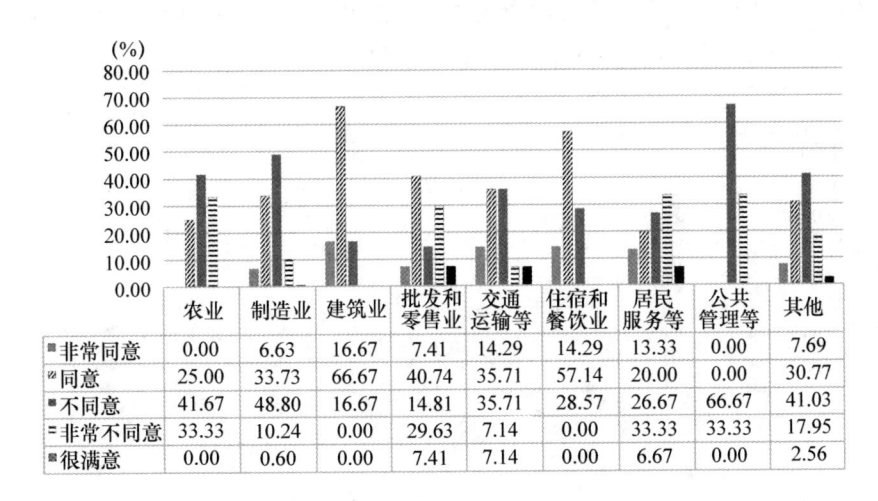

	农业	制造业	建筑业	批发和零售业	交通运输等	住宿和餐饮业	居民服务等	公共管理等	其他
非常同意	0.00	6.63	16.67	7.41	14.29	14.29	13.33	0.00	7.69
同意	25.00	33.73	66.67	40.74	35.71	57.14	20.00	0.00	30.77
不同意	41.67	48.80	16.67	14.81	35.71	28.57	26.67	66.67	41.03
非常不同意	33.33	10.24	0.00	29.63	7.14	0.00	33.33	33.33	17.95
很满意	0.00	0.60	0.00	7.41	7.14	0.00	6.67	0.00	2.56

图6-43 行业基础上的法治信心差异(%)

三 性别差异

(一)工作状况

1. 总体来说在职业选择中男女之间的选择差异性不明显,其差异性主要体现在交通运输等行业男性产业工人占比明显高于女性产业工人,而在居民服务、修理和其他服务业上女性产业工人占比远高于男性产业工人

对比发现,在从事交通运输等行业的产业工人中,男性产业工人所占比例远高于女性产业工人,其中男性产业工人占比15.98%,女性产业工人占比0.75%;而在从事居民服务等行业的产业工人中女性所占比例更大,达到了7.46%,而男性产业工人占比仅为2.96%。从行业的特点来看,交通运输等不仅对驾驶技术有着比较高的要求,还对员工的体力存在

一定的要求,由于员工在运输前后可能需要承担部分装卸货物的工作,男性产业工人的天然体力优势使其更能胜任这一项工作。此外,由于产业工人群体广泛受到"男主外、女主内"这一传统思想的影响,因此,男性产业工人需要承担更多的家庭经济责任,在工作选择过程中会倾向于选择其所能够承受相应较高风险的工作岗位。另外,居民服务等服务业这类行业与人打交道的频率更高,这类行业的工作内容对员工的耐心程度和细密精致能力也会提出一定要求,所以对员工的沟通表达能力和情感联络能力提出了更高的标准,因此女性产业工人相比男性产业工人更有优势,她们不仅更愿意与他人进行攀谈,也更为细致耐心。

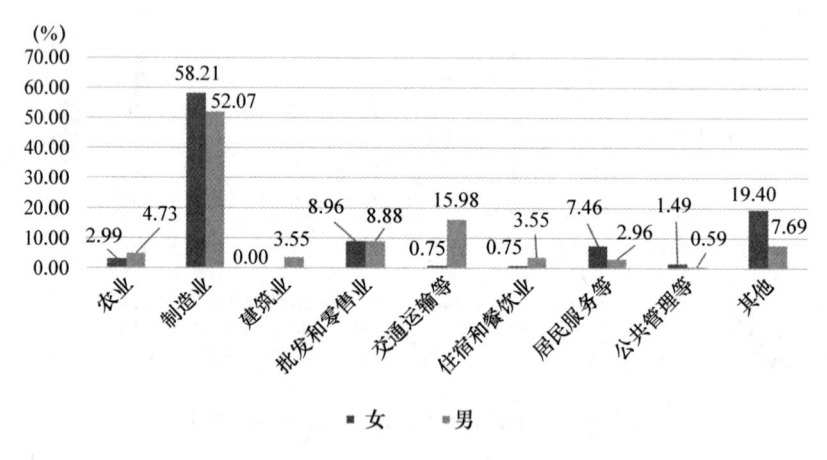

图 6-44 性别基础上的职业选择差异(%)

2. 男性产业工人和女性产业工人在工作流动性上表现出较大的差异。其中,女性产业工人倾向于在1—3年内更换工作岗位,而男性产业工人则更倾向于在工作年限达到3年及以上之后选择更换工作岗位。可见当工作年限在3年内时,女性产业工人的工作流动性要高于男性产业工人,而当工作年限在3年及以上时,男性产业工人则表现出比女性产业工人具有更大工作流动性的特征

基于工作流动性调查可以发现(见图6-45),男性产业工人更换工作的周期相对于女性产业工人而言更长,男性产业工人选择在短期内更换其工作的频率较低。而选择在3年及以上才更换其原有工作岗位的男性产业工人人数约占男性产业工人总人数的62.13%。女性产业工人

在短期内更换工作的频率相对较高,在1—3年内更换工作岗位的人数约占女性产业工人总人数的40.30%。由于外界其他因素对男性产业工人的工作影响较弱,更多的是受到其个人选择这一内在因素的影响,当男性产业工人认为自己的能力足以追求具有更高薪资的工作岗位时,他们便会倾向于更换工作岗位。而女性产业工人主要集中在1—3年内更换工作岗位,原因在于女性产业工人的市场竞争力相对较弱,较难获得较为稳定的工作。造成以上现象主要有两点原因:一方面是因为女性产业工人在体能上的劣势,使其较之于男性产业工人而言,不能够更好地满足企业的工作需求,因而进一步导致企业提供给女性产业工人的岗位占比较少,竞争也更为激烈;另一方面是女性产业工人会受到生育等因素的影响,入职时间较短的女性产业工人,除了要面临生育后的社会融入问题和快速找回工作状态等挑战之外,还需要承担起照顾子女的重担,因此女性产业工人可能会更愿意重新选择新的工作岗位或者是回归家庭。

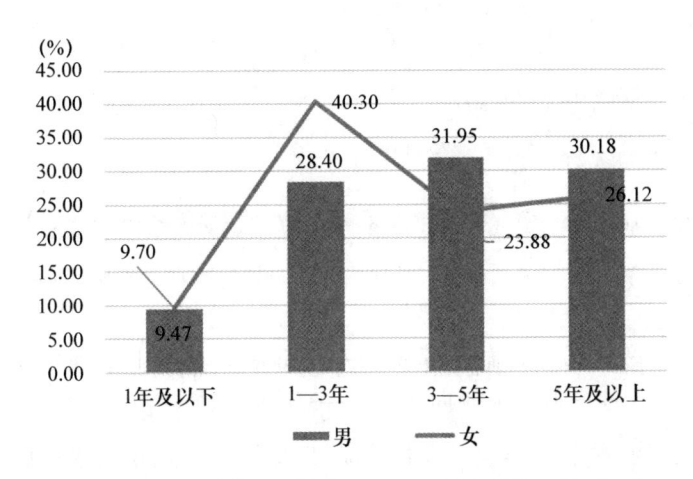

图6-45 性别基础上的产业工人工作流动性差异(%)

3. 在签订劳动合同方面,男性产业工人在一定程度上对于权益保障的规范度要高于女性产业工人

劳动合同是劳动权益保障方面最为直观的体现,也是维护产业工人合法权益及其日后合法维权的重要手段。根据调查数据可知(见图6-46),相较于女性产业工人,男性产业工人在劳动合同签订情况上呈现较高的签订率,而在女性产业工人中,没有签订劳动合同的人数占比高达 11.94%,男性产业工人未签订劳动合同的人数占比仅为 3.55%。尽管这体现出了女性产业工人在劳动力市场上仍然处于相对劣势的现实,但总体来看,女性产业工人与男性产业工人在劳动权益保障方面的差距并不大,这也在一定程度上体现了粤港澳大湾区的女性产业工人与男性产业工人在劳动力市场的地位总体上处于一个相对平等的状态。此外,无论是男性产业工人还是女性产业工人,他们中都有 7%—8% 的人不清楚自己是否签订了劳动合同。正是因为维权意识的缺乏,使得他们难以在合法权益受到侵犯时实现有效的维权,所以应对这一群体予以重视和关怀。

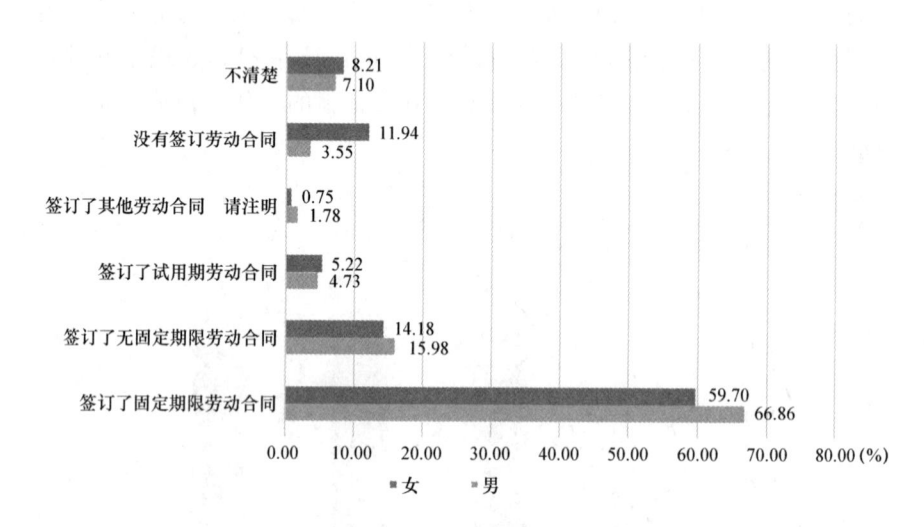

图 6-46 性别基础上产业工人劳动权益保障情况(%)

4. 在工资水平差异上,女性产业工人中处于高收入水平的比例要低于男性产业工人

调查数据显示(见图 6-47),女性产业工人的工资收入水平主要集中在 1501—4000 元这一层次,占比 59.70%;男性产业工人的工资收入则主要集中在 3001—5000 元这一层次,占比 56.80%;而在高收入(8000 元及以上)群体中,男性产业工人占比 14.20%,远高于女性产业工人的 3.73%。从总体上看,男性产业工人的工资待遇水平明显高于女性产业工人。从岗位的选择差异出发,男性产业工人拥有更强的提高薪资的动力，他们愿意选择工作强度较大的职业，也更愿意通过交换自己更多的体力劳动，以获得更高的劳动报酬，因此工作强度的大小并不是他们考虑工作岗位时的首要因素。相较于男性产业工人，女性产业工人更看重工作的稳定性，大部分女性产业工人不需要像男性产业工人那样承担整个家庭的经济重任，因此在选择岗位时除了考虑工资水平之外，还会结合假期长短或工作强度等因素进行综合考虑，而岗位和工作特点的不同也决定了他们所获得的薪酬高低不同。

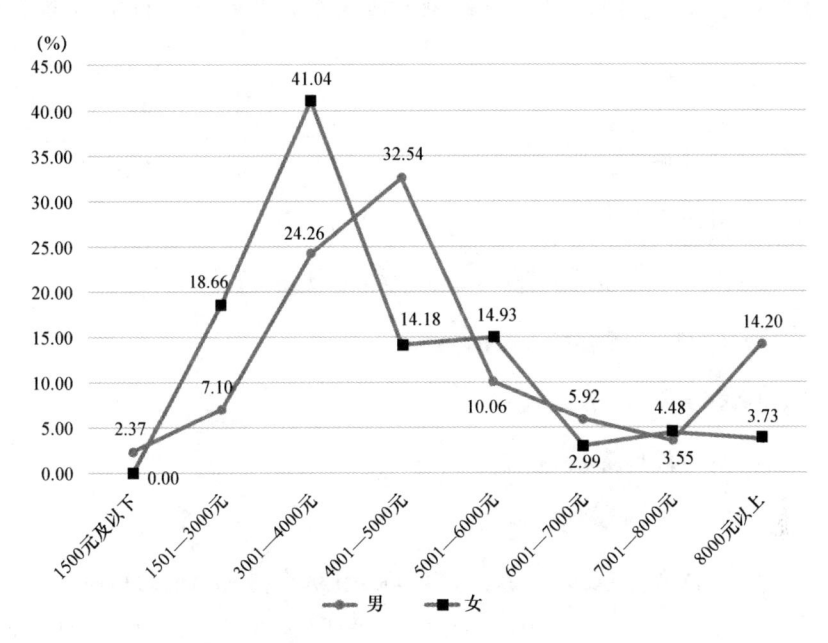

图6-47 性别基础上产业工人收入水平情况（%）

（二）生活状况

1. 相较于女性产业工人而言，男性产业工人的生活满意度更容易受到家庭、收入、居住条件、社会公平、生活成本等各种因素的影响，这表现出男性产业工人在生活满意度上更具敏感性

通过对产业工人在生活满意度方面的调查（见图6-48），发现产业工人对生活感到不满意的方面主要集中在生活成本高、居住条件差和收入太低等问题上。但是男性产业工人和女性产业工人两个群体有所差异。经过对两个群体具体感到不满意的方面进行对比可以发现，差异主

要表现在以下几个方面：一是对生活成本的不满意，男性产业工人与女性产业工人的占比分别为50.89%和34.33%；二是对收入水平的不满意，男性产业工人与女性产业工人的占比分别为40.83%和33.58%；三是对居住条件的不满意，男性产业工人与女性产业工人的占比分别为18.34%和9.70%。由此说明生活成本高、收入太低与居住条件差是造成产业工人对生活感到不满的主要因素。由于大部分男性产业工人需要承担起家庭经济的重任，所以对生活成本以及收入水平的敏感度要高于女性产业工人，也因此更容易因高生活成本和低收入而对生活感到不满意。

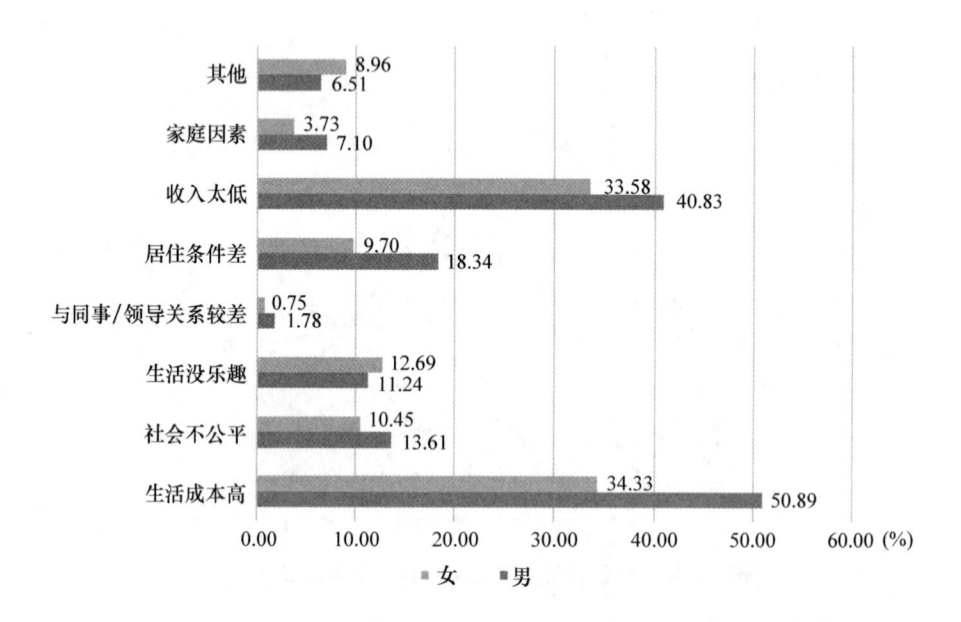

图 6-48 影响产业工人生活满意度的原因（%）

2. 在居住条件满意度上，女性产业工人的满意度普遍高于男性产业工人

调查数据显示，男性产业工人对居住条件感到"满意"和"较满意"的占比为62.72%，感到"不满意"和"很不满意"的占比为37.27%，其中感到"很不满意"的比例为8.28%。而女性产业工人对居住条件感到不满意的比例则远低于男性产业工人，她们对居住条件感到"满意"和"较满意"的比例高达73.88%，感到"不满意"和

"很不满意"的总占比为 26.12%，其中"很不满意"占比仅为 1.49%。总体来说，大部分产业工人对自己的居住条件表示满意，但男性产业工人的满意度要低于女性产业工人。

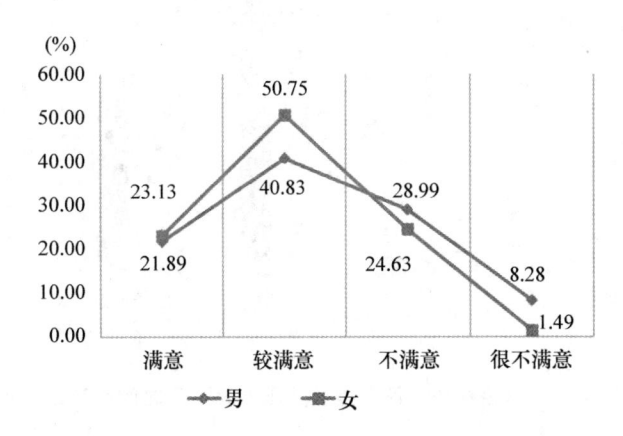

图 6-49 产业工人对居住条件的满意度（%）

3. 在压力感知方面，男性产业工人和女性产业工人均感受到较大的压力，但男性产业工人的压力感知略高于女性产业工人

产业工人大多身处社会底层，自身的低收入水平与高生活成本形成巨大落差。通过访谈不难发现，男性产业工人和女性产业工人均认识到生活负担比较重且压力较大。最终调查数据显示，持此观点的男性产业工人与女性产业工人分别占比约为 50% 和 45%，这说明在压力感知中，男性产业工人和女性产业工人有着较高的一致性，普遍认为自己的压力较大。然而，在压力感知程度相近的前提下，两者在幸福感知程度上却存在着较大的差异。

从图 6-51 可知，产业工人对自身是否幸福的判断并没有特别消极，大部分产业工人认为自己过得一般，其中男性产业工人和女性产业工人的比例分别为 43.79% 和 32.09%。在男性产业工人中认为自己幸福与不认为自己幸福的比例分别为 40.23% 和 15.98%；而女性产业工人中认为自己幸福与不认为自己幸福的比例分别为 55.97% 和 11.94%。可以看出产业工人中感觉自己幸福的比例远高于不认为自己幸福的比例。因此可以判断，尽管产业工人这一群体承受着较大的生活压力，但普遍对自己的生活持乐观态度。

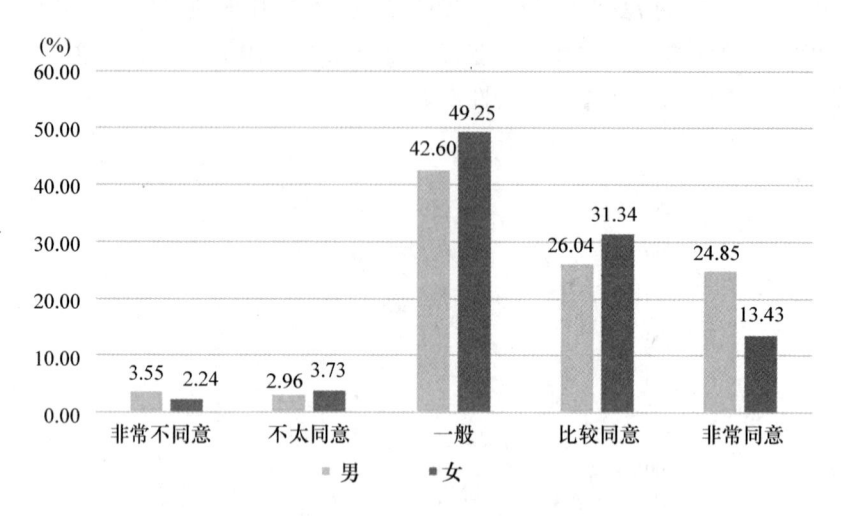

图 6-50 "是否认为生活负担重及压力大"问题的回答结果（%）

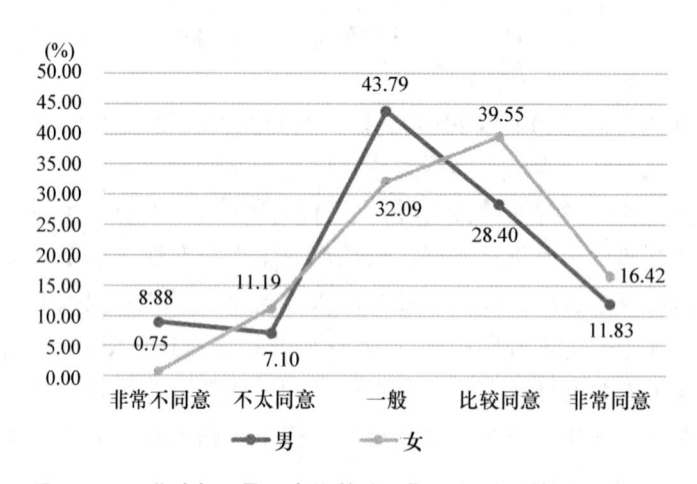

图 6-51 "对自己是否幸福的感知"问题的回答结果（%）

（三）社会保障

1. 男性产业工人和女性产业工人在社会保障参与度方面总体保持一致但存在细微差异，女性产业工人参与社会福利活动的比例略高于男性产业工人，而男性产业工人在"五险一金"的参与度上高于女性产业工人

通过访谈发现，大部分产业工人对社会保障的认知仍停留在一般了解阶段，其社会保障意识有待提高。具体而言，一方面男性产业工人比

女性产业工人更加重视"五险一金",另一方面女性产业工人未参加社会保险的情况多于男性产业工人,这是女性产业工人在劳动力市场中处于相对劣势地位的一种体现。调查数据还显示,仍有29.85%的女性产业工人和21.30%的男性产业工人暂时未参加社会保险,这不仅表明部分产业工人对社会保障的理解不到位或不重视,还表明当前我国社会保险在产业工人中的覆盖面有扩大的必要。

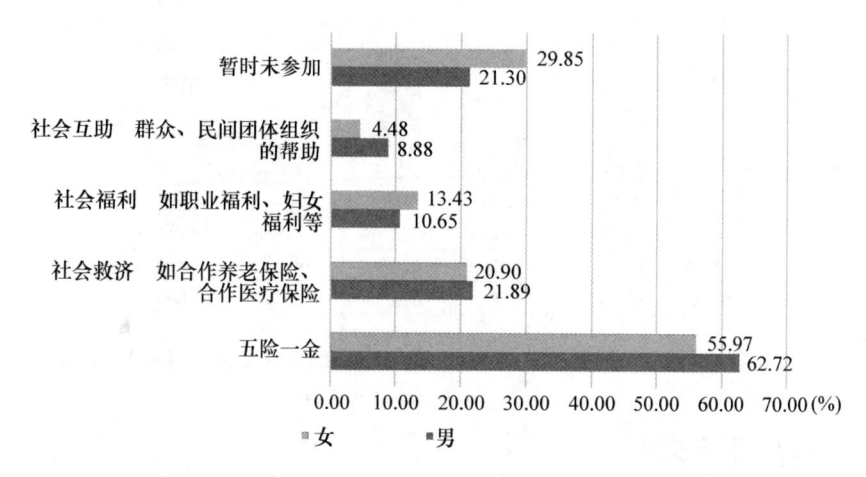

类别	子项	女	男
暂时未参加		29.85	21.30
社会互助	群众、民间团体组织的帮助	4.48	8.88
社会福利	如职业福利、妇女福利等	13.43	10.65
社会救济	如合作养老保险、合作医疗保险	20.90	21.89
五险一金		55.97	62.72

图 6-52　产业工人在社会保障参与度上的差异(%)

2. 男性产业工人和女性产业工人对社会保险的关注度基本一致,其关注差异主要体现在生育保险上

社会保险是社会保障的主要方面。通过访谈可以得知,大部分产业工人对社会保险有所了解,他们的关注点主要聚焦于医疗保险和养老保险两个方面,医疗保险是男性产业工人和女性产业工人所共同关注的重点,其关注比例均超过80%;且男性产业工人和女性产业工人对养老保险的关注比例均达到62%左右。这两类保险是社会保险里最重要的两个险种,养老和医疗问题的解决意味着产业工人所面临的主要社会风险得以控制。除此之外,从其他保险比例上看:男性产业工人群体对失业保险、工伤保险的关注度要高于女性产业工人,可能是由于男性产业工人在工作过程中常常会面临更加多样化的社会风险,因此对这些方面的保险内容会表现出更高的关注度。另外,男性和女性产业工人对社会保险关注度的差异主要体现在对生育保险的关注度上，女性产业工人的关注度比男性产业工人高出一倍，这是因为生育保险主要以女性产业工人作为其权益保障对象，所以作为生育风险主要承担对象的女性产业工人，相较于男性产业工人会对生育保险有更高的关注度。

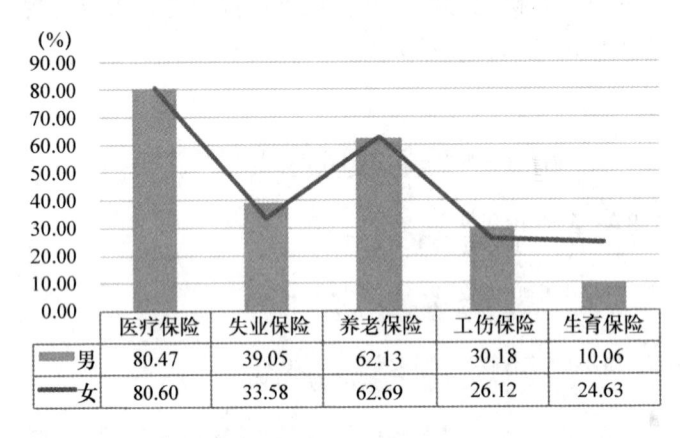

	医疗保险	失业保险	养老保险	工伤保险	生育保险
男	80.47	39.05	62.13	30.18	10.06
女	80.60	33.58	62.69	26.12	24.63

图6-53 性别基础上产业工人的社会保险关注度差异（%）

（四）社会交往

1. 男性产业工人与女性产业工人在城市融入感方面存在差异，男性产业工人群体的城市融入感要弱于女性产业工人群体

数据显示，62.13%的男性产业工人与49.25%的女性产业工人都认为自己与城里人存在差别，这说明有相当大一部分产业工人在融入城市生活的过程中存在一定的障碍。同时不同性别的产业工人在城市融入感方面存在差异，其中女性产业工人的城市融入感较强，而男性产业工人的城市融入感相对较弱。一方面是因为女性产业工人群体相较于男性产业工人群体更加注重参加人际交往活动，随着在城市地区生活年限的拉长，其生活方式和思维方式在与城市居民进行互动的过程中逐渐发生变化，同时也能够发现自己与他人在行为和心理上的一致性，这种人际间的来往使她们能够更容易融入城市生活；另一方面则是因为男性产业工人相对而言会以事业上的成败作为衡量自身与他人关系的标准，而产业工人在工作上的上升空间往往是有限的，与城市其他人相比，对比产生的落差感可能是造成男性产业工人对城市融入感较低的原因之一。

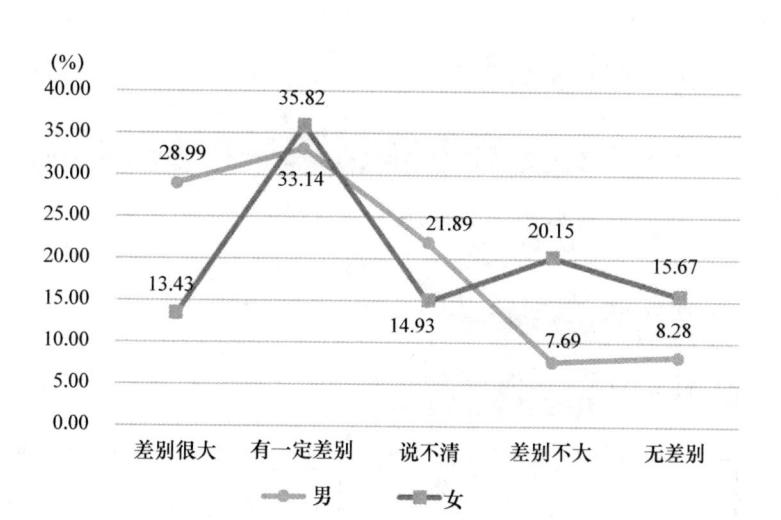

图 6-54 性别基础上的产业工人城市融入感差异（%）

2. 男性产业工人和女性产业工人在社会阶层认知方面存在差异

数据显示，有 52.07% 的男性产业工人认为自己是农村人，而女性产业工人认为自己"既是城里人也是农村人"或者"城里人"的认知比例则达到 33.58%。同时，高达 70.41% 的男性产业工人认为自己处于社会底层，而女性产业工人这一认知比例只有 49.25%。总体来看，男性产业工人的社会阶层认知低于女性产业工人，且仍有大部分产业工人未能把自己看成是城市的主人，认为自己仍是城市的边缘群体。这与上述所提到的产业工人对城市生活的融入感是相呼应的。一方面，由于男性产业工人群体总体来说对城市的融入感不高，因此其中有较大部分的产业工人无法对"城里人"这一身份产生认同感，反而更倾向于将自己划入到社会底层人员这一范畴。而相较于男性产业工人而言，由于女性产业工人对城市生活的融入度相对较高，所以对"城里人"身份的不认同感，并没有男性产业工人强烈，因此在女性产业工人中把自己划分为中产阶级的比例会远高于男性产业工人。

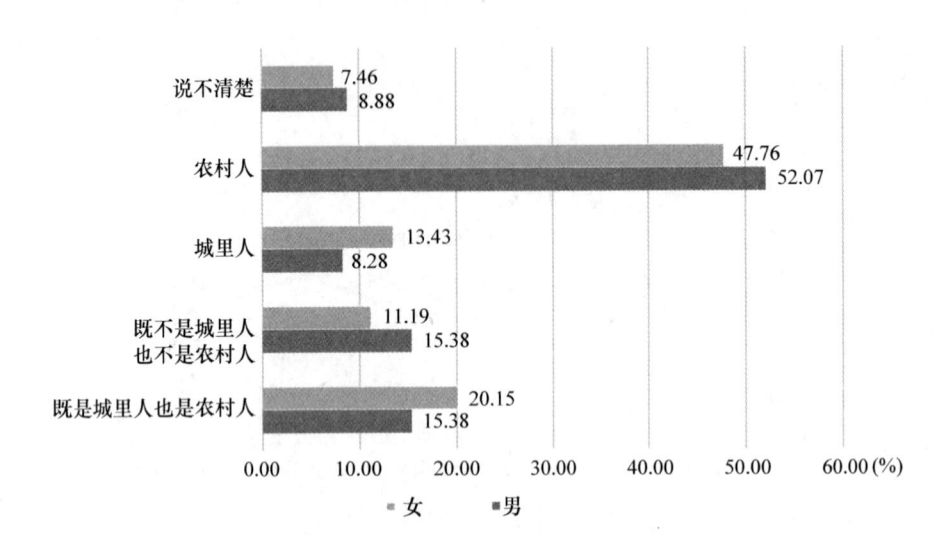

图 6-55　性别基础上的产业工人社会阶层认知差异（%）

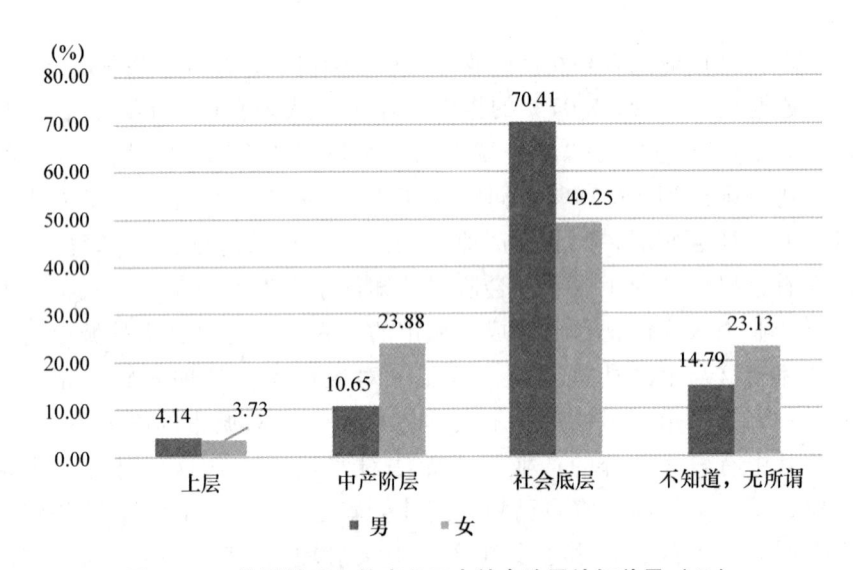

图 6-56　性别基础上的产业工人社会阶层认知差异（%）

（五）思想认知

1. 男性产业工人对政治的感兴趣程度远高于女性产业工人，且在对新闻的关注度上，男性产业工人观看新闻的次数也多于女性产业工人，这反映出在产业工人中不同性别对政治关注的差异显著

在对政治的关注度上，男性产业工人对政治感到有兴趣的比例为

47.34%，女性产业工人的比例则是32.84%。在观看新闻方面，每天看新闻的男性产业工人比例高达37.87%，而女性产业工人占比仅为28.35%，由此可见，在产业工人中男性产业工人比女性产业工人更关注新闻事件，且男性产业工人的关注频率远高于女性产业工人。

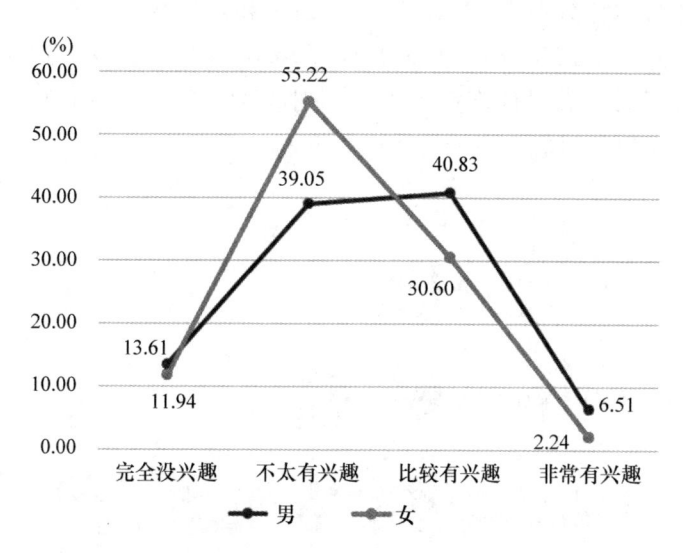

图 6-57 性别基础上的产业工人政治关注度差异（%）

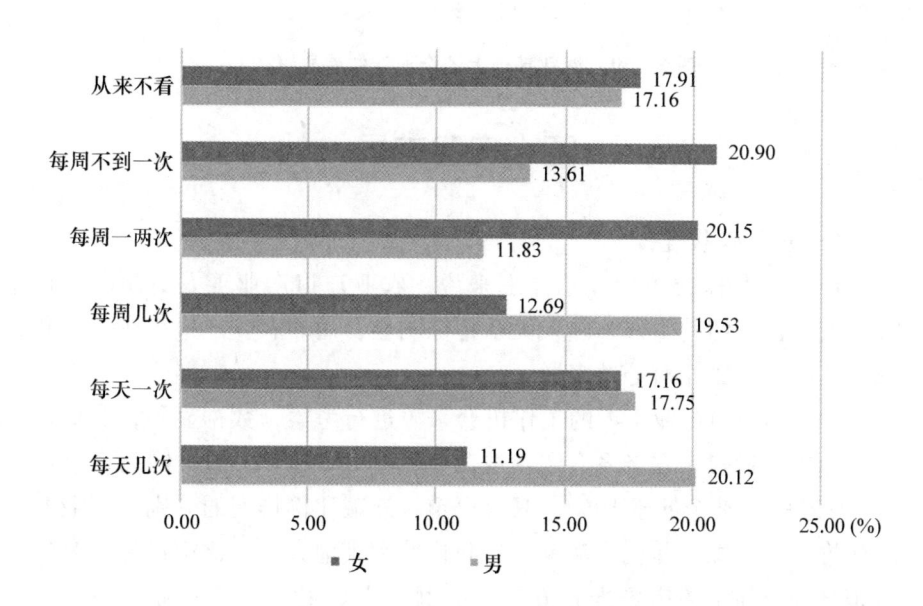

图 6-58 性别基础上的产业工人观看新闻次数差异（%）

2. 产业工人对企业的主人翁意识较弱，且女性产业工人更倾向于将自己与企业视作利益共同体

当谈及产业工人个人与企业的关系时，在男性产业工人中持自己与企业是"利益共同体""纯粹的雇主与雇员的关系"和"我是企业的主人"的态度占比分别为62.13%、33.14%和4.73%，而在女性产业工人中这些态度的占比分别为73.13%、24.63%和2.24%。这从一定程度上印证了为什么男性产业工人在面对长期（3年及以上）工作岗位时，其岗位更换意愿会高于女性产业工人。

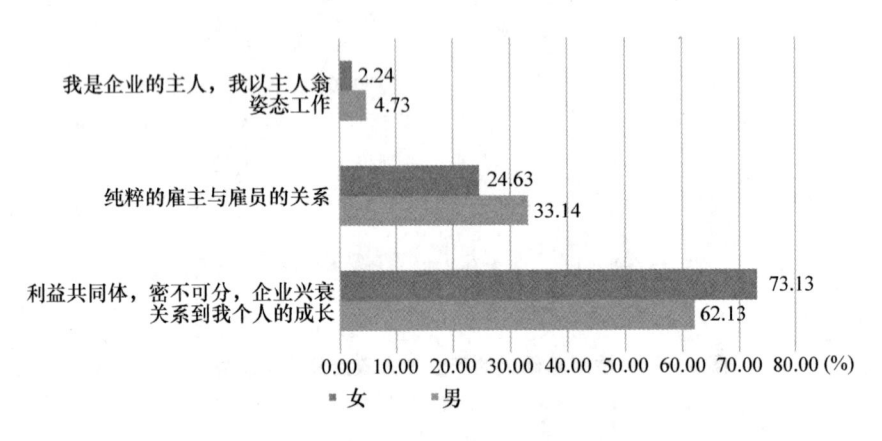

图6-59 性别基础上的企业认知差异（%）

四 户口差异

（一）工作状况

1. 在工作来源方面，总体上来说，农业户口产业工人更倾向于选择亲友老乡介绍的工作，熟人关系特征明显；而非农业户口产业工人获取工作的渠道则相对分散多样

对不同户口产业工人的工作机会来源进行考察，数据显示，农业户口产业工人通过亲友老乡介绍获取工作的有56.74%，通过网络信息的有17.21%，其余低于10%。其余渠道按递减比例排列的分别是职业介绍所推荐、参加人才交流活动、自我推荐和其他方式，比例最低的是通过报纸等媒体上的广告推介方式，比例仅为0.47%。与农业户口产业

工人相比，非农业户口产业工人的工作获取渠道分布相对均衡，更加多样化、分散化。其中，非农业户口通过亲友老乡介绍就业的有33.33%，通过网络信息渠道就业的有22.22%，其他人数占比介于7%—15%的推荐方式，按递减的顺序排列分别是职业介绍所、其他渠道、报纸等媒体上的广告、自我推荐。由此可见，农业户口和非农业户口的产业工人在工作获取渠道选择上有着较大的差异。

上述数据反映出，新时代粤港澳大湾区产业工人在工作机会来源上表现出明显户口差异，折射出农业户口的产业工人具有明显的熟人集聚效应。正所谓："出门在外，投亲靠友"，新时代农业户口的产业工人在工作来源上仍然依赖于传统式的社会网络关系。尽管随着时代发展，其他工作获取渠道所占比例在不断上升，但并未完全打破这种传统意义上的信任关系。在与熟人交往和情感交流的过程中，产业工人群体在陌生城市逐渐形成一个相对稳定的熟人关系圈。访谈资料也显示：这些通过亲友老乡介绍的产业工人在日常生活中的关系也比较密切，这不仅与前期的关系基础相关，更与其语言、生活习惯、心理认同、工作特性等因素密不可分。

对于非农业户口的产业工人而言，虽然亲友老乡介绍仍然占据最大比例，但远低于农业户口产业工人的比例。非农业户口产业工人的分散化、多样化特征，不仅与非农业户口产业工人的熟人集聚效应较弱的特性相关，也与当前工作供给方式的迅速变化有联系。值得注意的是，无论是农业还是非农业户口的产业工人，通过网络信息获取工作的方式已经逐渐成为其获取工作的重要渠道。随着互联网技术的不断完善与发展，一方面，政府和企业更加注重利用网络技术加强数字建设和网络宣传，从工作供给侧加速传统工作供给方式的变革，招工方式趋向于网络化、数字化；另一方面，互联网应用的普及化，使得不论是农业户口还是非农业户口的产业工人都成为互联网的主要使用群体，因此他们在寻求工作机会时，也倾向于选择网络渠道。尽管当前农业户口和非农业户口的产业工人在利用网络信息、媒体等方式寻求工作机会的人数比例还存在一些差距，但可以预见的是，工作机会获得来源的户口差异未来将在互联网技术等其他因素的冲击下逐渐消弭。

	亲友老乡介绍	职业介绍所推荐	参加人才交流活动	通过报纸等媒体上的广告	自我推荐	通过网络信息	其他
农业户口	56.74	9.30	6.98	0.47	5.58	17.21	3.72
非农业户口	33.33	14.81	0	7.41	3.70	22.22	11.11

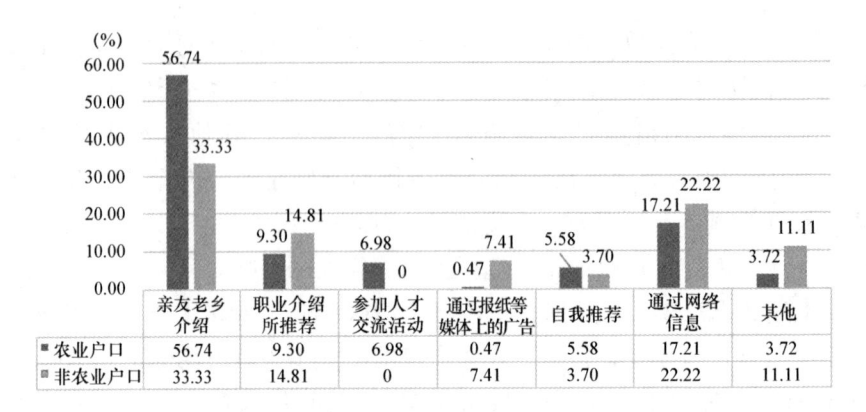

图 6-60　户口基础上的工作来源差异（%）

2. 在打工目的方面，农业户口和非农业户口产业工人最主要的目的均为挣钱养家糊口。次要目的有所差别，农业户口群体是为了学习技能，而非农业户口群体则更多表现为争取永久留在城市的机会

通过对不同户口产业工人的打工目的进行分析，发现农业户口和非农业户口产业工人的打工目的最主要的都是寻求物质利益，通过打工满足养家糊口的基本生存需求，其中，农业户口产业工人占比75.81%，非农业户口产业工人占比70.37%。与满足基本生存需求的物质利益的目的相比，其他目的占比相对较小，具体表现为：以体验城市生活、增长见识为打工目的的农业户口产业工人占比5.58%，非农业户口产业工人占比11.11%；以学习知识技能为打工目的的农业户口产业工人占比13.95%，非农业户口产业工人占比3.70%；以争取永久在城市的就业和居住为打工目的的农业户口产业工人占比4.65%，非农业户口产业工人占比14.81%。根据以上数据不难发现，挣钱养家糊口是产业工人打工的最主要目的。究其原因，一方面，是为了满足个人的基本生存需求，工资是保障个人基本生活的必要条件，通过付出劳动获得相应的工资报酬，来实现产业工人个人基本生活的物质需要；另一方面，除满足产业工人的个人生存以外，还存在一些非自身因素驱动其寻求工作机会，例如产业工人的家庭条件、子女数量、必要储蓄、未来发展驱动等现实环境因素。

在对两者打工的次要目的进行分析时，可以发现存在以下几点差异：首先是在发展意愿方面，农业户口产业工人更倾向于学习知识和技

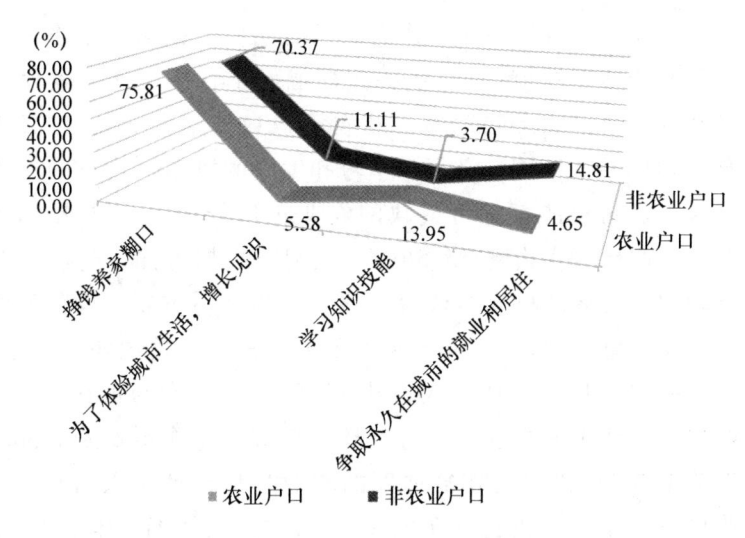

图 6-61　户口基础上的打工目的差异（%）

能，而非农业户口产业工人更渴望能体验城市生活，获得在城市生存和发展的永久性机会。站在农业户口产业工人角度分析，带来这种差异的主要原因在于大部分的农业户口产业工人的收入不稳定，对于产业工人群体而言，工资收入是家庭总收入的主要来源，为更大限度地满足家庭的经济需求，大部分农业户口产业工人更迫切希望通过提升自身技能来进一步提高工作薪资。其次，在留城意愿方面，农业户口产业工人的留城意愿更低，而非农业户口产业工人意愿更高。究其原因，一方面，由于农业户口产业工人的家乡在农村，乡土情结深重，对农村的归属感更加强烈，因此扎根城市的意愿不强；再加上城市生活成本高，农业户口产业工人经济能力尚不足以满足城市生活的现实需要，无法将年迈父母以及未成年子女带入城市共同生活。另一方面，对非农业户口产业工人而言，他们长时间居住于城市，生活习惯和节奏与城市发展和运行的规律匹配性高，再加上对城市有着更强烈的感情，以及较高的情感依赖性，因而更愿意在城市发展。

3. 在所需就业机会上，非农业户口与农业户口的产业工人们都最注重学习和发展机会。此外，农业户口产业工人对薪酬的重视程度更高，表示无论工作多苦多累，为了高薪酬待遇均能忍受

调查数据显示，农业户口产业工人与非农业户口产业工人对就业

机会需求存在一定差异。对工作需求的看法中，认为"工作苦、累都不怕，只要能多挣钱就行"，更关注薪酬而不在乎工作劳累程度的农业户口产业工人占比37.21%，非农业户口产业工人占比22.22%；而持有"钱要基本够用，必须有学习和发展的机会"观点的产业工人中，要求工资与技能都不可或缺的农业户口产业工人占比42.33%，非农业户口产业工人占比55.56%，从调研数据可知，产业工人都十分注重学习与发展的机会，认为"钱多钱少并不重要，只要工作环境好、人际关系融洽就行"，对于酬劳不太在意、更关注外部工作条件、人际关系的农业户口产业工人占比11.63%，数据与占比11.11%的非农业户口产业工人相近；认为"环境要好，工作不要太辛苦，工资少点没关系"，更讲究工作舒适度的农业户口产业工人占比2.33%，非农业户口产业工人占比3.70%；认为"不挑不拣，有工作就行"，对工作要求不高的农业户口产业工人占比0.93%，非农业人口产业工人占比7.41%；此外，拥有其他想法的农业户口产业工人和非农业户口产业工人分别占比为5.58%和0，说明除主要因素外，部分农业户口产业工人还关注其他因素。

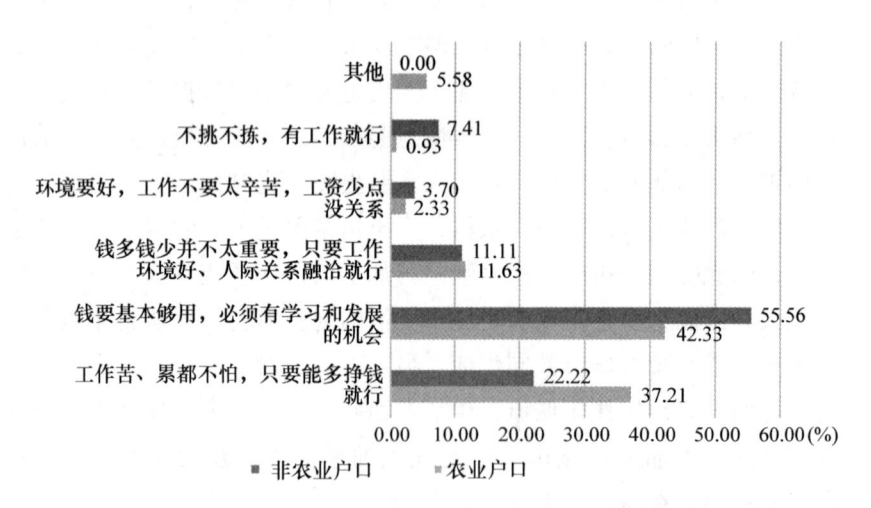

图6-62 户口基础上的就业机会需求差异（%）

根据马斯洛需求层次理论，当一个人满足较低的需求后，会产生新的更高的需求，非农业户口产业工人比农业户口产业工人更看重学习和发展的机会，是因为大多数非农业户口产业工人本身拥有一定的物质基础，且身处城市发展环境阅历更丰富，因而对生活有更高层次的需求，不仅注重追求精神层面的获得，也会对未来作一定规划，倾向于学习更多知识技能，持续提高环境适应性。反之，农业户口产业工人更多处于对物质追求阶段，以满足基本生存需求为主要期望，对工作强度、工作环境与人际关系的要求不会过高，因此更注重当下的劳动所得，关注的就业机会也更多在于金钱等物质性回报，很少关注工作压力。

4. 在对待工作态度方面，总体上，非农业户口和农业户口产业工人都持积极态度，认为当前所从事的工作比较有价值，排斥程度较低

基于户口划分的工作无聊认知差异数据显示，认为当前所从事工作"不算无聊"和"一点也不无聊"的产业工人占比较高，表明整体上大部分产业工人的职业认知无聊度较低，对自身工作兴趣度较高，只有少部分产业工人感到工作无聊。其原因可归结为产业工人在工资、工作环境和生活条件等物质层面需求得到一定程度的满足后，稳定的工作给他们带来了文化认同和情感归属。进一步对比发现，认为所从事工作不无聊的非农业户口产业工人占比超出90.00%，而农业户口产业工人占比为75.35%，可见大多数非农业户口产业工人对当前所从事工作的态度更为肯定，认可其价值，而一定比例的农业户口产业工人对从事工作的认可度还有待提高。究其差异原因，一方面，在现有物质基础上，非农业户口产业工人大部分拥有一定的经济基础，在基本生存的物质需求得到满足的基础上，对于未来发展规划更具有目的性，再加上文化水平相对较高，能够以自身爱好为标准选择符合自己理想的工作，进而在工作中能够找到满足感，自我的工作满意度也得到提升；而农业户口产业工人对基本的生活需要尚未得到充分满足，致使他们在选择工作上更为迫切与盲目，以满足基本生活需要为主，工作满意度也可能随着工作强度大、发展平台小等压力性因素而降低。由于二者择业标准差异的存在，工作所决定的满意度差异导致对工作无聊度的认知不同。另一方面，职业认知方面的差异也带来了不同的工作认可度，与农业户口产业工人相比，非农业户口产业工人的工作技能培训机会更丰富，对社会适应性更强，因而能对自身岗位有比较充分的认识并能够及时调整工作状态。此外，在增进岗位了解和工作实践中，非农业户口产业工人积累大量经验，获得自我提升，在工作中实现个人价值，随之提升工作认可度。

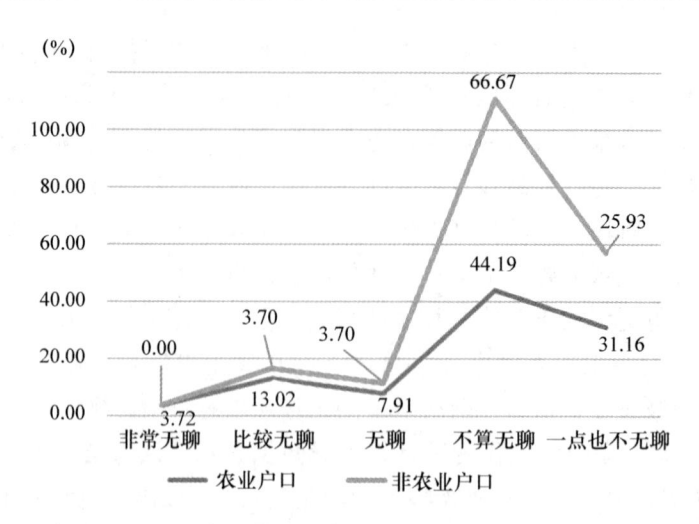

图 6-63　户口基础上的工作无聊认知差异（%）

5. 在工作满意度的影响因素上，总体上来看，相对于工作时长、住宿条件等因素，薪酬水平是决定大部分产业工人工作满意度的重要影响因素

通过对不同户口的产业工人的工作满意度进行调查，可发现农业户口产业工人与非农业户口产业工人在工作满意度考量方面存在差异。其一，在住宿条件、伙食、工作环境以及其他方面的满意度差异较小。具体而言，对住宿条件感到不满的，农业户口产业工人占比15.81%，非农业户口产业工人占比14.81%；对伙食感到不满的，农业户口产业工人占比23.72%，非农业户口产业工人占比18.52%；对工作环境感到不满的，农业户口产业工人占比11.63%，非农业户口产业工人占比7.41%。其二，在工作时长、薪酬水平以及企业管理等方面的满意度差异较大。其中，对工作时长感到不满的，农业户口产业工人占比27.44%，非农业户口产业工人占比18.52%；对薪酬水平感到不满的，农业户口产业工人占比42.33%，非农业户口产业工人占比55.56%；对企业管理感到不满的，农业户口产业工人占比7.91%，非农业户口产业工人占比0。值得注意的是，农业户口产业工人在工作时长和企业管理多个方面的不满意程度都比非农业户口产业工人高。然而，在薪酬水平方面，与农业户口产业工人相比，非农业户口产业工人的不满意程度反而更高。

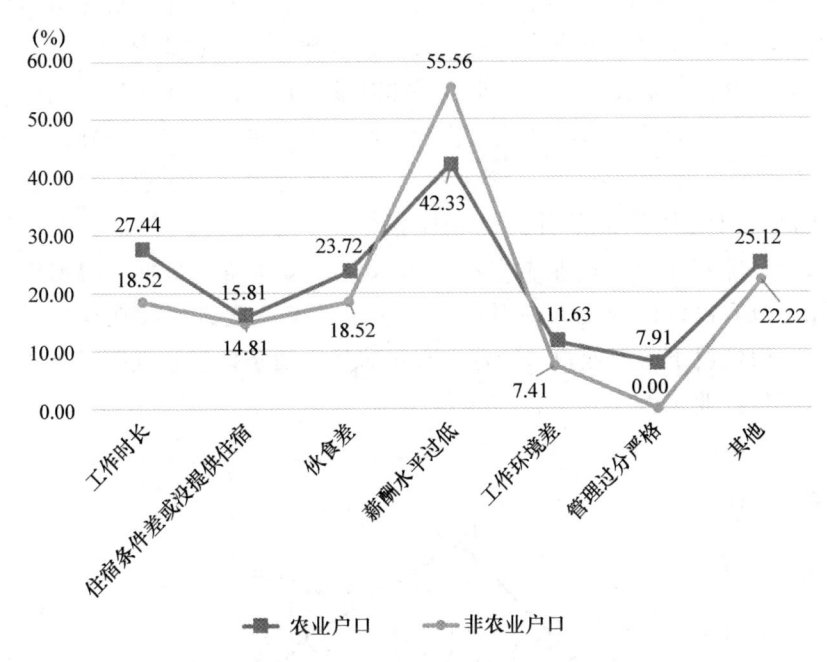

图 6-64 户口基础上的工作满意度影响因素差异（%）

上述数据显示，非农业户口产业工人对薪酬水平的要求更高，说明与农业户口产业工人相比，非农业户口产业工人更期望收入得到提升。非农业户口产业工人通常对自我能力的评价更高，认为自己应该得到更高的薪酬，同时，受生活环境、物价水平、金钱观念等因素影响，非农业户口产业工人对收入的要求更高。而在工作时长、住宿条件、伙食、工作环境及其他方面，非农业户口产业工人显示出更高的接受度。农业户口产业工人之所以对这些方面的不满度更高，很大程度上是由于文化知识水平、成长环境、心理态度等复杂原因的存在，他们对产业的认同感与归属感相对较弱，进而也更容易对工作产生不满。

（二）生活状况

1. 在居住生活的满意度上，非农业户口产业工人的满意度低于农业户口产业工人

农业户口产业工人与非农业户口产业工人对居住生活满意度的调查数据显示：对居住生活条件感到满意的，农业户口产业工人占比

20.93%，非农业户口产业工人占比22.22%，两个群体评价相近；对居住生活条件感到较满意的产业工人占大多数，其中农业户口产业工人占比44.19%，非农业户口产业工人占比37.04%；对居住生活条件感到不满意的，农业户口产业工人占比29.77%，非农业户口产业工人占比37.04%，显然非农业户口产业工人的不满意程度比农业户口产业工人更高；对居住生活条件感到很不满意的，农业户口产业工人占比5.12%，非农业户口产业工人占比3.70%，总体占比最低。根据以上数据不难看出，产业工人在对居住生活条件满意度方面存在着户口差异。一般情况下，农业户口产业工人对居住生活条件满意度明显高于非农业户口产业工人。

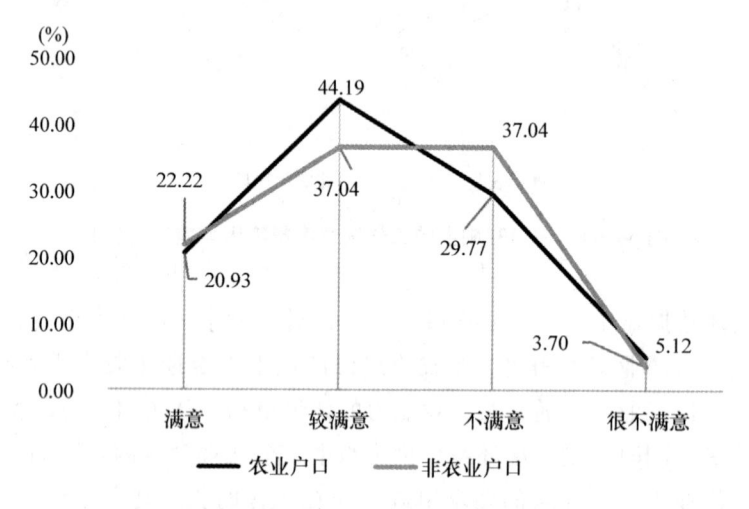

图6-65　户口基础上的居住生活满意度差异（%）

2. 在目前生活状况的感受方面，非农业户口产业工人对生活很满意和很不满意的状态均高于农业户口产业工人，农业户口产业工人对生活状况的感受总体上较为满意

关于产业工人对于目前生活状况的感受的调查数据显示，非农业户口产业工人对目前生活状况的感受分歧较大，极端感到满意或者不满意的人数较多，且非农业户口产业工人内部对目前生活状况感觉不满意的占比最多；而农业户口产业工人对生活状况的感受多集中在基本满意的区间，整个群体的感受相对较统一。其中，对目前生活状况感到很满意的人群，农业户口产业工人占比 3.26%，非农业户口产业工人占比 11.11%；对目前生活状况很不满意的，农业户口产业工人占比 6.05%，非农业户口产业工人占比 11.11%。由此可见，非农业户口产业工人在这种较为明显的满意或者不满意的选项中分布比例更高。对目前生活基本满意的，农业户口产业工人占比 63.26%，非农业户口产业工人占比 51.85%，这也是大部分产业工人的感受。而对目前生活状况感到不满意的，农业户口产业工人占比 27.44%，非农业户口产业工人占比 25.93%，两个群体的占比相当。

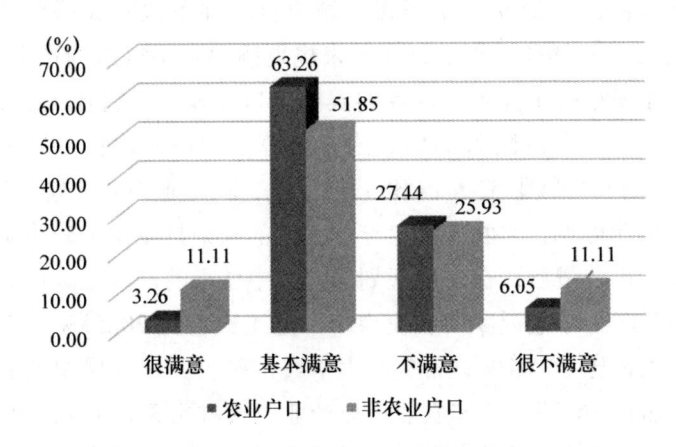

图 6-66　户口基础上的生活满意度差异（%）

上述数据反映出，非农业户口产业工人内部不仅对生活状况感受的差别较大，其总体满意度也比农业户口产业工人低。这是由于非农业户口产业工人对自己的生活状况期望值更高，对生活品质的要求更高，导致现实与理想的落差明显，因此对生活现状的满意度不高。而农业户口产业工人因为大多都离家在外打工，对生活条件的满足获得感强，生活适应能力高，总体上对生活状态的感受相对满意，加之如今大多数产业工人的福利等都已经得到较好的改善，他们的满意程度自然也会提高。新时代粤港澳大湾区产业工人的生活满意度与产业工人的工作积极性、工作热情、贡献程度等息息相关。因此，结合产业工人对生活状况感受的差异，有针对性地提高产业工人的生活满意度是值得关注的领域，如何使非农业户口产业工人在相似的生活状况下取得较高满意度亦是一个值得讨论的议题。

3. 在对未来打算方面，对未来有清楚打算的产业工人占据绝对比例，其中农业户口产业工人倾向于回归小城镇和中小城市，而非农业户口产业工人更期望留在大中城市，获得永久的城市居留机会

调查结果显示，产业工人对未来的规划具有户口差异。首先是未来规划不清楚的产业工人中，有27.91%的农业户口产业工人不清楚未来的打算，14.81%的非农业户口产业工人不清楚自己未来的打算，农业户口产业工人占比明显大于非农业户口产业工人占比。其次在未来规划倾向小城镇的产业工人中，未来希望在小城镇打工并年老返乡的农业户口产业工人占比3.26%，希望在小城镇打工并争取永久居留的农业户口产业工人有2.79%。再次，在未来规划倾向中小城市的产业工人中，希望在中小城市打工并年老返乡的农业户口产业工人占比11.63%，非农业户口产业工人占比7.41%；未来打算在中小城市打工并争取永久居留的农业户口产业工人占比11.16%，非农业户口产业工人占比3.70%。由此可见，非农业户口产业工人的未来打算中，较少考虑小城镇和中小城市。最后，在未来规划倾向大中城市的产业工人中，希望在大中城市打工并年老返乡的农业户口产业工人占比26.51%，非农业户口产业工人占比37.04%；希望在大中城市打工并永久居留的农业户口产业工人占比16.74%，非农业户口产业工人占比37.04%，由此可见，农业户口产业工人在未来规划中对大中城市的倾向性明显低于非农业户口产业工人。

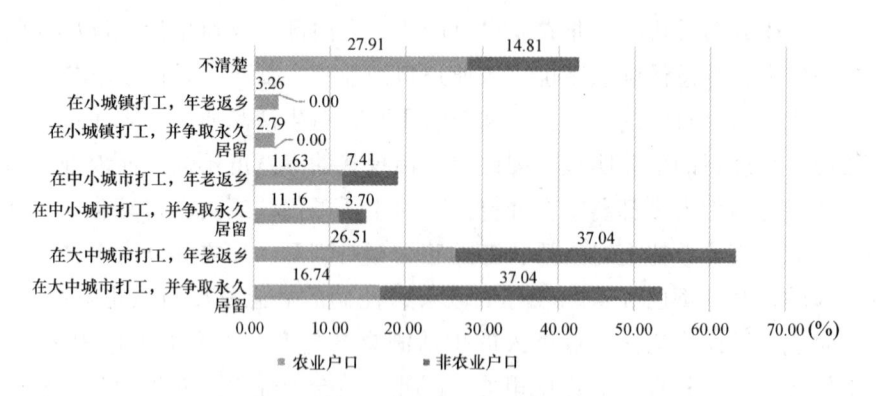

图6-67 户口基础上的未来打算差异（%）

分析数据显示，农业户口产业工人与非农业户口产业工人之间在对

未来规划的认知程度、未来归属方面均存在差异。其一，在未来规划的认知方面，农业户口产业工人对未来规划不清晰的情况较多，而非农业户口产业工人大多都有对未来的规划和打算，造成这种差异的原因可以归结为文化程度差异。其二，在产业工人打工去向的未来规划方面，总体上，近一半比例的产业工人希望留在大中城市。其中，农业户口产业工人对在大中城市打工并定居大城市的欲望没有非农业户口产业工人强，导致这种未来规划差异的原因在于两者的工作认知及工作能力存在差别，非农业户口产业工人的工作认知更加清晰，工作能力也得到充分的锻炼，再加上他们对待工作的积极性和上进心相对更饱满，对充满挑战和机遇的大城市向往也就更加明显。

4. 在不愿永久居留在大城市的选择上，相比较非农业户口产业工人而言，生活成本太高是农业户口产业工人选择非永久定居在大城市的主要原因

数据显示，总体来说农业户口产业工人在城市的生存成本高于非农业户口产业工人，在以下几方面的表现尤为突出。第一，在生活成本方面，农业户口产业工人和非农业户口产业工人的区别最大。究其原因，相对于非农业户口产业工人来说，农业户口产业工人进入大中城市工作，缺乏坚实的生活基础，支出成本高且初入城市时收入不高，导致农业户口产业工人生活成本负担较重。第二，在住房保障方面，非农业户口产业工人的工资水平较高，由于在一般情况下，经济收入和城镇住房保障呈正相关关系，因此收入越高的农业户口产业工人更容易在城市定居，且更有可能较顺利完成市民化过程而成为城市人。但由于大部分农业户口产业工人面临城市收入低、工作不稳定的情况，加之高房价和高生活成本的存在，这些都成为他们在住房保障方面与非农业户口产业工人差距较大的重要原因。第三，在工作适配性方面，外来的农业户口产业工人初入城市，对城市的环境适应性和融入度有待提高，而本地的非农业户口产业工人对城市熟悉度相对较高，掌握的人脉、资源也更丰富，成为非农业户口产业工人找到合适工作的主要支撑。第三，在其他待遇保障方面，产业工人户口性质的不同所带来的福利待遇差异也较为明显。

此外，需要注意的是，家庭是产业工人不愿定居城市的主要因素。除了城市适应力较弱外，作为家庭的经济支柱，产业工人还要承担着家庭责

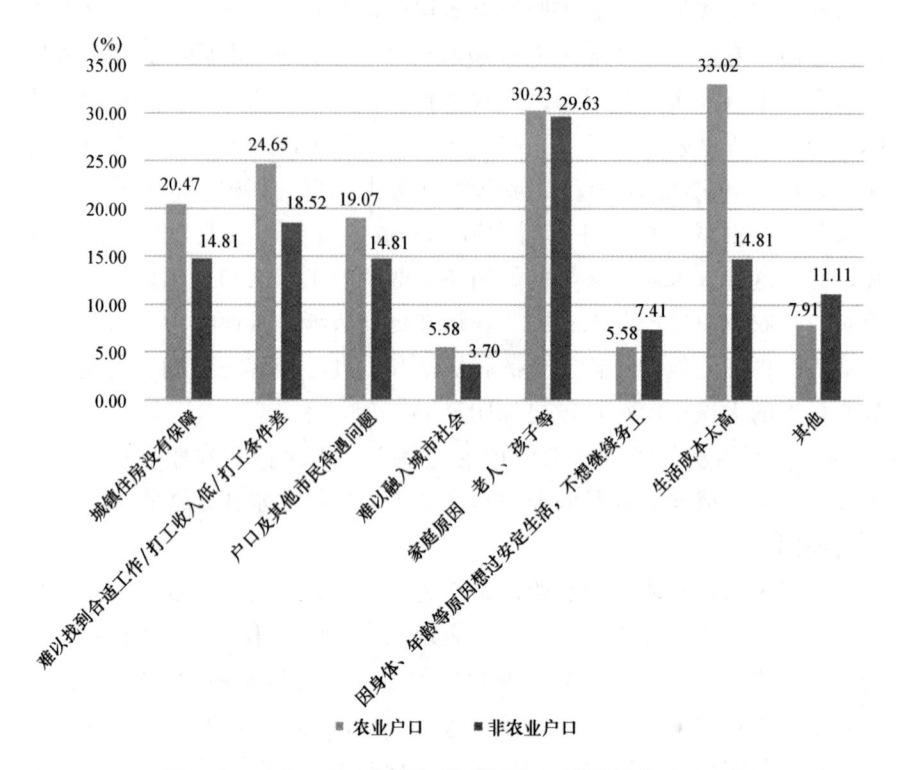

图 6-68　户口基础上的拒绝定居城市的原因差异（%）

任，如赡养老人、养育孩子等，生活负担进一步加大。因此，农业户口的产业工人不选择永久居住城市，城市高额的生活成本是根本原因。

（三）社会保障

1. 在社会保障方面，总体来看，非农业户口产业工人的社会保障参与度与受惠程度明显高于农业户口产业工人

调查数据显示，在社会互助、社会救济等方面，农业户口产业工人与非农业户口产业工人的社会保障待遇没有明显的差别，但在五险一金、社会福利以及社会保障的参与度几个方面，两者之间的差异明显。具体如下：第一，在五险一金方面，非农业户口产业工人占比81.48%，而农业户口产业工人占比55.35%，两者的社会保障受惠人口比例都过半，但非农业户口产业工人占比明显高于农业户口产业工人。非农业户口产业工人在城市长期居住，城市户籍为其社会保障提供

了无形的支持,与之相比的农业户口工人,则失去了这些隐形的支持条件。第二,在社会福利方面,享受到社会福利,如职业福利、妇女福利等的非农业户口产业工人占比18.52%,农业户口产业工人占比9.77%,非农业户口产业工人享有比例约为农业户口产业工人的2倍,两者之间的巨大差距也能体现出农业户口产业工人对自身工作缺乏了解且对自身的社会地位缺乏一定的认识。第三,在社会保障参与度方面,未参加社会保障的农业户口产业工人的人数远远超过了非农业户口产业工人,在不知情的群体中,农业户口产业工人占多数,这一点说明了当前关于农业户口产业工人的社会保障力度有待提高。总的来说,非农业户口产业工人与农业户口产业工人的社会保障之间存在一定程度的差异,实质是在对待农业户口产业工人方面,政府过去更多是从维护城镇居民的利益出发,没有充分重视农业户口产业工人在城市发展中的作用,对农业户口产业工人的角色定位不够清晰,进而以管治、限制、防范政策为主进行管理,在社会保障方面也体现了这一政策取向,无法将农民工与中国城市化、工业化发展道路合理地、有机地结合起来。

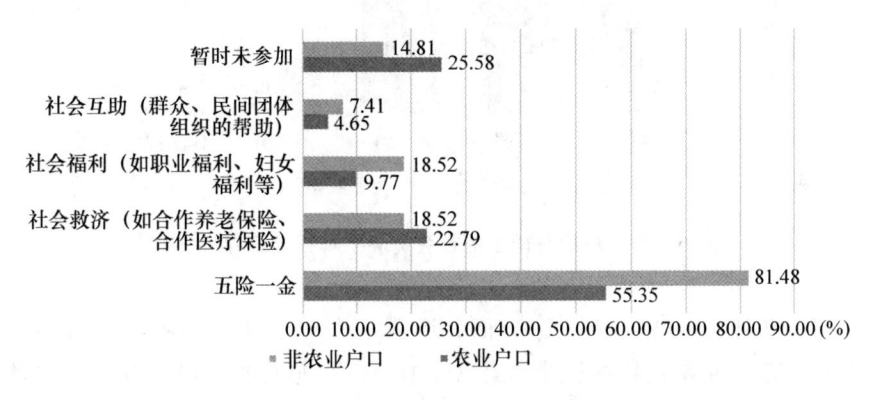

类别	非农业户口	农业户口
暂时未参加	14.81	25.58
社会互助(群众、民间团体组织的帮助)	7.41	4.65
社会福利(如职业福利、妇女福利等)	18.52	9.77
社会救济(如合作养老保险、合作医疗保险)	18.52	22.79
五险一金	81.48	55.35

图6-69 户口基础上的社会保障享受差异(%)

2. 在对社会保障了解程度上,受知识学历等限制,农业户口产业工人对社会保障的了解程度显著低于非农业户口产业工人,非农业户口产业工人更关注自身的保障问题

从了解程度上看,整体上非农业户口产业工人对社会保障政策的了解程度要高于农业户口产业工人,并且大多数非农业户口产业工人对社会保障政策有一定程度的认识。究其原因,可归纳为两点:一是教育环

境影响，非农业户口产业工人在城市长大，从小所接受的教育可能会比农业户口产业工人要好，城市知识普及率较高，因此对社会保障政策的了解亦高于农业户口产业工人。二是信息技术的影响，城市网络普及时间较早、通信手段先进、信息传播媒介较多，所以非农业户口产业工人在获得国家关于社会保障的政策信息方面要快于农业户口产业工人。此外，在对社会保障的政策了解方面，对社会保障达到了解程度的产业工人超过半数，说明政府做了很多社会保障政策的相关宣传工作，但也存在宣传力度不够、效果不够明显等不足，从而使得部分工人对社会保障的政策缺乏了解。

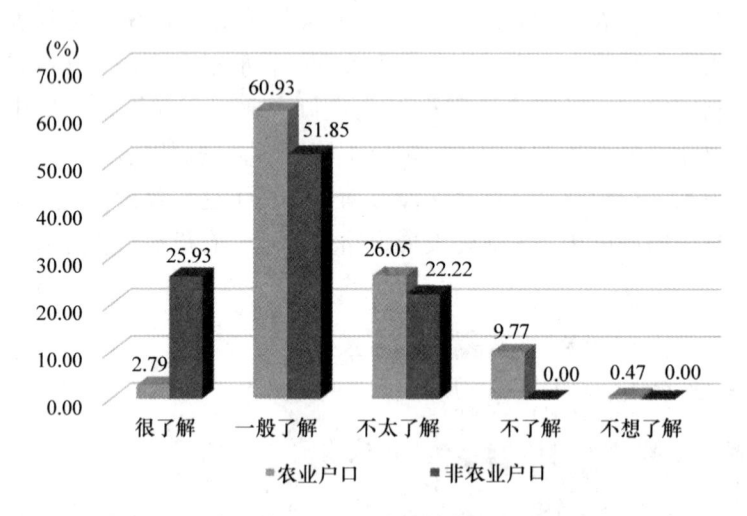

图 6-70 户口基础上的社会保障了解程度差异（%）

3. 在社会保障渠道了解方面，产业工人对于社会保障的了解渠道多样，其中网络是主要渠道。但总体上来说，非农业户口产业工人对社会保障的了解程度更高

数据显示，非农业户口产业工人的了解情况整体优于农业户口产业工人，这与上文的叙述是一致的。具体来看，现在网络成为政府和社会宣传社会保障政策的主要渠道，比例超过半数，通过网络了解的人数在非农业户口产业工人的了解人数中所占的比例更是超过了 70%。社会保障政策属于公共政策，为使公共政策体现公共部门的公共性和权威性，公共政策不管是在内容方面还是在传播过程中都将学理性作为其着

重呈现的典型特征,这一特征也成为阻碍公共政策有效传播的主要因素之一。因此,为了使普通大众能够容易理解公共政策的内容和实质,公共政策传播环节中的解读应该转向通俗的语言风格。此外,当前我国公共政策新媒体解读的呈现大多以平面形态为主,表现为网络上专家学者解读发布文本、电子期刊、移动网络上电子报纸的新闻呈现。平面化的解读是最普通和平常的呈现方式,但也有其独特的优点——内容简单、解读过程成本少、能够最大可能地维护原有政策内容。虽然在新媒体空间中公共政策的解读不断向立体化形态发展,但公共政策解读相比较其他娱乐新闻的解读,在立体化形态呈现方面还需要进一步的发展。在公共政策依托新媒体传播的过程中,公共政策的解读可以在文本呈现的基础上,融合视觉与听觉等动态感官性呈现方式,即公共政策解读的立体化呈现是以服务大众为原则,以获得受众的普遍理解为目标。针对网络适用范围较广的特点,借助新媒体,发挥新媒体优势来传播公共政策是公共政策新媒体传播的重要特点之一。在我国公共政策新媒体传播现状的基础上,结合现存的问题,可以从加强新媒体之间的有机融合、增加政策传播内容的亲和力、发挥新媒体之间的传播合力等方面来改善公共政策的新媒体传播方式。

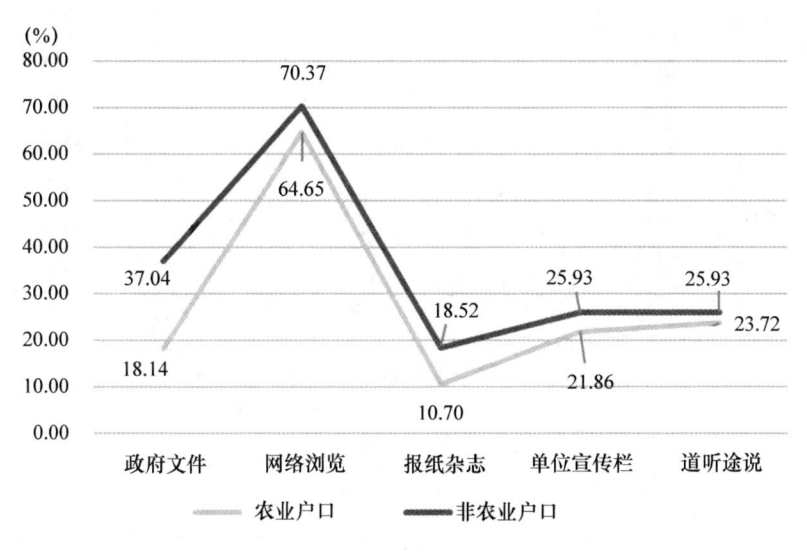

图 6-71 户口基础上了解社会保障的渠道差异(%)

4. 在表达社会管理建议和意见的渠道方面，非农业户口产业工人的参与渠道多于农业户口产业工人，侧面表明了非农业户口产业工人参与社会管理的意愿更强烈

在表达社会管理建议和意见的渠道方面，产业工人在意见表达时多选择网络渠道，其中通过网络表达社会管理方面的建议和意见的非农业户口产业工人比率高达66.67%，农业户口产业工人占比58.60%，这表明新时代信息技术的发展为产业工人意见表达提供了便利渠道，同时也可以看出，相较于农业户口产业工人而言，非农业户口产业工人对网络的利用率更高。其次，在选择电话、意见箱、前往政府寻找机关工作人员等多种途径参与管理社会相关事务方面，非农业户口产业工人与农业户口产业工人之间的差别不大，但在借助收音电台表达意见时，两者之间存在明显差异，这表明农业户口产业工人在意见表达的渠道选择方面还有待进一步丰富。最后，需要关注的是，仍有22.22%的非农业户口产业工人和32.09%的农业户口产业工人认为没有渠道表达社会管理方面的建议和意见。

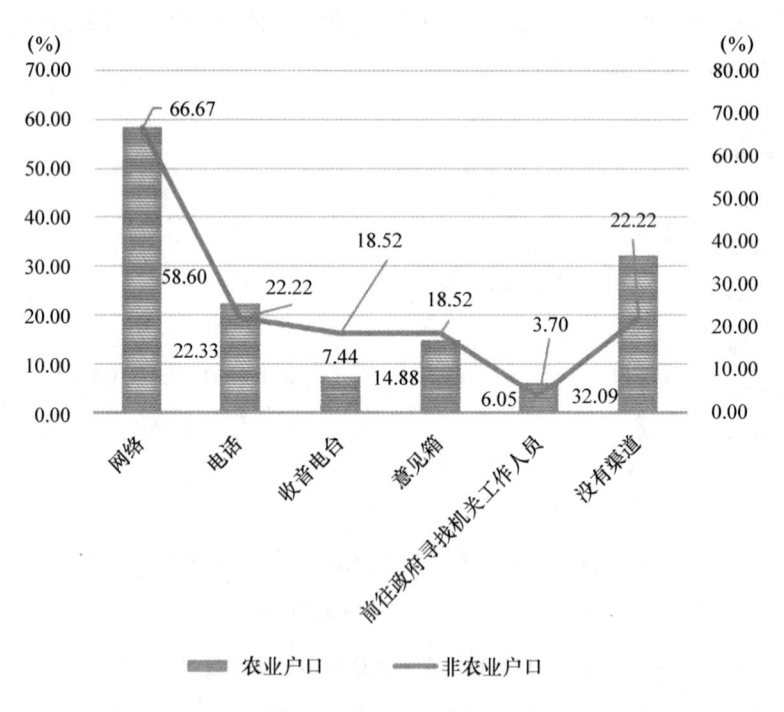

图6-72 户口基础上表达社会管理意见的渠道差异（%）

随着互联网时代的到来,以及互联网信息技术的快速发展,人类社会进入到更方便、更快捷、更有效的发展阶段。农业户口产业工人和非农业户口产业工人都可以轻易通过上网表达自己的意见和建议。党的十八大明确提出,要扩大社会主义民主,推动公民有序政治参与。政治参与程度是衡量一个现代化国家民主程度的重要标准,网络政治参与借助互联网平台和信息技术,为人们充分表达观点和看法提供了良好的平台,是现阶段我国公民依法有序参政议政的新形式。通过互联网平台,让更多的人有机会认识政治、参与政治、发表政治见解,扩大了政治参与群体的数量,加上互联网信息的海量性特征,让农业户口和非农业户口产业工人能更方便快捷地获取自己所需的政治信息和政治知识,提升政治参与的水平。不断更新的互联网技术也为他们进行网络参政提供了强大的技术支撑。

5. 产业工人维权意愿方面,选择维权的产业工人占比超过80%,而整体来看,农业户口产业工人的维权意识明显弱于非农业户口产业工人,其知识水平和法律意识仍需进一步提高

数据显示,当合法权益受到侵害时,与接近60%的非农业户口产业工人的维权率相比,只有不到一半的农业户口产业工人会主动选择运用法律手段维权。有33.95%的农业户口产业工人可能会选择主动维权,5.12%的农业户口产业工人不会主动维权,而不清楚是否会主动维权的有12.56%,而这些指标在非农业户口产业工人中的占比分别为33.33%、3.70%、3.70%。

这一不平衡现象的产生原因可归结为知识水平和法律意识差异。与非农业户口产业工人相比,农业户口产业工人的知识水平和法律意识还有一定的提升空间。第一是传统臣民文化的影响,他们受中国几千年的臣民文化的影响,臣民意识在他们心中仍产生影响,依附性较强,现代公民意识薄弱,权利和义务意识不够高,同时法律自觉性也有待提升,造成他们对政治的参与积极性尚未达到高度民主政治水平,这在很大程度上会减缓其制度化政治参与的步伐,也容易产生极端、盲目的非制度化政治参与行为。第二是文化差异性。城市主流市民文化与生活在城市的农业户口产业工人的文化观念差异大,进而导致在城市主流文化的背景下,农业户口产业工人政治参与积极性不高,这种较低的政治效能感会阻碍他们融入城市社会并制约其政治参与行为。此外,农业户口产业

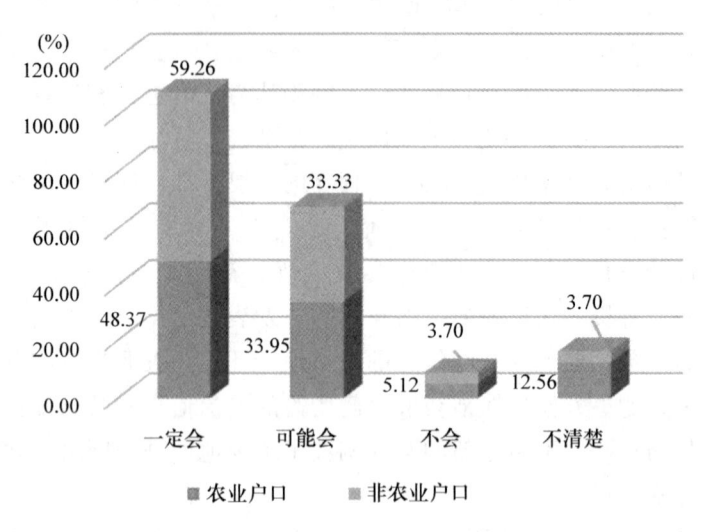

图 6-73 户口基础上的主动维权意愿差异（%）

工人的文化素质尚未完全满足政治参与的要求。从文化教育程度来看，农业户口产业工人主要是小学和初中文化程度，客观上使农业户口产业工人的政治参与存在技术难题，因此本来就有限的政治参与途径也与他们失之交臂。

6. 在产业工人最为关心的社会保障领域，农业户口产业工人和非农业户口产业工人对医疗保险的关注度较高，且非农业户口产业工人的关注度高于农业户口产业工人

在社会保障领域，从总体来看，非农业户口产业工人对社会保障的关注度高于农业户口产业工人。虽然农业户口产业工人和非农业户口产业工人最关心的社会保障都是医疗保险，但关注程度不同，88.89%的非农业户口产业工人认为最关心的社会保障是医疗保险，而农业户口产业工人的比例是79.53%。其余按关心程度由高到低排序依次是养老保险、失业保险、工伤保险、生育保险。

随着农村健康环境的明显改善，农业户口产业工人的健康意识逐渐觉醒，主体意识不断增强。理论上讲，这一变化会产生健康行为的自觉，提高健康意识，从而促进人的身心健康。但与城市相比，乡村的经济水平还存在提高的空间，农业户口产业工人也存在一定的生活压力，这种压力使农业户口产业工人降低了其对健康问题的重视程度，进而影

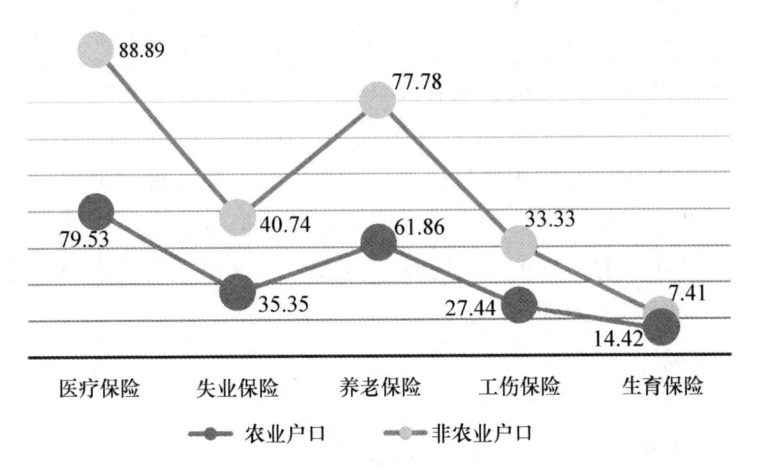

图 6-74 户口基础上的社会保障关切差异（%）

响了健康意识的进一步觉醒。从内部因素看，在实践中健康意识转变为健康行为的动力不足，也使得农业户口产业工人缺乏应有的健康观念。

相比农业户口产业工人，非农业户口产业工人受教育程度较高，因此他们会更加注重健康素质、精神需求，也更加注重社会保障体系的完善，以及社会是否对自身健康进行有效的保障。此外，由于农业户口产业工人对社会保障机制的运行和效果了解程度不高，对国家设定的社会保障体系的关注不充分，农业户口产业工人的健康意识较为匮乏。再加上农业户口产业工人受到传统健康观念以及生活方式的影响，对于健康观念以及应对疾病措施的认知不足，健康意识没有得到及时的更新。

（四）社会交往

1. 在与当地市民相处是否融洽问题方面，受到原有的生活习惯和生活方式影响，非农业户口产业工人相处融洽度明显高于农业户口产业工人，农业户口产业工人融入感有待提高

从调查结果来看，非农业户口产业工人与当地市民相处比较融洽的比例为 40.74%，占比最高，说明非农业户口产业工人与当地市民的融入感很强；与当地市民相处很不融洽的占比为零，说明非农业户口产业工人与当地市民没有非常激烈的社会矛盾，能够较为和谐地相处；非农业户口产业工人与当地市民相处很融洽的占比为 25.93%，说明这部分

产业工人几乎已经能够完全适应当地市民的生活习惯；非农业户口产业工人与市民相处感觉一般的占比为29.63%，说明这部分产业工人可能和当地居民没有过多地接触或者没有建立太多的联系；非农业户口产业工人与市民相处感觉不融洽的占比较低，仅有3.70%，说明这部分产业工人在与当地市民的相处过程中可能产生过一些摩擦和冲突。其实在人与人相处过程中，人际冲突是在所难免的，但可能会影响这部分产业工人对所处环境的认同度和满意度。因此，要重视产业工人与当地市民的分歧，及时解决问题。

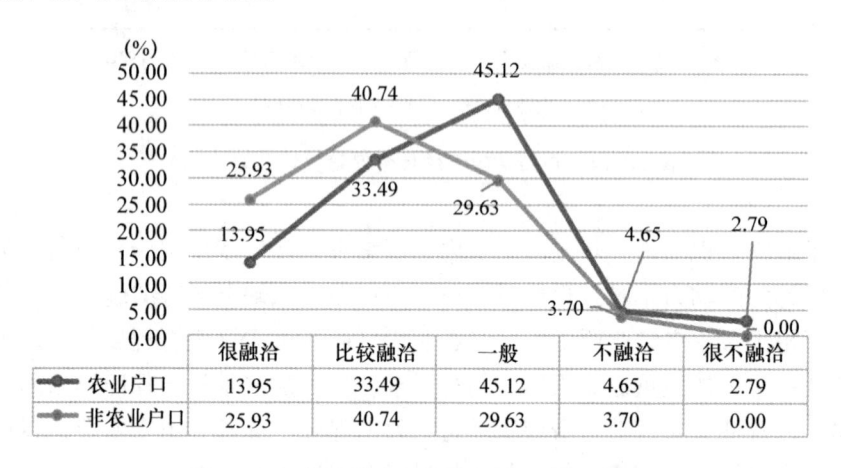

(%)	很融洽	比较融洽	一般	不融洽	很不融洽
农业户口	13.95	33.49	45.12	4.65	2.79
非农业户口	25.93	40.74	29.63	3.70	0.00

图6-75 户口基础上的城市融入差异（%）

与非农业户口产业工人相比，农业户口产业工人由于先前所处的农村环境与城市环境差异较大，对城市的适应性和融洽度均仍处于提升过程。在农业户口产业工人与市民相处关系调查中，大部分人感觉一般，占比为45.12%，未达到半数；农业户口产业工人与市民相处很不融洽的占比为2.79%，虽然比例不大，但这部分产业工人低水平的融洽度可能会影响到生活质量，需要外部力量进行调节；农业户口产业工人与当地市民相处表示很融洽的占比为13.95%，大约仅占非农业户口产业工人同级融洽程度的一半；农业户口产业工人与市民相处感到比较融洽的占比为33.49%，这部分产业工人表示与市民的接触体验较好，也是与非农业户口产业工人相比差距较小的一个层级；农业户口产业工人与当地市民相处不融洽的占比为4.65%，也明显高于非农业户口。

第六章 粤港澳大湾区产业工人的特征差异 207

2. 在看待生活态度方面，农业户口产业工人认为自己的生活方式与城里人相比差别很大的比例更高，而非农业户口产业工人原本可能就是来自城市，认为其生活方式与当地市民差异较小

从调查结果来看，第一，非农业户口产业工人认为生活方式与城里人有一定差别的占比最高，达到33.33%，这部分产业工人认为地域差别或是经济因素导致自己与城里人在某些生活方面存在一定差异；而非农业户口产业工人认为自己与城里人"差别很大"的占比最小，但也有11.11%，生活方式差别大意味着不能很好地融入城市生活，与城市市民相比还有很大的差距。第二，非农业户口产业工人认为生活方式与城里人相比说不清的占比22.22%。相比之下，农业户口产业工人认为自己与城里人生活方式差异还是比较大的。农业户口产业工人认为与城里人生活方式有一定差别的占36.28%，占比最高，但与非农业户口产业工人相差不大。第三，在认为自己与城里人生活方式差别很大的群体中，农业户口产业工人比例为23.72%，非农业户口产业工人只接近这一比例的一半。第四，农业户口产业工人认为自己与城里人生活方式差别"说不清"的占18.60%；认为与城里人生活方式"差别不大"的占比12.56%，与非农业户口产业工人相比略少但相差不大。第五，农业户口产业工人认为自己与城里人生活方式"无差别"的占8.84%，明

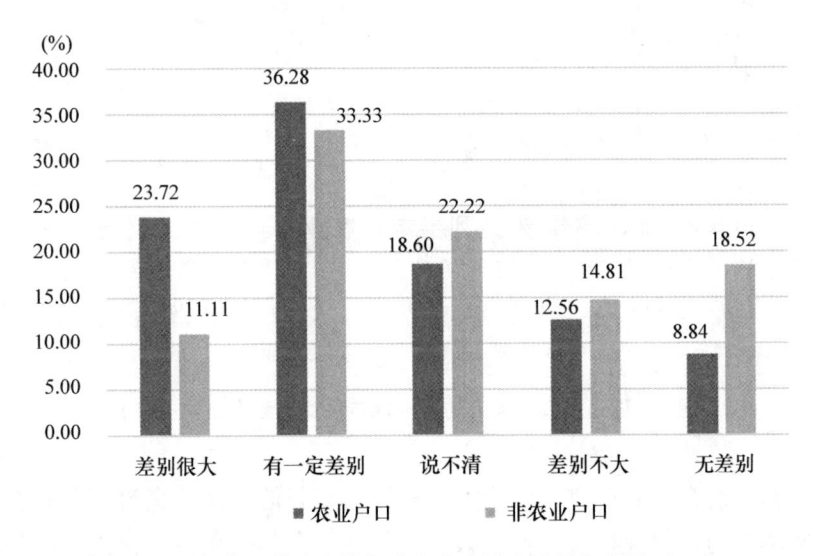

图6-76 户口基础上的与城里人生活方式认知差异（%）

显少于非农业户口产业工人。这说明只有少部分农业户口产业工人能完全习惯城市生活。

3. 在与当地市民交流方面，大多数农业户口产业工人与当地市民很少交流，非农业户口产业工人由于融入城市程度较高，与当地市民交流频率远高于农业户口产业工人

从调查结果来看，非农业户口产业工人与当地市民交流比较密切。有40.74%的非农业户口产业工人与当地市民每天进行交流，交流范围多为街坊邻里的家常交谈，此举有利于增进和当地市民的感情；一星期交流一次的仅占非农业户口产业工人总数的3.70%，主要由于生活忙碌或不愿意交流等因素缺少沟通；非农业户口产业工人很少与当地市民交流的占33.33%，这类非农业户口产业工人与当地市民只保持基本联系，没有深入了解；两三天与市民交流一次的非农业户口产业工人占22.22%，这类产业工人存在身份认同差异但并不强烈，与当地市民保持一种"不亲不疏"的联系。由此可见，非农业户口产业工人在话题度和身份认同上都与城市市民差距不大，因此交流频繁。

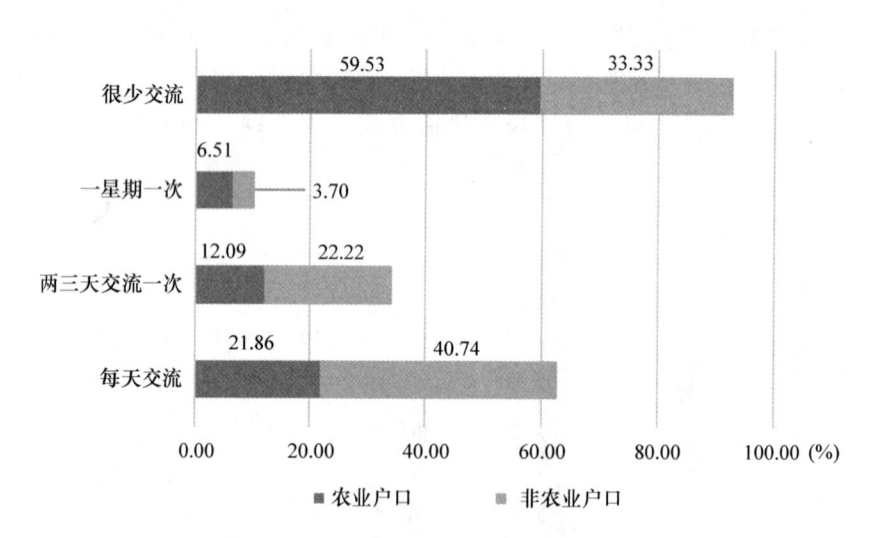

图6-77 户口基础上的与当地市民交流频率差异（%）

相对而言，农业户口产业工人总体上与当地市民的交流不足，在交流频率上与非农业户口产业工人大相径庭。尤其是在很少交流这一指标上，农业户口产业工人占比59.53%，意味着超过一半的农业户口产业

工人与当地市民没有什么交流，这也是农业户口产业工人与当地市民相处融洽度不高的原因之一。与当地市民"两三天交流一次"的农业户口产业工人占12.09%，与非农业户口产业工人同比相差很大；"每天与市民交流"的农业户口产业工人占21.86%，只相当于非农业户口产业工人同选项的一半，差距十分明显。农业户口产业工人很少与当地市民交流原因如下：其一，农业户口产业工人对自身的身份认同感弱，自信心不足，不愿意主动与当地市民交流。其二，由于经济条件和生活习惯差异大，双方共同交流的话题比较少。其三，不少城市市民对自身的身份认同感强烈，但缺乏对农业户口产业工人的身份认同，这就制约了两者之间的交流与来往。

4. 在对当地人包容度的认知方面，非农业户口产业工人更倾向于认为本地人的包容程度较低，而近半数农业户口产业工人则认为本地人包容程度比较高

从调查结果来看，非农业户口产业工人认为本地人的包容程度整体较低。非农业户口产业工人中认为本地人包容的占18.52%，这部分产业工人已经能够适应本地人对产业工人的态度，并能从与市民的相处中获得尊重感；有25.93%的非农业户口产业工人认为当地市民比较包容，与认为本地人包容的非农户口产业工人相比，这部分产业工人对市民包容程度没有那么高的认同感；非农业户口产业工人中占比最高的是认为市民不太包容的群体，比例达到33.33%，按常理来说，非农业户口产业工人融入程度较高，对市民包容程度的体验应该比较好，但在长期的接触中，非农业户口产业工人发现本地人与产业工人这一外来群体之间存在一些分歧，使得他们对当地市民的友好和包容感较弱。非农业户口产业工人认为本地人包容程度说不清的占22.22%，这说明还有一部分非农业户口产业工人对本地人包容度认知模糊或者与本地人接触不多。

与非农业户口产业工人相比，农业户口产业工人对本地人包容程度的认可相对比较高。农业户口产业工人中认为本地人比较包容或者说不清的比例相近，分别为30.23%和32.56%，这两项指标人数的总和占整体的多半。农业户口产业工人中认为本地人包容的占17.67%，与非农业户口产业工人同项指标相差不大；农业户口产业工人中认为本地人不太包容的占19.53%，选项占比远小于非农业户口产业工人。总体来

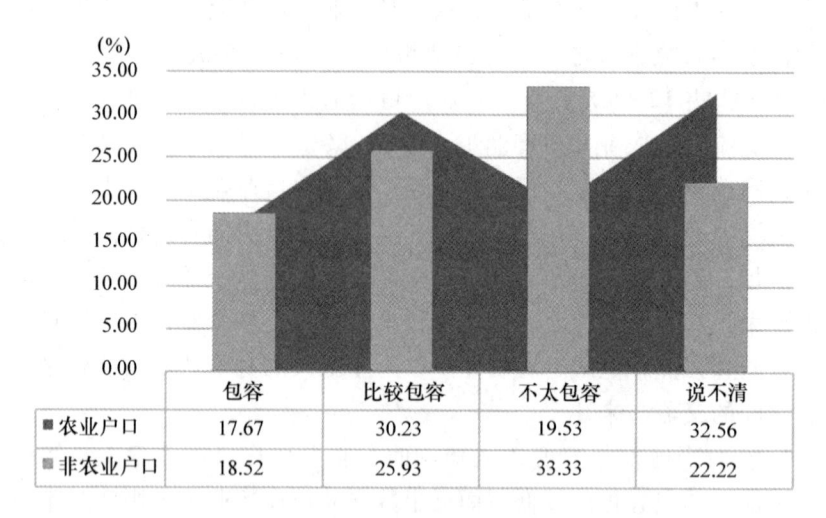

	包容	比较包容	不太包容	说不清
农业户口	17.67	30.23	19.53	32.56
非农业户口	18.52	25.93	33.33	22.22

图 6-78　户口基础上的感受本地人包容差异（%）

看，农业户口产业工人由于与本地市民交流较少，对市民包容程度的认可高于非农业户口产业工人。随着产业工人这一群体与本地市民交流的深入，本地市民的包容程度可能会有所增加，随着双方对彼此思想观念和生活方式的进一步了解，这一差异可能会逐渐缩小。

（五）思想认知

1. 在对待下一代的生活方式方面，农业户口产业工人不愿意下一代像自己一样生活的意愿远远高于非农业户口产业工人，而非农业户口产业工人更能够接受下一代像自己一样生活

不同户口的产业工人对待下一代的生活方式差异较大。选择"愿意下一代像自己一样生活"的产业工人中农业户口产业工人占比9.30%，而非农业户口产业工人较多，占比29.63%。"不愿意下一代像自己一样生活"的农业户口产业工人远远高于非农业户口产业工人，占比77.21%，而非农业户口的产业工人中占比为48.15%。这两组数据反映出非农业户口产业工人对当前生活满意度较高，更能够接受下一代像自己一样生活，农业户口产业工人则对现状满意度较低，希望下一代有更好的生活方式。对下一代生活方式持无所谓态度的非农业户口产业工人为0，农业户口产业工人为0.47%，反映出产业工人对下一代子女的工作都存在期待。认为未来子女的生活方式"最好不要像自己一样，但顺其自然"的产业工人中，农业户口产业工人占比13.02%，非农业户口产业工人占比22.22%。

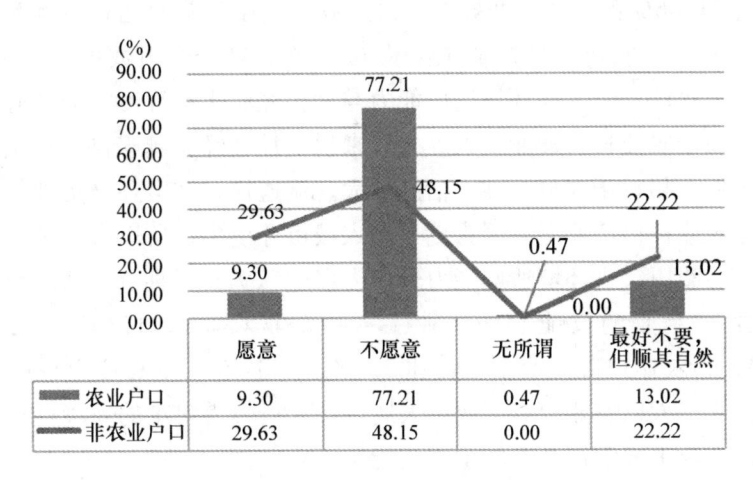

	愿意	不愿意	无所谓	最好不要，但顺其自然
农业户口	9.30	77.21	0.47	13.02
非农业户口	29.63	48.15	0.00	22.22

图6-79 户口基础上的下一代工作期待差异（%）

根据数据可知，农业户口产业工人对下一代生活方式期待总体上高于非农业户口产业工人，他们对待下一代的生活方式态度与自身对生活的满意度息息相关。一方面，相较于非农业户口产业工人，农业户口产业工人综合素质还不足以提高工作竞争力，因此在城市工作过程中竞争力较低，资薪较低，生活水平不高，对生活满意度也更低。另一方面，非农业户口产业工人社会融入度较高。相比于农业户口产业工人，非农业户口产业工人生活在市镇的时间更长，因此在生活习惯、文化背景与社会关系等方面都能帮助他们较好地融入工作地的社会环境。此外，农业户口产业工人对农民身份与"工人身份低人一等"的心理认知也对下一代生活方式的期待产生了较大影响。

2. 在生存技能认知方面，农业户口产业工人认为自己拥有一技之长并掌握某些专业技能的比例高于非农业户口产业工人，非农业户口产业工人则更多地认为自己适应环境能力较强，需要通过磨炼提升自身价值

关于对生存技能的认知，农业户口产业工人与非农业户口产业工人虽有差异，但不明显。只有2.79%的农业户口产业工人认为"体格健壮，体力有优势，品德好"是自身生存技能。认为自己"技能有限，

经验不足，还需磨炼"的产业工人中，农业户口产业工人与非农业户口产业工人的占比分别为37.21%与40.74%。有25.93%的非农业户口产业工人认为自己的环境适应能力强，承受压力能力强，农业户口产业工人则有21.86%的占比。非农业户口产业工人中认为自己社会经验丰富的有7.41%，农业户口产业工人为6.05%。对比两组数据不难发现，非农业户口产业工人在环境适应能力与社会经验丰富程度方面的心理认知都要强于农业户口产业工人。一般来说，社会经验越丰富，环境适应能力越强。相较于农村，城市信息量大、流通快，社会环境更加复杂多变。非农业户口产业工人因为更早融入城市环境中，所以有更丰富的城市生活的阅历，且环境适应能力较强。在"认为自己拥有一技之长，掌握了某些专业的技能"的产业工人中，非农业户口产业工人占比25.93%，农业户口产业工人占比32.09%，这在一定程度上说明技能型的产业工人以农业户口产业工人居多。农村较为艰难的环境推动着农业户口产业工人掌握必要的生存技能。

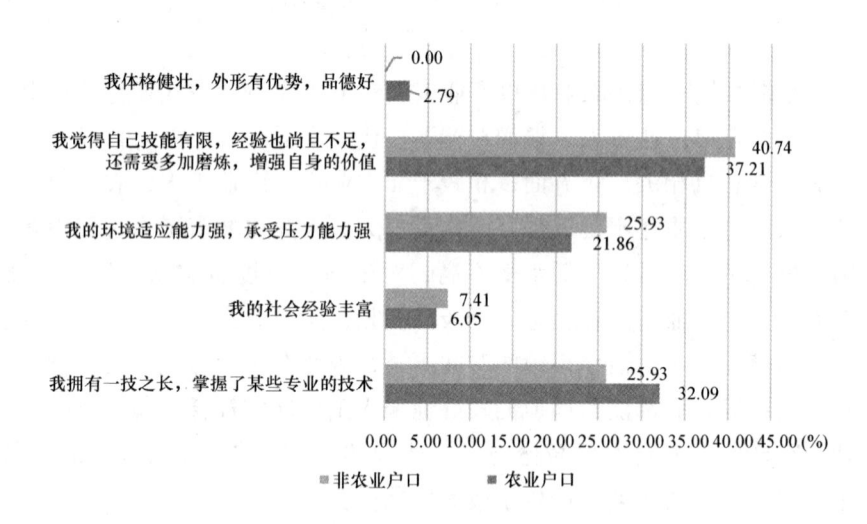

图6-80 户口基础上的生存依靠差异（%）

3. 在对政府期待方面，农业户口产业工人和非农业户口产业工人认为政府应该提供更多的社会福利，其中非农业户口产业工人的诉求更高。同时，非农业户口产业工人的政治与法律意识较农业户口产业工人更强

在就业保障方面，非农业户口产业工人认为就业保障应由政府提供

的占比稍高于农业户口产业工人,为44.44%,农业户口产业工人为43.26%。这说明在产业结构不断升级的背景下,无论是农业户口还是非农业户口的产业工人都对就业稳定性有一定担忧,希望政府这只"有形的手"提供强有力支撑。在社会福利方面,81.48%的非农业户口产业工人认为应由政府提供,农业户口产业工人占比69.77%。这一方面说明非农业户口产业工人对社会福利的需求大于农业户口产业工人,另一方面也侧面反映出在城乡二元对立观念遗留的影响下,农业户口产业工人存在对政府认知的偏差。此外,在子女的就学机会方面,有40.74%的非农业户口产业工人认为应由政府提供,农业户口产业工人则占比30.70%,明显低于非农业户口产业工人占比。在住房方面,农业户口产业工人认为应由政府提供的占20.93%,非农业户口产业工人占比29.63%。这两项指标的选择与两个群体当下需求密切相关。在职业技能培训方面,40.74%的非农业户口产业工人认为应由政府提供,农业户口产业工人则为27.44%。这说明非农业户口产业工人对学习培训职业技能的意愿与农业户口产业工人相比更为强烈,同时也说明企业在提供职业培训方面有待加强。在是否认为政府应该监督用人单位履行

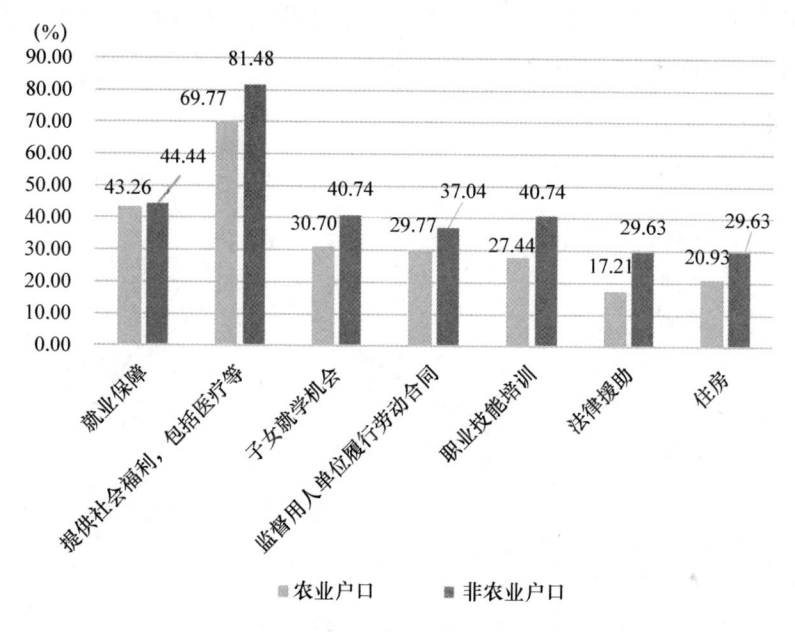

图6-81 户口基础上的政府期待差异(%)

劳动合同与提供法律援助方面,非农业户口产业工人占比均高于农业户口产业工人,这在很大程度上反映出农业户口产业工人的法律维权意识相对薄弱,也反映了城乡法律意识宣传与法治建设的不平衡。以上数据表明,农业户口产业工人与非农业户口产业工人对政府社会福利提供认知存在较大差异,这种差异的形成一方面由不同的社会需求所决定,另一方面也受二者不同程度的政治知识、政治权利意识影响。总体而言,非农业户口产业工人政治与法律意识较强,对政府的期待更高。

4. 在阶层认知问题上,农业户口产业工人认为自己处于社会底层的比例远远高于非农业户口产业工人,相对应的,非农业户口产业工人对自己所处阶层的看法更为乐观

在农业户口产业工人中,认为自己处于社会上层的占1.86%,低于非农业户口产业工人的占比3.70%。认为自己处于社会中层的非农业户口产业工人占25.93%,高于农业户口产业工人的13.49%。认为自己处于社会底层的农业户口产业工人占比远远高于非农业户口产业工人,具体数据分别为67.91%与51.85%。而对自身所处阶层持"不知道,无所谓"态度的农业户口产业工人与非农业户口产业工人比率相差无几,为16.74%与18.52%。总体上可以看出,农业户口产业工人对所处阶层的看法更为消极。

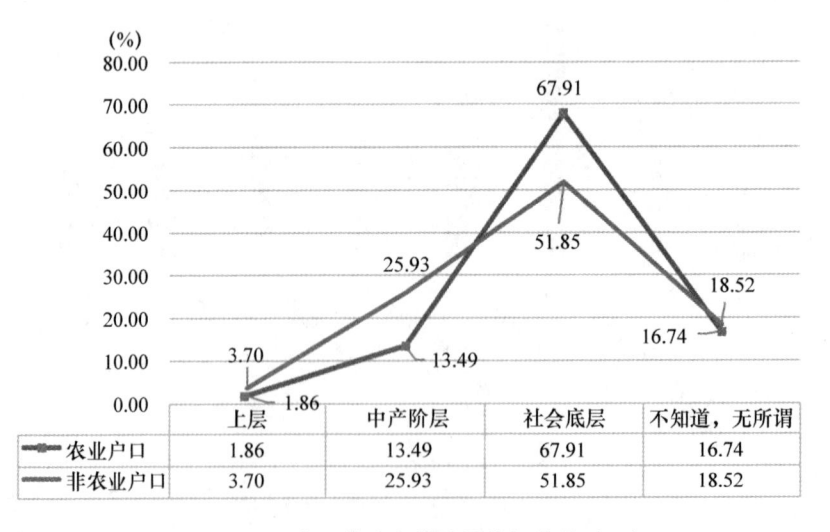

	上层	中产阶层	社会底层	不知道,无所谓
农业户口	1.86	13.49	67.91	16.74
非农业户口	3.70	25.93	51.85	18.52

图6-82 户口基础上的阶层认知差异(%)

5. 在收入分配差异这一问题上，大部分的农业户口产业工人和非农业户口产业工人认为当前收入分配不公平，其中非农业户口产业工人对收入分配的不公平程度感知更高

农业户口产业工人与非农业户口产业工人普遍认为我国目前的收入分配不公平（高于70%），其中农业户口产业工人认为"非常不公平"的比例是非农业户口产业工人的两倍，非农业户口产业工人中认为我国目前的收入分配水平是"非常公平"的为0，认为收入分配"非常公平"的农业户口产业工人也仅有3.72%；而认为我国目前收入分配"公平"的农业户口产业工人和非农业户口产业工人的比例基本持平。这反映出我国目前城乡收入差距较大的现状，城市化和经济快速发展推动大批农业户口劳动者涌向城市务工，寻求发展机会，但随之而来的是农业户口产业工人与本地城市职工的差异化薪酬和"待遇差异化"问题，即使他们在同一地区工作，但各自的工资待遇、用工形式、社会保障等方面存在诸多差异，由此呈现出城镇劳动力市场上普遍存在城乡户籍薪酬差距扩大化问题。

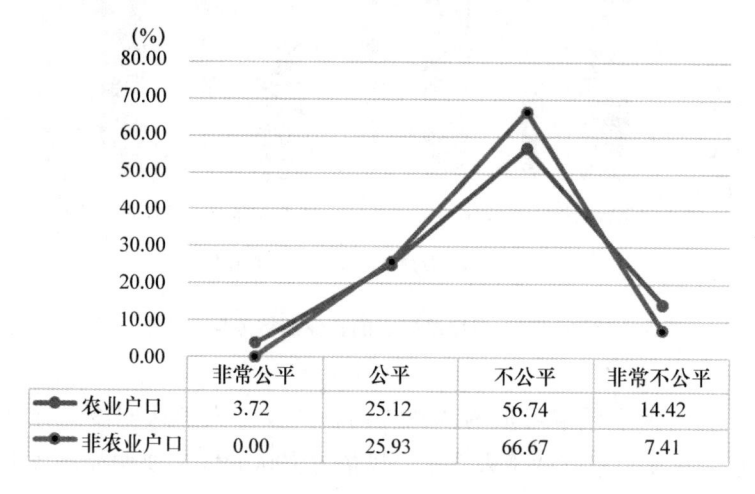

	非常公平	公平	不公平	非常不公平
农业户口	3.72	25.12	56.74	14.42
非农业户口	0.00	25.93	66.67	7.41

图 6-83 户口基础上的收入分配公平认知差异（%）

6. 在企业供给问题上，除了共同看重工资福利待遇外，非农业户口产业工人同时还更注重职业技能培训、人文关怀和良好的工作环境，尤其是人文关怀在非农业户口产业工人中占据着重要的地位

首先，无论是农业户口产业工人还是非农业户口产业工人，都把企

业能够提供较好的工资福利待遇作为自身最大的期待。其次，非农业户口产业工人在除工资福利待遇外的其他方面都比农业户口产业工人期待略高，如在看重职业技能培训方面，农业户口产业工人占43.72%；非农业户口产业工人占59.26%；在看重"企业"提供的工作环境是否良好方面，农业户口产业工人占47.91%；非农业户口产业工人占55.56%。尤其是在提供的人文关怀方面，非农业户口产业工人（占比59.26%）与农业户口产业工人（占比26.05%）差异较为明显。由此可见，由于观念的差异相对于非农业户口产业工人，农业户口产业工人关注当前的工资收入，公民福利意识还比较薄弱。

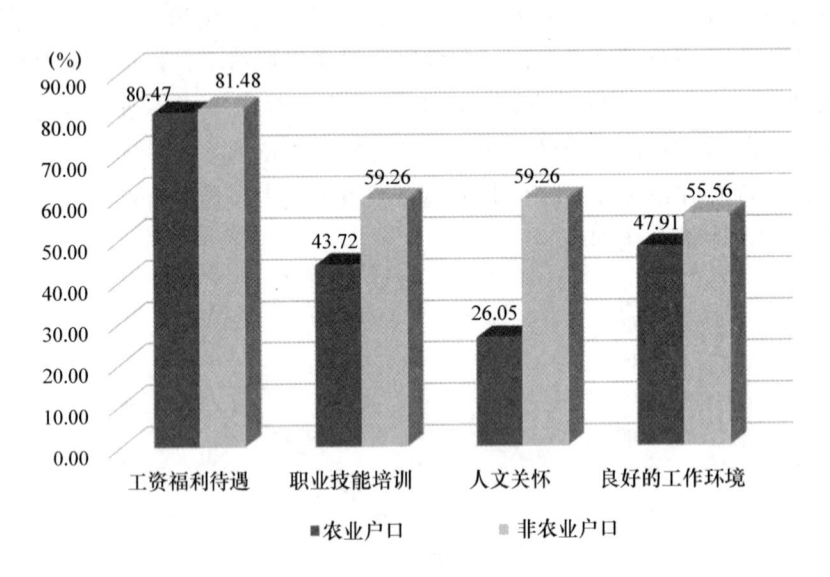

图6-84 户口基础上的企业期待差异（%）

7. 在对家乡风俗习惯的认知方面，产业工人的认同度均保持较高的水平，农业户口产业工人在家乡风俗习惯认同度上要明显高于非农业户口产业工人

一方面，在产业工人进入城市务工后，产业工人对家乡的生活习惯、习俗的态度都发生不同程度的变化。其中认为自己家乡的生活习惯、习俗"有很大一部分落后，有小部分美好的需要保留"的非农业户口产业工人占比40%以上，而农业户口产业工人占比也较高，接近36%。然而农业户口产业工人认为自己家乡生活的习惯、习俗很好的占比超过40%,在这一评价上与非农业户口产业工人之间的差距不大。另一方面,近8%的农业户口产业工人在进城务工后,认为自己家乡生活的习惯、习俗很落后,认为"城乡差距较大",而非农业户口产业工人接触的城市化程度相对深一些,因此与城市生活的习惯、习俗差距较小,认为家乡的生活习惯、习俗很落后的非农业户口产业工人为0,这与农业户口产业工人与非农业户口产业工人的家乡在社会中所处的地位也有一定关系。非农业户口产业工人因为在陌生城市得到了相对而言较高的认同度,所以弱化了其与家乡的"认同纽带"。

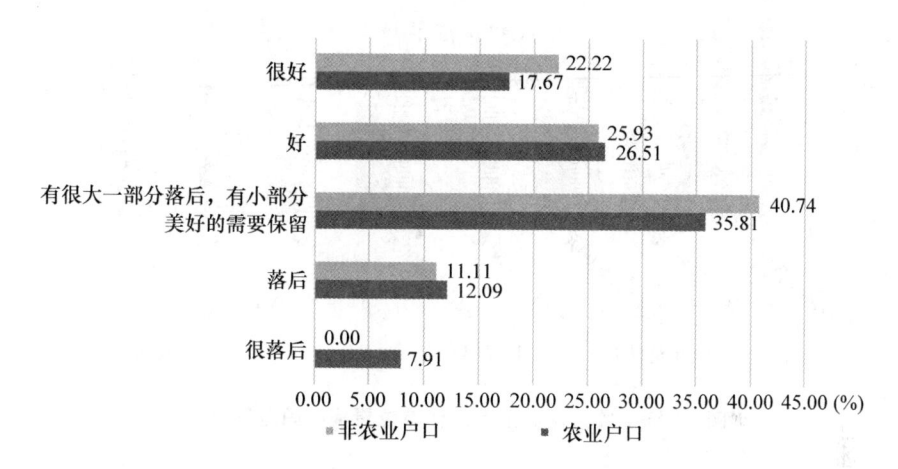

图6-85 户口基础上的家乡风俗习惯认知差异(%)

五 收入差异

(一)工作状况

1. 工资待遇是决定产业工人工作流动频率最为关键的因素,且收入与工作单位更换时间之间的影响机制较为复杂

工作流动是指就业主体在不同职业间的流动,分为行业内工作流动和行业间工作流动。工作流动构成社会流动的主要形式之一,通过人力资源在不同地区、不同产业间的配置实现社会流动。工作流动是衡量产业工人就业稳定性的重要指标。适度的工作流动有助于就业增长、经济发展以及社会生产能力提高,但如若超出一定频率也会造成负向影响。首先,对劳动者个人而言,过于频繁的工作流动不利于工作适应性的提

高、社会资本的积累和工作收入的提升。其次，对企业而言，过于频繁的工作流动将会干扰企业的正常运营，增加员工选聘、培训的成本。最后，对于区域经济而言，过于频繁的工作流动不利于区域经济的稳定发展。随着工资提升，产业工人1年内换工作的比例在同等收入水平产业工人中占比低。由此可见，工资是决定产业工人流动频率最为关键的因素。

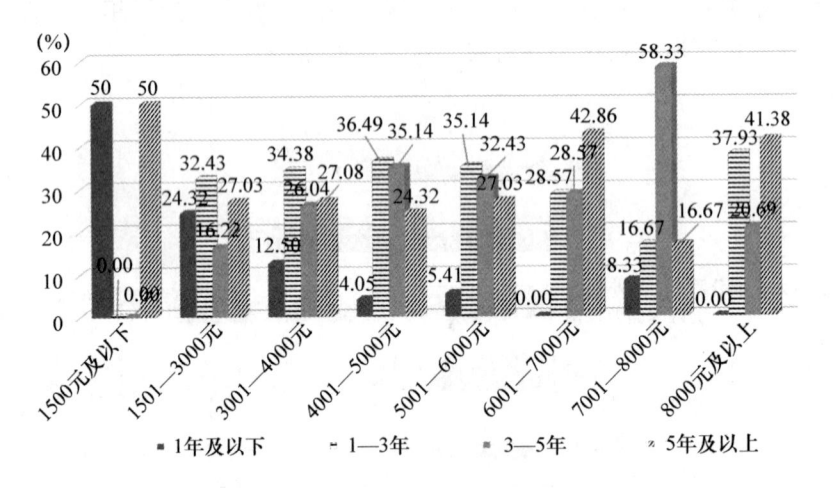

图6-86 收入基础上的工作单位更换时间差异（%）

数据显示：第一，随着工资提升，产业工人一年内换工作的比例在同等收入水平产业工人中的占比呈现走低趋势。随着经济的发展，收入水平低的产业工人找到更好工作的概率更大，短期内更换工作的频率也随之提高。对产业工人来说，短期内工资水平的高低往往是其评价一项工作岗位优劣最直接和常用的指标。因此可以说工资是影响产业工人短期内流动频率的最关键因素。第二，产业工人在1—3年内变换工作单位的情况，在各工资水平产业工人中的发生率差距不大；而产业工人3—5年换一次工作的发生比例，却随着工资水平的上升基本呈现出一种倒U形趋势。由此可见，在中短期内，产业工人的流动比例受收入差距的影响较为复杂，一方面，经过第一次跳槽的产业工人不会在短时间内轻易作出第二次更换岗位的决定；另一方面，受到产业工人自身专业素质和综合能力的约束，劳动力市场机制会为其匹配与其能力相适应的工作，因此会呈现出一种相对稳定的状态。第三，从长期来看，产业工人愿意在同一单位待 5 年以上的比例与工资水平呈现出一种"两头大中间小"的趋势。"两头大"现象的出现一方面是因为工资水平在 1500 元及以下的工人中,个人能力较强的通常在短期内会把握更好的工作机会,剩下的往往是产业工人中的"弱势者",其受教育水平通常不高、综合技能和专业素质方面也不足且缺乏职业追求,无论是在更换工作单位的能力上还是意愿上都有所欠缺。另一方面,由于较高工资水平的产业工人上升空间已相对有限,根据劳动力边际收益递减规律,他们的任何微小提升需要付出相对较大的代价,因此大部分产业工人通常满足于此"天花板",更换工作的频率也会下降。"中间小"的出现原因则源于工资水平处于中间阶段的产业工人无论是在能力还是晋升机遇上都存在瓶颈。工作能力得到有效提升的群体会选择跳槽到更好的单位,而能力退化的工人群体只能被动更换工作单位,因此,中等收入水平的产业工人在长期内的流动性相对于其他收入水平的产业工人来说更高。第四,收入水平在 7001—8000 元的对照组产业工人流动规律有其独特性:一方面,作为高收入水平的产业工人,在短期内其流动比例较低;另一方面工作了 3—5 年的产业工人更换工作单位的比例相对其他组比例明显升高,可能是受到了能力和上升空间的限制,使得这一工资水平上的产业工人需要花费更多精力提升个人能力。除此之外,工资水平在 1500 元及以下的产业工人在更换工作频率选择上,呈现出两极分化趋势,半数产业工人选择一年内更换一个工作单位,流动性高,呈现出短工化趋势。半数产业工人选择 5 年及以上更换一个工作单位,呈现出较为稳定的就业。由此可见,工资水平更高的产业工人呈现出更高的工作稳定性。

2. 收入差异影响期望偏好。工资水平在 1500 元及以下的产业工人,就业大多关注生计期望,在 1500 元以上的产业工人,就业机会期望更为多元,7001—8000 元收入阶段的产业工人,对工作各方面的期望都普遍较高

产业工人选择工作的考虑因素与就业期望,可以反映出其就业观和价值观。据图 6-87 可知,产业工人的就业期望处于生存型和发展型并存的状态,体现出分层特征。按某种特定标准分类的群体,在外部看来群体内部的个体会具有同质化特征,但是这种同质化特征其实是个体被纳入群体范畴的标准。实际上,在群体内部分层差异普遍存在,群体内

部也会有其自身的异质性。例如,"受教育程度高、职业期望高、物质和精神享受要求高、工作耐受力低"的三高一低特征更多表现在收入较高的产业工人身上。

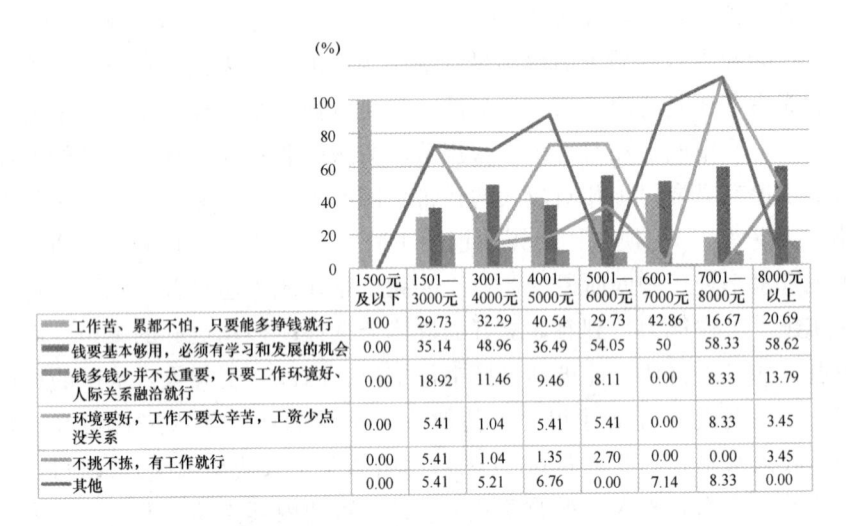

	1500元及以下	1501-3000元	3001-4000元	4001-5000元	5001-6000元	6001-7000元	7001-8000元	8000元以上
工作苦、累都不怕,只要能多挣钱就行	100	29.73	32.29	40.54	29.73	42.86	16.67	20.69
钱要基本够用,必须有学习和发展的机会	0.00	35.14	48.96	36.49	54.05	50	58.33	58.62
钱多钱少并不太重要,只要工作环境好、人际关系融洽就行	0.00	18.92	11.46	9.46	8.11	0.00	8.33	13.79
环境要好,工作不要太辛苦,工资少点没关系	0.00	5.41	1.04	5.41	5.41	0.00	8.33	3.45
不挑不拣,有工作就行	0.00	5.41	1.04	1.35	2.70	0.00	0.00	3.45
其他	0.00	5.41	5.21	6.76	0.00	7.14	8.33	0.00

图6-87 收入基础上的就业机会需求差异(%)

根据调研数据我们不难发现,首先,工资水平在1500元及以下的产业工人,尚未摆脱生计困境,对就业机会的唯一期望是多挣钱,以最大程度满足其生存需求,在其他方面并没有什么特别的要求。其次,工资水平在1500元及以上的产业工人,对就业机会具有多种期待,其中工资水平处于1501—3000元这一阶段的产业工人,对就业机会期望的人数最多。此外,工资水平在5000元以上的群体有半数认为"钱要基本够用,必须有学习和发展的机会",从中明显可以得知这部分产业工人兼具经济型和发展型的就业期望。其就业不仅仅是为了满足个人生活需求,更重要的是追求事业与自身能力的发展,他们开始追求现代化的城市生活方式和节奏,不再是以盲目的就业期望为主。最后,从整体上来说,除了工资水平在1500元及以下的产业工人,处于其他工资水平的大部分产业工人最重视的均为学习和发展的机会。由此可判断出新时代粤港澳大湾区的产业工人始终把不断发展和完善自我,提升工作能力放在首位,其工作态度都是饱满而积极的。同时,由于产业工人比较重视薪酬和工作环境方面的要求,相关企业应该重视对产业工人的职业规划制定和专业技能培训，在保证提供合适薪酬的同时，注重优质工作环境的营造。

3. 收入越高的产业工人无聊感知越低。月收入水平在1500元及以上的各收入阶段产业工人，对工作岗位的适应性较好。收入水平低于1500元的产业工人，则更易产生对工作的厌倦情绪

根据调研数据可以看出：月收入水平在1500元及以上的各收入阶段产业工人中，认为自己的工作不算无聊或一点也不无聊的比例均在70%以上，而收入水平低于1500元的产业工人，则更易产生对工作的厌倦情绪，认为工作无聊、比较无聊、非常无聊的总体比例也最高。具体而言，一方面，收入水平低于1500元的产业工人，相比于其他工资水平的产业工人更加容易产生对工作的厌倦情绪，认为工作无聊、比较无聊、非常无聊的总体人数比例也是最高的，这是由于收入水平低于1500元的大多数产业工人都在流水线上工作，这类工作本身就比较枯燥，工作内容重复性高，大部分是简单的机械劳动。此外，处于这一工资水平的部分工人的工作目的也多是为了摆脱生计困境，因此工作期间也不会去享受工作带来的乐趣，自然感到工作乏味。另一方面，相比于其他工资水平的产业工人，位于5001—6000元和7001—8000元这两个水平线上的产业工人更容易适应自身工作岗位，认为一点也不无聊的人群比例基本维持在50%左右。同时，产业工人对工作的适应程度呈现出上升的趋势，随着工资水平的不断上升，认为目前工作不算无聊，以及一点也不无聊加总和的比例大体保持平稳且呈现出一种上升的趋势，这表明工资水平的高低或多或少影响着产业工人对自身工作的看法，工资水平高的产业工人更容易对自身工作产生认可。

总体来说，粤港澳大湾区产业工人对工作岗位的适应性较好，工作积极性也比较高。月收入水平在1500元以上的各收入阶段产业工人中，认为自己的工作不算无聊或一点也不无聊的比例均在70%以上。这是因为粤港澳大湾区无论在地理位置、经济发展、政策优待方面，相对于其他地区都有其独特的优势，经济市场和劳动力市场都十分繁荣，具有良好的工作环境和和谐的竞争氛围。但是，针对那些对自身工作认可度不高、适应性不强、积极性不足的产业工人，企业也需要通过舒适的工作环境和工作氛围的营造，以及对员工人文关怀的增加、员工激励机制的塑造等方式，努力培养其工作兴趣，增加其对工作的认可度与工作热情。

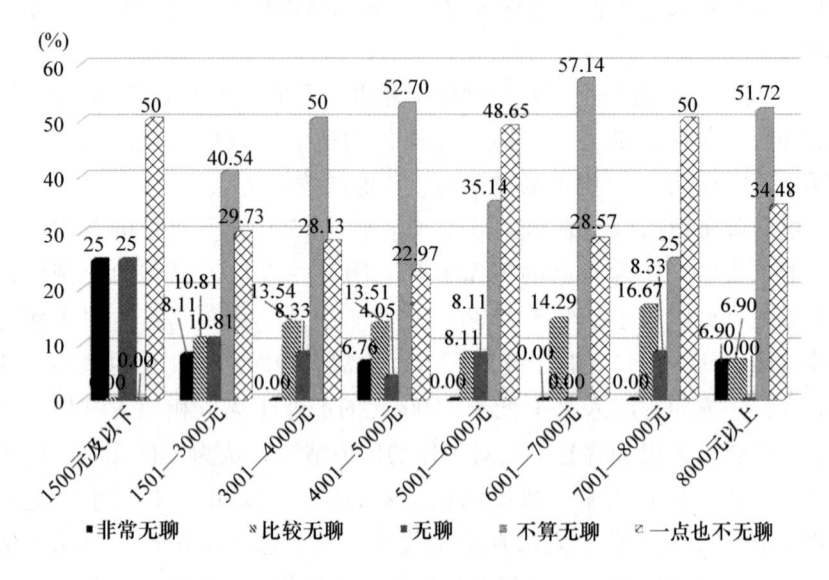

图 6-88 收入基础上的工作无聊度感知差异（%）

4. 处于不同工资水平的产业工人普遍对自己的再就业能力抱有信心

调查数据显示，产业工人普遍对自己的再就业能力抱有信心，即使是月收入水平在 1500 元及以下的产业工人，也仅有 25% 的工人对再就业没有任何信心。原因主要有以下几点：第一，我国仍处于工业化、城镇化发展阶段，市场仍存在大量劳动力缺口。第二，产业工人的择业渠道趋于多元化，主要表现为两个方面：一是随着产业工人用工时间的增长，他们的社会资本逐步积累，交友范围开始突破亲缘、血缘、地缘的局限，建立起更加广泛的社会交往与劳动力信息网络，劳动力市场信息的不对称性矛盾得到一定缓和。二是随着政府、企业对人力资源培训重视程度的提高，产业工人本人也更加注意自身劳动技能的培养，从而树立了凭借自身技能能够找到适合工作的自信。在对自己的再就业能力信心较低的群体中，工资水平低于 1500 元的产业工人占大多数，致使其不自信的根源在于其就业产业类型多为劳动密集型产业，岗位的特性决定了岗位技术要求低、工作可代替性高。然而就总体群体观念来说，粤港澳大湾区产业工人普遍对自己的再就业能力抱有信心，工作态度比较乐观，认为能够凭借自身的工作经验和专业技能在劳动力市场占有一席之地。

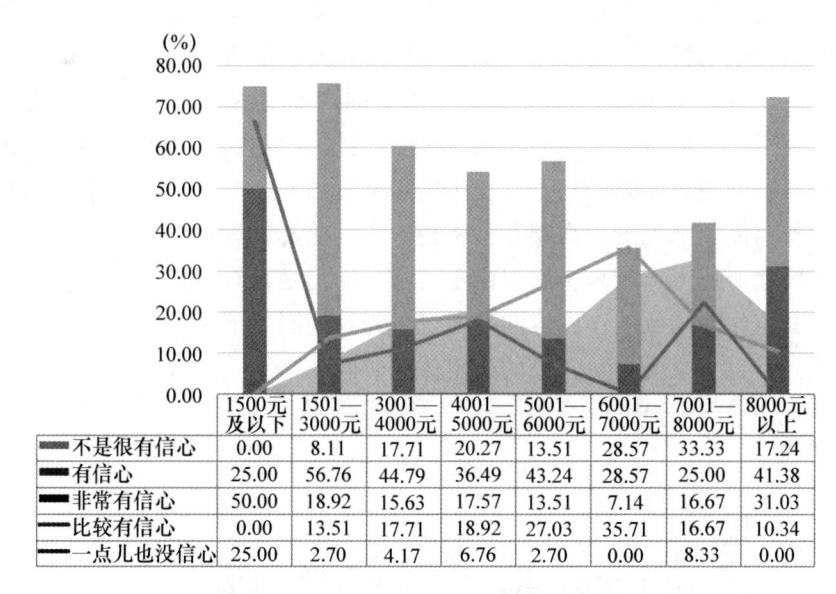

	1500元及以下	1501—3000元	3001—4000元	4001—5000元	5001—6000元	6001—7000元	7001—8000元	8000元以上
不是很有信心	0.00	8.11	17.71	20.27	13.51	28.57	33.33	17.24
有信心	25.00	56.76	44.79	36.49	43.24	28.57	25.00	41.38
非常有信心	50.00	18.92	15.63	17.57	13.51	7.14	16.67	31.03
比较有信心	0.00	13.51	17.71	18.92	27.03	35.71	16.67	10.34
一点儿也没信心	25.00	2.70	4.17	6.76	2.70	0.00	8.33	0.00

图6-89 收入基础上的未来找工作信心差异（%）

5. 各收入阶段的产业工人，均有50%以上的比例可保证每周至少1天的休息频率，月收入1500元及以下的产业工人休息时间最为充足

数据显示，各收入阶段的产业工人，均有50%以上的比例可保证每周至少1天的休息频率，月收入1500元及以下的产业工人，其休息时间最为充足。由此可见产业工人在休息方面得到了较高的保障。根据调研与访谈我们得知，随着工资水平的不断上涨，产业工人的休息时间也随之呈现出减少的趋势。对于产业工人来说，工资水平越高，就意味着其所需要承担的工作内容和工作责任会更重，他们的工作时间往往会延伸至法定工作时间的范围之外，因而固定休息时间相对来说就会减少。同时也可以看出，相对于工资水平处于6001—7000元的产业工人而言，工资水平处于7001—8000元的产业工人，固定休息时间反而呈现出上涨的态势，这是因为拿更高薪水的产业工人通常会从技术性工作和基层的管理事务中脱离出来，投身于战略性事务的处理当中，从而使他们拥有更多的固定休息时间。不难发现，工资水平处于1500元及以下的产业工人的休息时间是最为固定的，他们中有75%的人员每周有

两天的固定休息时间，剩下的群体每周也都至少有一天的固定休息时间。因为工资处于该水平线上的工人通常是流水线上一线工人，其工作内容具有规划性、重复性与机械性等特征，所以加班情况较为少见。最后，在工资处于6001—7000元这一水平的产业工人的每周固定休息时间统计中，一周有两天的固定休息时间的工人所占比例高达50%。出现这一特殊现象的原因在于，该工资水平下的部分产业工人从事高端复杂工作，需要掌握更为高端和精密技术，因此其工资水平相较于普通的流水线上产业工人较高，然而由于其从事的仍是具有机械性的技术性工作，其工作时间及工作内容同样通过事先计划固定下来的，所以，这些工人同样也会享受相对较长的固定休息时间。

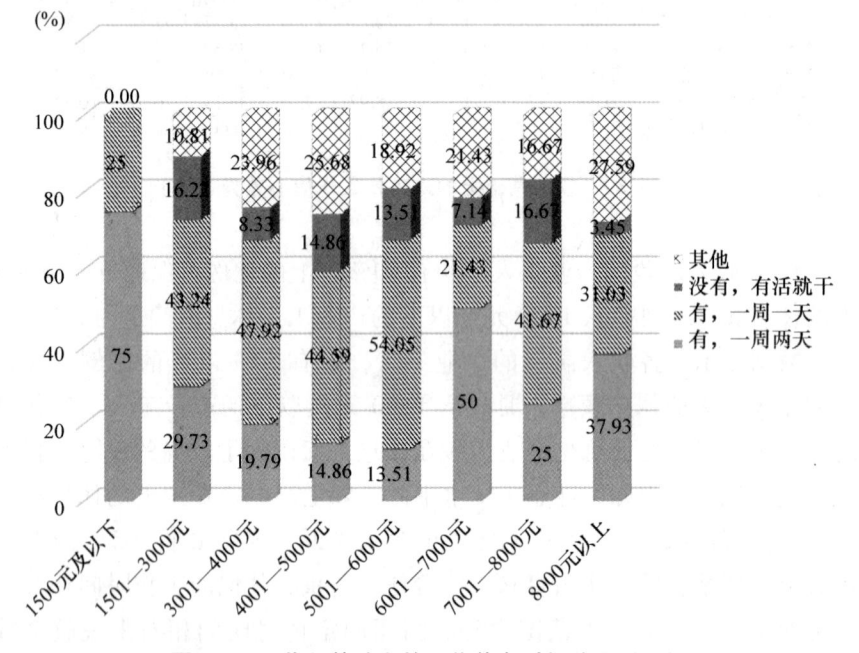

图6-90 收入基础上的工作休息时间差异（%）

（二）生活状况

1. 各收入阶段的产业工人中，对当前居住生活条件感到满意或较满意的群体均占比58%以上，但仍需进一步改善产业工人的居住生活条件，提高其居住满意感

调查数据表明，处在不同收入水平的工人对自身居住生活条件的满

意度有所差别，具体体现在以下几个方面：第一，不同收入水平的产业工人态度普遍乐观，对自身居住生活条件大体上感到较为满意。由图6-91可以看出当前社会发展阶段工人们持有的普遍生活满意度。在产业工人中，随着收入水平的不断提高，社会地位及社会认同感随之增强，使得产业工人对改善自身居住生活条件的意愿及能力有所提高，从而对其生活满意度有显著的正向影响。第二，产业工人看待居住生活条件的满意度评价多呈中等偏高状态，对现状很不满意的人群较少。总的来说，在提及对居住生活条件是否满意的，产业工人给出的好坏评价相对均衡，其中"不满意"或"很满意"两种态度在各收入阶段基本持平，各收入阶段的群体大多表示出较为满意的态度，说明产业工人普遍持有乐观的生活态度，对目前居住生活条件的评价中等偏高，负面情绪较少，但仍存在较大的满意度提升空间。第三，收入水平低的产业工人对居住生活条件的满意度最高。最低收入阶段1500元及以下的工人认为生活满意的占比高达75.00%，基本没有群体表示不满意及很不满意的态度，整体满意度较高。第四，中高收入的产业工人对美好居住生活

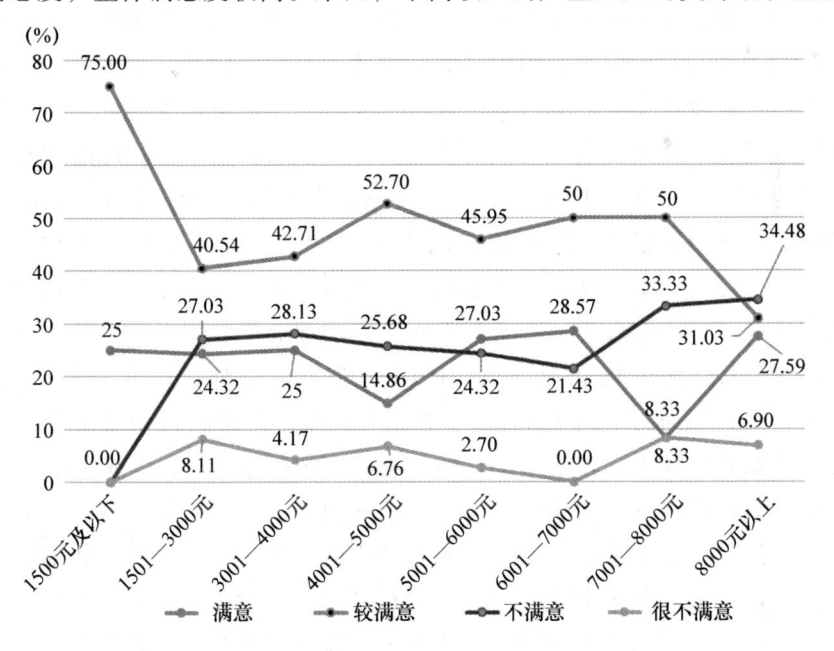

图6-91 收入基础上的居住生活条件满意度差异（%）

条件有更高追求。在中等收入范围，处于 4001—5000 元收入阶段的产业工人认为较满意的人最多，选择很满意的人却最少，体现出在该收入范围的产业工人对美好居住生活条件有着更高要求。而在高收入阶段范围内，7001—8000 元收入的产业工人对自身居住生活条件的最高级别满意度低于 10%，有一半的人群认为比较满意，同时该收入范围内的产业工人持不满意与很不满意态度的比例较高，体现出在该收入范围内产业工人相对于其他群体，有着更高的居住及生活条件要求。

2. 各收入阶段的产业工人中，对当前生活状况感到基本满意或很满意的均占比 50% 以上，而对生活状况感到很不满意的占比多数在 10% 以下

通过对题项"您对目前生活状况的感受如何？"进行分析，可以有效辨析不同收入的产业工人对生活状况的满意程度高低。第一，收入水平越高的产业工人，对生活状况的满意感知越强。如图 6-92 所示，收入水平在 7001 元以上的产业工人，对目前生活状况感到很满意的占比较高。收入在 7001 元以上的产业工人属于产业工人中的高收入范围群体，相应的受教育水平和工作岗位要求更高，较之其他收入范围能收获更好的社会地位与物质财富，因而对美好生活状况的整体感知更强烈，生活感知的满意度也最高。第二，产业工人中认为生活很满意的人较少。值得注意的是，在所有收入阶段的产业工人中，对目前生活状况感到很满意的人数占比多数在 10% 以下，即使是月收入 7001—8000 元的高收入群体，表示很满意的人数占比也仅为 8.33%，反映了产业工人对美好生活的向往与当前生活状况落差较大的矛盾。第三，产业工人中认为生活很不满意的人数较少。在所有收入阶段的产业工人中，对目前生活状况感到很不满意的占比多数在 10% 以下。另外，1501—3000 元、7001—8000 元水平两个阶段的产业工人群体，持很满意与很不满意态度的人数在整体上的占比基本一致，反映出中高收入阶段范围的收入两端既表现出较高的生活满意度与幸福感的同时，又有着比其他收入阶段工人更高的生活追求。第四，收入水平最低的产业工人对生活状况的基本满意度最高。处于 1500 元及以下收入阶段的产业工人均无表现出最满意与最不满意两个极化态度，认为生活都还过得去，因此在所有收入阶段中，他们的基本满意度最高。第五，收入阶段在中等向中高等的发展范围内的产业工人，多表现出次高的满意度与最低的很满意度。从收

入阶段处于5001—6000元与6001—7000元的群体对比中看出，虽然有着较高收入的产业工人的基本满意度达到最高，但持很满意态度的人数比例一度降为零，同样印证了当前收入较高的产业工人占有一定的社会资源，认为自身生活的获得感、幸福感较高，绝大部分都感到较为满意，但又有着对美好生活的更高追求，并不全然满足于已有的生活条件。

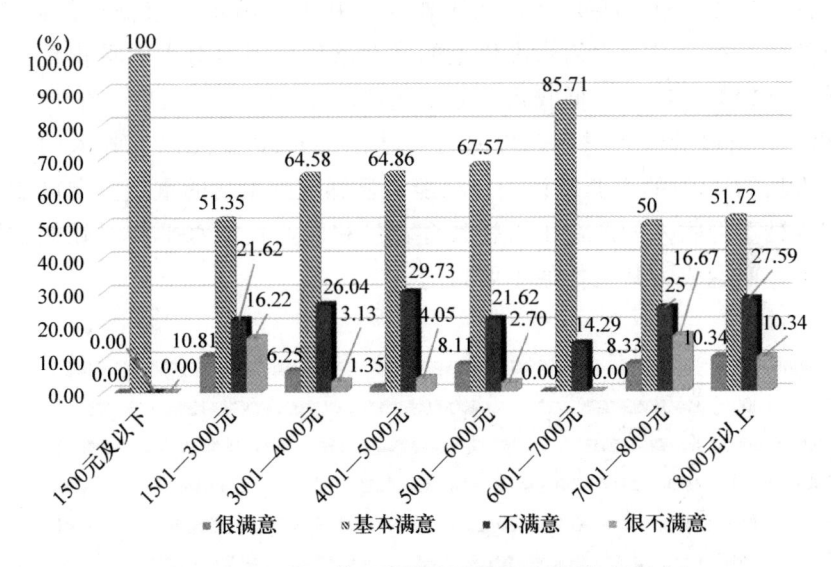

图6-92 收入基础上的生活满意度差异（%）

3. 收入较低与较高的产业工人更容易感到生活负担重，压力大，收入中等的产业工人则感到相对轻松

针对问题"您同意下列说法吗？"进行分析，重点剖析了选择答案"我经常感到生活负担很重，压力很大"的人群特点，与"感到寂寞无助"或"幸福"的群体进行对比，得出不同收入状况的产业工人负担感差异性分析。第一，中高收入的产业工人更倾向于认为生活负担重。其中，又以处于6000元及以上收入水平的产业工人表现最为突出，进一步聚焦，可以看出7001—8000元收入的产业工人对重担重压的最高认同度占比最多，6001—7000元收入的产业工人的比较同意度占比最高。这可能源于中高收入的产业工人在社会摸爬滚打时有更强烈的奋斗动机，同时初尝财富资本的益处，有持续拼命工作谋求晋升的动力与压力，因而愿为获取更丰厚的资本回报而背负重担。

第二，收入中等的产业工人感到相对轻松，生活负担不算太重。由数据可知，中等收入阶段中近乎一半的受访工人在看待生活重担问题时都持中性态度，其中，5001—6000元收入群体在生活重担重压话题上的最高认同度的占比最低，次低是处于6001—7000元收入水平的产业工人。由此可见，中等收入者基本认为生活负担一般重，生活压力尚可接受，这主要是他们的工作收入基本能满足养家糊口的需要，已然拥有社会平均生活水准以上的优渥条件，因而对生活重担重压的感知度较低。第三，低收入产业工人承受较高的生活压力。在1501—5000元阶段的收入群体表现尤为明显，处于5000元以下收入的产业工人均约22%的人非常认同自己能明显感觉到生活的重担。这可能是因为处于低收入的产业工人受教育背景和职业技能水平相对较低，解决生存问题成为其工作的主要目的。

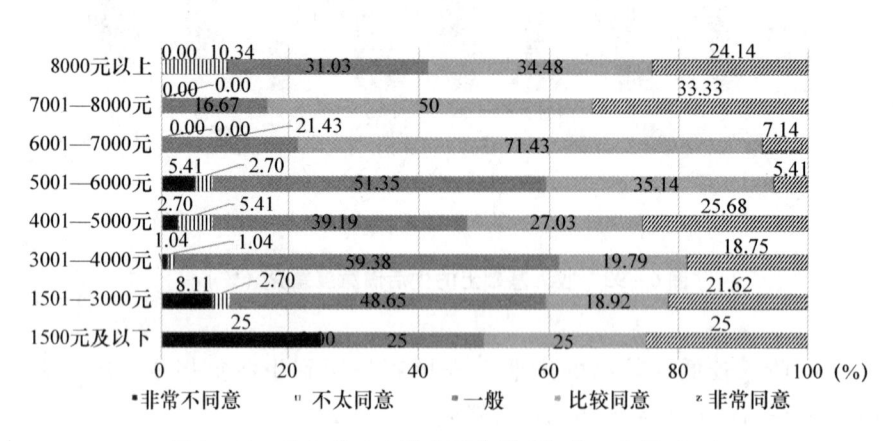

图6-93　收入基础上的生活负担感知状况差异（%）

4. 产业工人除了有较高的工作收入与对城市生活的向往外，他们十分关注自身与子女后代在城市的发展机遇

对题项"您为什么愿意永久定居这里？"进行分析，可以总结出不同收入阶段产业工人定居城市的原因及差异。第一，随着收入水平的提高，倾向于留在城市生活的产业工人认为城市工作机遇更多，可为自己与子女的未来发展打好基础。一方面，数据显示：处于所有收入阶段的工人在发展机会考量上的占比大多超出25%，反映出他们非常看重在城市的发展机会。另一方面，收入越高的产业工人对子女在城市发展基

础的重视度越高，其中，收入超过 4000 元的产业工人因子女发展原因而定居城市的占比基本大于 25%，在 6001—7000 元范围的产业工人占比超 40%。说明对比原住地，产业工人对城市生活见识与教育水平抱有更大信心，同时随着收入的提高，他们也具备更多在城市生存发展，甚至在城市供养后代的自信，因而也更愿意留在城市生活，谋求发展机会。第二，城市工作收入高并不能成为产业工人定居城市的全部动力，收入水平较高的产业工人久居城市的动力更多样化。图中有四分之三收入处于 1500 元以下的产业工人会因城市工作收入高而选择定居城市，但随着工人的收入水平提高，城市的发展机会、对城市生活的向往等多样化原因越来越成为驱动产业工人定居的影响因素，其中有 51.35% 收入水平处于 5001—6000 元的工人重视城市的发展机会，包括自身与后代的发展机会，而收入水平为 6001—7000 元的工人表示最向往城市的美好生活，其次是子女发展。由此可见，驱动收入水平低的产业工人久居城市的主要动力是城市工作收入，而收入水平较高的产业工人久居城市的动力更为多样化。第三，收入越高的产业工人由于社会地位的提升，倾向于选择永久定居城市。表现为有超出 16.67% 的收入在 7001 元以上的产业工人会因为社会地位提高而长期定居城市。说明社会地位提

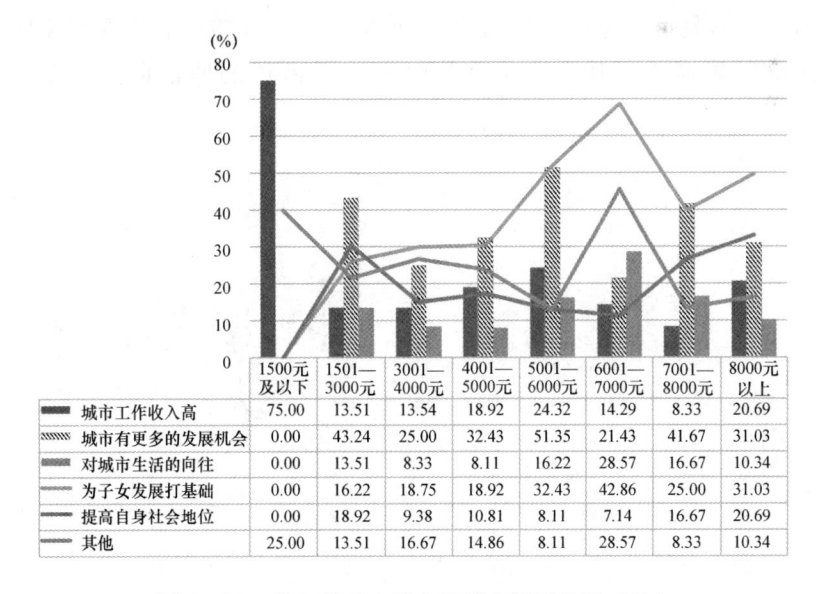

	1500元及以下	1501—3000元	3001—4000元	4001—5000元	5001—6000元	6001—7000元	7001—8000元	8000元以上
城市工作收入高	75.00	13.51	13.54	18.92	24.32	14.29	8.33	20.69
城市有更多的发展机会	0.00	43.24	25.00	32.43	51.35	21.43	41.67	31.03
对城市生活的向往	0.00	13.51	8.33	8.11	16.22	28.57	16.67	10.34
为子女发展打基础	16.22	18.75	18.92	32.43	42.86	25.00	31.03
提高自身社会地位	0.00	18.92	9.38	10.81	8.11	7.14	16.67	20.69
其他	25.00	13.51	16.67	14.86	8.11	28.57	8.33	10.34

图 6-94 收入基础上的定居城市原因差异（%）

升将越来越成为其定居城市生活的重要影响因素。当前社会文明程度不断提升，人们在希冀获得物质财富以外的精神富足的同时，也在追寻社会地位与名气声望。这一现象可以从马斯洛需求层次理论得到解释，在低层级的生理、安全和社交需求得到满足后，会继续寻求尊重和自我实现需求，即获得他人认可并实现自我价值，具体表现如提高自身社会地位等。

5. 户口及其他市民待遇问题、家庭原因以及生活成本太高是产业工人不愿意永久定居在城市的三大主要原因

当产业工人被问及"您为什么不愿意永久定居这里"的问题时，他们给出的答案结果较为多样化，具体对比分析如下：第一，户口及其他市民待遇问题、家庭原因及生活成本太高是产业工人不愿意永久定居城市的三大主要原因。在除1500元及以下收入的其他阶段收入的产业工人中，因家庭成员构成、生活成本、市民待遇问题三个原因不愿定居城市的工人占比均超10%，其次是难以找到合适工作、城镇住房没有保障和其他原因。对于"是否愿意永久定居城市"这个问题，产业工人并不是凭主观意志自由选择的，而是更多考虑原生家庭的成员结构、能否找到较好工作及工资是否能支付较高的城市生活成本等要素，影响成因比较复杂。第二，家庭原因成为产业工人难以永久定居城市的最主要原因。数据显示，超过半数的1500元及以下收入的产业工人因家庭因素无法留居城市，其占比是其他收入水平占比的两倍以上，而达到

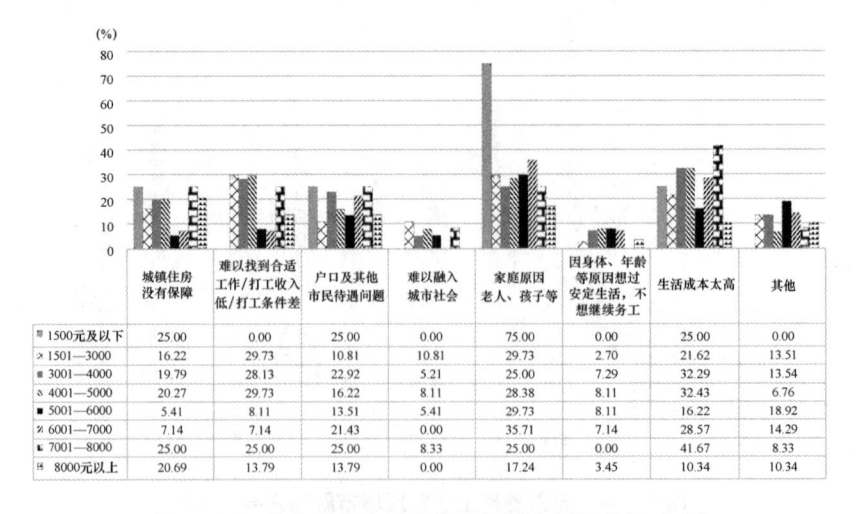

收入	城镇住房没有保障	难以找到合适工作/打工收入低/打工条件差	户口及其他市民待遇问题	难以融入城市社会	家庭原因老人、孩子等	因身体、年龄等原因想过安定生活，不想继续务工	生活成本太高	其他
1500元及以下	25.00	0.00	25.00	0.00	75.00	0.00	25.00	0.00
1501—3000	16.22	29.73	10.81	10.81	29.73	2.70	21.62	13.51
3001—4000	19.79	28.13	22.92	5.21	25.00	7.29	32.29	13.54
4001—5000	20.27	29.73	16.22	8.11	28.38	8.11	32.43	6.76
5001—6000	5.41	8.11	13.51	5.41	29.73	8.11	16.22	18.92
6001—7000	7.14	7.14	21.43	0.00	35.71	7.14	28.57	14.29
7001—8000	25.00	25.00	25.00	8.33	25.00	0.00	41.67	8.33
8000元以上	20.69	13.79	13.79	0.00	17.24	3.45	10.34	10.34

图 6-95　收入基础上的拒绝定居城市原因差异（%）

7000元以上的高收入群体受家庭因素的影响逐渐减小。原因在于工人被原生家庭影响的程度较高，用于赡养家中老人、孩子花费的钱款数目巨大，加上城市的消费水平更高，所以收入越低的产业工人越难留在城市长期生活，多选择孤身前往城市打工。第三，难以融入城市社会、过上安定生活等相对主观的原因不是阻碍产业工人留居城市的主要原因。对城市社会的适应与融入、不想继续务工而想过上安定生活两个原因在各收入阶段均占比11%以下。其中，处于6001元以上中高收入阶段的产业工人受该原因影响最小。因此，城市融入感、生活安定感作为主观因素，对产业工人永久定居在城市的影响相对较小，而中高收入群体受此影响的比例更是微乎其微。

（三）社会保障

1. 在养老保险的关心程度方面，分布在各收入阶段的人群关心程度大致相同，其中月收入在1500元及以下的产业工人最为担心养老保险

对不同收入基础产业工人的养老保险担心差异进行分析可以得出以下结论。第一，不同收入群体的产业工人中，对养老保险持担心态度的占比较高。由于目前处于建设规划中的粤港澳大湾区的产业工人养老保险制度铺开工作仍有提升空间，需要企业承担部分的"五险一金"福利，但由于部分企业未告知或个人不够了解因素的存在，导致有很大一部分产业工人并未及时参保，使得作为社会救济功能的合作养老保险保障作用较弱。因此，产业工人中超半数对养老保险持担心态度。第二，收入水平最低的产业工人对养老保险问题最为担心。如图6-96所示，工资水平处于1500元及以下的产业工人，有75.00%对养老保险持担心态度。如第一点所述，大量处于最低收入的产业工人也没有享受到养老保险的保障。同时在粤港澳大湾区内，很多工厂仍存在较大的健康风险隐患，由于工资水平偏低、产业工人储蓄有限，加之工厂的工作强度与工作环境对个人健康有一定的危害，因此这部分工人对未来的养老问题更为担心和悲观。第三，收入在中等向中高等发展范围内的群体，对养老保险多表现次高的担心态度。工资处于6001—8000元范围内的产业工人对养老保险的担心仅次于工资水平最低的产业工人。一方面是由于在这一工资水平的产业工人，往往承担更为繁重、危险度更大的工

作，身体健康所受的危害更大；另一方面，这一收入水平的产业工人往往担负着更大的家庭责任，他们为了获取更多的工资往往选择放弃具有存储性质的养老保险保障，这也是其对自己的养老保险问题更为担心的主要原因。第四，高收入水平的产业工人对于养老保险问题担心与不担心态度持平。除去一部分已经拥有养老保险的产业工人，其他工人对未来养老问题仍持积极态度的原因是：高收入水平的产业工人有一定的储蓄能力，有储蓄养老可供选择，因此这一部分的产业工人并不担心未来的养老保险问题。与此同时，仍有一部分高收入产业工人并未参与养老保险，因此出于对未来生活水平降低的担忧，也同样担心自己的养老保险问题。第五，产业工人中还有一部分人没有考虑养老保险问题。在调查中，近20%的产业工人没有想过养老保险问题，这也反映出部分产业工人对社会保障制度的重要性没有充分的认识，目前政府对于养老保险知识的普及力度仍然存在不足。

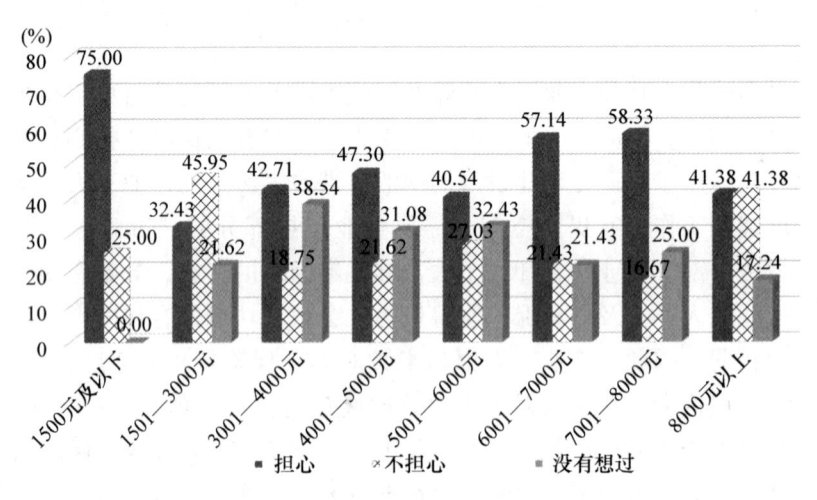

图 6-96 收入基础上的养老保险担心差异（%）

2. 对于养老保障功能的信任，分布在各收入阶层的产业工人的信任程度大致相同，但月收入在1500元及以下的阶层信任程度最低，处于"半信半疑"状态

调查结果显示，处于不同收入状态的产业工人对于养老保险的信任程度有所差别，具体体现在以下几个方面：第一，拥有不同收入的产业

工人对养老保险保障功能普遍持信任的观点。由图 6-97 可知，各阶层产业工人中对养老保险持信任观点的人数均达 50% 以上，这也源于目前我国政府的社会保障体系日渐完善，已经有一部分人享受到养老保险所带来的生活福利，因此，产业工人对于福利保障制度的信任感知度增强。第二，中低收入的产业工人对养老保险保障功能信任程度最强。收入在 1501—3000 元的中低收入产业工人对于养老保险信任度最强，达到 78.38%，这是由于在这一低收入水平的产业工人生活压力较大，储蓄能力较弱，养老保险制度对其而言，是未来可靠的生活保障来源。第三，收入水平最低的产业工人对养老保障功能信任程度最低。收入在 1500 元及以下的产业工人对于养老保险不信任程度达到 50%，这一现象出现的原因主要是在这一收入水平的产业工人，对养老保险的保障功能并未有足够的了解，并且在其日常生活中也较少感知到养老保险带来的实际好处，因此对养老保险缺乏认同感。

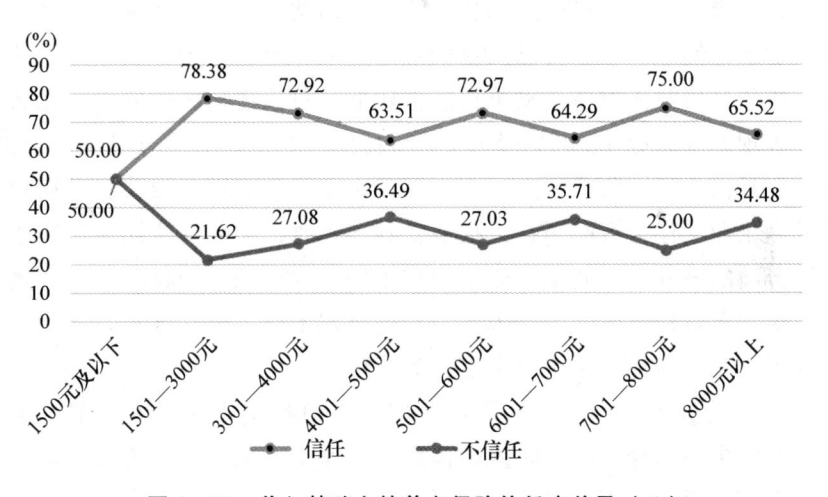

图 6-97　收入基础上的养老保险信任度差异（%）

3. 当自己的合法权益遭受工厂损害时，收入较低和收入较高的产业工人的维权意识较强，主动维权意识在收入阶层中近似呈现"U"形分布

根据调查结果，可以辨析不同收入产业工人在合法权益遭受工厂损害时主动维权的意愿差异。第一，各收入阶段的产业工人都更倾向于"一定会"或"可能会"维护自己的权益。随着国家对工人权益保障的

逐渐完善，工人维权意识的提高，当工人的合法权益受到损害时，其更倾向于通过合法途径维护自己的权益，而非默默承受；另一方面，粤港澳大湾区的发展使得产业工人的自我需求感增强，因此当自己的合法权益受到侵害时，产业工人会更多地考虑维护个人权益，而非单纯保住自己的工作。第二，低收入和高收入的产业工人维权意识较强，维权态度更坚决。由图6-98可知，当收入阶段在1500元及以下、8000元以上的产业工人合法权益受到损害时，更倾向于"一定会"维权。对于收入在1500元及以下的产业工人，其工作内容简单，收入也较低，这两个原因导致了其对收入的敏感性更高，因此当他们的合法权益受到损害时，会更坚决地通过维权手段维护自己的权益。而对于收入在8000元以上的产业工人而言，他们的工作内容并非纯体力型而是有一定的技术含量，因此这一类型的产业工人对企业的重要性更高，通过合法手段维护自己权益的成功可能性更大；另外，高收入产业工人具有一定的文化基础，在维权过程中可以运用相关法律，因此维权的成功率也更高，这也决定了他们坚决维护自己权益的意愿更大。第三，中等收入的产业工人相较于其他收入群体主动维权热情较低，对于主动维权的做法比较犹豫。表现在收入处于3001—5000元阶段的产业工人的维权坚决性较低，这主要是由于这一阶段的产业工人往往出于来到大城市赚钱养家糊口的目的到企业工作，有时当自己权益受到侵害时，在他们认知中仍属于不严重范畴的事件，因此更倾向于保住工作，维持稳定的收入；只有当其权益受到严重侵害时，才会采取一定的维权手段。因此这一收入阶段的产业工人在应对权益损害时态度更为犹豫。

4. 不论分布在哪个收入阶层，网络渠道都是产业工人了解社会保障状况的主要途径。随着收入的提高，产业工人从官方渠道获取信息的可能性相应提高，而通过非官方渠道获取信息的可能性下降

由图6-99可知，总结出不同收入阶段的产业工人了解社会保障渠道的差异。第一，网络渠道对于各收入阶段的产业工人都是了解社会保障的主要途径。除月收入低于1500元的产业工人人群之外，通过网络渠道了解社会保障的产业工人占比均达到60%以上。近年来，随着智能手机和互联网的普及，产业工人的信息主要来源于网络媒介，然而网络媒体的非官方性质会导致产业工人对社会保障状况的认知产生偏差。第二，高收入产业工人通过政府文件了解社会保障占比较大。高收入产

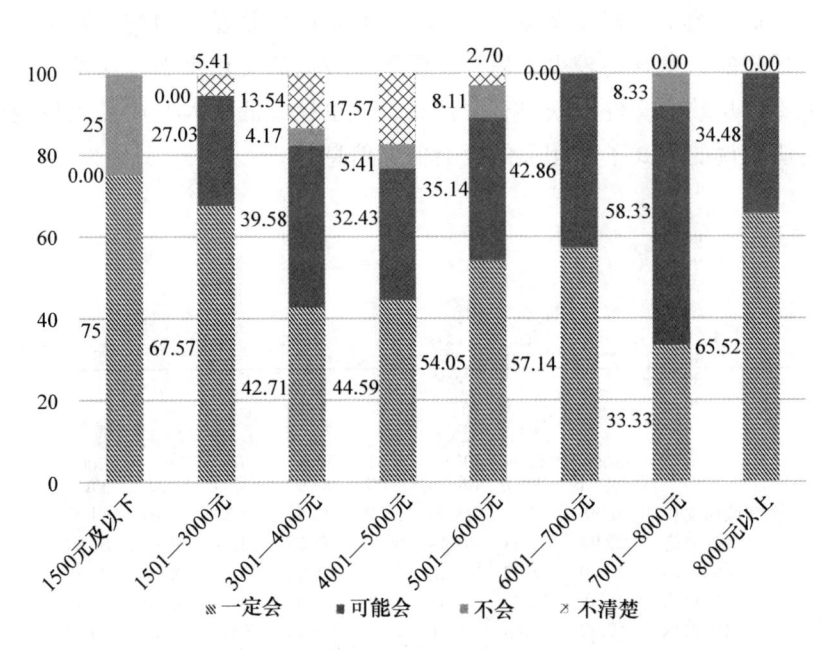

第六章 粤港澳大湾区产业工人的特征差异 ◆ 235

图 6-98 收入基础上的主动维权意愿差异（%）

业工人了解社会保障状况的渠道较多，而相较于其他收入阶段产业工人，他们更愿意通过政府文件了解社会保障制度。原因在于高收入产业工人的受教育程度高于其他产业工人，对于含有较多专业性词汇的政府文件能够正确解读，因此对于社会保障状况了解也更加客观。第三，随着收入水平的提高，产业工人更倾向于通过正式的官方渠道了解社会保障信息。产业工人通过道听途说了解社会保障状况的倾向，明显随着收入的提升从 50.00% 降低至 20.69%，通过单位宣传栏、政府文件了解社会保障状况的倾向由 0 分别提升至 34.48% 和 44.83%。原因在于，随着收入的提高，产业工人对于社会保障的正确认知与需求也会相应提升，而需求的提升也会驱动产业工人通过官方渠道了解社会保障信息。另外，中高收入水平的产业工人受教育水平也更高，工作岗位繁重劳动更少，他们在工作之余有更多的时间和途径了解更多社会保障权益。第四，处在最低收入水平的产业工人多通过非官方渠道获取社会保障信息。收入在 1500 元及以下的产业工人通过政府文件、单位宣传栏等官方宣传途径了解社会权益保障的占比为0,这与低收入群体的工作环境及个人受教育程度有关,这部分产业工人工作所在企业大多规模较小,相较于员工的个人权益保障,老板更关心企业的效益,因此,对于此类社会保障的信息宣传较少;另外,受限于较低的文化水平,这部分产业工人难以从政府文件中获取有关信息,这也导致低收入产业工人只能通过道听途说的方式了解相关的社会保障信息。

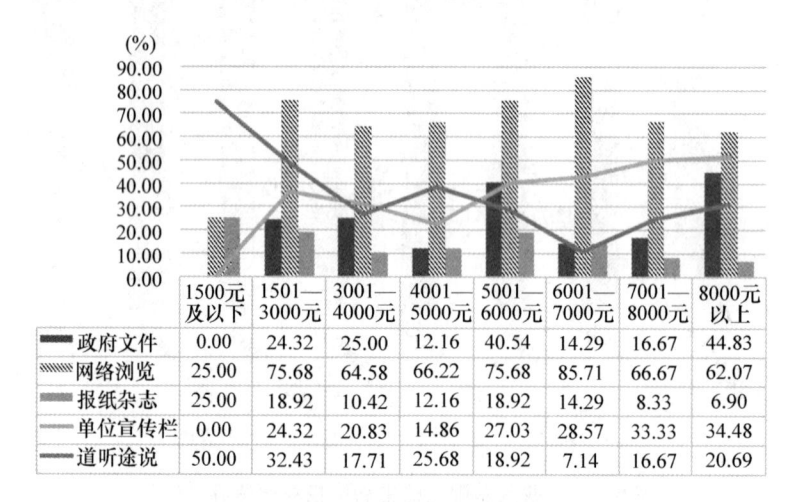

	1500元及以下	1501—3000元	3001—4000元	4001—5000元	5001—6000元	6001—7000元	7001—8000元	8000元以上
政府文件	0.00	24.32	25.00	12.16	40.54	14.29	16.67	44.83
网络浏览	25.00	75.68	64.58	66.22	75.68	85.71	66.67	62.07
报纸杂志	25.00	18.92	10.42	12.16	18.92	14.29	8.33	6.90
单位宣传栏	0.00	24.32	20.83	14.86	27.03	28.57	33.33	34.48
道听途说	50.00	32.43	17.71	25.68	18.92	7.14	16.67	20.69

图6-99 收入基础上的了解社会保障渠道差异(%)

(四)社会交往

1. 从社区活动组织频率上看,不同收入阶层人群对社区活动组织信息的接收率呈"U"形分布,收入水平处于中等偏上人群信息接收度更高;而从人们参与社区活动的意愿上看,处于低收入阶层的产业工人更乐于参加社区活动

在获取社区活动信息方面,对题项"您参加所属街道、社区或者单位组织活动的频率"的数据分析可知,收入中等偏上的产业工人,即收入在"5001—6000元"和"6001—7000元"之间的产业工人"未听说过"所属街道、社区或者单位组织活动的比例较低,分别仅为32.43%和21.43%;而在中低收入阶层和高收入阶层的产业工人中,选择"未听说过"选项的人数均接近一半。这不仅说明了与中低收入阶层和高收入阶层相比,收入中等偏上的产业工人对社区活动信息的接收程度更高,还说明了产业工人获取社区活动信息的途径较为局限。此外,从题项"您平时和当地市民交流的频率是"的数据结果可知,收入中等偏上的产业工人与当地市民的交流更频繁,更多的交流沟通使他们与社区中其他居民的联系更加密切,更容易从与当地市民的接触中获取到社区活动的信息。

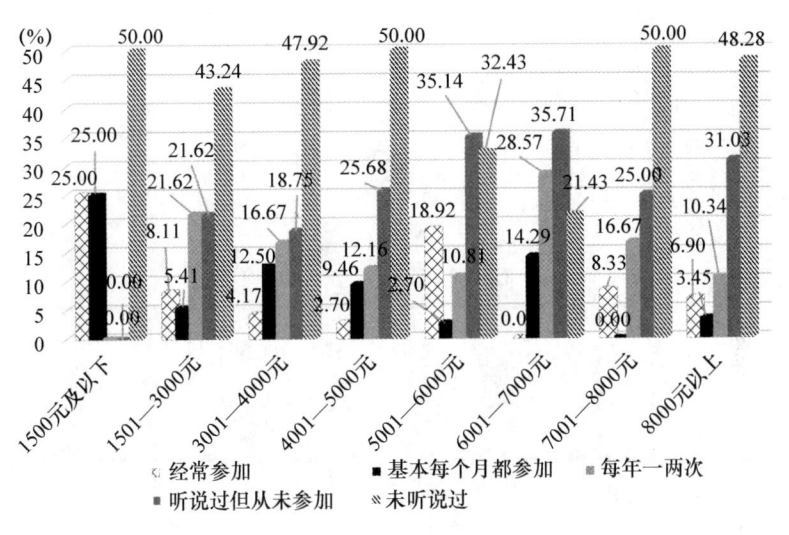

图 6-100 收入基础上的社区活动参与差异(%)

在参与社区活动方面,从数据结果可看出,低收入群体即收入在"1500 元及以下"的产业工人中选择"经常参加"和"基本每个月都参加"的比例均为 25.00%,远远高于其他收入阶层,且选择"听说过但从未参加"的比例为 0。这说明了与其他收入阶层相比,低收入阶层的产业工人对社区活动的参与意愿和频率更高。这些由于低收入阶层的产业工人社交方式和娱乐方式较单一,且他们的闲暇时间大多用于娱乐休闲,因此社区组织的活动对低收入的产业工人更有吸引力,在单调的业余生活中,低收入阶层的产业工人更愿意参加社区举办的活动,并且借此机会融入城市生活之中。而收入较高的产业工人则更多地选择将其闲暇时间用于提升自身素质或参加其他更加丰富的业余活动上,对社区活动的兴趣不高。

2. 在与当地市民的接触中,自我感觉相处不融洽的产业工人在收入分布上呈现倒"U"形,处于中等偏低层级收入的产业工人感受到当地市民的"敌意"更多

对题项"您平时和当地市民相处融不融洽"的数据分析可知,收入在"1500 元及以下"的产业工人选择"很融洽"的比例最高,达到

50%，这体现出低收入阶层的产业工人与当地市民相处更加融洽。而收入在"4001—5000元"的产业工人选择"很融洽"的比例最低，仅为10.81%，说明了与其他收入阶层相比，收入中等偏低的产业工人与当地市民的相处更不融洽。

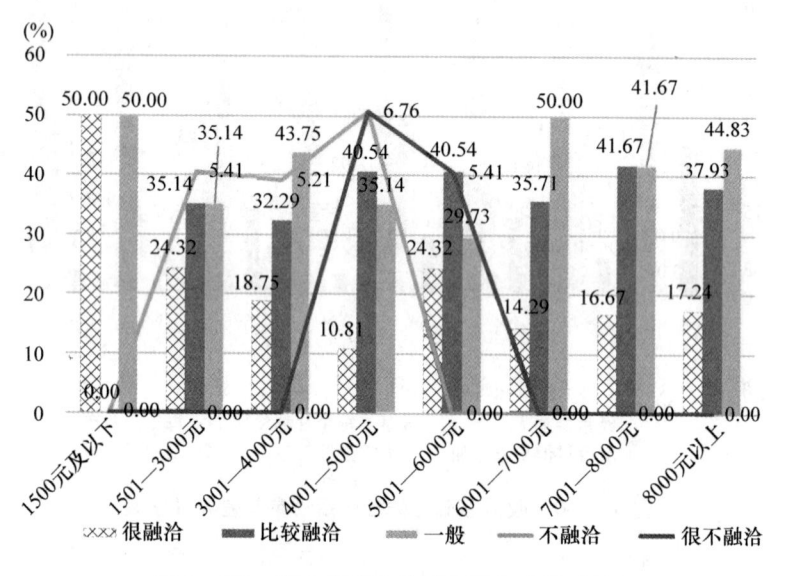

图6-101　收入基础上的城市融入差异（%）

沟通交流是相互理解和认同的基础，频繁交流能够扫清相处中的摩擦，而缺乏沟通则容易产生矛盾。从题项"您平时和当地市民交流的频率是"的数据结果可知，收入在"1500元及以下"的产业工人与当地市民"每天交流"的比例达到50.00%，表明了低收入阶层的产业工人与当地市民交流最多。较为频繁的交往使低收入阶层的产业工人与当地市民联系更密切、相互理解的程度较高，从而相处得更加和谐融洽。而收入在"4001—5000元"的产业工人与当地市民之间"很少交流"的比例最高，达到60.81%，这说明了收入中等偏低的产业工人与当地市民交流最少，缺少沟通交流，容易在人与人之间形成误会和偏见，从而造成了这部分产业工人与当地市民相处不融洽的局面。

3. 在包容程度的感知中，收入越高的产业工人对当地市民的包容认同度感知越低，感受到的排斥感比低收入群体高

对数据进行分析可知，收入在"1500元及以下"的产业工人认为

本地人"包容"的比例高达50.00%，选择"不太包容"的比例为0，这说明了低收入阶层的产业工人对当地市民的包容感知更高，与其他收入阶层的产业工人相比，他们更能感受到当地市民的宽容大度。一方面，因为收入较低的产业工人往往刚刚步入城市，他们对城市生活的了解较少，对"包容"的要求和期望值更低，容易因城市市民给予他们基本的尊重而满足。另一方面，从题项"您参加所属街道、社区或者单位组织活动的频率"和题项"您平时和当地市民交流的频率是"的数据结果可知，收入较低的产业工人更愿意参与社区活动且与当地市民交流更频繁，他们更愿意与人交流，寻找共同话题的可能性、融入城市生活的意愿，以及受到的包容和理解感知均更高。值得关注的是，尽管低收入阶层的产业工人对当地市民的包容感知较高，但他们选择"说不清"的比例也达到了25.00%。这可能是由于产业工人与当地市民之间仍然存在一定距离，并没有完全融入他们之中，对"包容"难以下一个准确的定义。

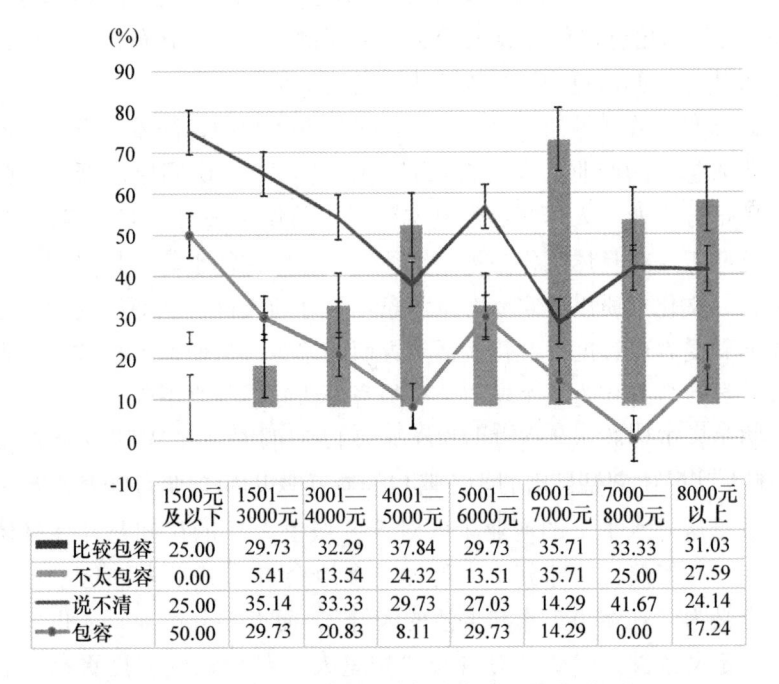

(%)	1500元及以下	1501—3000元	3001—4000元	4001—5000元	5001—6000元	6001—7000元	7000—8000元	8000元以上
比较包容	25.00	29.73	32.29	37.84	29.73	35.71	33.33	31.03
不太包容	0.00	5.41	13.54	24.32	13.51	35.71	25.00	27.59
说不清	25.00	35.14	33.33	29.73	27.03	14.29	41.67	24.14
包容	50.00	29.73	20.83	8.11	29.73	14.29	0.00	17.24

图6-102　收入基础上的包容度感知差异（%）

另外，收入在"6001元以上"的产业工人中选择"包容"的比例较低，均不足20.00%，选择"不太包容"的比例较高，均达到了25.00%以上，这说明了收入中等偏高以及高收入阶层的产业工人对当地市民的包容认同度感知较低，感受到来自本地人的排斥更多。这可能是因为收入较高的产业工人经济条件较好，更希望向当地市民的生活水平靠拢，但是由于身份等差异导致产业工人受到的待遇与当地市民不一样，这种不公正的待遇造成高收入的产业工人存在心理落差，认为当地市民对他们存在排斥心理，对他们缺乏包容。另外，较高的收入满足了这部分产业工人的物质需求，在这一基础上他们更渴望得到社交需求和尊重需求的满足，因此，对于"包容"的标准也提出了更高的要求，所以他们认为当地市民的行为并不能达到他们心中"包容"的标准。

（五）思想认知

1. 收入越高的产业工人对自己"城里人"的角色认同感越低，而"农村人"的角色定位在收入阶层上呈现倒"U"形分布，处于中等偏低收入状态的群体更为清楚地认为自己是"农村人"

通过调研数据得知：第一，在自我角色认知中，随着工资水平的提升，收入越高的产业工人对自己是"城里人"的认同感越低。这是由于这一部分产业工人尽管已经基本消弭了与城市公民之间的经济差距，但是这些工人在具体工作与社会交往的过程中往往也能够接触到更多社会地位、文化素质以及家庭背景等条件更好的人群，从而感受到与之工作技能、受教育程度、文化生活等方面的差距，从而产生挫败感与自卑心理，导致自身作为一个城市公民的身份认同感随之下降。

第二，工资收入水平在1500元及以下的产业工人将自身定位为"城里人"的比例是最高的。之所以会存在这样的现象可能是因为工资收入处于这一水平下的产业工人对于"城里人"的认知与其他群体之间存在一些偏差，这部分工人群体更多地会将"城里人"这一身份简单地定义为"在城里工作和生活的人群"，而大部分产业工人也的确符合这一定义条件，因此其对自身"城里人"身份认同程度更高。而收入水平偏高的产业工人在定义"城里人"时则更多地会考虑到社会、文化以及思想认知等因素，从而将自己排除在外。

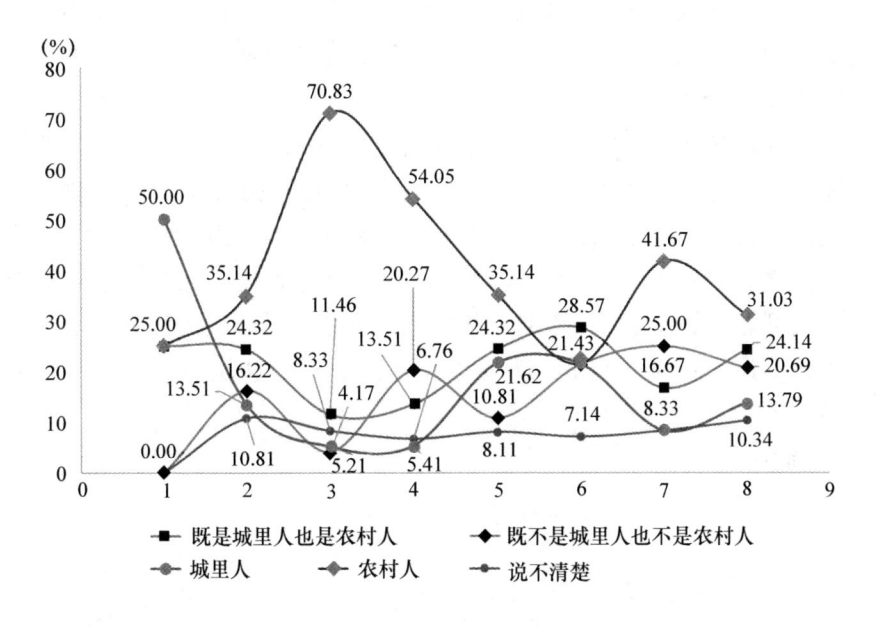

图 6-103　收入基础上的自我定位差异（%）

第三，处于中等偏低收入状态的产业工人更为清楚地认为自己是"农村人"，这一部分群体在城市里工作和生活的过程中明显呈现出融入度低的现象。一方面由于其收入水平不高，不能够像工资水平高的产业工人那样消弭与城市群体之间的经济差距，另一方面他们对"城里人"的认知和定义与工资收入水平较低的产业工人也不一样，同样会感受到自身与城市居民在社会、文化以及思想认知等方面的差异，从而难以对城市产生强烈的认同感和归属感。

第四，总的来说，产业工人的自我认同感偏低。他们对于自身的"城市人"的角色定位会随着收入水平的不断提升而逐渐下降，同时产业工人将自己定位为"农村人"的比例呈现出倒"U"形分布，再者各个工资水平上的产业工人中认为自己既不是城里人也不是农村人的比例随着工资水平的不断提升呈现出波浪形上升的趋势，从中可以推断出产业工人对自身身份认同的隐藏态度：即便部分产业工人不认同自己的市民身份，却也不愿意承认自身的农村人身份。因此可以推断出，产业工人总体的自我认同感是偏低的。

2. 产业工人对政治新闻的关注度随着收入的增长而相应提高，对政治事件基本呈现"完全没兴趣"的冷漠状态在收入低的产业工人中表现明显

调查数据显示，第一，产业工人对政治新闻的关注度随着收入的增长而相应提高，但总体来说产业工人对政治的关注度不高，各个收入水平上的产业工人对政治时事表现出"不太有兴趣"和"完全没兴趣"的比例之和都大于"比较有兴趣"和"十分有兴趣"之和。这表示产业工人可能更加注重发生在自己周围的人和事，其政治关注和政治参与意识还不强，原因可能是因为受教育水平、工作性质等多方面因素的制约。

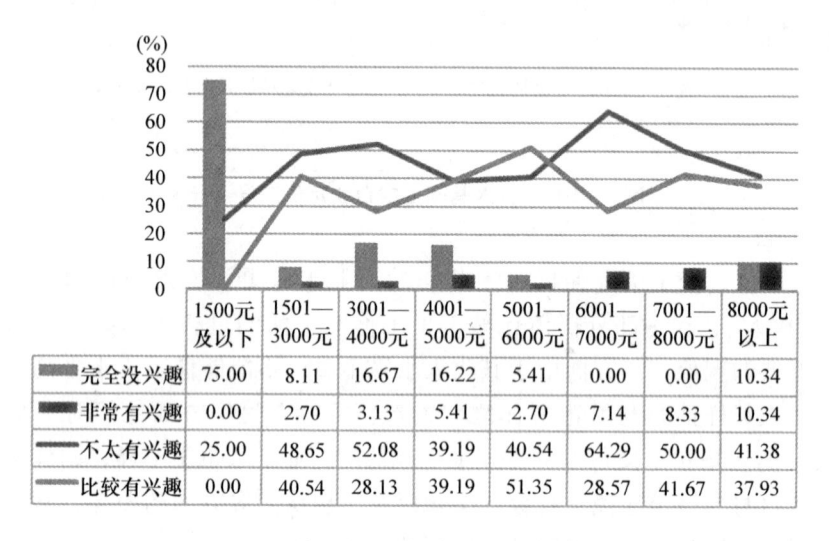

	1500元及以下	1501—3000元	3001—4000元	4001—5000元	5001—6000元	6001—7000元	7001—8000元	8000元以上
完全没兴趣	75.00	8.11	16.67	16.22	5.41	0.00	0.00	10.34
非常有兴趣	0.00	2.70	3.13	5.41	2.70	7.14	8.33	10.34
不太有兴趣	25.00	48.65	52.08	39.19	40.54	64.29	50.00	41.38
比较有兴趣	0.00	40.54	28.13	39.19	51.35	28.57	41.67	37.93

图 6-104 收入基础上的政治兴趣差异（%）

第二，对政治事件基本呈现"完全没兴趣"的冷漠状态在收入低的产业工人中表现明显。其中工资水平处于1500元及以下的产业工人中全部都表现出对政治新闻没有兴趣的状态。这种绝对冷漠状态的引发原因可能在于处于该工资水平线上的产业工人通常面临很大的生存压力，由于本身工资水平就比较低，生存对于他们来说才是头等大事，没有更多的时间和精力去关注政治事件和政治新闻。

第三，工资收入在4001—5000元和5001—6000元这两个水平线上的产业工人对政治新闻的关注度比较高。这是因为他们能够挣到足够多

的收入维系自身以及家庭的运转。他们的经济需求得到满足后，就会开始转向自我实现的奋斗目标。产业工人对政治事件的关注不仅仅体现其社会责任和公民归属感意识的觉醒，而且这也是产业工人对于自身兴趣爱好培养和人格塑造的一种体现。加之处于这一工资水平线上的产业工人相较工资水平更高的工人而言有更多的闲暇时间，因此有更多时间关注政治和时事。

最后，工资水平在8000元以上的产业工人中出现了一部分对政治新闻表现出毫无兴趣的状态，与之前说的产业工人对政治新闻的关注度随着收入的增长而相应提高的趋势产生了矛盾。具体原因可能是由于工资水平处于这一阶段的产业工人可以说是高级工人，相对其他工人而言职业地位较高，所承担的职业责任更大，承受的压力也更重。因此，他们往往没有更多的时间和精力去关注政治新闻和政治事件。这一部分产业工人并非没有为自我实现而奋斗，而是把工作作为自我实现的主要形式。

3. 在对政府的意见表达中，政治表达意愿随着产业工人收入的提高而下降

在对产业工人进行调研的过程中我们发现，一方面，政治表达意愿随着产业工人收入的提高而下降，收入较低的产业工人更愿意在互联网上表达自己对政治的理解和对政府的看法。但仅凭此来说明收入水平较高的产业工人的表达意愿低于收入水平低的产业工人的政治表达意愿是具有片面性的。调研数据呈现出以下结果可能存在两方面原因：第一，相对于处于低收入水平的产业工人来说，收入水平较高的产业工人接触的人和事物更多，其进行政治表达的方式和渠道也就更多，而在众多的意见表达渠道中，在互联网上表达对政府的意见相对来说是效率最低的一种方式。所以，收入水平较高的产业工人不倾向于在网络上表达对政府的意见。第二，工资水平相对较低的产业工人表达对政府意见的方式和渠道有限，而在互联网上表达这一方式对他们来说是成本最低的，也是获得反馈最快的方式，因此，低收入产业工人往往选择通过互联网平台进行政治意见表达。尽管收入水平较高的产业工人在互联网上表达政治意见的频率相对较低，但相比于那些几乎每天在互联网平台上表达对政府和政治的意见的产业工人来说，其建议会相对来说更有可参考性，含金量也更高。

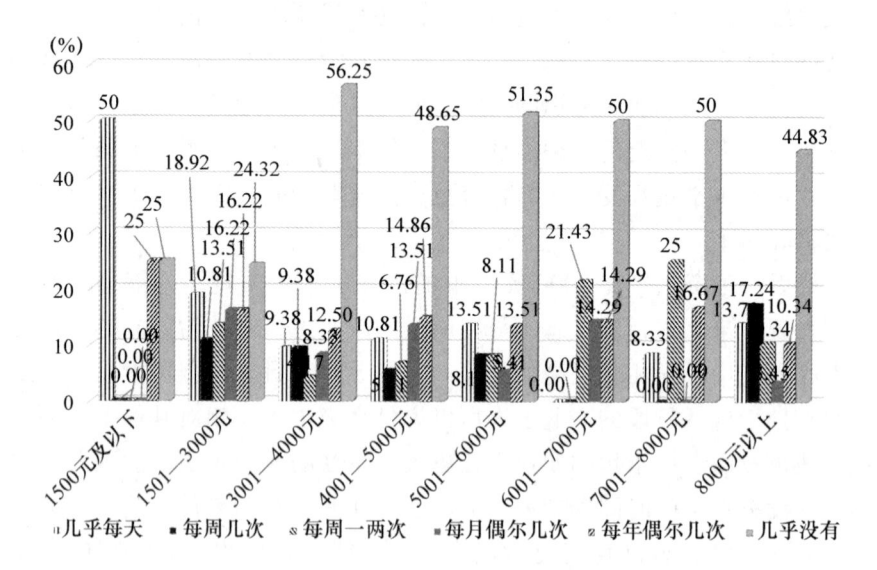

图 6-105　收入基础上的表达政治意见频率差异（%）

另一方面，从整体上来说，产业工人在互联网上表达对政府与政治的意见看法的频率相对较低，几乎每个工资区间的产业工人中至少有50%以上的比例保持着低表达频率甚至出现无表达意愿的状况。究其原因，第一，这种情况的出现受到我国当前国民政治参与积极性不高的整体环境的影响，在所有公民政治参与积极性不高、政治表达欲低的情况下，产业工人的政治表达意愿同样较低；第二，现阶段我国的网络监管环境较为严格，公民必须对自己的言行负责，而公民的政治表达无可避免地会触及敏感性较高的话题，一旦言论有失偏颇，可能会对社会及国家带来一些负面影响。因此，产业工人作为网民中的一分子，在互联网上进行政治意见表达的过程中，也会有所顾虑，不会随意地、不负责任地发表意见。

4. 在对国际事件的关注度上，国家大事的关注度在产业工人收入阶层中呈现"U"形分布，收入较低和收入较高的产业工人对国家大事的关注度和关注频率更高

通过调研可以发现，一方面，在对国家大事的关注度上，随着产业工人收入水平的不断提高，其关注度呈现"U"形分布的状态，工资收入较低和收入较高的产业工人对国家大事的关注度和关注频率更高。一

方面，工资水平处于 1500 元及以下的产业工人对国际政治事件的关注度较高，除了他们本身对于政治事件存在较高的关注度之外，还有一个原因在于工资收入在 1500 元及以下的产业工人的时间相对自由，他们有更多的时间去关注一些国际热点事件，再加上那些对我国影响较大的国际性政治事件通常是各大媒体报道的重点，在反复报道之后，产业工人也会了解得更多。另一方面，工资水平处于 8000 元以上和 6001—7000 元这两个区间的产业工人对国际政治事件的关注比例是最高的，达到 70% 以上。从侧面体现出随着产业工人个人工资收入水平的不断提升，产业工人对国家的认同感和国民意识会不断上升，对于国家利害相关的事件的关注度也会变高。

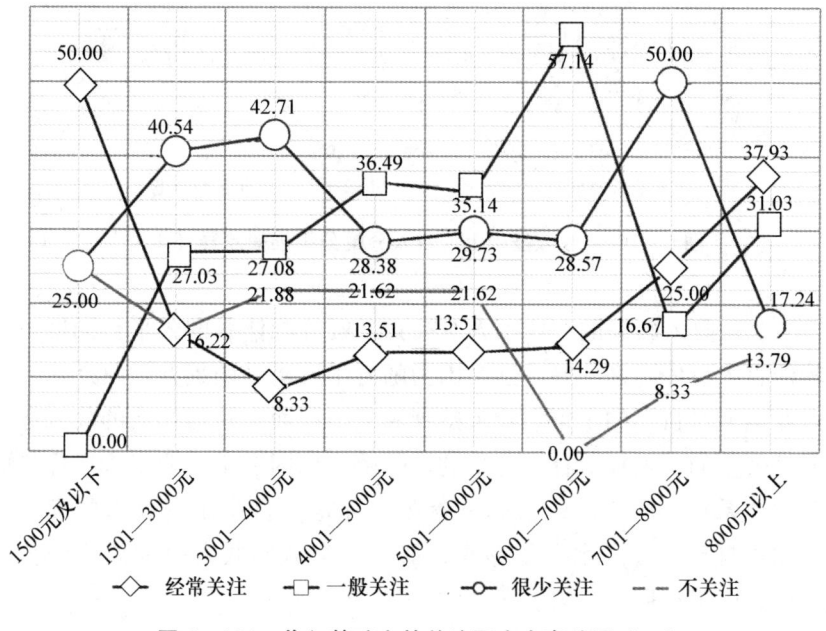

图 6-106 收入基础上的关注国家大事差异（%）

5. 在社会的公平感知中，分布在各阶层的产业工人对社会的公平感知认同度均偏低，收入较高的产业工人对社会公平的认同度较其他收入群体则更高一些

调研发现，第一，工资收入在 1500 元及以下的产业工人，对社会收入分配体系的公平认同度很低，所有人都认为当前的收入分配体系公平性较差。很大原因在于工作内容与工资不匹配，投入较多的体力劳动，却未能获得更高的报酬。因此，在实际中企业应该注重加强对产业工人的员工关怀和心理健康监测。

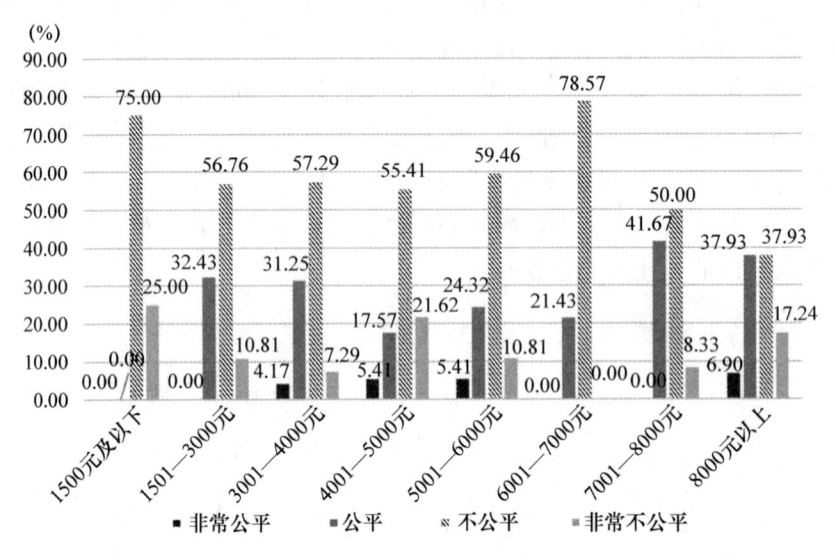

图 6-107 收入基础上的收入分配公平感知差异（%）

第二，收入较高的产业工人对社会工资分配体系的公平认同度较其他较低收入群体更高一些。这是因为随着工资水平的提升，收入水平高的产业工人对自身的工资和收入感到满意，因而会认为社会的收入分配体系是公平的，增加对社会公平的认同感。原因在于产业工人在评价收入分配体系是否公平时，实际上参照指标是对自身工资收入的满意程度，如果自身的收入水平足够高，那么便会认同收入分配体系的公平性，反之则不认同。

第三，产业工人对社会收入分配体系的不公平的认知随着收入上升呈现出先上升、后下降的趋势。不公平感上升的趋势，其原因可能在于产业工人认为工资水平的上升是以更加繁重的工作量作为交换的结果，但收入与负担的同步增加，并未有效缓解他们的压力。尤其是工资水平处于 6001—7000 元的产业工人，认为收入分配不公的比例高达78.00%。这是因为随着工资水平的上升，更高工资水平的产业工人可能从技术性劳动中脱离出来，转向管理性和战略性性质的工作，工作任务的性质改变带来了产业工人对收入分配体制认知的改变，因此不公平感也在逐渐消失。

第四，在社会的公平感知中，总的来说，分布在各阶层的产业工人对社会收入分配的公平感知认同度偏低，几乎每个对照组都有一半以上的产业工人对当前的收入分配体制不是很满意，很大程度上是因为相对于其他职业群体，产业工人的工资收入处于相对较低的水平，但其工作时间和工作任务量并不明显低于其他职业。在这样的情况下，产业工人很容易产生一些消极情绪，从而认为当前我国的工资收入分配体制的公平性不高。

第七章　粤港澳大湾区产业工人队伍建设面临的难点

党中央历来高度重视产业工人队伍建设，我国在推进工业化和现代化发展的进程中，出台了一系列助力产业工人队伍建设的政策，特别是党的十八大以来，习近平总书记站在党和国家工作全局的战略高度，就产业工人队伍建设作出一系列重要论述，明确要求就新时期产业工人队伍建设改革提出总体思路和系统方案，为推进新时期产业工人队伍建设改革提供了基本遵循和行动指南。"找差距"才能"抓落实"，只有明确目前产业工人队伍建设中存在的问题，才能响应党中央的号召，厘清下一步的解决方向和思路。

结合前文对调研数据的描述和分析，新时代粤港澳大湾区产业工人队伍建设中的症结主要表现在以下八方面：一是技能人才出现缺口，分布结构不均；二是思想素质有待提升，权利意识不足；三是闲暇时间相对零碎，休闲方式单一；四是工作需求产生变化，管理模式滞后；五是生活追求逐渐提高，现实障碍较多；六是城乡双重融入困难，自我认同模糊；七是社保需求存在差距，维权意识薄弱；八是社交方式较为单一，交往圈子狭小。上述问题构成了认识新时代粤港澳大湾区产业工人的大致图像，有助于针对性解决问题，提高新时代产业工人的综合素质和能力。

一　技术：技能人才出现缺口，分布结构不均

《新时期产业工人队伍建设改革方案》（以下简称《方案》）提出要把产业工人队伍建设作为实施科教兴国战略、人才强国战略、创新驱动

发展战略的重要支撑和基础保障，造就一支有理想守信念、懂技术会创新、敢担当讲奉献的宏大的产业工人队伍。技能人才作为产业工人队伍的重要组成部分，是引领和拉动经济社会创新驱动发展的核心力量和实施制造强国战略的有生力量。但是，与优化产业结构、转变经济增长方式和促进职工职业发展的要求相比，目前我国产业工人职业技能培养体系还不够完善，企业对技能人才"重使用、轻培养"的现象依然存在，高技能人才的重要价值没有得到充分体现，技能人才的总量、结构和素质还难以满足国民经济和社会发展的需要，存在较为严重的结构性短缺，具体表现为：

一是在不同地区的产业分布不均衡。其中，香港以第三产业为主，产业结构单一，产业工人在旅游业、贸易及物流业中的占比相对较高，而在金融服务业和专业及工商业支持服务业中的占比相对较低。澳门产业工人在金融保险业、博彩业的占比低于建筑地产产业和出口加工业。从对粤港澳大湾区的产业工人工作类型分布概况的数据分析中不难发现，从事制造业的产业工人比例高达50%以上。加上从事建筑业等，第二产业的产业工人比例为56.77%。从事第一产业的产业工人人数比例为3.96%，剩下约40%的产业工人从事服务业方面的相关工作。即使在产业工人的上一份工作类型中，制造业的从业人员比例也远远高于其他工种，这说明即使身处这个第三产业蓬勃兴起的时代，大多数产业工人依然从事着简单的制造业工作。这一现象反映出两方面的问题：一方面，有关简单制造业类型的工作虽然入职门槛低，对工人的文化程度要求不高，但也存在着可替代性强、薪水和福利待遇普遍不高的问题；另一方面，新时代人民对美好生活的需求越来越多样化，消费水平也随之提升，对服务业的供应和质量需求也日益增长，为从事服务业的产业工人提供了更多的就业机会，也对工人们的个人素质提出了更高水平的要求。然而，目前产业工人们的就业工作类型与时代的匹配程度还有待提高。

二是在国企、民企中的分布不均衡，国有大中型企业人数多，民企和中小企业人数少。香港产业工人大多从事发展稳定的贸易与物流工作，澳门产业工人大多从事劳动力需求量较大的出口加工工作。这种情况和如今产业工人更多倾向于从事与制造业相关的工作有关，制造业多为劳动密集型产业，需要有雄厚的资本和较为丰富的资源才能维持一家企业的正常运转。因此制造业中，国有大中型企业比较多，它们有足够的空间容纳更多的产业工人，单位人员人数比民企和中小企业更多。国有大中型企业也有雄厚的资本可以负担起整个企业所需要的原材料和资金。目前国有大中型企业，特别是制造业、能源、环保、电力、信息等行业，设备齐全、经济实力较强，这样的企业集中了绝大部分高素质、高技能人才。而民营的、新兴的中小型企业相对落后。另一方面，从产业工人进城务工的数据来看，有73.68%的产业工人来城市工作的目的是"挣钱养家糊口"，约21%的产业工人表示是为了"学习知识技能"或"为了体验城市生活、增长见识"，想要争取永久在城市就业和居住的产业工人比例仅为5.26%，这说明了增加收入是产业工人的主要目的。在陌生的环境中他们倾向于较为安定的环境和稳定的收入，国企、大中型企业等较为稳健的企业自然成为他们选择时的首要考虑对象。

三是具有单一技能的职工多，具有多种技能的复合型人才不足。相较于对综合能力与素质要求较高的金融服务业、金融保险业、博彩业等，香港的贸易及物流业和旅游业、澳门的出口加工业和建筑地产行业等劳动密集型产业对产业工人的知识与技术水平要求较低，产业工人的职业技能相对单一。截至2015年底，中国共有1.65亿技术工人，占就业人口的21.3%，但其中高技能人才仅有4501万人，占比不足6%。技能的单一化也是如今更多产业工人从事简单制造业工作的原因之一，技能的受限导致他们无法胜任更高难度和更复杂的工作。在国际上，虽然近年来中国的制造工业在世界上一直处于一个较高地位，但实际上在每一件产品中赚取的利润却很少，因为其只承担了一件产品中附加值较低的加工部分。

四是年龄分布不均衡，大龄技工多，青年技工少。数据显示，在调查样本的产业工人中，"00后"占比5%、"90后"占比39%、"80后"占比33%、"70后"占比17%、"60后"占比6%。4成以上的技师、高级技师平均年龄超过46岁，青年高素质技术工人严重短缺，技术工人队伍面临年龄断档的严峻挑战。青年是国家的未来、民族的希望。尤其在高科技竞争领域，一方面，青年在接受新事物方面比年长的人要容易，他们的思维更为灵活、适应新事物的能力也相对较强，而年长的产业工人会受到思维定式的影响，对新事物有一定的排斥，他们接受新事物较为困难；而另一方面，年轻人的创新能力更强，他们有较多的新想法,拥有更强的创新创造活力以及敢于创新的勇气。

二 观念:思想素质有待提升,权利意识不足

《方案》还强调产业工人队伍建设要贯彻落实"以人为本"的理念,满足产业工人的诉求,要加强制度与体系建设,实现思想意识与行为的有机统一,要建立和谐劳动关系,使产业工人队伍建设既契合企业发展的实际,又符合社会发展的主流方向。然而,在现实情况中,粤港澳产业工人因自身的技术水平单一且综合能力较弱,多聚集于职业技能和综合素质要求较低的劳动密集型产业,其思想素质普遍有待提升。因此,我国粤港澳大湾区产业工人在思想政治方面还有较大的提升空间:

一是在理想信念教育方面,在产业工人中,有些人对国家大事的关心程度较低,对价值体系与科学技术的认知不足。数据显示,只有两成的产业工人经常关注中美贸易战等国家大事,绝大多数产业工人对国家宏观政治不够关心,对外界的变化和国家的发展关注度不高,对国家大事的理解停留在概念上。因此导致产业工人对现阶段社会普遍的价值体系和科学技术的发展了解不足。

二是在民主法制教育方面,产业工人存在权利观念不强,依法维权意识不足的现象。在受到企业或管理人员的不公正对待时,他们往往无法采取恰当的方式来表达自己的合理诉求。调查数据显示,46.9%的产业工人表示没有维权渠道,不知道当自身合法权益受到侵害时,如何去维权,更有将近一半(49.42%)的产业工人,在是否维权上持"可能会""不会""不清楚"态度。一方面,他们或许对权利一词缺乏了解、或者认为它就只是一个概念,或许对它一知半解、只有少部分人知道权利的大概内容,但极少人会清楚他们合法权利的覆盖范围。产业工人对于自己的合法权利认识不清,因此他们在雇主面前往往处在一个较为被动的状态。另一方面是缺失对维权渠道的了解途径,产业工人自身在定义不了合法权利范围的同时也不知道应该找哪一方寻求帮助,在陌生的城市中亦没有人可以给他们提供建议。这一缺失还可以通过数据中46.51%的产业工人表示"没有听说过有政治权利"、产业工人所在单

位、街道、社区组织活动的频率中"从未组织过"的占比57.23%看出,将近一半的产业工人没有听说过有政治权利,当与他们接触最多的社区不开展相关活动增强他们的民主法治意识时,其他渠道难以弥补他们原本在这方面的缺失。

三是在文明道德教育方面,我国的产业工人,特别是中低端产业的工人,存在文化素质有待提升、思想道德素质具有较大提升空间的现象,产业工人的责任意识有待提高。在调查数据中可看出,有着大学及以上学历的产业工人只占总数的三分之一,其他多为只接受了九年义务教育的工人或者连九年义务教育都没坚持读下去的工人。文化程度和产业工人就业的岗位有着相当的匹配度,从事第三产业的产业工人的文化程度普遍比第二产业群体高。用人单位在招聘时自然也会考虑应聘工人的文化程度,文化程度越高的工人可以从事难度更高、待遇也相应更好的工作。而文化程度较低的工人在用人单位看来,责任意识会相应薄弱一些、不稳定性较强,工作完成效果会不如素质更高的工人。

四是在人格尊严教育方面,我国产业工人存在表达意愿不高、自我意识不强的情况。另外,一些企业在制度管理上单纯追求效率,缺少人性化考虑。尽管在调查中发现,网络互动是产业工人进行得最多的社交活动,他们接触政治新闻及相关报道的主要渠道也是手机和网络,可是他们在看到能够自由表达自己意见的平台时并没有自主表达的欲望,更多产业工人选择充当一个"旁观者"的角色,将近半数的人没有发表过自己对政府的意见和看法。这其实是他们权利意识不足导致缺乏表达自我动力的体现。如果连表达的欲望都没有,政府如何能看见他们的需求、听见他们的声音?在这样的情况下,政府对产业工人和他们所面临问题的关注度自然会滞后。作为雇用产业工人的企业,其最终和根本目的是"追逐利益"。尤其在劳动密集型企业中,人性化的关怀会更少。一方面来源于关怀的高昂成本,劳动密集型企业雇用工人的数量多,若是要关注到每一个个体的想法需要投入大量的时间成本和资金成本;另一方面源于相关法律约束力度的不足,企业只能关怀到工人最基本的保障,法律没有强制他们对更高程度的保障作出承诺,企业便会忽视对工人更进一步的保障。

三 娱乐：自我支配时间零碎，休闲方式单一

当前产业工人的休闲娱乐活动存在以下两个特点：一是自我支配时间零碎、保障性较弱。调查显示，近两成的产业工人没有休息时间或每周休息时间不足1天，即便每周有休息时间，也是采取大小周交替方式休息。这表明产业工人闲暇时间的多少并没有较为体系化、系统化的规定与保证，属于产业工人自己的闲暇时间并不稳定，特别是中低端产业的工人甚至连最基本的"8小时工作制"也不能得到完全保证，经常性地出现加班加点的情况。产业工人在工作中最主要的关注点就是他们的工资和待遇，而对其他方面关注度都比较低。如果加班加点可以为他们带来更为丰厚的收入，他们是不会选择拒绝的，即使明知道这会侵占他们的休息时间。根据调查数据，在每周两天的休息日中，超过半数的工人们并没有度过完整的休息日，约40%的产业工人只能拥有一天的休息时间，在短暂的放松之后马上就需要投入到新一轮的工作状态中。

二是休闲活动平民化特征显著。在工作日休息的时间，产业工人多以玩手机、与工友聊天为主，主要是为缓解当下的工作疲劳；在休息日，他们会倾向于看电视、听音乐、看电影等，但主要是以居家形式的视听观赏和欣赏为主；到节假日期间，产业工人的社交活动会相对增多。不难发现，产业工人的世界很简单，在日常生活中，除了工作之外他们基本没有其他的娱乐活动。调查数据显示甚至还有12%左右的产业工人表示自己并没有娱乐方式，即使是在休息日也更倾向于居家式生活，主要以自我娱乐的方式为主。这很大程度上也与社区活动的数量少有关，工人所能参与的社区文化活动相对不足。从调查的结果来看，超过半数的工人表示所在街道、社区或单位从未组织过相关活动；同时，也有近一半受调查的人员未曾听说过相关部门组织开展过文化活动，这可以看出政府提供的公共文化服务较为欠缺。在活动群体方面，产业工人的社交范围较窄，其主要的社交群体为工友，除此之外就是有地缘关系的老乡。在休闲需求方面，他们对休闲生活需求不高，只是在寻求一种物理性的放松，用以缓解工作中产生的疲劳。

这些现象表明了产业工人的休闲活动形式比较简单、集中，他们会

根据自己所拥有的闲暇时间对活动方式进行选择。产业工人的闲暇时间被较强的工作强度和不间断的任务打散，呈现出碎片化的状态。此外，有研究结果表明，闲暇时间上网的职工比例较为突出，而这些职工有将近四成是在上网交友或者与朋友聊天，又或是在打游戏、追剧。有学者对休闲活动的平民化作出过解释，即贴近现实、生活、群众的。产业工人作为社会大众阶层中的第二大构成人群，与社会上层人士和中产阶层相比，在所拥有或者占有的休闲设施、条件及资源方面差距明显，具有该阶层所独有的特点——"谋生型"休闲，即不论从行为上还是观念上，他们利用闲暇时间进行休闲的目的很纯粹，就是缓解生活与工作压力。这种"谋生型"的休闲生活方式具有花费少、易实现的特点，因为较低层次的娱乐所需要的开销少，供应的人群范围也不大，因此产业工人的花费少，"希望多赚钱"的最终目的也会让他们主动避开高消费的娱乐方式。此外，这部分的娱乐活动不需要其他的人群，产业工人自身就能实现，也不依赖于其他的条件和设施，具有易于实现的特点。

然而这种休闲娱乐方式存在过于单一的问题，仅仅停留在缓解压力和疲劳的层面，对于精神层面的帮助微乎其微，与新生代产业工人要求学习新技术、提高专业性和素质的强烈意愿不相契合。在调查中可以发现，很多新生代产业工人希望能够掌握技术、提高素质、实现人生目标，不想做低薪、无聊重复、没有价值的工作。在他们期盼企业为他们提供的服务和福利中，除了排在首位的工资待遇外，还有半数的工人希望自己能够获得职业技能方面的培训以及良好的工作环境，多元化需求的出现是产业工人们追求自我提升的体现，而单一的娱乐方式却难以满足他们自我提升的要求。

四 工作：工作需求产生变化，管理模式滞后

新生代产业工人较老一代产业工人的生活环境相对改善，因此，其职业价值观也发生了较大转变。老一代产业工人为了谋生，往往任劳任怨、吃苦耐劳，具有极强的勤劳致富信念。新生代产业工人则较为缺乏这种职业精神。新生代产业工人的个人成长环境较为宽松，塑造形成的自由轻松的价值追求，与压力式管理模式形成冲突。事实上绝大多数产

业工人如今的工作时长都比一般劳动群体的工作时间要长许多，加班加点成为常态。《中国农民工调查》显示，产业工人每天工作时间在 8 小时以内的仅占 13.70%，8—9 小时之间的达到 40.30%，9—10 小时之间和 10 小时以上的分别占 23.48% 和 22.50%。在 8 小时的常态工作制的对比下，显示出产业工人被透支的现象，加班不仅让产业工人身心疲惫，得不到充足的休息，对于年轻的产业工人而言，还会增强他们离职的倾向，造成工种专职负责人的不稳定以及企业人员流动率高的问题。

调研显示，在产业工人所拥有的娱乐方式中，有约 31% 的产业工人选择了玩游戏作为娱乐方式，一方面是由于网络游戏的门槛低，互动性强，奖励诱惑，厂商刻意培养用户黏性，环节设置多样等特点；另一方面，产业工人的社交群体普遍较为狭窄。对于收入较低，闲暇时间相对琐碎，社交群体比较狭窄的产业工人来说，网络游戏无疑是一种方便高效而低成本的娱乐方式。因此，很多年轻产业工人将从现实生活中产生的落差与不满发泄到网络游戏之中，在网络中释放自己现实生活中所面临的压力，于虚拟的世界中获取短暂的快感。经验证明，长时间的沉迷网络容易使人逐渐迷失自我，分不清网络与现实的界限，进而影响人的斗志与进取心。因此，新时代产业工人不仅需要物质上的保障，精神层面上的关怀也不可或缺，这对新时代企业的管理方式也提出了更高的要求。

目前很多企业还是沿用传统的管理方式，不仅在物质保障上有所欠缺，而且在精神层面上的关怀甚至仍旧处于空白状态。新时代的人们已经不单纯关注物质层面的需求，他们需要人性化的关怀，对自我提升和个人成长的空间也提出了更高的要求。落后的企业人员管理模式与他们日益增长的需求发生了冲突，传统的管理方式难以满足产业工人的多维需求。

五　发展：生活追求逐渐提高，现实障碍较多

新生代产业工人与老一代产业工人相比，工作动机发生了很大转变，他们的转变在于从原先单纯地追逐更高收入的群体变成了一个带有多元目的的群体。越来越多的新生代产业工人在选择工作时是为了求发展而非只是谋生存，是为了出人头地而非只是养家糊口。尽管主要工作

目的是为了挣钱养家糊口的群体依然占总群体的70%左右，但为谋求发展，产业工人学习新的知识技能、增长自身见识的愿望比例也在上升。在看待就业机会方面，虽然有33%左右的产业工人认为不管工作有多苦多累都没有关系，只要能多挣钱就可以接受，但有45%左右的产业工人倾向于选择只能提供满足生活基本需要的工资但有更多学习和发展机会的工作，对于能够提升自我价值的工作岗位会更加珍惜，而且这种追求自我提升的观念在当今影响着越来越多的产业工人。

除此之外，大部分产业工人的成长环境也已经从"吃不饱、穿不暖"的物质匮乏状态转变为"衣食无忧"的小康生活，对生活的追求也从"吃饱穿暖"转变为对"高楼房、小汽车"的美好生活追求。他们怀揣着对城市的憧憬和向往，认为自己能够干一番大事业进而扎根城市，有部分产业工人表示自己来到城市的原因就是争取能够在城市永久地就业和居住。与此同时，他们对自己未来的期望值也很高，在谈及对自己生活的预期时，将近一半的产业工人对自己未来的生活预期持有比较乐观的态度，持有乐观态度的人数占据这个群体总人数的63%。产业工人大都充满着对未来美好生活的向往，这一点同样可以在他们对自己五年后的经济情况变化预期中看出，高于70%的产业工人认为未来自己的经济状况会比现在好，这些期望也许正是他们离开家乡来到城市就业的动力之一，虽然他们在一个陌生的环境中仍然保持着一种乐观的生活态度，但在如今劳动密集型产业中他们的理想要得到实现较为困难。

由于劳动技能不足、知识文化水平有待提升、社会关系网络较为薄弱，很大一部分产业工人仍从事一些劳动强度大、技术水平低、工作环境差、薪酬水平低的工作。现实中，产业工人职业发展空间十分受限。主要表现在：一是晋升条件比较苛刻，大多数工人通过高技术获得晋升的机会有限，在管理层级中，岗位数量随着层级的上升会不断减少，越高层级的岗位数量越少，尤其是在技术领域的岗位，一项新技术的产生往往会减少对劳动力数量的需求；二是晋升转型难，大部分产业工人很难跻身中高层，成为专业技术型产业工人。即使得以晋升，产业工人由于缺乏对核心技术的开发和创造力，存在着职业"天花板"现象；三是资源配置效率比较低，获取和占有资源有限，合理流动受限，缺少相应的激励和保障机制鼓励他们向着更高的层级晋升，同时亦缺乏相应的惩罚机制督促他们不断学习新的技术和知识，为了向着更高层级晋升而积累。

同时，由于城市社会对产业工人的宏观容纳空间不够，经济、文化和政治等多方面的不适应性使得产业工人并没有表现出较强的幸福感。在问及与当地市民相处的感受时，认为相处很融洽的产业工人仅占18%左右，说明在和当地市民的相处中，还是存在着一些隔阂和相处障碍。在日常交流方面，有一半的产业工人表示很少和当地市民进行交流。除了精神层面的日常沟通交流遇到障碍外，生活中遇到的物质障碍也令产业工人特别苦恼，有产业工人表示："本来是打算挣钱直接落户在这儿（广州）呢，但是小孩上学、日常生活成本太高了，根本生活不下去！"调查数据显示，70%的产业工人认为自己在如今的生活中遇到的最大障碍是生活方面的问题，具体体现为子女上学、买房难、物价高等，原本为了增加更多收入来到城市的他们也面临着城市高消费的问题。对美好生活的追求与现实状态之间具有落差，能否平衡好现实与理想成了影响他们思想价值观正确与否的重要因素。

六 认知：城乡双重融入困难，自我认同模糊

把握和了解产业工人的社会地位与自我认同是全面理解新时代产业工人思想状况的不可缺少的组成部分。当前户籍制度下形成的城乡二元对立格局是造成产业工人社会地位逐渐远离社会中心的制度原因，户口本将生活在城市中的群体进行了一次"标签化"，即使现在国家提出了城乡协调发展，也是侧重以城市带动乡村进一步提升，城市依然处在发展中的优势地位，加之关怀力度的不足，产业工人不可避免地成为弱势的一方。在了解他们认为政府应该为他们提供什么服务时，有71.29%的产业工人表示需要政府提供社会福利方面的帮助，该诉求远远高于他们对其他方面保障的诉求。这说明在他们的感受中，政府的人文关怀是存在着一定程度"缺位"的。在计划经济年代，产业工人收入与福利待遇普遍较高，随着我国市场经济的不断推进、社会结构发生变化、企业进行改制等，产业工人在经济和社会资源支配方面的权利不断弱化，加上产业工人本身的工资水平、福利待遇也相对较低，工作环境相对艰

苦，他们的获得感有所下降也是难以避免的。

同时，很多产业工人一方面难以获得高薪工作，难以获取较高的城市融入资本。在现代社会中，资本的存量往往与人们的社会地位相匹配，对于产业工人而言，来到城市就是为了追求财富，他们原有的资金收入不够充裕的，加之与当地人在交流和融入方面存在着一定障碍，人脉等社交资本较为缺乏。在调查中可以看出，有41.58%的产业工人表示他们羡慕城里人，最主要的是羡慕他们富有并且有着良好的生活环境。收入的不对等是一个难以在短时间内跨越的鸿沟。加之在生活方式方面，有超过半数的产业工人认为自己的生活方式与城里人有差别。因此，无论是来自城市的经济压力还是文化压力，都让很多产业工人无法真正融入城市中。另一方面，"走出学校、走进工厂"的模式导致他们对乡土情感认同偏低，不愿回到农村进行农业生产，在对产业工人现有工作状态的调查中，高达81.52%的产业工人目前只从事非农的工作。他们本是和土地有着深厚联结的群体，却主动放弃了农业生产方面的工作。依然以农业生产为主的人只占据总人数的5%左右，不超过6%。更多的产业工人羡慕城市生活，有70%的产业工人表示希望自己能够永久定居在这座城市，主要的理由是他们认为留在城市会有更多的发展机会，这也造成他们乡村融入感不高，与自己家乡的情感联结逐渐削弱的现状。

然而，双重融入失败的尴尬困境导致他们对自我认同出现了怀疑。调查结果显示，50%左右的产业工人依旧认为自己是个农村人，17.49%的产业工人认为自己是有着城里人和农村人双重身份的人，但有13.53%的产业工人认为自己现在处在一个盲区地带，既不是城里人也不是农村人，像是"无家可归的孩子"，还有8.25%的产业工人觉得说不清楚现在自身定位，处在迷茫的状态中。这表明产业工人在自我定位中出现了定位模糊的困扰，对自我认知和地位的迷茫容易造成他们在社会地位认同方面对自我的轻视，有61%的产业工人自我认定社会地位为底层，认为自己的社会经济地位处于"中""中下"和"下层"的产业工人比例达到了75%，并且这种想法居然和五年前的认知并没有很大的差异，说明在他们的认知里，"经济实力决定社会地位"的思想已经深深扎根，直到谈及对未来自己所处经济地位的判断时，才有部分产业工人带着对未来的期盼将自己处于下层地位的认知放置到处于中层地位的定位中。很多产业工人都或多或少、或明或暗地诉说了自我心理层面和现实层面的困窘与无奈。如何化解产业工人身份的社会认同和自我认同危机，促进他们更快地融入工作所在的城市中，不仅是新时代产业工人面临的重要问题，也成为政府需要解决的现实难题。

七 保障：社保供需存在差距，维权意识薄弱

随着人们的生活水平日益提高，越来越多的人对国家的社会保障和个人权利的表达提出了更高的诉求，这些需求也在一定程度上对于国家的社会福利普及度和广泛性提出了更高的要求，然而通过对产业工人的调查会发现，他们的需求与新时代人们对于社会保障和政治权利保障上日益增长的需求存在差距。

从产业工人对权利意识的关注程度来看，存在自我保障意识偏低的现象。首先，从产业工人实际参加社会保障的现状上看，"五险一金"这种基础性的社会保障仅有不到60%的产业工人参与，还有25%左右的产业工人表示自己并未参加任何社会保障项目。在缺失社会保障的情况下，人们的生活像是没有屏障一般，四处都存在着不确定性危险，在这种条件下工作和生活的人无法保持良好的工作和生活状态。其次，从产业工人参与社会保障的意愿来看，社会保障在他们心中并没有占据一个很重要的位置。在调查社会保障在他们心中的重要程度时会发现，认为"很重要"的产业工人占比仅61%左右，认为社会保障"不太重要"和"不重要"的人群有10%。社会保障对于社会中的任何一个人而言，都算是"生活必需品"，可是却还有产业工人对其重要性缺乏认识，这说明产业工人仍需加强自身权利和自我保护意识。如果说，社会保障对于产业工人而言是需要争取的社会福利而不是对于一般民众而言的社会生活基础，那么合法权益则是一个在社会中生活的公民所拥有的基本政治生存条件。当自己的合法权益受到侵犯时依然有14%的产业工人选择不主动维权，有35%左右的产业工人表示"可能会选择维权"，这种结果背后的原因令人深思。再次，从政治权利的了解程度上看，政治权利概念的普及存在严重的"空位"现象，政治权利意识的提升标志着新时代产业工人素质水平的提升和政治意识的觉醒，是国民综合素质提

升的体现，然而这种"渴望被倾听""渴望被关注"的态度并没有在现在的产业工人中得到体现。将近一半的产业工人表示"自己从未听说过政治权利"，知道自己有"选举和被选举权"这一公民最基本的政治权利的人数也仅占比33%左右，"社会人"和"政治人"意识还是没能在部分产业工人中得到觉醒。最后，自我权利意识的不足也反映出目前产业工人所拥有的社会保障的"缺位"，企业的目的是"追逐利益"，一些社会责任意识薄弱的企业老板往往会利用产业工人在社会保障方面知识的欠缺从而不提供相应的保障。在问及所在企业是否已经为员工购买相关保险时，仍然有将近30%的产业工人表示自己所在的企业并没有为他们购买相关保险，说明产业工人的社会保障权利还没有得到部分企业的重视。

从产业工人对自我权利意识的关注分配度来看，存在较大的不平衡性。在产业工人的关注度保障排名中，医疗保障居于首位，养老保障居于第二位。这与产业工人的认知程度是相符合的，他们中的大部分来自农村，对于"生老病死"的重视程度比较高。仔细思考不难发现，他们对当下不管是在自己的合法权益受侵犯时，还是对自己的工伤保险、失业保险上都没有给予太多的关注，对现有保障"缺位"的不在意和对未来保障的"期待"形成了鲜明的对比，呈现出较大的不平衡性。这也在另一方面印证了产业工人在自己未来发展方面寄予较高期待。因此，在横向层次上自我保障意识的薄弱和在纵向层次上的保障关注度分配不均衡是产业工人目前在社会保障方面出现的与新时代人们日益增长的美好生活需要格格不入的问题，暴露出产业工人在工作生活中缺乏"兜底"屏障，在政治生活中话语权有限的窘境。

八　社交：社交方式较为单一，交往圈子狭小

产业工人进入一个陌生的城市，面对不熟悉的环境和全新的生活方式，他们往往一时间难以适应。根据产业工人的就业类型，他们大部分生活在劳动密集型产业居多的城市之中。这些城市的人口构成具有多元化的特征，来自五湖四海的群体不断涌入，为城市提供了多元文化环境。而在产业工人发表对社会环境诉求时，有一半的产业工人表示自己

追求一种"人人平等，互帮互助"的社会氛围，拥有这种诉求的比例高于对"人人物质富裕"的追求。这些诉求的满足需要建立在一个具有良好社交基础的社会中。但在现实中，产业工人却呈现出社会参与度较低、交往圈子狭小以及社交方式单一等问题。

在社会参与度方面，社会活动供给不足，产业工人参与意愿不强。在社区或单位中举办各类活动，有利于产业工人丰富业余生活、结识新朋友、拓宽社交圈子，从而更好地融入城市社会。但调查数据显示，对于所属街道、社区或者单位组织的活动，分别有44.88%和24.75%的产业工人表示"未听说过""听说过但从未参加"，即将近七成的产业工人从未参加过街道、社区或者单位组织开展的活动。这表明了一方面在供给端的社区和企业对产业工人社交的重视程度不高，向产业工人提供的活动较少，没有帮助产业工人更好地融入城市社会的意识；另一方面作为需求端的产业工人同样存在着参与社区活动动力不足的问题。在陌生的城市环境中，面对陌生的人群，缺少了参与各类活动这种交流互动的重要途径，产业工人很少能有互相接触和彼此熟悉的机会，也难以与城市居民形成良好的互动关系，不利于产业工人融入城市社会。

在交往圈子方面，产业工人与城市居民交流较少，主要交往对象仍以同事、老乡为主。在调查产业工人平时和当地市民交流的频率时，超过一半的产业工人表示很少与当地市民进行交流，每天与当地市民交流的产业工人只有26.73%。沟通和交流是人与人之间彼此熟悉和了解的基础，在日常生活中人与人的交流是必不可少的活动。缺少了沟通交流这一基础，产业工人与城市居民便难以互相了解和更好地相处。数据显示，在产业工人和当地城市市民并不多的相处过程中，认为与当地居民相处很融洽和比较融洽的产业工人超过一半，这说明当地居民还是给予了产业工人们较好的相处印象。但还是有少部分产业工人认为相处不融洽。

而在问及产业工人在生活中是否感受到本地人的包容时，"不太包容"和"说不清"的比例分别为17.82%和30.36%，总计接近一半。这一方面体现了产业工人与当地居民情感联系不紧密，另一方面表明了在交流机会较少的情况下产业工人对当地居民的态度并不了解。在与城市居民交流联系较少的情况下，产业工人的社交圈子大都局限在与其具有业缘关系的同事，以及与其具有地缘关系的老乡之中，"朋友圈"比较狭小。这一方面是因为与其他群体交往途径受阻，另一方面也有产业工人自身社交意愿薄弱的原因。这种社交圈子狭小的状况使产业工人在城市生活的归属感不高，影响其自我认同。

在社交方式方面，产业工人更多地选择虚拟化的社交方式。数据显示，大部分产业工人日常社交方式为手机和网络，说明产业工人在社交方式的选择中倾向于网络虚拟化的社交方式，而在现实生活中与人打交道较多的方式则较少被考虑。产业工人的社交活动局限在相对封闭的空间里，与现实生活、城市环境隔绝。虽然与市民相处较为融洽，但交流并不频繁、了解不深，情感联系并不紧密。狭小的社交圈子和单一的社交方式也对产业工人融入城市生活形成了障碍。

第八章　粤港澳大湾区产业工人队伍建设问题的症因

　　进入新时代以来，新一代的产业工人逐渐接替了老一代的产业工人，完成了新老产业工人的代际转换。同时，在国家相关政策的大力支持下，产业工人得到快速发展，取得了总体规模不断壮大、职业技能快速提升、薪酬水平逐步提高、权益得到有效保障等显著成效。作为中国经济活力最高区域之一的粤港澳大湾区，其多元化的产业布局和较为完善的公共服务，在改革开放后吸引了大批产业工人源源不断地流入，为大湾区的经济发展、产业创新以及制造水平提高起到了巨大的支撑作用。但在粤港澳大湾区建设过程中，不断壮大的产业工人队伍也面临着整体素质不高、技能人才短缺、结构不够合理、休闲娱乐匮乏、管理模式落后、自我认同模糊、保障不够完善、社交方式单一等问题，在一定程度上阻碍了粤港澳大湾区的建设与发展。

　　通过对相关文献、问卷数据和访谈资料的分析可以发现，上述问题产生的影响因素包含宏观政策、企业管理、市场经济、城市融入和工人自身等内容。其中，在宏观政策层面，主要包括培训政策偏工具化取向，忽视整体成长；体制机制存在些许短板，阻碍技能提升；缺乏完整社会培训体系，教育投入不足；创新创业环境构建不强，地位有待提高。在企业管理层面，主要包括企业培训行为标准不一，技能参差不齐；企业管理理念滞后，人才流失加剧；企业部门协同效能不足，难以形成合力；企业人才重视程度不够，联结积极性低。在市场经济层面，主要包括劳资平衡关系尚未形成，竞争不占优势；技能本质需求存在矛盾，薪酬待遇较低；市场法定保障制度缺位，劳动维权困难；市场职业发展通道倾斜，培育机会有限。在城市融入层面，主要包括产业工人收入水平较低，经济融入困难；产业工人社交圈子偏窄，社会融入不足；

产业工人政治参与不强，制度融入有限；产业工人人文关怀不够，文化融入受阻。在工人自身层面，主要包括缺乏长期发展目标规划，学习动力不足；缺乏稳定时间空间约束，流动频率较高；生活家庭负担过于沉重，缺乏职业规划；工作内容单一枯燥，身心受到挑战；难以形成城市归属认同，情感孤独无助。

一　宏观政策层面

（一）培训政策偏工具化取向，忽视整体成长

随着经济的快速发展和科技产业的迅速进步，粤港澳大湾区出现了人力资源配置不均衡的问题，即因传统产业工人队伍建设缓慢而无法快速匹配经济社会的发展需求，出现了用工荒和就业难并存的现象。究其本源，一定程度上是源于历史上职业教育及培训政策的工具化取向。培训政策工具化倾向主要表现为引导产业工人如何顺应当下的经济发展、贡献多大的经济价值，较多关注个体当下的收入，而对未来的职业规划、技能提升和社会价值的实现等方面关注较少。

例如，我国改革开放初期对产业工人队伍建设实施的"双基补习"政策，由于更多地侧重于让产业工人了解党和国家发展历程、方针战略、时政热点等思想政治方面的教育和宣传，对于产业工人的技能训练和实操培训等内容较少涉及，使得产业工人的技术水平无法满足科技创新和技术进步的要求。我国加入WTO后，面向农村转移劳动力的"阳光工程"和"雨露工程"亦呈现出工具化倾向。政策的对象一般是以农村进城务工的工人群体为主，主要是以技能培训的方式，让农村贫困地区青年劳动力实现转移就业成为可能，进而帮助贫困户脱贫增收、增加产业工人的数量和提高产业工人的质量，最终实现贫困地区的经济增长。但在政策实践的过程中，由于培训的时间较短，工人的技能学习不具有持续性，使得参加培训的人员对很多知识只形成粗浅的认识，难以真正掌握一门谋生的技艺。甚至很多报名参加培训的人员只是为了领取补助补贴，而未能达到政策所想要实现的提升产业工人技能的目标。

可以说，粤港澳大湾区目前所存在的传统产业工人技能与湾区发展需求不适的问题，与国家出台的培训政策工具化存在一定的关联性。粤港澳大湾区高速运转的经济运行体制和对综合性实用型人才的迫切需

求，使得产业工人无法及时应对社会、技术、科技以及文化等方面的挑战。未来如何使得宏观培训政策既能服务经济建设，又能促进个体追求幸福、改善能力和提升职业，克服培训政策工具化倾向，仍是一个需要重视和有待解决的问题。

（二）体制机制存在些许短板，阻碍技能提升

要充分发挥粤港澳大湾区的综合优势，实现湾区经济的升级，关键还在于如何快速提升产业工人的技能，使其能够与时代同步接轨。这不仅是产业工人面临的发展难题，也是企业在发展过程中必须解决的难题，是破解"用工荒"和"用工难"的关键。然而从现实的具体实践来看，产业工人队伍建设还存在职业发展缺乏政策保障、产教产学融合不强、权益保障未落实等体制机制上的不足，阻碍了产业工人的技能提升。

首先，未建立一个针对湾区产业工人职业发展的政策保障机制。从总体上来看，目前大湾区内政府在产业工人的激励机制设计上仍不够科学和完善，使得产业工人队伍质量的提高面临困难。对于一些特殊型技能的人才，如果缺乏必要的内部激励，将无法有效调动其积极性和主动性，从而无法有效解决人才流失问题。同时，由于尚未建立产业工人自身发展等政策保障机制，导致他们对企业的归属感不强，无法实现自身技能提升和企业长远发展的有效统一。因而，从政策层面上来看，政府应该对产业工人倾注更多的政策关怀和政策保障，引导企业培育和尊重专业技能工人，为湾区产业工人整体技能的提升奠定基石。

其次，粤港澳大湾区产教融合、校企合作、工学结合的改革虽取得一定成绩，但仍存在"校企两张皮""专业同质化"等根本性问题。究其原因，主要表现为教育理念不够与时俱进、应用型专业结构性改革有待深化、课程内容与职业标准衔接不够等方面。一是在教育理念方面不够与时俱进，部分教师对人才培养、科学研究以及社会服务的基本职能认识不够，需要进一步转变思维，树立创新意识，更好地深化教育教学改革，以提升产业人才的培养质量。二是在应用型专业结构性改革方面有待深化，"专业同质化"问题依然存在。目前，大专技校专业链与地方产业链远未达到"紧密"对接程度，与大湾区主导产业相适应的应用型专业融合程度较低。同时，新设置的专业与湾区企业开展的实际合作不够紧密，诸如合作开展应用技术研发与项目推广等深层次的产教融合活动较少。三是在课程内容与职业标准方面衔接不够，在实际的改革过程中，模块化应用型课程建设、课程内容与职业标准对接等方面仍存在较大的改进空间。规避上述问题的产生，需要在未来有效结合粤港澳三地的支柱产业和发展定位，进一步优化新时代产业工人队伍建设的教学培训体制机制。

最后，当前关于产业工人的权益保障机制仍未很好地建立起来。一方面，从大湾区产业工人实际参加社会保障的现状来看，相应的社会保障政策还有待完善。数据表明，"五险一金"这种基础性的社会保障并未实现100%参与，有近四分之一的产业工人表示自己不清楚或未参加任何社会保障项目。另一方面，拖欠、扣押产业工人工资的行为在湾区的一些中小企业还时有发生，存在着不同程度损害产业工人利益的问题。部分企业为了让产业工人留下来，采取以工资扣押或拖欠作为砝码等方式，损害了产业工人的合法权益。相关问题的出现表明政府部门需要进一步加强对湾区企业的监督管理，依法惩治侵犯工人合法权益的企业。概言之，当前政策保障机制不健全与新时代产业工人的期望不平衡，是阻碍产业工人技能提升的深层次原因，需要在未来继续加强对产业工人的权益保障，为产业工人队伍的建设提供坚实后盾。

（三）缺乏完整社会培训体系，教育投入不足

从历史进程来看，我国仅用短短的几十年时间便完成了西方发达资本主义国家两三百年的工业化进程，迅速建立起一套庞大的生产体系和产业体系。可以说，我们的制造业水平，取得了较好的成绩。但从整体上来看，我国的工业体系仍存在大而不强等一系列问题，诸多技术对国外依赖程度较高。由于产业工人的技术水平有限，大部分核心技术难以攻关，需要从国外引进，导致企业生产利润降低。而产生这一问题的深层次原因在于当前对产业工人的培训教育体系仍不够完善，无法有意识地开发拓展核心工艺，对新产品试验和工业试验的投资比较不足。

一方面，产业工人的教育培训输出与企业的用人需求之间存在着差距。一是在宏观政策上对产业工人的教育培训存在不足。根据相关的调查数据显示，仅有34.32%的粤港澳大湾区产业工人受教育程度在本科及以上，相对湾区经济快速发展的需求而言，产业工人的知识素质水平

仍无法达到新时代产业发展的要求。二是当前技工类院校的发展程度仍然较低，缺乏相关政策的扶持。由于不少技工院校对技术工人的培训要求较低，院校的管理也比较松散，导致许多技术工人仅有技校文凭而没有学到关键的技术，使得他们到社会上无法真正对接社会发展的要求。三是当前技能认定过程和职称评审工作缺乏一定的公正性，导致部分产业工人的积极性被挫伤，对产业工人队伍的建设产生了负向影响。

另一方面，在产业工人教育发展建设资金方面，仍存在以下几个突出问题：一是教育投入资金"等靠要"问题，即过多地依赖中央与地方财政投入；二是湾区内企业的参与程度不足。产业工人教育发展建设的经费很大程度上需要靠"企业投入"，但不少企业对此没有形成清晰的认识，缺少相关资金的投入；三是争取行业资金力度明显不足，企业融资存在困难，这是由于当前不少合作项目主要是横向项目，因此缺乏资金的可持续投入。概言之，建设资金投放机制的不完善，是当前限制产业工人教育培训的制度性条件，如何突破资金条件的限制，进而从宏观制度上进行变革，真正建立起完备的教育培训链条，是未来优化产业工人队伍结构必须考虑和解决的深层次问题。

（四）创新创业环境构建不强，地位有待提高

高质量产品的生产，需要通过高技能产业工人的创新型引导并发挥其主观能动性加以创造。截至 2015 年底，我国技术工人数量达到 1.65 亿人，占整体就业人员的 21.3%，但其中高技术人才比例不足 6%。近些年来，中央财政投入大量资金开展大规模的就业技能培训，但创新创业环境吸引力有待提升，复合型高级工程师等技术人才缺乏、结构不合理等问题仍有待解决。如果现有产业工人整体文化水平和实操技能无法快速提高，湾区将面临巨大的高技能人才缺口。同时，粤港澳大湾区宜居宜游宜业的人才环境有待加强，三地之间依然存在社会制度的隔阂与落差，人才引进和教育培训的项目审批程序繁琐、耗时过长。为此，需要营造更加良好的创新创业环境，建立起三地间教育、法律、社会福利等合力机制，打通粤港澳大湾区三地人才流动机制，促进粤港澳大湾区教育和人才合作，实现对产业工人队伍的培育。

与高技能产业工人的巨大缺口相矛盾的是，产业工人的被重视程度还有待提高。当前，"企业内部没有很好地发挥工会组织的作用，代表

工人的声音和力量比较弱",产业工人在政治参与的过程中所发挥的作用不够明显。同时,个别单位存在不按照法律要求与员工签订劳动合同的情形,甚至一部分企业为了降低企业成本,拒绝为员工购买"五险一金",使得员工缺乏安全保障,引发了一系列的劳务纠纷。因而,需要借鉴德国和日本稳定的就业体系和成熟的产业环境,在产业生态上下功夫,改善总体创新创业环境,提高产业工人的地位,树立起重视人才、重视知识的行业风气。

二 企业管理层面

(一) 企业培训行为标准不一,技能参差不齐

从现有产业工人队伍总体质量来看,粤港澳大湾区的产业工人受教育水平明显偏低,尚未形成人才集聚效应。为了解决这一问题,湾区里的企业需要在提高经营业绩的基础上,对产业工人进一步开展培训,以增强企业在人力资源方面的竞争力。但由于现实中企业的性质、规模大小、实力地位存在差异,各个企业在培训的制度、领导重视程度、资源投入度、手段和评价方式等方面有所不同,尚未形成较统一的培训标准,一定程度上影响了产业工人的素质水平,阻碍了产业工人队伍的高质量建立和健康发展。

不同类型企业的培训行为存在显著差异。首先,从国有企业这一类型来看,作为我国国民经济的中流砥柱,国有企业在生产安全、生产效率和社会责任等方面有着比其他类型企业更高的要求。因而,国有企业比较重视产业工人的培训工作,能够较好地结合组织目标和现实需要,统筹制定产业工人的培训流程。同时,其凭借自身较强的综合实力,投入了更多的人力物力财力对企业管理人员、专业技术人员进行技能专长培训,以全面提升企业高层的管理效能、中层的运营能力和基层的技术水平。但在具体的实际操作中,国有企业对产业工人的培训未能实现上述预期。例如粤港澳大湾区内,部分国有企业的相关培训存在规划上和内容上的不足。其中,在规划上主要是存在科学规范性不足、目标导向性不明,不能很好地契合企业发展路线;在内容上主要是存在针对性不强、理论实用性较低,不能有效地实现产业工人自身成长需要。此外,由于产业工人大多安于现状,在相对稳定的体制机制内缺乏必要的压力

和危机感，主观上学习意愿不强，对企业培训的配合度不高，从而难以达到预期的培训效果。产业工人队伍建设的内在驱动力不足，间接影响了国有企业的标杆形象和目标实现。其次，在私营企业方面，湾区内对产业工人进行培训的私营企业数量并不多，对产业工人培训的投入严重不足。经调查发现导致这一现象的产生有如下原因，一方面是产业工人培训需要的资金投入大、时间周期长，成果见效慢；另一方面是私营企业担心产业工人经过培训提升技能水平后，一旦其要求提高岗位薪资、福利等内容得不到满足，可能会出现跳槽离职现象，使企业前期的培训投入无以回报。最后，对外资企业而言，其主要从国外引入配套的生产设备，对生产工艺和生产流程有着更特殊的要求，并设计了一套与之适应的技能培训方案和评价指标体系。目前粤港澳大湾区大多外资企业的技能评价指标和技术认证规则与国内公共职业技能评价机制并不完全兼容，这意味着部分产业工人的技能评价无法得到认证。更为严重的是，当外资企业发生外迁、停业、裁员等涉及人员调整的活动时，部分产业工人的技能水平需要重新被认证，导致其在重新就业时无法直接上岗，加大了现代化产业工人队伍建设的难度。概言之，不同类型的企业对产业工人的培训规划和实际操作存在显著差异，长此以往导致产业工人的技能参差不齐，不仅阻碍了产业工人的自身发展，也对企业的可持续发展提出重要挑战。

（二）企业管理理念滞后，人才流失加剧

在企业运营过程中，产业工人生产劳动与培训学习的时间分配容易产生冲突，此时企业的管理观念尤为重要。例如企业管理者是否用全面长远的眼光看待企业发展，是否重视产业工人的个人成长与职业发展，是否愿意牺牲一定的经济利益用以人才培养等，都是关乎企业生存发展以及产业工人队伍高质量建设的重要因素。如果企业管理人员只是单纯地安排产业工人进行技术性生产工作，而不考虑增强其安全感和归属感，长此以往将造成产业工人主力和骨干资源的流失，从而导致产业工人队伍建设发展受限，影响了企业经济健康持续发展。与此同时，在现实中产业工人知情权得不到保障，劳资双方陷入被动状态，导致产业工人在被招工时就对企业缺乏足够的信任感和归属感。而与之相对应的，企业用人观念不能放眼长远、与时俱进，不愿意花费过多的资源挖掘产业工人的生产潜力，进一步导致产业工人与用工企业之间的关系失衡。此外，产业工人的流动周期加快使企业难以得到生产经验的有效积累，不但制约了企业的创新发展，还制约了大湾区产业工人队伍建设的进步空间。

总体而言，在新时期经济发展过程中企业必须加强对产业工人的重视并付诸行动。一方面，企业管理者应当因势利导，打破传统管理模式中的思维惯性，转变用人观念，不仅要充分发挥产业工人在企业生产活动中的劳动积极性，高质高效地输出产业成果，更要真正将产业工人视为企业发展的中坚力量，承担更多的社会责任；另一方面，在保障薪酬福利发放的基础上，要注重产业工人的个人成长，为他们开拓技能提升渠道，并给于充分的精神和情感支持，让产业工人自身能力的提升与企业的生产创新结合发展。唯有如此，才能牢牢把握人才，提高企业抵御经济风险和迎接市场竞争的综合实力，为建设大湾区产业工人队伍建设贡献力量。

（三）企业部门协同效能不足，难以形成合力

粤港澳大湾区产业工人队伍建设的提出，不仅是企业经济现代化发展的理念，更重要的是在企业内外部共同发展的目标基础上进行人力整合，实现协同发展的经济模式。这要求企业多部门的配合，促进产业工人形成合力，进一步加快湾区产业工人队伍建设。如何在最大程度上消除企业内外部事实存在的负面效应，对提升湾区产业工人队伍分工合作水平有着重要影响。对于粤港澳大湾区的一些企业内部，部门间存在樊篱，倾向于保护本部门相关利益，分工协同能力和创新能力不足，使得一个部门内的成员对其他部门的工作或成员不熟悉、不了解、不关心，产业工人无法产生真正联结并形成有机体，在一定程度上成为了制约企业发展进步的瓶颈。对于企业之间，大湾区企业人才资源管理的互动牵涉到人员的跨境流动，但现有的人才流动机制还不够完善，产业工人队伍建设的企业合作机制尚未建立，这仍然是三地的产业工人开展交流的主要障碍之一。由此看来，现阶段在产业工人培养、人才储备资源、经营生产方法、信息交流互通方面都没有实现企业内部和外部的融合发展，没有很好地发挥湾区企业协同创新的作用，不利于企业自身发展和整个湾区产业工人队伍建设。因此，湾区企业及其各部门有必要对产业

工人的待遇和评价达成大体一致的认识，即需要意识到建设产业工人队伍的重要性，避免盲目竞争内耗，形成内外联动的合作关系，使产业工人队伍能够更加顺利地开展建设并不断发展。

（四）企业人才重视程度不够，联结积极性低

企业对产业工人不够重视是影响粤港澳大湾区产业工人队伍建设的突出问题。从湾区企业的发展规划实施情况来看，企业管理者的经济偏好较强，更多把目光投向经济业绩的获得上，强调提高生产效率，扩大生产规模，注重完成产业项目和 GDP 贡献目标等，而对产业工人队伍建设的关心不够，忽视了对产业工人的制度保障和人才布局规划，不利于技能人才主观能动性与联结积极性的发挥。比如，在大湾区内某些企业工会虽然在名义上是产业工人的代表者和维护者，但在设置初期缺乏规范制度约束，没有凸显出产业工人的主人翁地位。在后期运行过程中，出现了脱离产业工人的倾向，逐渐走向机关化、行政化、娱乐化的现象，导致产业工人在切身利益相关的重大事项讨论中发挥的作用十分有限。同时，产业工人作为劳动者，在无法及时获取其他合法维权途径和方式的情况下，其内部稳定性和组织凝聚力也在一定程度上受到影响。此外，目前粤港澳大湾区企业内部不同阶层人才的发展不平衡情况较为突出，尤其是在人才激励、纠纷解决、劳动保障等机制不健全的情况下，与产业工人相比，企业对管理人员和高级工程人员的重视程度较高，特别是高学历人才的待遇普遍较好、社会地位高。不仅如此，在粤港澳大湾区中，不同城市不同类型企业之间产业工人的待遇状况也有很大差异。企业对产业工人的发展要素配置不完善，这在客观上不仅打击了产业工人提升技能水平的积极性和主动性，还限制了企业自身的长足发展，并提升了加快推进大湾区产业工人队伍建设的复杂性。未来，针对产业工人的特点和需求，如何拓宽产业工人职业发展空间、如何使劳动技能产生良性竞争、如何切实提高产业工人待遇等方面的问题亟待解决，企业有待增加对产业工人队伍建设的资源投入，并采用适当的激励性措施和手段，制定出合理可行的相关政策，找到保障产业工人权益的最佳路径，巩固形成和谐稳定的劳资关系，为大湾区产业工人队伍建设提供有力支撑。

三　市场经济层面

（一）劳资平衡关系尚未形成，竞争不占优势

在粤港澳大湾区产业建设大环境下，始终存在劳资双方力量对比失衡的难题。从市场经济的组成要素来看，资本与劳动者是一对相互矛盾的存在，劳资双方大多处于博弈状态。究其原因，主要有以下三个方面：一是由于湾区劳动力市场存在结构性供需失衡，用人单位处于买方市场地位，资本的力量大于劳动的力量，这在一定程度上产生了对劳动力的压制，"强资本、弱劳动"格局没有得到根本改善。因此，虽然管理类、高技能工人日益受到重视，但作为产业工人主体的一线生产工人的地位相对下降。二是在市场经济条件下，产业工人的应有经济权利与既得利益存在较大落差。由于股份制企业产权主体多元复杂，特别是在私有资产占比较大的企业中，劳资关系呈现出非对等性，产业工人在利益格局中处于被支配地位，话语权有所减少，地位逐渐弱化。三是大湾区存在制度差异，如港澳地区实行资本主义制度，因此，资本天然处于主导地位。而在内地则实行社会主义制度，改革开放后提出以劳动为主导进行合理分配，强调构建新型生产方式。但在这个过程中可以发现，产业工人作为劳动力主要输出人群的地位还与理想目标存在一定差距，即产业工人在劳资双方的博弈中处于弱势，其经济、社会地位也受到了一定的限制和挑战。具言之，主要表现在以下两个方面：一是产业工人的收入增长与资本扩张的速度总体上不匹配；二是社会对产业工人的认知存在偏差，有一定学历的人对从事一线生产的职业意愿较低。因此，粤港澳大湾区作为探索创新平衡劳资双方力量制度的先行者，一方面应率先践行共享发展理念，借助体制机制改革方面的优势，协同多方共同努力以保障产业工人作为劳动者的权利；另一方面需要切实提高产业工人在市场经济中的地位，以促进劳动关系的和谐发展，从而推动新时代粤港澳大湾区产业工人队伍的建设，为全国提供有益借鉴。

（二）技能本质需求存在矛盾，薪酬待遇较低

随着经济和科技的发展，虽然近几年粤港澳大湾区产业工人待遇水平有所提升，但市场薪酬待遇主要向知识和技能相结合的复合型人才倾

斜，一线技术工人仍旧面临薪酬较低、待遇较差的问题，劳动力成本价格相对低廉。除收入上与其他行业存在较大差距外，产业工人内部也存在相当的差距。目前大湾区发展现代化产业日益增强的需求与高技能人才的较大缺口存在矛盾，产业工人的技能素质与产业需求不相适应，同时产业工人队伍整体素质较低，难以满足社会对高新技术人才的需求。现代企业对具备专业技能、整体素质较高的产业工人需求不断攀升，对于知识资源的需求有超过劳动力资源之势，但传统体力型、半体力型的一线产业工人仍是人力资源的基础，只是专业性技能人才成为需求重点。企业对人员提出新要求，在一定程度上倒逼产业工人提高自身素质和职业技能。因此，在湾区充当廉价劳动要素的一线产业工人，大都从事集体生产劳动，收入来源以工资为主，与按资本、技术要素参与分配的管理类、科研类高级专业技术职称人员相比，薪酬差距较大。此外，湾区经济的相对不稳定性使物价处于波动上涨的状态，即使工资逐年上涨，实际购买力上升幅度却不大。扣除必要生活成本后剩余的相对收入仍有较大上涨空间，劳动力的价值尚未得到公正对待，这挫伤了产业工人工作积极性。因此，提高产业工人工资以利于产业工人体面劳动，具有必要的现实意义。从目前粤港澳大湾区经济制度上看，劳动、技术按贡献参与分配和相关激励等制度机制的不健全，导致了产业工人的业绩贡献、技能等级与收入分配不相匹配。因此，亟待完善多劳多得、技高多得的激励制度，建立健全工资增长机制与梯度体系，提高高技能人才薪酬待遇，从而提高湾区产业工人核心竞争力，建设一支高素质的产业工人队伍。

（三）社会权益保障制度缺位，劳动维权困难

劳动权益是产业工人极为关心的实际问题，但从粤港澳大湾区实际情况来看，劳动工人的法定权益时常受到忽视甚至侵害。主要表现为产业工人社会保障水平较低、覆盖范围较小，精神文化权益实现不充分，甚至受用人单位克扣拖欠工资、超时加班、未依法履行劳动合同等合法权利被侵害的困扰。如2019年7月，江门市蓬江区棠下镇某家具公司以公司亏损为由拖欠多名员工数月工资，经棠下镇司法所联同镇人社所介入调解后事情才得以解决。劳动权益涉及范围广，包括同工不同酬，社会保险、工作环境、安全卫生等多方面。就目前而言，产业工人的劳动

权益保护服务存在真空地带，主要体现在以下四个方面：一是职工代表大会职权未落到实处，制度建设有待完善。职工代表大会代表劳动者利益，职权未落实、作用发挥不到位，则难以在源头上落实产业工人权益保障工作，要求要做好制度建设，倾听工人意见，保障法定权益。二是由于产业工人的主体是直接从事生产劳动的一线生产工人，处于被管理地位，存在某些用人单位利用资本权利支配、制约产业工人和压低产业工人工资等损害劳动者利益的现象。三是侵害劳动者权益的惩罚成本不够。在当今粤港澳大湾区产业中，某些用人单位为获取更多利益不惜铤而走险，加大了对产业工人的剥削，如同工不同酬、延长工时不予补偿，忽视职工人身安全、身体健康等。四是平等协商、劳动争议处理机制尚未健全，产业工人利益表达诉求不高、渠道单一、平台缺失，导致利益表达受阻，难以发声。针对上述问题，一方面应当加大争端解决机制建设力度，畅通表达渠道，鼓励发声，有效推进产业工人的维权服务工作；另一方面要做好维权保障工作，建立长效维护权益机制，才能提高产业工人获得感、满足感，解决产业工人后顾之忧。概言之，对粤港澳大湾区产业工人的合法权益予以切实保障，是建设高素质产业工人队伍的基础要求和重要支撑。

（四）职业晋升发展通道阻滞，培育机会有限

粤港澳大湾区新型产业工人越来越关注自身的成长与发展，寻求职业成长与自我价值实现的机会。但就现阶段而言，湾区产业工人总体呈现出向上流动渠道阻滞等现象，具体表现在以下几方面。一是社会对其职业认同度较低，特别是社会上普遍存在轻视职业教育的舆论导向，一定程度上影响年轻人职业选择，加剧了社会偏见，给产业工人后备军培养带来不利影响。产业工人未来发展受到限制一定程度上将降低产业工人自身的职业认同度，使其难以沉下心来打磨自身技艺。这样一来，产业工人的自我价值就难得到实现，大国工匠、人才辈出的氛围也难以营造。二是在管理上未得到与其他人才平等相待的地位。相当部分湾区企业把技工人员的劳动视为简单劳动，未给予高技能人才与企业管理人员、专业技术人员同等的重视，关键岗位和资源并不向其倾斜。三是职业晋升渠道单一狭窄，向上流动渠道不够畅通。产业工人晋升主要依靠职业技能等级，但由于工作年限要求、产业工人流动性较高等问题，获得职称难度较大。四是上升通道体系并不完备，人力资源管理制度有待创新。由于部分湾区企业内部存在行业壁垒、学历限制，难于纵向流动、职业转换，技能工人很难流动或上升到企业管理人员、专业技术人员岗位，存在"职业天花板"现象。应当畅通产业工人职业发展通道，给予产业工人更多选择，或是争取高级工、技师、专家类"技术通道"，或是管理人员类"行政通道"。对于职业技能等级与专业技术职务尚未得到有效衔接现象，应从制度上打通转换通道、打破职业界限，建立衔接机制，促使符合条件的技术工人、企业管理人员和专业技术人员融合发展，为粤港澳大湾区的持续发展提供知识型、技能型、创新型产业工人队伍。

四　城市融入层面

（一）产业工人收入水平较低，经济融入困难

经济融入是产业工人融入的前提。大部分产业工人从事的工作技术含量相对较低。从职业性质来看，大部分产业工人职业以纯体力劳动为主，通过体力或者时间换取收入。产业工人普遍文化水平较低，且技术水平专业度不高，因此，他们难以胜任现代化企业中高素质、高技术的职业岗位，难以适应现代化就业市场。他们只能通过低技术含量但高劳动强度或高危险性的职业来谋取生计。据统计，有70%以上的外出务工人员从事纯体力劳动。从行业领域来看，产业工人从事的行业集中在低端制造业、建筑业以及服务业。这些行业都是以靠体力输出和机械性工作为主，不需要过多的知识储备，只有这些行业能够为低知识水平和低技能水平的产业工人提供谋生的可能。从生活生产环境来看，产业工人的居住环境大都比较恶劣，或随着工作的需要随时调动，或随着房租的上涨不断搬迁居无定所。他们虽然也期望在大城市中安家立业，但是在高昂的房价面前却连安身之所都难以觅得。不仅如此，他们的工作环境也普遍较差，部分工作需要产业工人长期暴露在高温、低温甚至有害材料的环境中，对其身体健康产生了严重的影响，部分产业工人带病上岗，甚至因为职业病丧失了继续劳动的能力，而疾病带来的高昂医药费也让他们不敢轻易就医，久病成疾又影响工作降低收入，从而产生了恶性循环。

（二）产业工人社交圈子偏窄，社会融入不足

首先，聚居空间影响城市外来产业工人生活交往范围。外来产业工人的居住空间区位普遍远离城市中心圈及市民生活圈，出现"居住隔离"现象，这些隔离区往往租金便宜但是生活条件相对恶劣，很难满足其日常的基本生活需求，导致很多产业工人对城市生活的不认可、不接受，影响其与城市居民深层次的交流。而有一部分产业工人聚居空间位于城市中心区或城市生活密集区，居住空间区位上与城市居民接近，能享受到城市基本生活服务，生活质量较高，生活条件相对较好，进而促使其与城市居民相处接触较为频繁，促进其城市感情的培养。聚居空间决定着城市外来产业工人生活的便利性，同时也对其生活交际圈产生一定的影响，进而影响其融入城市的进程。但是目前大部分外来产业工人由于经济压力会居住在偏远地区或者城中村，与城市格格不入。

其次，生活方式反映城市外来产业工人对城市的认可。居住空间区位的不同决定着城市外来产业工人生活方式的差异，城市外来产业工人生活方式的转变体现出其对城市生活方式的认可，形成城市性的生活理念及生活态度。一些产业工人由于居住空间区位的"边缘化"与"孤岛化"，其生活空间远离城市居民区，基本公共服务设施欠完善，加之其与城市居民接触机会甚少，难以形成较为完备的城市生活理念及城市生活方式，进而影响其对城市生活的认可及接纳。而生活方式的转变是城市外来产业工人社会融合的前提性条件之一，他们城市生活方式的形成会从根本上加快其社会融合进程。

最后，经济收入是城市外来产业工人社会融合的物质基础。经济收入反映着城市外来产业工人的社会经济地位，能够为外来产业工人生活的物质资本积累提供重要渠道，对其在城市长期生存及稳定发展具有重要作用。而往往外来产业工人月均收入及生活资本积累相对较低，缺乏相应的物质保障，没有较多的资金参与城市生活及社会交往，因而进行社会融合的物质基础较为薄弱。因此，城市外来产业工人获得较高的经济收入是外来产业工人进行社会融合的重要物质基础。

（三）产业工人政治参与不强，制度融入有限

人群在社会中的政治权利和政治参与度在一定程度上反映出该人群

的社会地位和融入水平。增加人群在城市管理中的参与度能够迅速提升其城市归属感和主人翁意识，从而让其自主融入城市中去。然而，我国当前的产业工人流动性大，由于户籍等诸多因素的影响，导致产业工人在流入城市中的政治权利常常被忽视、政治参与的机会十分稀少，使得产业工人容易产生被孤立感，对其融入城市产生了巨大的阻碍。

从社区管理上来看，产业工人在城市建设中发挥着重要的作用，为城市的基础功能保驾护航，但是他们在自己居住的社区中却难以拥有发声的渠道。大部分产业工人居住在群租房社区中，但是社区为了追求利益的最大化，往往采用粗暴的管理方式，使得产业工人在居住社区中只能被管理而没有机会提出自身的生活需要，更没有机会参与到社区建设中去。从城市政治参与上来看，产业工人在企业中少有机会参与到职工大会等活动中去，在工作城市的政治参与机会少，基本的公民权利甚至难以实现。虽然产业工人渴望融入城市中去，但是由于城乡二元户籍等制度的存在，使得产业工人由于户籍等原因不能参与到城市的政治活动中去。有的产业工人在城市中生活数年甚至数十年，都难以获得和城市居民同等的政治参与权。不仅如此，城镇居民对于产业工人普遍存在排斥心理，即使产业工人为城市建设作出了巨大的贡献，也没有得到城镇居民的认同和接纳。产业工人在城市中的种种遭遇，导致了他们难以全身心地融入城市中去。

（四）产业工人人文关怀不够，文化融入受阻

产业工人完成了经济融入、社会融入、制度融入走向文化融入的阶段时，就意味着产业工人已经完成了在城市中的基本融入过程，一方面意味着可以接受城市中的文化和风俗习惯，适应城市的快节奏生活方式，享受着城市居民同等的待遇和福利；另一方面意味着产业工人在城市中真正实现了自我的价值。但是，现实生活中，产业工人依然存在难以真正融入城市文化中的问题。解决这个问题，需要从各方面提高产业工人对于城市的认同感和在城市中的获得感，给予他们更多的人文关怀帮助产业工人更好地了解、接受并适应城市的生活、文化和习俗。

据调查发现，影响产业工人融入城市文化的因素主要有以下三个：情感生活匮乏、团聚时间太少、留城意愿摇摆不定。目前我国的产业工

人集中在"80后"群体,他们期望可以通过自己的双手,在城市中打拼下一片属于自己的安身之地。然而在奋斗的过程中,他们的情感需求并没有得到很好的满足。对于已婚产业工人来说,他们大多数只身在城市中工作,一方面用自己微薄的工资养育儿女、赡养老人,经济压力大;另一方面与家人聚少离多,亲情难以满足。对于未婚产业工人来说,文化水平、职业特征等常常让他们感觉到与城市环境格格不入,而经济条件也常常成为他们不敢、不愿意与异性交往的主要阻碍因素。根据中国社会科学院2013年的调查结果显示,超过半数的产业工人对于自己是否会在城市中定居表示不确定。一方面,他们期望通过自己的努力融入城市;但另一方面,他们对于城市的归属感和认同感较低。上述种种因素导致了产业工人在城市中面临着较大的生活压力、情感压力和心理压力,使得他们难以自如地融入城市文化。

五 工人自身层面

(一)偏向注重获取短期利益,学习动力不足

粤港澳大湾区产业工人的报告表明,工人自身通过学习提高技能水平的积极性还不是很高,仍存在"技能够用就行了"的思想,主动提高技能的意愿不足。很多职工还没有意识到以信息化与智能化为核心的新一轮技术革命正在发生。通过具体的实践可以发现,若产业工人的晋升通道畅通,培训计划科学明确,他们就能够在培训过程中有实实在在的获得感,更加积极地投入到培训中去;如若与之相反,产业工人的参与积极性则不高。

同时,部分湾区产业工人对学习技能存在消极悲观态度,认为学习技能不仅改变不了自身现状,更改变不了自身的社会阶层和社会地位。这种消极的态度,反过来又严重影响产业工人对于学习的积极性。伴随着湾区经济的快速发展,对教育程度的要求越来越高,但与这一要求相反的是,部分产业工人轻易满足于现状,不愿意花费更多的时间和精力来提升自身文化修养。还有一部分产业工人认为学习并不一定能够改变自己的命运,而是认为与人的际遇等因素有关。这些想法的产生,导致产业工人自身的学习积极性不高,内生动力明显不足。

此外,由于产业工人的主要目的是赚钱和养家糊口,他们会更加注

重实际利益的获得,缺少对自身能力更多的关注与追求。根据马斯洛的需求层次理论,当前湾区产业工人大都暂时仅处于自身的生理及安全需求得到满足的状态,其工作的目的就是为了赚钱养家,导致他们会更加注重工资是否提高、上班时间长短和工作轻松与否等表面问题。总体而言,当前产业工人偏向注重获取短期利益,在学习动力方面存在明显不足,严重阻碍了产业工人队伍的长远建设与发展。

(二) 缺乏稳定时间空间约束,流动频率较高

随着粤港澳大湾区企业改革的深化和产业结构的多元化,一岗定终生的时代已经一去不复返,导致了产业工人无论是在地域上还是行业间的流动都十分频繁。在这一过程中,有的产业工人被动转岗、下岗,有的产业工人选择主动择业,在不断的变化中调整自己的就业观念与时代接轨。探究其深层次原因,产业工人流动频繁主要是由时间和空间两方面的因素导致。在时间上,部分产业工人从事的工作主要为短期工作或临时性项目,工作本身并不具有持续性,一旦项目交接完成或者企业变动,产业工人则很可能需要跟随工作进行流动。在空间上,部分产业工人主要来自农村,其身份介于农民与工人之间。一方面,来自农村的他们对土地有深深地依恋;另一方面,又被企业的待遇吸引,远离家乡来到城市安身。产业工人在农村与城市之间游离,对于企业归属感低,一旦面对短暂的利好则往往不计后果地选择离开所工作的企业。这些不稳定的状态,使得产业工人的流动性大,不利于他们产生对企业的归属感,难以建设稳定有序的新时代产业工人队伍。

(三) 家庭生活负担过于沉重,缺乏职业规划

许多粤港澳大湾区产业工人背井离乡到大城市打拼,主要是为了缓解家庭的生活负担,他们的身上担负着沉重的家庭经济责任。同时,产业工人的经济状况也往往处于社会底层,工资收入低,企业福利待遇难以保障,在城市中面临着住房、医疗、教育等各方面的压力。从住房来看,大部分产业工人在城市中租房居住,环境相对简陋。一方面,房租支出占工资比例大,可支配收入大大降低;另一方面,租房环境恶劣,甚至难以满足基本生活需求。从医疗来看,部分企业并没有为产业工人支付相应的"五险一金",部分产业工人也没有相关意识。由于缺少相

应的医疗保险，当生病时，他们一方面担心看病误工，另一方面担心看病费钱，往往没有办法及时就医。从教育来看，部分产业工人的子女在老家成为留守儿童，即使部分产业工人的孩子能够跟随父母到城市生活，也往往因为粤港澳三地之间户口、经济差异等原因无法享受同龄人的同等教育待遇。此外，大部分的产业工人忙于生计，且由于教育程度不高的原因，无法对自身的职业发展有一个清晰的规划。

（四）工作内容单一枯燥乏味，身心受到挑战

在粤港澳大湾区产业体系中，产业工人的工作内容通常比较枯燥乏味，加之产业工人耐受力比较弱，遇到大的挫折就会选择离开企业甚至离开所在的城市。具体而言，湾区产业工人的工作主要为流水线体力劳动，随着分工的细化，大部分企业对每一个工作程序都制定了相应的规章程序，产业工人只需要按照要求重复机械性的劳动即可，工作内容简单而枯燥，不具有太多挑战性，容易出现部分产业工人因受不了日复一日的重复工作而选择离开。同时，对于部分负责机械设备检查维修的产业工人而言，由于自身技术难以得到提升而选择退出。总的来说，虽然大湾区经济的快速发展带来了更多和更广的就业岗位，产业工人的选择性更多，但他们的耐受能力和抗挫折能力有待提升。

（五）难以形成城市归属认同，情感孤独无助

粤港澳大湾区产业工人包括传统的产业工人以及新生代产业工人。传统产业工人年龄较大，一般在外出务工之前已经结婚，但由于工作的需要，他们与家人聚少离多，其情感上的孤独感来自于两地分居的隔离。具言之，在城市中的生活仅仅只是住所和工厂两点一线，缺少其他的兴趣和消遣，从而导致情感孤独无助。新生代产业工人一般年龄比较年轻，他们往往处于婚恋的彷徨期，对于情感的依恋程度较高。然而，由于工作的原因，他们没有时间也没有经济能力与异性进行交往，这同样导致情感孤独无助。如今粤港澳大湾区的生活形式日渐丰富、休闲娱乐项目更多样化，而产业工人对生活的归属也不再局限于上班时间，但由于工作压力、经济压力和家人陪伴的缺失，他们通常无法融入多样化的城市生活，缺少对城市对企业的情感纽带。因此，需要通过多种方式提升粤港澳大湾区产业工人队伍的归属感。

第九章 粤港澳大湾区产业工人队伍建设的优化路径

在党和国家的大力推动下，粤港澳大湾区产业工人队伍建设日趋完善，产业工人的技能、待遇、社会权益等显著提升。但由于宏观政策、企业管理、市场经济、城市融入、工人自身等各方面的原因，导致目前粤港澳大湾区产业工人队伍建设存在个人和环境等层面上的诸多问题。这些问题严重影响产业工人个人的发展和粤港澳大湾区的建设，亟须通过一定的手段和途径加以有效疏解，从而加快推进产业工人队伍的现代化建设，帮助产业工人更好地服务于大湾区的建设和发展。结合前文对产业工人队伍建设症结及其原因的分析，主要可以从个体、企业、社会和政府四个层面优化产业工人队伍建设路径，具体包括：

在个体层面，产业工人自身需要转变择业观念，树立正确的就业观和融入观，提高自身的政治认知、自我认同和职业认同，更好地进行职业生涯规划。在企业层面，需要通过多方位制度创新为产业工人的发展创造条件和环境，同时通过塑造企业文化给予产业工人足够的人文关怀，使他们拥有强烈的归属感。在社会层面，社会各界需要营造平等尊重的社会环境，通过工会等组织促进产业工人间的交流，满足他们精神上的需求。在政府层面，政府需要通过多方面的制度建设和配套设施，在不断优化产业工人结构的同时，为保障产业工人的基本权益提供坚强的后盾。

一　个体层面

（一）补齐认知短板，塑造正确的价值观

价值观是影响产业工人认同感和获得感的重要因素。调查结果表明，粤港澳大湾区产业工人在择业观念、城市融合观、民主法制及自我

认同上存在一定偏差，亟待提升。在职业选择上，产业工人初来城市主要依靠亲缘、地缘获取社会资源，近一半产业工人表示自己的工作由亲友老乡介绍。由此导致产业工人职业选择的类型、地域受限，自身优势无法得到有效发挥。新时代的产业工人需要结合自身优势和市场需求寻找合适的工作岗位。同时，在市场经济条件下，市场是各种生产要素有效配置的主要手段与方式。劳动力作为重要的生产要素之一，同样要适应市场机制的调节。产业工人应进一步转变职业观念，主动接受市场的检验，根据经济社会发展需求，不断提高生产技能，增强自身综合素质。

在融合观念上，新时代产业工人对定居城市有极高的意向，多期望在城市为自己及子女提供更多的发展机会和平台。但一方面，产业工人掌握的社会资本不多，薪资水平不高，无法负担高额的城市融入成本。另一方面，城乡文化存在巨大的结构差异，使得产业工人在融入城市过程中面临隐形障碍。对此，产业工人需要正确认识城市发展的积极方面与消极方面，树立全面、正确的融入观。

在法制观念上，产业工人需要进一步提高民主法制意识，增强依法维权观念。受到受教育程度和社会地位的限制，在遭遇不公正对待时，大多数产业工人会选择默默承受，有理也不愿或不敢伸张，极端的可能采取暴力方式解决。产业工人有必要有针对性地学习了解依法取得合法赔偿的路径，补齐法治意识短板。

在自身认知上，产业工人有必要升级自我价值认识与评价。工人阶级是我国的领导阶级，代表着先进生产力和生产关系，通过辛苦劳动、诚实劳动、创造性劳动，为国家发展和社会进步贡献不可或缺的力量，同时也实现自身价值。习近平总书记多次公开强调指出全面建成小康社会，进而建成富强民主文明和谐美丽的社会主义现代化国家，根本上要靠劳动、靠劳动者的创造。产业工人应合理提高对自身价值的认识，增强对自身社会地位的认同感。

（二）集聚多方合力，增强职业情感认同

在国家经济体制改革和产业转型升级进程中，企业转制、行业淘汰等事件在不同程度上影响了部分产业工人的政治经济利益，从而影响了产业工人的职业认同和企业认同。调查研究表明，部分产业工人由于必

要劳动技能缺乏、知识文化水平不高、社会网络关系薄弱等因素，大多数仍从事劳动强度大、技术水平低、工作环境差的低薪工作。此外，由于城市社会对产业工人的宏观容纳空间不够，存在经济、文化、政治等融入门槛削弱了产业工人的幸福感，最终导致产业工人对自身职业的情感认同明显偏低。

对此，应当从产业工人自身、企业、社会等多方面入手，合力提升产业工人的职业认同感。第一，提升产业工人的职业精神和技能，以职业成就感增进职业认同感。可以通过企业岗位培训、国家职业教育与培训、社会人员在职学历提升工程等多种渠道，为产业工人提供职业教育。随着职业素质、技能以及学历的提升，产业工人有望由纯粹的体力劳动者转变为技术型劳动者，甚至高技能人才，从而增强信心、提高就业竞争力。第二，通过建设企业文化，加强产业工人思想政治教育，以主人翁责任感增进产业工人的职业认同感。可以将企业文化建设与产业工人思想政治教育相结合，引导产业工人认识劳动创造的价值，认识自身政治地位以及对经济社会发展所作的贡献，提高自我认同。同时，从制度建设、民主管理、和谐人际、人文关怀等多个维度开展企业文化建设，激发产业工人的主人翁意识，形成产业工人和企业俱荣俱损的命运共同体。第三，在全社会营造尊重劳动、崇尚劳动的良好氛围，弘扬工匠精神，以社会认同感增进产业工人的职业认同感。应当转变重脑力劳动轻体力劳动的错误观念，引导全社会成员树立劳动最光荣、职业只有分工没有高低贵贱的理念。通过凸显产业工人的职业价值，在全社会宣扬劳动精神、职业精神、工匠精神，培育全社会成员向"能工巧匠"学习的良好氛围。

（三）培育主体意识，制定长远目标规划

研究结果表明，一些产业工人对职业发展缺乏明确目标，原因在于在个人成长环境中塑造形成的自由轻松的价值观追求，让他们不愿长期从事艰辛、单调的工厂工作，当无法忍受时便会离职再寻出路，导致较高的离职率。同时，调研发现，一些产业工人沉迷于网络游戏，甚至深陷虚拟世界，把游戏当作人生追求，以虚拟世界的享乐麻痹神经，逃离现实生活，存在安于现状的观念。对此，应当通过引导产业工人做好自身发展规划，在提升其主体意识和主人翁精神的同时，提高抵御拜金主义、实用主义、享乐主义思潮的能力，走出自我认同不足与长远发展受限的恶性循环。产业工人是中国特色社会主义事业的建设者，是经济社会发展的生力军，也是推动新时代改革开放的中坚力量。产业工人要紧跟时代发展的步伐，树立坚定的社会主义和共产主义理想信念，结合经济社会发展需求和自身实际情况，制定科学合理、具有可行性的长期发展规划。

二 企业层面

（一）创新管理模式，构建和谐劳资关系

根据调查发现，新时代企业对产业工人的管理模式多是加压式管理。《中国农民工调查》关于产业工人每天工作时间的调查结果显示，每天工作时间不超过8小时的仅仅占13.70%，时长在8至9小时之间的占比为40.30%，时长在9至10小时之间的占23.48%，不低于10小时的则占到了22.50%。新时代产业工人很容易产生这样的观念，即认为现代工厂的压力式管理是"资本家"对"劳动人民"的"剥削"。因此，新时代产业工人队伍的建设需要创新企业的管理模式，构建和谐健康的劳资关系。

为此需要做到：其一，企业的所有者和管理人员要转变用人观念，尊重爱护产业工人。人力资源是企业生存发展的第一资源，企业所有者和管理人员应当把产业工人当作事业伙伴，真诚相待，重视产业工人发展需求，严格遵守《劳动法》等法律法规，切实保障产业工人各项合法权利，为产业工人提供平等和谐的人际环境、安全舒适的工作环境。其二，完善企业薪酬管理制度和激励机制。公平公正的薪酬制度是构建和谐劳资关系的关键。在劳动关系纠纷中，劳动报酬产生纠纷的占比最高。这说明了劳动报酬在劳资关系中的重要性，也反映出企业的薪酬管理制度有待进一步完善。科学合理的薪酬管理制度，既要符合按劳分配、按能力分配、按贡献分配的基本原则，体现产业工人的劳动付出与贡献，还要严明奖惩，充分调动产业工人的积极性，激励产业工人的创造性。其三，建立有效的沟通渠道，增进企业与产业工人的互谅互信。企业和产业工人立场不同，代表不同的利益诉求，误解与冲突在所难免。有效沟通是消除误会、减少冲突、增进理解、达成共识的重要方式。企业所有者和管理人员应重视产业工人的意见和建议，建立产业工

人表达意见的渠道，强化工会职能，保障产业工人的权利，引导产业工人树立主人翁意识，在企业发展过程中积极发挥谏言、监督作用。

（二）调整分配方式，形成公平分配体系

合理的劳动分配应该按照劳动分工和贡献大小获取相应的报酬，进而能成为激励产业工人刻苦学习、钻研技术的重要手段。在当前企业利益分配体系中，产业工人的劳动报酬和福利水平远远低于管理人员。企业在制定薪酬管理制度时，有必要重新认识产业工人在经济社会发展中的重要地位和作用，重视体力劳动的价值，提高产业工人在企业利益分配中所占比例，建立更加公平、科学的分配体系。

首先，完善多种薪酬分配制度，以物质待遇作为产业工人劳动价值的主要体现。通过提高基础工资和保障性待遇，增加绩效奖励和福利，设置激励性入股等多种途径，提高产业工人薪酬水平。其次，建立技术创新激励机制，以技术奖励引导产业工人注重技术创新。把各类产业工人的待遇同担任的实际工作和工作实绩联系起来，向真正有技能的产业工人倾斜，消除"身份工资"差别，让他们感受到技术带来的物质回报和职业成就感，从而提高工作积极性，更好地开展生产服务、技术创新，进而形成"技术创新—激励—技术创新"的良性循环。再次，建立以工作业绩为主要标准的薪酬分配制度，体现分配公平性。完善企业绩效评价和考核制度，工资奖金、福利待遇、职务晋升、职业培训、住房保障等各方面均与工作实效直接关联，以制度的形式明确对技术能力突出、工作业绩好的产业工人给予相应奖励。最后，建立完整的企业职业技能评定与奖励体系。以国家或相关机构的职业能力认定为基础，同时建立企业内部的职业技能认定、评聘、考核、奖励制度。职业技能培训、认定、评聘、考核、奖励相互关联，通过构建完善职业发展体系，打通产业工人成长成才渠道，形成以技能为核心的发展激励机制，激发产业工人钻研技术提升技能的热情，促进企业技术革新。同时，激发产业工人工作热情，还需重视产业工人精神需求的满足，为其提升生产劳动效能提供精神动力和文化支撑。

（三）改善工作环境，提供优质技能培训

调查结果表明，在各企业薪资水平基本持平的情况下，产业工人会

综合考虑企业内部整体的就业环境，包括公平合法的企业制度、安全卫生的工作条件、健全丰厚的福利待遇、职业发展的上升空间等。提供良好的工作环境，给予产业工人职业发展空间是进行产业工人队伍建设的重要条件。

就客观作业条件而言，应从如下方面进行改进。一是改善企业车间环境，强调生产安全。关注车间卫生，及时清理工作垃圾，避免杂物堆积和烟尘乱飞等现象。保持工作环境的整洁有序，为产业工人提供良好的工作环境。在条件允许情况下，尽可能提供先进安全的工作设备，以提高工作效率减少不必要的人力损耗。保证工作环境安全，消除安全隐患，做好安全培训，减少生产安全事故。二是提供完善的后勤保障供给，解决产业工人的后顾之忧。企业可以通过为产业工人提供较为低价的职工宿舍或租房补贴，从而解决工人住房问题。通过改善工人食堂，丰富菜色种类等，为产业工人提供良好的就餐环境。三是开展各种企业文化活动，充实产业工人业余生活，增强团体凝聚力。同时，加强企业文化建设。企业可以充分利用城市现有公共文化服务资源，丰富产业工人业余文化生活。通过培育专注的工作态度，精益求精的工作追求，以职业精神、工匠精神引领产业工人走上技能成才道路。

当前我国产业工人职业技能培训体系还不健全，高素质高技能人才结构性短缺的困境在一定时期内仍然存在。同时，职业培训会增加企业用工成本，企业的培训投入也时常出现受益外溢的结果，这使得企业对改进员工培训往往缺乏足够的动力，形成了企业对技能型产业人才"重用轻养"的现象。而与此相对的是，产业工人的物质待遇和社会地位不高，高技能人才的价值未能得到应有的体现，对企业也缺乏归属感及认同感，以致人员流动频繁，进一步加剧了"重用轻养"的恶性循环。基于此，企业必须将产业工人技能提升与职业发展放置于企业发展的战略高度，实施人才培养和储备计划。同时，立足企业发展和个人意愿，指导和帮助产业工人做好职业生涯规划，并将其纳入到企业长远发展中来。企业参与产业工人的职业发展，有利于增强产业工人对企业的认同度和忠诚度，促使产业工人努力提高职业技能，从而更好地服务企业，也有利于企业人力资源储备与开发，实现企业与产业工人个人共同发展、相互促进的良性循环格局。其中，最为重要的是建立企业职业培训体系，根据企业岗位需求和产业工人职业发展，提供不同类型不同层级的职业技能培训，帮助产业工人提高包括职业技能在内的综合素质。此外，从社会效益的层面看，企业作为经济生活的重要主体，亦应在政府指导下承担起产业工人职业培训的责任。

（四）建立长效机制，培育完善帮扶体系

对于作为产业工人主体力量的进城务工人员来说，生存问题是制约进一步发展的主要阻碍因素。扶贫帮困不仅仅是企业发展、转型的必由之路，更是一个企业文化的重要组成。从当前状况看，多数产业工人学历低、工资低、工作上升空间小，属于异地就业，在城市中工作的他们面对缺少医疗保障、居住条件差、子女受教育难等多种生活困境。对此，企业应采取积极的帮扶机制，使扶贫帮困走向常态化、规范化。

一是转变帮扶观念。过去对产业工人的帮扶是以个案帮助、维权救济为主的"输血式"扶贫，带有一定的怜悯和同情色彩。进一步的帮扶应更加强调"造血"功能。通过组织针对性强的技能培训，重使用也重培训，让产业工人在工作中有获得感和自我提升动力。同时，注重帮助工人获得学习和发展能力，提升其个人综合素质和社会适应能力。二是创新帮扶形式。对产业工人家庭来说，孩子上学难、家里人生病负担不起医药费成为他们无法言说的痛，对与自身利益相关的保障政策也存在了解不足等问题。对此，企业首先应利用自身条件，举行政策宣传普及、缓解心理压力的讲座培训，帮助产业工人了解与其切身相关的权益和求助渠道。其次，建立帮扶基金，在产业工人子女就学等方面凸显人文关怀，让工人感受到企业大家庭的温暖。再次，加强员工之间的慈善救助意识，营造健康友善的工作氛围，一人有难大家帮，运用各方力量，大家工作在一起、温暖在一起、一同投入到美好生活的奋斗中。三是建立走访机制。一方面，企业需要对产业工人的家庭状况建档立卡，及时跟踪，进行分层分类精准识别，把真正需要帮扶的产业工人纳入帮助范围内。对产业工人进行慰问以及思想教育，对困难员工采取不同时期、不同程度、多种形式的帮扶措施。另一方面，成立结对帮扶小组，对帮扶效果良好的小组进行表彰，并把扶贫帮困情况纳入年度奖金考核标准内。

三 社会层面

（一）破除话语歧视，倡导包容友爱文化

在过去，我国将城镇或农村外出务工人员称为农民工，这个带有一定歧视性的称谓在很大程度上加剧了外出务工者的自卑感，降低了其对自身的认同感。甚至部分社会群众戴着有色眼镜看待这一群体，片面地认为其脏、乱、差，不仅对外出务工者的心理和人格造成伤害，也致使其对城市的贡献、自身的劳动价值在很长时间内未能得到应有的认可和尊重。为此，新时代产业工人队伍的建设，需要在社会层面上倡导一种包容友爱的文化理念。

面向新时代产业工人队伍的社会包容文化建设是一个循序渐进的过程，包括物质文化建设，制度文化建设和精神文化建设三个层面。第一，加强物质文化建设，为构建包容友好的社会文化奠定基础。任何文化都基于一定的物质基础，包容产业工人的社会文化也是建立在劳动报酬、福利待遇、居住条件和社会保障等基础之上，从生存和发展的角度为产业工人提供基本物质保障。第二，加强制度文化建设，为构建和谐包容的社会文化提供依据。在生产劳动及其他社会实践中，人们对产业工人的态度和行为倾向，会逐渐转化为相对稳定的观念，并体现于道德、法律等社会规范中。同时，国家及政府会借助道德准则、法律规范来推崇有利于全社会的观念，并通过规范的调节功能使社会成员的行为符合该观念。例如2017年2月6日，中共中央、国务院印发的《新时期产业工人队伍建设改革方案》就充分展现了以习近平同志为核心的党中央，对包括产业工人在内的工人阶级的高度重视和亲切关怀，向全社会发出了尊重产业工人、关心产业工人的倡导。第三，加强精神文化建设，为构建和谐友爱的社会文化提供内核。一种社会文化的形成是一个长期、潜移默化的过程，需要在思想上加强重视、行动上加强引导，给予人文关怀、弘扬劳动精神、实现身份认同，充分体现工人阶级的主人地位，让产业工人在平等公正、和谐友爱的社会环境中有获得，有归属。包容尊重产业工人的社会文化，建立在产业工人物质待遇提升的基础上，需要以制度形式保障产业工人的地位和权利，更需要全社会形成尊重劳动、崇尚劳动的共同意识，自觉树立以辛勤劳动为荣、以好逸恶劳为耻的荣辱观念，敬佩和关爱辛勤劳动的产业工人。

（二）创新工作方式，有效保障合法权益

调查研究表明，我国工会组织未来可以更好地履行职能，维护劳动者合法权益。为进一步发挥工会维护产业工人权益的作用，打造积极为产业工人服务的组织，对其进行改进、优化和加强具有现实必要性和紧迫性。一方面，要加强组织建设，扩大工会组织的覆盖面和代表性。工会应逐步摆脱行政上和经济上对企业的依赖，以确保独立行使职能。另一方面，要加强职能建设，充分发挥工会的优势与作用，切实履行参与企业民主管理、维护工人权利、推动生产建设、教育服务工人、协调劳资管理等各项职能。

具体而言，新时代加强工会在产业工人队伍建设中的作用应该做到：第一，依托互联网创新工作方式，促进资源共建共享。工会在夯实线下工作的前提下，利用各级各类网络平台和资源，开展职业宣传、培训、教育、民主监督等活动。第二，以工会为主阵地，加强情感交流互动。工会是产业工人自己的组织，应发挥产业工人家园的作用，团结产业工人、服务产业工人，让产业工人感受到组织的温暖与支持。第三，对接多样资源，打造工会工作特色。作为产业工人代表的组织，工会应积极与政府有关部门、公共服务机构、社会组织等在就业、职业培训、法律维权等方面开展合作交流，充分利用资源以凸显工会的桥梁作用。在企业内部，工会可主动承担一定的管理服务职能，以动员、说服、教育的方式实施柔性管理。

（三）凝聚工人群体，促进互联互通互助

在新时代产业工人队伍建设过程中，应注重从产业工人中的农民工群体入手，协调代际之间、老乡之间、同行之间的沟通和互助机制。农民工进城务工，需要克服的不仅仅是工作能力上的不足，还有无所归属的心理恐惧。第一代进城的农民工，进入工厂打工，逐渐成为了制造业中的人才；而在城里长大的农二代，却和父辈大相径庭，他们向往更为舒服、体面的办公室工作。同时，在农民工同辈间、代际间不仅存在一定误解、缺乏沟通，连农二代本身也存在不认同、不向往父辈兢兢业业从事的职业，其他人更不必论及。这种误解的消解，不仅需要政府、企

业出力，更需要产业工人的团结协作。可以通过老一代带新一代、同代间互相促进的产业工人发展新模式，促进产业工人之间的联系；通过发展"老乡会"，增强产业工人彼此之间在工作和生活上的技能与经验交流；通过建立产业工人内部的评价系统，推动一带一、多帮一、多帮多等多种帮扶模式的形成，优化产业工人对自身能力的评价标准和激励机制。总体上，凝聚产业工人、促进互联互通互助，有助于在产业工人的工作、就医、子女就读和老人独居等问题上形成相辅相成、互助共赢的良好态势。

四 政府层面

（一）推进制度建设，提高社会保障力度

现阶段，产业工人的整体生活水平偏低，亟须完善相应的社会保障制度。为此，政府应该积极作为，更加有力地保障产业工人的合法权益。首先，需要进一步加强制度建设。一方面，要完善财政保障机制，将高技能产业工人队伍建设经费纳入政府人才工作经费预算，加大就业专项资金对职业教育培训补贴的支持力度；另一方面，要健全法治保障体制机制，完善产业工人劳动争议预防、预警、调处机制，稳步提高产业工人的社会保障待遇水平。其次，更大限度地发挥政府调节作用。劳资关系主要依靠市场调节，但其同时关系到经济社会发展，关系到产业工人基本权利保障。在社会公共利益、产业工人素质培育、工人权益保障和企业社会责任等方面，政府应积极干预，明确设定各方最低义务和责任，促进产业工人劳资关系健康持续发展。再次，要完善分配机制。坚持"按劳分配"为基础，多种分配方式并存的基本分配制度。政府应加大对产业工人的财政倾斜，分阶段逐步提高产业工人的经济待遇，以技能竞赛、劳动榜样等多种形式奖励优秀产业工人，以各项优惠便利政策引导企业建立技能水平与薪酬等级挂钩的分配制度，对产业工人职业培训费用给予必要补充。

（二）制定配套政策，优化引才用才机制

政府应当推进制定配套的就业政策，保障产业工人用工方式的科学化和合理化。我国一贯的引进人才方式，主要分为引来人才、留住人才

和用好人才三个部分。各地方政府为了招揽人才，主要采取两种措施：一是针对具有本地户籍或在本地上大学的人才实行更为优惠的就业政策；二是针对外来人才实行更为优惠的政策。这两种措施都设置有一定的对象范围，导致不管采取哪种就业政策，都会影响尚未享受政策优惠人群的工作热情和工作意愿。因此，各级政府应摸清各自管辖区域的产业工人需求与缺口，制定详细的发展规划，创新招工引才方式，并持续改进产业工人"留住""用好"机制：

第一，在积极引进外来产业工人的同时，也应重视对本地产业工人的培养。在强调高端人才为产业前端添砖加瓦时，也应重视发挥中低端人才的后备支撑优势。第二，在各类帮扶措施上，不管是对于本地产业工人还是外来产业工人，都应在公平公正的基础上实施针对性强的帮扶政策。应根据产业工人的不同类型设计不同的帮扶方案，没房的落实安居保障，有居住地的发放相应的住房补贴，并对各类人才的家属子女给予相应的工作、教育、医疗等方面的帮助。第三，开发产业工人信息查询系统，先录入本地产业工人信息，实现本地产业工人信息的全面打通，下一步推动查询系统的区域化，扩大录入信息的产业工人规模，解决"用工难、求职难"的难题。另外，各地在政策上要加强对产业工人职业发展前景的规划。

（三）加强府际合作，打造三方共赢格局

加强地方政府之间的交流与合作，可以促进人力资源的合理配置。一些地方政府在经济发展过程中，常以土地资源、基础设施、税收减免、用工成本低等各种便利或优惠政策吸引投资者。以用工成本低作为承诺招商引资，容易忽视对包括产业工人在内的劳动者权利的保障。一些地区基于短期收益的考量，容易为有关产业工人的劳资关系发展埋下隐患，影响当地经济的长远发展。对此，有必要通过加强府际交流合作促进产业工人队伍建设，包括：

第一，转变发展理念，明确合作目标。产业工人队伍建设问题具有地域性和不确定性，各级政府应该增强产业工人队伍建设的责任意识，承担起产业工人队伍建设责任，形成联合建设机制，谋求良性合作，明确各部门任务，减少"搭便车"的狭隘行为。通过大力提倡共同建设，达到共享共赢的效果，打破各自为政、"自保家门"状态，努力推进政府合作关系的构建。第二，强化政府监督管理职能，加强对企业劳动用工的指导与约束。当前，一些地方政府对企业用工监管相对宽松，非法用工现象在一定程度上存在。企业违反劳动法后受到的惩罚较轻，企业违法成本较低。对此，政府可建立联合监管机制，即将企业违反劳动法律的情况与企业诚信挂钩，进而影响企业工商、税务等业务。第三，发挥地方优势，充分调动社会积极力量。政府应加强与行业协会、科研机构和教育培训机构的合作，调动社会资源，推进行业自律，开展职业培训，加强文化教育，形成服务产业工人的联合效应。第四，营造产业发展的健康环境。产业工人为企业创造价值，企业的发展离不开产业工人。同时，产业工人的发展也离不开企业的壮大和行业的健康发展。政府应积极创建良好营商环境，扶持企业特别是中小微企业，帮助企业解决融资难、人才少和创新弱等现实困难，实现产业工人、企业和产业共同发展的三方共赢效应。

（四）改进人事管理，提升资源配置效能

当前我国正在逐步推进人事制度改革，由人事聘用制度和劳动合同制度并行的双轨管理体系，向统一的人力资源管理制度转变，亟须优化社会资源的配置。从产业工人队伍建设的角度来看，一是需要融合传统体制内外的产业工人群体。在提升"固定工"和"长期工"职业素养的同时，保护"短期工""临时工"和"派遣工"的合法权益，注重合同制产业工人的技能培训。二是畅通纵向流动的职业发展通道。产业工人不持有经济资产，但可以拥有技术资产和组织资产。前者包括技术职位、资格证书和工作自主性等，后者指向管理职位和直接参与组织决策的权力。应当建立与专业技术职务相衔接的职务晋升通道，注重产业工人队伍中管理人才的选拔和培养。三是搭建横向衔接的就业服务平台。随着新兴行业和细分职业的不断涌现，劳动者、雇主和职业教育与培训机构之间存在一定的信息不对称。对此，要搭建区域间、行业间和校企间横向衔接的就业服务平台，建立产业工人职业信息、行业信息资源库和发布渠道，帮助产业工人快速实现工作机会与培训机会的匹配。最后，政府部门应定期分析劳动力市场的供需变化和工资变动，借助职业院校、公益组织提供的职业倾向测评、职业指导、法律咨询和培训建议等服务，推进产业工人的合理流动和相应资源的有效配置。

主要参考文献

陈映芳：《"农民工"：制度安排与身份认同》，《社会学研究》2005年第3期。

陈钊、陆铭：《从分割到融合：城乡经济增长与社会和谐的政治经济学》，《经济研究》2008年第1期。

丁丽：《华北产业工人生存状况研究：1912—1937》，天津人民出版社2021年版。

冯虹：《收入分配与城市利益阶层分化的相关性研究》，《管理世界》2006年第4期。

耿艳丽：《产业工人技能形成的制度环境与路径优化》，《东岳论丛》2020年第12期。

雷晓天：《新生代产业工人集体行动的动力机制研究》，《兰州学刊》2011年第9期。

李培林、李炜：《农民工在中国转型中的经济地位和社会态度》，《社会学研究》2007年第3期。

李培林：《农民工——中国进城农民工的社会经济分析》，社会科学文献出版社2003年版。

李培林、尉建文：《新的历史条件下我国工人阶级构成的变化和应对》，《学术月刊》2021年第9期。

李晓凤、周思思、李忠路：《新生代农民工生活压力源及群体差异——以深圳市产业工人为例》，《当代青年研究》2021年第2期。

李玉赋：《新的使命和担当——〈新时期产业工人队伍建设改革方案〉解读》，工人出版社2017年版。

刘传江：《新生代农民工的特点、挑战与市民化》，《人口研究》2010年第2期。

刘建洲：《传统产业工人阶级的"消解"与"再形成"——一个历史社会学的考察》，《人文杂志》2009年第6期。

刘金山：《谁来当新时代的产业工人——产业基础高级化与产业链现代化的人才需求》，《青年探索》2021年第1期。

刘守英、王一鸽：《从乡土中国到城乡中国——中国转型的乡村变迁视角》，《管理世界》2018年第10期。

刘晓、陆宇正：《新时代我国产业工人技能提升的政策寻迹与路径》，《现代教育管理》2020年第9期。

刘玉照、苏亮：《社会转型与中国产业工人的技能培养体系》，《西北师大学报》（社会科学版）2016年第1期。

刘玉照：《中国新产业工人技能养成难题》，《探索与争鸣》2015年第8期。

陆学艺：《当代中国社会阶层的分化与流动》，《江苏社会科学》2003年第4期。

陆学艺：《中国社会阶级阶层结构变迁60年》，《中国人口·资源与环境》2010年第7期。

任宏：《中国建筑业农民工向产业工人转化的路径研究》，科学出版社2021年版。

沈原：《社会转型与工人阶级的再形成》，《社会学研究》2006年第2期。

苏益南、欧阳晨慧、朱永跃：《产业工人工作重塑与离职意愿：人—工作匹配和授权型领导的作用》，《工业工程与管理》2018年第6期。

推进产业工人队伍建设改革协调小组办公室：《产业工人队伍建设改革试点案例汇编》第一辑，工人出版社2021年版。

王春光：《新生代农民工城市融入进程及问题的社会学分析》，《青年探索》2010年第3期。

王欧：《城乡发展与新生代农民工的工作流动——基于打工地和输出地的城乡多点研究》，《中国农业大学学报》（社会科学版）2021年第5期。

王星：《精神气质与行为习惯：工匠精神研究的理论进路》，《学术研究》2021年第10期。

王星、徐佳虹：《中国产业工人技能形成的现实境遇与路径选择》，《学术研究》2020 年第 8 期。

王星：《走向技能社会：国家技能形成体制与产业工人技能》，工人出版社 2021 年版。

项飚：《跨越边界的社区》，生活·读书·新知三联书店 2000 年版。

谢建社：《新产业工人阶层》，社会科学文献出版社 2005 年版。

谢玉华等：《新生代产业工人工作状况调查——基于汽车产业的实证数据》，《中国青年研究》2013 年第 8 期。

张春龙：《工厂规训：从农民工到产业工人》，华东理工大学出版社 2018 年版。

张学英：《产业工人技能形成的国际比较与借鉴：来自日新韩印的观察》，新华出版社 2021 年版。

章元、陆铭：《社会网络是否有助于提高农民工的工资水平?》，《管理世界》2009 年第 3 期。

郑功成、黄黎若莲：《中国农民工问题：理论判断与政策思路》，《中国人民大学学报》2006 年第 6 期。

周密、赵文红、姜玉洁：《基于工作要求—资源模型的新生代产业工人工作倦怠的研究——心理韧性的作用》，《软科学》2016 年第 12 期。

[美] 哈里·布雷弗曼：《劳动与垄断资本——二十世纪中劳动的退化》，方生等译，商务印书馆 1978 年版。

Burgmann V. , *Revolutionary Industrial Unionism*：*The Industrial Workers of the World in Australia*, Cambridge University Press, 1995.

Carter D. A. , "The Industrial Workers of the World and the Rhetoric of Song", *Quarterly Journal of Speech*, Vol. 66, No. 4, 1980.

Chandra A. , Chandna P. , Deswal S. , "Analysis of Hand Anthropometric Dimensions of Male Industrial Workers of Haryana State", *International Journal of Engineering（IJE）*, Vol. 5, No. 3, 2011.

Cohen L. , *Making a New Deal*：*Industrial Workers in Chicago*, *1919 - 1939*, Cambridge University Press, 1990.

Dubin R. , "Industrial Workers' Worlds：A Study of the 'Central Life Interests' of Industrial Workers", *Social Problems*, Vol. 3, No. 3, 1956.

Dubofsky M. , *We Shall be All*：*A History of the Industrial Workers of the World*, University of Illinois Press, 2000.

Garcia A. M., Boix P., Canosa C., "Why do Workers Behave Unsafely at Work? Determinants of Safe Work Practices in Industrial Workers", *Occupational and Environmental Medicine*, Vol. 61, No. 3, 2004.

Mital A., "Maximum Weights of Lift Acceptable to Male and Female Industrial Workers for Extended Work Shifts", *Ergonomics*, Vol. 27, No. 11, 1984.

Roquelaure Y., Mechali S., Dano C., et al., "Occupational and Personal Risk Factors for Carpal Tunnel Syndrome in Industrial Workers", *Scandinavian Journal of Work, Environment & Health*, 1997.

Salerno S., *Red November, Black November: Culture and Community in the Industrial Workers of the World*, SUNY Press, 1989.

后　　记

夜深人静，窗外依稀映射皎洁的月光，我静坐在写字台前，看着这本即将付梓的文稿，似乎已经闻到它淡淡的油墨香味，心中不禁涌起很多感触。撰写调查报告期间的艰辛、快乐，也许只有在自己独处时才体会得最为深刻。应该说，时间对每一个人都是公平的，就看你怎么去把握和运用。但凡想作出一些有益的事情和成绩，都是需要付出大量的时间和精力的。当然，有付出也会有收获和回报。如今沉下心来，想着前期调研、厘清思路、分析数据和撰写报告的过程，愈发深刻体会到研究的艰辛与不易，愈发珍视本报告的理论意义和现实价值，也愈发认识到新时代产业工人研究的重要性和必要性。回顾这本拙著的撰写过程，我需要每天在处理繁琐的行政事务之余，晚上再来挤出专门的时间，把注意力放在新时代粤港澳产业工人研究上，希望在产业工人政策变迁、思想认知等方面，细致探讨产业工人队伍建设的诸多问题，用专业、全面、深刻的视角，撰写粤港澳大湾区产业工人调查报告，以期探讨新时代不同背景下不同群体思想政治工作的不同特性。

从实践层面来看，在党中央的坚强领导下，产业工人队伍始终围绕国家发展的目标，在国家建设和发展上起到了不可或缺的作用。他们不仅是国家前进发展的动力引擎，更是国家和社会稳定的根基磐石。近些年，理论界和实务部门关注农民工、关注青年、关注失地农民、关注失业者等特定群体的多了，产出了一大批高质量的研究成果，这为我们的研究打下了较为坚实的理论基础。但是，对于工人阶级整体情况的注意力却少了，对于我国产业工人这一群体关注不够，鲜有研究真正将产业工人作为主要研究对象，结合具体产业发展状况，综合考察新时代产业工人的主观自我认知与客观行业发展。通过此次长时间、大范围、多维度的专题调查研究，我们发现产业工人队伍建设仍面临诸多难题，对于我国建设制造业强国的目标有着至关重要的现实影响，这不仅要求政府及相关部门在实践层面予以回应，也需要专家学者等在理论层面加强研究。本书正是从实证调研的角度，采集了大量的一手资料，希望能够为学界和实务部门提供材料，共同思考产业工人队伍如何建设以及建设成什么样等重大问题。

为回应上述研究问题，同时拓宽高校思想政治工作创新发展中心的视野范围，我将研究议题限定为新时代粤港澳大湾区产业工人。粤港澳大湾区有着"一个国家、两种制度、三个关税区、四个核心城市"的特点，在空间上囊括"2＋9"个城市：香港、澳门两个特别行政区，以及珠三角9座城市（广州、深圳、东莞、惠州、佛山、肇庆、珠海、中山、江门）。如何降低制度摩擦成本，放大"一国两制"政策红利，是当前粤港澳大湾区建设的重要任务。与此同时，粤港澳大湾区经济发达，产业基础好，产业形态多样，产业结构正在进行深刻调整，吸引了大量的产业工人，这也对产业工人队伍建设提出更高要求。选择粤港澳大湾区作为产业工人的调查区域，具有很强的样本代表性与政治引领性。而我所在的华南理工大学素有"企业家摇篮"之称，被誉为拔尖创新人才培养基地。粤港澳大湾区的发展，有着扎根于此的数十万华工学子的共同努力，同时华南理工大学将一如既往引领粤港澳大湾区人才建设，致力于成为国际理工科顶尖人才的汇聚地，助力大湾区成为国际科技创新中心，支撑广东实现"四个走在全国前列"，服务国家创新体系构建，为民族复兴和区域发展作出更大贡献。

撰写完报告后，愈发深知调查报告需要较高的政策解读水平、较强的文字表达能力和较深的专业理论基础，所撰写的文本应该呈现出不一样的力度、深度、厚度和温度，既散发出不同寻常的理性光芒，也能表现出独具特色的文学魅力。然而，囿于自身水平，加之产业工人群体的复杂性，其研究是一个庞大而复杂的议题，难以通过一次调研、一本报告摸清楚、讲明白，需要全体社会各界人士共同努力，一起参与到产业工人队伍建设当中去，真正做到不忘初心，牢记使命，一以贯之响应党中央政策号召。

需要说明的是，由我担任主任的教育部高校思想政治工作创新发展中心（华南理工大学）中的一些同事做了部分的数据收集和报告撰写工作，尤其是文宏教授、李伟群、李风山、吴楚泓、李慧龙、李莉芳、林仁镇、杜菲菲等课题组成员做了非常多的实地调研和文稿校对工作。还要感谢学校党委宣传部、社科处的协作，在此谨对他们的辛苦付出和努力表示感谢。同时，这项研究也得到了教育部相关项目的支持。在实地调研的过程中，广东省委省政府办公厅、共青团广东省委、东莞市委市政府、珠海市委市政府、广州市工业和信息化局、肇庆市总工会等政府部门领导也给予了很大帮助，没有他们的帮助，这项调研可能困难重重。在此，要一并表示最衷心的感谢。

最后，需要指出的是，本书虽然对产业工人的基本特征进行了详尽描述，但由于多方受限，只对粤港澳大湾区的产业工人进行了抽样调查，对于新时代产业工人研究可能只是尽了绵薄之力，新时代产业工人研究仍需要各位专家学者、政府领导继续推进。同时，也深知自己水平有限，对于书中可能存在的缺陷与不足，还请各位方家多多指教！

章熙春
2021 年 12 月 11 日